um rosto para JESUS CRISTO

José Fernandes de Oliveira

Pe. Zezinho, scj

um rosto para JESUS CRISTO

Subsídios para uma catequese de atitudes
2

Dados Internacionais de Catalogação na Publicação (CIP)
(Câmara Brasileira do Livro, SP, Brasil)

Oliveira, José Fernandes de
   Um rosto para Jesus Cristo : subsídios para uma catequese de atitudes, 2 / José Fernandes de Oliveira. – São Paulo : Paulinas, 2010.
   – (Coleção catequista e aprendiz)

   Bibliografia.
   ISBN 978-85-356-2726-8

   1. Catequese - Igreja Católica   2. Jesus Cristo - Biografia - Vida pública   3. Jesus Cristo - Ensinamentos   I. Título.   II. Série.

10-11388   CDD-232.901

Índices para catálogo sistemático:
   1. Jesus Cristo : Mensagens : Cristologia   232.901
   2. Vida de Jesus : Cristologia   232.901

Direção-geral: *Flávia Reginatto*
Editora responsável: *Andréia Schweitzer*
Copidesque: *Mônica Elaine G. S. da Costa*
Coordenação de revisão: *Marina Mendonça*
Revisão: *Ana Cecilia Mari*
Direção de arte: *Irma Cipriani*
Assistente de arte: *Sandra Braga*
Gerente de produção: *Felício Calegaro Neto*
Projeto gráfico: *Manuel Rebelato Miramontes*
Capa e diagramação: *Telma Custódio*
Foto da capa: *Cristo Redentor pichado.*
Genilson Araújo/Parceiro/Agência O Globo

3ª edição – 2011

Nenhuma parte desta obra poderá ser reproduzida ou transmitida por qualquer forma e/ou quaisquer meios (eletrônico ou mecânico, incluindo fotocópia e gravação) ou arquivada em qualquer sistema ou banco de dados sem permissão escrita da Editora. Direitos reservados.

Paulinas
Rua Dona Inácia Uchoa, 62
04110-020 – São Paulo – SP (Brasil)
Tel.: (11) 2125-3500
http://www.paulinas.org.br – editora@paulinas.com.br
Telemarketing e SAC: 0800-7010081
© Pia Sociedade Filhas de São Paulo – São Paulo, 2010

O porquê deste livro

> O Senhor Jesus, "a quem o Pai santificou e enviou ao mundo" (Jo 10,36), tornou participante todo o seu corpo místico da unção do Espírito com que ele mesmo tinha sido ungido: nele, com efeito, todos os fiéis se tornam sacerdócio santo e real, oferecem hóstias espirituais a Deus por meio de Jesus Cristo, e anunciam as virtudes daquele que os chamou das trevas para a sua luz admirável. Não há, portanto, nenhum membro que não tenha parte na missão de todo o corpo, mas cada um deve santificar Jesus no seu coração, e dar testemunho de Jesus em espírito de profecia (*Presbyterorum ordinis* 2).

Os evangelistas e as comunidades que nos deram um perfil de Jesus Cristo foram, certamente, cristãos missionários que pensavam sua fé. Nenhum deles era teólogo ou cristólogo. Naquele tempo não havia estas especializações. Agiram como repórteres e comentaristas da época. Mas suas reflexões e relatos chegaram até nós. E foram tão fortes que deram origem a muitas teologias e cristologias. Pode-se escrever sobre Jesus de maneira acadêmica, profunda e erudita. E é necessário que haja tais escritos, posto que Jesus não pode ser analisado de maneira superficial e simples demais. Sua presença na História é altamente questionada e questionadora. Depois dele o mundo nunca mais foi o mesmo. Nada mais justo que sobre ele se escrevam livros profundos e exigentes. Ele mesmo foi profundo e exigente!

Mas pode-se e também se deve escrever sobre Jesus de maneira simples e acessível aos que não tiveram oportunidade de estudar, nem têm por hábito mergulhar em pesquisas. É o que eu faço. Escrevo jornalisticamente sobre temas complicados para a maioria dos cristãos. Popularizo e possibilito leituras da fé!

Leitura amena não significa, porém, leitura superficial. O leitor, já nas primeiras páginas, perceberá os porquês deste livro! Não escrevi um tratado de cristologia. Com estas leituras, porém, introduzo meus leitores na ascese e no estudo de Jesus que, evidentemente, é muito mais profundo nos livros dos nossos irmãos cristólogos. Espero que depois de me lerem, leiam os livros que li! Cristologia é disciplina para todos. E deve ser cada dia mais profunda e envolvente! Espero que este livro seja, para muitos, o primeiro abraço e o primeiro passo... Jesus é muito mais!

Pe. Zezinho, scj
Faculdade Dehoniana
Taubaté, SP, agosto de 2010

Prefácio
Reflexões de um
não cristólogo

Sou cristão visto e aceito como catequista – assim o espero –, mas não sou conhecido como cristólogo. Sou alguém que repercute há mais de quarenta e cinco anos, desde meus primeiros livros e canções. É o que significa, do grego, a palavra *catechein*, "ecoar". Eu ecoo, prolongo, passo adiante, repercuto as doutrinas que ouço. Torno-as mais acessíveis aos simples, porque este dom me foi dado. Assim, os simples e os que não leem livros acadêmicos conseguem chegar mais perto da teologia vivida por grandes pensadores. Vou lá ao setor das especialidades e trago para os mais simples um pouco do que posso. É a minha função. Não acho que a mim foi dado conhecer sem estudar os mistérios do Reino (cf. Mt 13,11). Não recebi o dom da vidência. O que sei veio de leituras e noites de estudo de documentos e livros de quem sabia mais do que eu.

Dias atrás, um amigo meu – e dos bons –, com um sorriso meio incrédulo, deu a entender que eu não seria capaz de escrever sobre cristologia. Afinal, não sou visto como cristólogo! Reconhecendo que a tarefa não é fácil, puxei a cadeira, sentei-me diante dele e pedi licença para contar uma pequena história, meio tola até.

A vista do lado de lá

Nos anos 1980 eu quis algumas fotos das cataratas do Iguaçu, tiradas do lado argentino. Pedi a um sacerdote amigo que o fizesse por mim. Ele quis saber o porquê. Respondi que me interessava saber como os argentinos viam a mesma cachoeira. Devia ser bonita, vista do outro lado! Ele me buscou de carro, dizendo que eu mesmo poderia ir lá e fotografar. Assim, eu teria uma ideia do que um argentino vê quando vem ao Brasil e quando está no seu país, e eu poderia fazer a mesma experiência. Aí então eu poderia julgar por mim mesmo e tirar quantas fotos quisesse... Fez mais: trouxe consigo um guia que sabia de todos os detalhes e poderia me levar por lugares onde poucos turistas avançam, sobre as águas, bem perto da queda. O especialista, sempre gentil, mostrou-me um pouco do muito que ele sabia.

Voltei de lá relatando, a quem nunca viu, o que há de bonito do ponto de vista de um argentino. Não tive que viver na Argentina para saber o que nossos irmãos veem quando olham para as mesmas cataratas... Não sendo especialista, eu tinha visto mais do que a maioria dos brasileiros, que nunca teve a chance que me foi dada.

Catequista não cristólogo

Voltei ao tema "Cristo", visto pelos olhos de quem não estudou com profundidade. Disse ao meu amigo que, sendo ele doutor em teologia dogmática, sabia mais do que eu, mas que, na hora de transmitir o que ele sabe, talvez eu pudesse ajudar, posto que de linguagem popular eu "manjava" mais do que ele. "Você me dê seu conteúdo, indique os livros, e junto aos mais de cem livros que já li, acho que poderei dar forma a um trabalho que talvez sirva de iniciação à cristologia para católicos que nem sequer sabem o que é isso..."

Ele sorriu e deu-se por vencido. Ajudou-me: indicou mais de quarenta livros. Foi o começo deste livro que você agora tem em mãos. São as reflexões de um catequista que não se doutorou em cristologia, mas que aprendeu com os doutores. Encanta-me o que eles leem e sabem. Eles dizem que gostam do meu jeito de dizer as coisas.

Se meu habitual leitor achar que já é um bom começo, venha comigo. Tenho algo a lhe dizer a respeito de Jesus de Nazaré, a quem chamamos o Ungido, o Messias, o Cristo!

Pe. Zezinho, scj

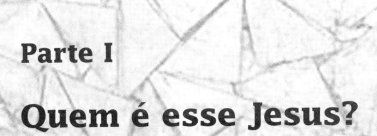

Parte I

Quem é esse Jesus?

E se recordamos, veneráveis irmãos e amados filhos,
todos vós que estais aqui presentes,
como no rosto de todo homem,
sobretudo se se tornou transparente pelas lágrimas
ou pelas dores, devemos descobrir o rosto de Cristo.

(Paulo VI, *Vaticano II*, Homilia 07.12.1965)

1. *Ehyeh asher ehyeh*

> Se você escrevesse um livro sobre Jesus, certamente o apresentaria de maneira diferente da minha e da de qualquer outro autor. Jesus seria o mesmo, mas não as nossas visões. Javé (*ehyeh asher ehyeh*) é um nome que se poderia traduzir como "serei quem eu for sendo". Ieshuah, que significa "Deus liberta", também à medida que o conhecemos melhor vai se tornando o ungido, o Cristo que ele foi. Mas jamais o captaremos em toda a sua dimensão. O problema não está nele, que é quem é; está em nós, que dificilmente conseguimos ser os cristãos que nos propomos ser para viver como Jesus viveu.

Eu anuncio Jesus

Faz cinquenta anos que me decidi pela catequese. Sim, eu seria catequista. Anunciaria Jesus Cristo educador e seu amoroso e exigente coração. Inspirei-me em João Leão Dehon, sacerdote francês, sociólogo e advogado. Ele propunha para a sociedade do seu tempo homens de coração renovado, moldado no Coração de Jesus, compassivo, mas exigente e profético. As pessoas precisariam mudar, mas também as leis injustas que empurravam para a sarjeta o trabalhador e sua família. A sua era uma cristologia engajada. Seu Jesus não ensinava apenas a orar e não se calava diante das injustiças do seu tempo. Os verbos eram orar, ajudar e lutar por mudanças.

Escolhi este enfoque! Todo este tempo busquei delinear o rosto de Jesus, primeiro para mim e, depois, para quem se importasse em me ouvir, lá onde fui anunciá-lo. Poderia ter escolhido outras assembleias e outras igrejas, como fez uma de minhas irmãs, no que ela foi respeitada. Mas escolhi a doutrina da Igreja na qual fui batizado. Eu o anunciaria como católico apostólico romano e meu enfoque seriam as cruzes, as dores e as esperanças do meu povo.

Igreja controvertida

Sou membro de uma Igreja controvertida, como de resto o são todas as outras. Não há como assumir Jesus sem assumir a controvérsia. Os não crentes não aceitam nosso anúncio e, entre nós mesmos, nossos esboços, traços e tentativas de mostrar o rosto de Jesus nem sempre combinam.

> Nossas cristologias não tiram as mesmas conclusões sobre o que lemos a respeito dele; como consequência, nossos conceitos divergem.

Felizes os que conseguem dialogar sobre o rosto de Cristo e, mesmo discordando, respeitar os esboços e as concepções dos outros. Menos felizes são os que pintam o seu "rosto de Cristo" e depois fazem de tudo para impingir sua pintura a todas as igrejas. Como não há retratos nem pinturas de Jesus, apenas descrições, os fiéis terão que escolher entre as concepções deles e as dos outros.

Cristologias humildes

Sem humildade não dá. Quem quiser estudar Jesus, terá que ouvir a sua Igreja e as outras igrejas; ainda assim, não terá todos os traços do seu rosto. Por isso faz sentido a pergunta dele aos seus discípulos: "Quem sou eu para vocês?" (Mc 8,29). "O que dizem por aí a respeito do Filho do Homem" e "O que dizem vocês, que afirmam estar comigo?" (Mt 16,13-15).

O estudo de Jesus (jesulogia), e dele como Cristo (cristologia), tenta responder às duas perguntas. A magistral pergunta foi respondida também com magistral intuição; e foi Pedro, a quem nós, católicos, consideramos o primeiro papa, quem respondeu: "És o Cristo de Deus!" (Lc 9,20). Vale dizer: Jesus era *O Ungido*. Teria ele dito isto, ou as comunidades mais tarde puseram esta confissão na sua boca? Teriam elas posto nos lábios de Pedro também a outra frase? "Para que outro mestre iríamos, se tu és aquele que tem palavras de vida eterna?" (Jo 6,68).

Opção de catequista

Como afirmei, faz cinquenta anos que comecei a anunciar Jesus em capelinhas de bairros, em clubes de crianças e adolescentes, e em casas de família. Nos primeiros seis anos, já ordenado sacerdote, anunciava-o em templos. Dez anos depois, estava no rádio e na televisão, nos estádios e nas praças públicas.

Chego perto dos 70 anos e revejo o rosto que me ofereceram como sendo o de Jesus; revejo o que tracei e os rostos que outros católicos e outras igrejas traçam; releio a História das igrejas, e minha conclusão é a mesma que tirei aos 30 anos, depois de ouvir e ver outros anúncios e de ler centenas de artigos e livros sobre Jesus: o rosto é um, mas as concepções são milhares. Este livro envereda pelo caminho da interrogação.

2. Telescópios e microscópios

> Nossa visão de Cristo é mais atual e coerente do que a de vocês! O verdadeiro Cristo é este que nós anunciamos.

Quem nunca ouviu esse discurso? Um cristão, católico ou evangélico, se pretender ficar mais confuso ou talvez mais seguro do que é, entre na internet e leia os mais de quinhentos artigos sobre cristologia ali encontradiços. Verá de tudo: diálogo sereno, humildes proposições de quem procura entender o mistério de Cristo, busca de maior compreensão, violentos ataques de um cristólogo contra o outro, de pentecostais e evangélicos contra os católicos, destes contra aqueles. Maria e os santos certamente entrarão no rolo...

Abrangente e não açambarcante

Não é coisa agradável de se ver. Em algumas páginas, a impressão que se tem é a de briga de porretes entre defensores da verdade mais verdadeira sobre o Cristo. Lembra os *circumcelliones* dos primeiros séculos...[1] Quando a cristologia vira porrete, a visão do outro, um saco de pancadarias e surge o *triunfalismo* vaidoso de pregadores certíssimos, um show de fé vaidosa e prepotente, perde o Cristianismo e perde a cristologia, que, se pretende ser ciência, em primeiro lugar terá que ser humilde e abrangente, nunca açambarcante!

O que se percebe na exposição do rosto de Cristo é que telescópios e microscópios da fé levam pregadores mais radicais a mirar o céu da teologia, não tanto na busca de conhecer melhor

---

[1] *Circumcelliones* – apelido dado aos donatistas, radicais em passeata. Eram vistos como "palhaços da fé".

o Senhor Jesus e sua presença na História, quanto na agressiva tentativa de provar que o outro o deturpou. Parecem jogadores que, ao invés, de perseguir a bola, perseguem a canela do adversário. É como se algum pintor, munido de lentes sofisticadas, procurasse na imagem pintada pelo outro algum traço errado para criticar. Não sobra tempo para admirar a maneira como o outro delineou o rosto de Cristo. Procuram-se mais os defeitos do que a concepção!

Busca serena

O que seria uma tentativa serena de estudar Jesus? Certamente, não a de impor a própria visão. Sem diálogo entre os estudiosos da mesma Igreja e entre os especialistas de todas as igrejas não se pode falar em cristologia. Não tem Cristo nem *logia*.

Não se pode acreditar em pregador que jamais discorda da pregação do outro, mas não se deve, também, acreditar naquele que não perde uma ocasião de mostrar que a outra Igreja está errada. Já não é mais procura do Cristo, mas sim dos erros dos outros a respeito do Cristo. É perda de foco! Lembra, parafraseando Fulton Sheen,[2] o sujeito que prova que dois mais dois não são cinco, mas acaba ensinando que são seis.

Outras visões

Que discordemos um da visão do outro, parece natural. Não se vê do mesmo jeito a mesma cachoeira, por conta das distâncias, dos binóculos, dos ângulos e das árvores que porventura estejam à frente. Mas quem tem juízo ouve o relato do outro

---

[2] O arcebispo Fulton Sheen foi um conhecido comunicador católico que, durante cerca de sessenta anos, sustentou vigorosa atividade pública nos EUA, primeiramente no rádio e depois na TV, onde se manteve como um dos líderes de audiência com seu programa semanal de 30 minutos, *Life is Worth Living*. Ali, o público podia conhecer sua bela oratória, seu raciocínio ordenado, sua didática eficaz e seu ferrenho anticomunismo.

e procura entender a visão dele, mesmo que discorde das suas conclusões.

O salto do Rio Novo

Em Corupá, Santa Catarina, há várias cachoeiras, e uma delas é a do Rio Novo. De um lado se vê apenas a parte superior. De outro se vê quase toda ela, mas não toda! É impossível vê-la por completo, os empecilhos naturais não o permitem. Sem ouvir o outro, um espectador dirá que ela tem 30 metros. O outro que estudou, ou subiu todas as quedas, dirá que tem quatro vezes mais. Estão certos os dois. É que falam do que viram ou de determinada queda, das sete que ela tem. As conclusões não são as mesmas porque as visões não são as mesmas.

Em cristologia acontece o mesmo. "Fui lá, estudei, vi, experimentei Jesus, senti e fui revelado; li este ou aquele documento, fico com esta ou aquela Igreja, com este ou aquele concílio." Podem ser argumentos, mas não são os definitivos. Jesus permanecerá o mistério que é.

> Um pouco, e não me vereis; e outra vez um pouco, e ver-me-eis; porquanto vou para o Pai (Jo 16,16).

> Disse-lhes, pois, Jesus: "Quando levantardes o Filho do Homem, então conhecereis quem eu sou, e que nada faço por mim mesmo; mas falo como meu Pai me ensinou" (Jo 8,28).

> Vós me buscareis, e não me achareis; e onde eu estou, vós não podeis vir (Jo 7,34).

> Então, se alguém vos disser: "Eis que o Cristo está aqui, ou ali", não lhe deis crédito (Mt 24,23).

Mais procurado que achado

Procurar é uma coisa, dizer que achamos e sabemos é outra. A cristologia é mais uma procura do que um achado. Quando se

um rosto para JESUS CRISTO   17

reveste de pomposas afirmações e de achados definitivos, corre o grande risco de deixar de ser cristologia. Perde a *logia*. Vira pregação entusiasmada do que achamos ser o certo e não do que se tornou visão abrangente de todas as igrejas. Repitamos: não se pode, hoje, fazer cristologia sem ouvir a palavra dos que estudam Jesus. Deixada apenas aos pregadores de mídia e de grandes concentrações, grande número dos quais sabidamente lê pouco, a cristologia terminará em triunfalismo: "Yes, we have Jesus! Sim, nós temos Jesus! Venha e conheça o Jesus que se revelou a nós, e tão somente a nós...".

O maior sinal de que alguém se afastou da cachoeira e enveredou pelo caminho oposto é o fato de que ele ouve cada vez menos o som das águas. O maior sinal de que alguém está se afastando da cristologia e do Cristo é o fato de que ele gasta tempo demais a provar que viu mais do que os outros. Quem abandona a humildade e o diálogo abandona Jesus. *Encantou-se mais com sua procura do que com aquele que deveria procurar.*

Entre na internet e verifique. Está repleta de "sabemos, achamos, encontramos!". Entre os artigos e documentos, achará os sérios e profundos: "Foi assim, tem sido assim, talvez prossiga assim a busca pelo Senhor Jesus".

Outra vez vale a advertência de Jesus: "Então, se alguém vos disser: 'Eis que o Cristo está aqui, ou ali', não lhe deis crédito" (Mt 24,23).

Jesus é muito mais! A verdadeira cristologia sabe disso!

> Do mesmo modo que Jesus Cristo consumou a sua obra de redenção na pobreza e na perseguição, assim também a Igreja é chamada a seguir o mesmo caminho para poder comunicar aos homens os frutos da salvação. Cristo Jesus, "tendo condição divina [...] esvaziou-se a si mesmo e assumiu a condição de servo" (Fl 2,6-7) (*Lumen gentium* 8).

3. Quem é esse Jesus?

Quem é esse Jesus
De quem se fala tanto,
Há tanto tempo e tantas coisas,
Muitos contra e muitos a favor?
    Quem é esse Jesus,
    Não passa hora nem minuto nem segundo
    Sem que alguém se lembre dele
    E o chame de Senhor?
Tamanha é sua luz,
Tão grande a força das palavras que Ele disse,
Em Jesus não há mesmice
Desde o berço até a cruz.
    Ninguém disse o que Ele disse
    Nem do jeito que ele disse,
    Quem é esse Jesus?

Quem é esse Jesus
Que andou pelas aldeias
Semeando mil ideias
E do Pai mostrou-se porta-voz?
    Quem é esse Jesus
    Que fez os santos, os profetas e os doutores,
    Converteu os pecadores,
    Não deixou ninguém a sós?
Tamanha é sua paz,
Tão grande a força dos sinais que foi deixando,
Que prossegue transformando
Quem se deixa transformar!

Com palavras decididas
Resgatou milhões de vidas,
Quem é esse Jesus?

Quem é esse Jesus
Que gera controvérsias
Onde quer que alguém o lembre,
Muitos contra e muitos a favor?
Quem é esse Jesus?
Por causa dele nova história foi escrita,
Não há vida mais bonita
Do que a deste sofredor!
Morreu naquela cruz
Mas foi tão grande o testemunho desta vida,
Nele a morte foi vencida
Ao morrer naquela cruz.
Poderoso e mais que forte,
Poderoso até na morte,
Quem é esse Jesus?

(Pe. Zezinho, scj)

4. Entusiasmo desatento

Um exército de pregadores e pregadoras, repletos de unção e de entusiasmo, dia após dia, enfrenta câmeras e microfones e sobe aos púlpitos de templos e estádios para anunciar que um homem que viveu há dois mil anos está vivo. O esforço é mais do que louvável; Jesus merece ser proclamado pelo que disse, por ter sido quem foi e por ter vivido como viveu!

Mas há um "porém"! O entusiasmo de proclamá-lo nem sempre corresponde ao entusiasmo por saber mais sobre ele. A fala de milhares destes proclamadores trai falta de estudo e de leitura. Amam Jesus, mas não o estudam! Lembram o motorista que todos os dias passa pela Avenida Moreira Guimarães e até estaciona no posto para abastecer ou lavar seu veículo, toma café com os amigos, mas nunca se dá conta de onde está. Acostumou--se a chamá-la de Avenida 23 de Maio. Talvez não faça diferença, talvez faça. Informação correta sempre faz a diferença. Dá-se o mesmo em questão de fé. Milhões acham que ainda estão no catolicismo, mas seu modo de pregar e de crer os tirou da rota. Seu ecletismo e suas misturas estão mais para cristianismo esotérico do que para cristianismo católico... Algumas práticas de exorcismo e quebra de maldições estão mais fora do que dentro do catolicismo. Uma boa catequese explicaria a origem daquelas preces.

* * *

Um grupo bem menos numeroso, mas já auspicioso de pregadores estudiosos, mergulha fundo na *cristologia antiga e moderna* buscando saber quem foi Jesus no seu tempo, quem ele pode ter sido antes, quem foi se tornando na mente e no coração dos cristãos e quem é Jesus agora. Eles estudam Jesus!

* * *

um rosto para JESUS CRISTO

> Não é que seja errado imaginar Jesus, uma vez que não há fotos nem manuscritos dele, mas é preciso mais do que entusiasmo, carinho, louvor e adoração para anunciá-lo.

É o que alguns pregadores se negam a aceitar. Teimam em anunciar um Jesus que eles mesmos não procuram. Estão cansados de saber que não basta procurá-lo em prece (cf. Mt 7,22)! Sabem que, se apenas orarem, não passarão nas provas da faculdade. Então oram, mas também estudam! Fazem isso com matemática, física, história e biologia: não fazem o mesmo com a cristologia.

***

Para anunciar Jesus é preciso, antes, saber quem era ele, o que disse, em que tempo viveu e que preço pagou por ser quem era e ter dito o que disse. Quando se anuncia *o Cristo da fé* e se ignora *o Cristo Histórico* não se chegou nem mesmo à metade do Cristo. Anunciar um Jesus imaginado não basta e não dá certo. Sem situá-lo no seu tempo fica difícil entendê-lo no nosso.

5. Aprendizes de cristologia

Ocupar-se de Jesus! É isso que fazem a cristologia e as leituras que a ela conduzem. Nenhum pregador deveria elevar a sua voz anunciando Jesus sem primeiro ter estudado o mínimo dos mínimos desta ciência que Paulo definia como *viver em Cristo*.

> Nada me propus saber entre vós senão a Jesus Cristo, e este crucificado (1Cor 2,2).

> Para mim o viver é Cristo, e o morrer é ganho (F1 1,21).

> Estou crucificado com Cristo; e vivo, não mais eu, mas Cristo vive em mim; e a vida que agora vivo na carne, vivo-a na fé do Filho de Deus, o qual me amou e entregou a si mesmo por mim (Gl 2,19-20).

Um livro nem sempre é um tratado. *Leituras de cristologia* podem ajudar, mas o estudo sobre Jesus é bem mais exigente e bem mais profundo: pede livros acadêmicos. Estas que lhe apresento aos poucos são páginas de catequese para os que desejam refletir sobre Jesus, mesmo sem ter vocação acadêmica. Não é um livro para a faculdade, mas é um livro para suas viagens e para suas tardes e noites de catequese pessoal. Se você é daqueles católicos que *leem Jesus*, entenderá meu progredir a cada novo tema... Escrevo para levar quem me lê a ler os livros que ando lendo. Se melhoraram minha fé, penso que farão o mesmo para quem os ler.

Jesus vem aos poucos

Preocupam-me os pregadores que não leram, mas ensinam como quem já viu tudo. Lembram o enfermeiro que mal aprendeu a fazer curativos e já se arrisca a implantar pontes de safena!... Pilotar sem ter aprendido o básico numa escola de pilotos

um rosto para JESUS CRISTO

é perigoso! O fiel católico que quiser mergulhar neste apaixonante tema e projeto "conhecer Jesus" deverá ler milhares de páginas, algumas das quais destacarei na bibliografia ao fim deste livro.

Penso, contudo, naqueles que não dispõem nem de tempo nem de intenção de ir tão longe. Para eles, creio que estas páginas servirão de incentivo. Que saibam e entendam que *Jesus vem aos poucos.* Toda catequese e toda conversão precisa ser progressiva. A de Paulo de Tarso foi! Ninguém bebe nem come de uma vez ou num ano toda a água e todo o alimento que o mantém e manterá vivo.

6. Montar um mosaico

De tema em tema, de subsídio em subsídio, chega-se ao mosaico que comporá em nossa mente a imagem mais aproximada do rosto de Jesus. Se você acha que já tem este rosto, continue a retocá-lo. Haverá sempre uma pincelada a mais, um traço a mais, um detalhe a mais que você não conhecia. Se ainda não o tem, quem sabe, meu livro o ajudará a buscá-lo em traços e tintas ainda mais coloridos e fortes, à medida que ler outros livros, estes, sim, mais profundos do que o meu!

Defasados...

Ainda que mal comparando: lembra-se dos aparelhos de televisão de vinte anos atrás? Hoje se vê muito melhor e até em três dimensões. Se hoje se navega na internet é porque o mundo foi se atualizando! As pessoas entenderam que há conhecimentos sem os quais não se vive. Se uma velha bicicleta de vinte anos ainda nos leva, um velho televisor de vinte anos não mostra! A velha bicicleta não ficou obsoleta, mas o televisor, sim. E ficou porque os sinais mudaram e ele não consegue captá-los! Pedalar é uma coisa, ver e informar-se pertence a outra dimensão do viver.

Imagino que era disso que Paulo falava aos Efésios em 3,18. Ele queria que aqueles fiéis conhecessem *outras dimensões do mistério do Cristo*. Orava por esta graça para eles! Teriam que progredir, se quisessem crescer como cristãos! Talvez o maior erro de um pregador seja o de não ler os livros que tem ao seu alcance! O que digo nos meus livros não chega a 1% do que meus leitores descobrirão nos livros que costumo indicar! Seu mentor e pregador preferido deveria fazer o mesmo! Cristologia que vem apenas de um pregador é suspeita! Ninguém é assim tão sábio que possa dispensar a visão dos outros estudiosos!

7. Teólogos e cristólogos

> Nem a altura, nem a profundidade, nem alguma outra criatura nos poderá separar do amor de Deus, que está em Cristo Jesus, nosso Senhor (Rm 8,39).

Foi Hans Küng quem disse que "se Deus existe, certamente ele não atua no mundo à maneira do finito e do relativo. Atua, pelo contrário, como o infinito no finito e como o absoluto no relativo" (Hans Küng, *Por que ainda ser cristão hoje*).

Então, é fácil compreender que todos os que pregam ou escrevem sobre a ação de Deus no mundo e sobre a pessoa do Cristo, escrevem a partir de suas próprias limitações. É o finito e curto de entendimento falando de um ser infinito, abrangente, que tem seu modo de agir e cujos pensamentos não são à maneira dos nossos (cf. Sl 40,5; 92,5).

> "Meus pensamentos não são os vossos pensamentos, nem os vossos caminhos os meus caminhos", diz o Senhor (Is 55,8).

As livrarias do mundo inteiro estão bem sortidas de livros sobre as religiões, sobre Deus e sobre a pessoa de Jesus. Há historiadores da religião, teólogos e cristólogos crentes e teólogos e cristólogos não crentes. Os não crentes, mesmo não admitindo a existência de Deus e a divindade de Jesus, analisam o que causou na História a esperança, a busca e a certeza de bilhões de fiéis que beberam das suas palavras. Pensam e pensavam assim Daniel Dennet, Ernst Bloch, Gerald Messadiè e Joseph Campbell.

Cristólogos sérios

Poderíamos citar mais de trezentos cristólogos crentes que nos brindaram com suas reflexões sempre ricas de conteúdo sobre a pessoa de Jesus de Nazaré. A maioria deles escreveu com fé.

Não poderíamos, porém, ignorar os pensadores católicos, evangélicos e ortodoxos cujos ensaios e compêndios tornaram suas igrejas mais profundas. Atenho-me a Edward Schillebeeckx, G. K. Chesterton, Karl Rahner, Karl Barth, Jürgen Moltmann, Rudolf Bultmann, Teilhard de Chardin. A lista dos livros que anotei encheria duas a três páginas.

Evidentemente não escrevo com a mesma profundidade: não a possuo! Mas creio prestar um serviço aos que sintonizam com meu jeito de escrever sobre a fé em Cristo, se levá-los a uma reflexão um pouco mais provocativa e exigente sobre o que significa crer em Jesus hoje.

Jovens cristólogos

Tenho 69 anos e fico feliz por constatar que há jovens que sabem mais do que eu. O estudo da cristologia tem empolgado milhares de jovens das mais diversas igrejas cristãs. Isto é bom! É de se esperar, no futuro, pregações bem mais consistentes e profundas sobre Jesus. Muitas das pregações de hoje se limitam a expor os sentimentos do pregador: "Jesus me disse", "Jesus é maravilhoso", "Jesus me salvou", "Eu amo Jesus"! É tocante, mas não basta!

Do "Jesus e eu", "eu e Jesus", "Jesus e você", "você e Jesus", já se percebe a transição para o Cristo histórico e o Cristo da fé, o Cristo cósmico, o Cristo maior. Parafraseando Carl Sagan,[1] digamos que, com a nova cristologia, Jesus esteja ficando maior, porque, até agora, o Jesus anunciado tem as dimensões da cabeça de alguns pregadores. Anunciam um Jesus para consumo rápido, conversão rápida e adesão imediata, enfim, um poderoso produto de marketing, mas produto! E se há uma coisa que Jesus

---

[1] Cientista e astrônomo dos Estados Unidos, foi um grande pesquisador e divulgador da astronomia, bem como teve papel significativo no programa espacial americano.

não era, não é, nem nunca será é produto. Se for, então será falso. *Um crucifixo falsificado ainda é um crucifixo, mas um cristo falsificado não é Jesus Cristo.* Nem parecer parece!

As novas cristologias

As novas cristologias que vêm com força das faculdades das mais diversas igrejas, vêm questionadoras e exigentes. Naqueles dias Jesus perguntou aos discípulos que opiniões havia sobre o Filho do Homem e quem os discípulos achavam que ele era (cf. Mt 16,13-14). Já sabemos o que disse Pedro: deu a resposta da fé. "És o esperado Messias" (Mt 16,16). O sumo sacerdote quis arrancar dele a afirmação que o tornaria réu confesso: "És ou não és o messias?" (Mt 26,63). Jesus lhe deu a esperada resposta, que lhe rendeu acusação de blasfêmia, tapas e cusparadas na face. Ele era (cf. Mt 26,63-67)! Era o argumento que Caifás esperava para entregá-lo a Pilatos. Condenado pela religião por se declarar o Messias e pelos romanos por se declarar rei, não importa de que reino (cf. Lc 23,3).

Pergunta que perdura

A pergunta prossegue nos nossos dias com as mesmas consequências. Quem diz a mídia de hoje que ele é? O que os editoriais de rádio, televisão e jornal de hoje dizem a seu respeito? O que dizem os crentes nos estádios e avenidas? O que dizem as mais diversas igrejas em suas manifestações? As respostas nunca são as mesmas, porque variam do Cristo retrógrado, ultrapassado, que proíbe demais, ao Cristo progressista que tudo permite. Para quem não gosta de sua mensagem, ele "já era"! Para quem achou um Cristo que concorda com suas ideias, ele é "superatual!". Para quem procura o Cristo histórico e o da fé serena e forte, para começo de conversa, ele não é de fácil definição.

Do cristo ao Cristo

Do cristo taumaturgo ou pragmático e conveniente, que diz o que milhões de leitores e telespectadores desejam ouvir, ao Cristo Jesus difícil de decifrar e entender, há um abismo! Mas é o que se ouve dizer. Há um cristo que, de certa forma, aprova ditaduras, a dominação de um grupo sobre o outro, o recurso às armas, sacramenta o divórcio, o aborto e a manipulação de embriões. Os que ousam mostrar o Cristo exigente, que diz "não" a uma sociedade individualista ao extremo, são taxados de ultraconservadores, alienados, fora do compasso, pouco interessantes. Tal Cristo não pode ser o verdadeiro! Se Cristo era progressista, não pode se opor a eles! Não dá mais para crer num Cristo da Idade Média! É o que escrevem e dizem no rádio e na televisão!

O triste é que há cristãos das mais diversas igrejas dizendo o mesmo! O cristo deles engordou sua conta no banco, porque o Jesus que eles conhecem é a favor do conforto e do acúmulo de riquezas. O Cristo da Teologia da Prosperidade responde generosamente a quem lhe dá generosamente! Uma famosa pregadora dizia sentir orgulho de sua Igreja, quando via os carrões "último tipo" estacionando em frente do seu templo!... Um outro ria dos crentes que não querem ficar ricos. Ele queria! Ainda outro lembrava que, se Jesus "vivesse" hoje (não vive?), ele teria hangar e helicóptero e falaria horas e horas na televisão, porque desejaria salvar milhões de almas...

Correto? Questionável? Abra sua Bíblia e responda você mesmo!

Cristologia teimosa e exigente

Independentemente do que dizem sobre Jesus na mídia moderna, há uma cristologia mais exigente em curso. Você que é jovem e quer mais da sua Igreja, será um dos beneficiários desta virada de página. Os pregadores saberão muito mais sobre Jesus do que sabem hoje. É que os livros sobre Jesus começam a ser lidos!...

8. À guisa de provocação

E transfigurou-se diante deles; e o seu rosto resplandeceu como o sol, e as suas vestes se tornaram brancas como a luz (Mt 17,2).

Rostos imaginados

Você talvez tenha na sua casa, no escritório ou no local de trabalho esculturas e pinturas que lembram Jesus morto, ressuscitado, glorificado. Tenho três cruzes, três imagens e doze rostos imaginados de Jesus nos lugares onde trabalho. São todas concepções diferentes. Sei perfeitamente que Jesus não era assim. Nenhuma delas mostra o mesmo rosto. *Imagens de Jesus não são retratos dele.* Não falo com elas nem acho que traduzem quem ele foi. Elas apenas o lembram.

Pintores e escultores diferentes imaginaram e produziram aqueles quadros e aquelas esculturas. Fizeram-no influenciados pela catequese que receberam. Tanto quanto nós, eles não sabiam qual o verdadeiro rosto de Jesus. Mas posso imaginar que tenham lido a Bíblia, algum livro de História, ou algum compêndio de teologia, o suficiente para imaginá-lo. E é por isso que há tantos "cristos" esculpidos, pintados, impressos e desenhados, inclusive pelos pregadores que, no altar ou nos púlpitos, mostram aos fiéis um pouco do rosto de Cristo. Aí está o problema: muitos mostram o *rosto* e tratam os outros aspectos como o *resto*. Paulo pensava diferente, quando disse:

> Cristo habite pela fé nos vossos corações; a fim de, estando arraigados e fundados em amor, poderdes perfeitamente compreender, com todos os santos, qual seja a largura, e o comprimento, e a altura, e a profundidade, e conhecer o amor de Cristo, que excede todo entendimento, para que sejais cheios de toda a plenitude de Deus (Ef 3,17-19).

O rosto ético e o rosto estético

O que acontece com pintores e escultores, acontece com igrejas, pregadores e púlpitos. Falam do mesmo Cristo, mas não pintam exatamente o mesmo rosto. *O Cristo da maioria dos pregadores famosos não é o mesmo Cristo dos teólogos e exegetas.* Se pusermos os dois, lado a lado, o pregador famoso, ouvido e visto por milhões de seguidores ficará em desvantagem cultural. Mas é a ele que os fiéis ouvirão, porque criou um rosto que os fiéis daquela igreja ou daquele grupo acham que é o mais bonito e verdadeiro. Na era do visual e do marketing nem sempre vence o correto. Não poucas vezes vence o que tem mais poder de convencimento! A simpatia muitas vezes derrota a teologia!...

Nem sempre a verdade...

O povo nem sempre busca a verdade como ela é. Busca-a do jeito mais agradável e conveniente. Paulo lembra que nos últimos tempos haveria pregadores que a ofereceriam (cf. 2Tm 4,1-5) do jeito que os fiéis gostariam de ouvir. Mas, neste caso, seriam pessoas fiéis aos pregadores e não à verdade. *Na busca do Cristo, nem sempre é o Cristo que os fiéis buscam, mas o Cristo do pregador em destaque no momento!* Vemos isso com frequência na mídia. Não são os teólogos e pensadores que mais atraem fiéis. Vale aquele que melhor se comunica! Nem sempre se divulga a melhor canção, mas o produto que mais interessa ao grupo que detém a emissora. Errado ou certo, o marketing tem hoje enorme influência sobre a fé do povo.

Entre *pathein* e *mathein*

O povo simples quer algo mais concreto, agora, já. No dizer de Aristóteles, as almas religiosas buscam mais o *pathein* (sentir e tocar – lê-se com acento no "é") do que o *mathein* (matutar, conhecer e apreender); não querem a *theoría*, querem a *phronesis* (lê-se com acento no "ô"). A *theoría*, mais do que lógica, é um discurso disciplinado, abrangente, que estuda um antes e prevê um depois; tem perspectiva, é fruto de quem vai mais fundo. A *phronesis* é o exercício do aqui agora, do cotidiano, do que se pode sentir. Não é que seja errado, mas é o que a maioria das pessoas quer e busca: uma fé alcançável e palatável. E esta o pregador oferece, junto com certezas que ele não tem, mas afirma ter.

Mais certezas do que fé

A grande maioria dos pregadores de mídia anda pregando mais certezas do que fé e esperança. Eles praticamente "garantem" curas e milagres: "Vem que aqui têm...". Chegam a dar endereço e hora para o milagre. O teólogo, sempre criterioso e cuidadoso na exposição da verdade, diz que o caminho *talvez seja o que ele propõe*, mas há um talvez no meio de sua afirmação. A maioria dos pregadores de agora segue o caminho inverso: garante que é ali mesmo, no templo e no acampamento deles! Não há talvez!... Pode vir que vai achar! É a chamada pregação afirmativa. Mas ser afirmativo não é o mesmo que estar certo! Você pode ensinar com toda a convicção que aquele ônibus que leva para Belo Horizonte passa por Curvelo. Se ele não passar, de nada adiantará sua atitude afirmativa!...

***

Maquiadores de Jesus

Em tempos de visual: internet, televisão e cinema, o maquiador ganhou importância. Seu talento transforma qualquer rosto, dá ao ator a aparência que melhor se encaixe no roteiro. Alguns fazem o mesmo com Jesus. É limite dos crentes. Não sabendo qual o rosto dele, damos-lhe um. Há, pois, o Jesus real, o Jesus bem imaginado e o mal imaginado, o bem revelado e o mal revelado, o bem captado e o mal captado, o Jesus de todos e o Jesus personalizado. Tudo depende do anúncio que recebemos ou da procura de cada coração.

Que Jesus eu aceito? Que Jesus eu quero? Pela boca de qual pregador? Em qual igreja? Procuramo-lo em todas as igrejas? Em qualquer igreja? Em apenas uma igreja? Em apenas um pregador? A depender de nossa procura, teremos exatamente a imagem que procuramos. Não tenhamos dúvida: alguém a pintará para nós...

Um rosto que amadurece

Nosso rosto amadurece à medida que crescemos. Também o rosto de Cristo amadurecerá aos nossos olhos à medida que Cristo crescer em nós. Uma catequese progressiva é boa quando deixamos de falar de Jesus menino e começamos a falar do Jesus que um dia foi menino!... Vale dizer: sabemos que ele ficou adulto e está adulto na glória. Não há mais Jesus menino. É memória! Esta catequese vai nos oferecendo retoques, como o avião em voo cruzeiro, que vai ajustando e corrigindo o curso a cada vento que o desestabiliza.

Ajustes necessários

A imagem que nos deram na catequese infantil precisa de ajustes à medida que amadurecemos na vida e na fé. Se o rosto de Jesus não cresce em nós, acontece o infantilismo religioso, síndrome que ataca até mesmo velhos pregadores. Continuam falando de maneira infantilizada e infantilizante sobre um Cristo que já não cabe mais na cabeça do povo, nem mesmo das crianças. O piedoso padre que disse no rádio que, a cada novo pecado, enfia-se mais um espinho na cabeça do Cristo, falou de maneira infantil. Hoje, nem mesmo às crianças se ensina isto! A piedade amadureceu! Mas muitos acabam envelhecendo com um Jesus que não amadurece. Bom não é, porque uma é a imagem de nossos avós e de nossos pais quando tínhamos 5 anos, e outra, depois que crescemos. Para nós, adultos, o rosto de

Cristo hoje não deveria ser o mesmo da nossa infância. Se for, convém pedir ajuda!

Muitos rostos e muitos Cristos

A verdade é que do anúncio de Jesus emergem muitos Cristos, cada qual diferente do outro. E nem sempre se trata do Jesus Cristo dos evangelhos. Acaba sendo o do pregador que decidimos ouvir. Um olhar e um ouvir mais atento dos sermões e das pregações em estádios, templos e mídia revela, hoje, Cristos diferentes e até contrastantes, a depender de cada pregador. Consequência: Cristos diferentes também para os fiéis.

O Cristo do pregador

Há um tipo de fiel que não lê nada sobre Jesus e não ouve senão o seu pregador. É deste pregador que lhe vem o Jesus que adora e anuncia. Se quem prega é pessoa de pouca leitura, parou nos anos 1960 e navega mais na vivência e no sentimento, assim será o Cristo dos seus seguidores, porque tais fiéis só compram e só leem seus livros e seus artigos e só ouvem seus programas. O prato de sopa religiosa deles tem o tempero do seu pregador; o Cristo deles tem o rosto desenhado por aquele pregador. Não seguem uma Igreja: seguem uma pessoa, e esta pessoa está longe de ser Jesus!

***

Do jeito do fundador

Se antigamente um pregador levava mais tempo para fundar uma Igreja e fazer novos adeptos, hoje, com o advento da mídia, apareceram os semideuses da fé; pregadores que, no curto espaço de cinco anos, às vezes um ano, conquistaram milhões de ouvintes e adeptos com sua nova imagem do Cristo. Os fiéis de outras igrejas foram para lá conhecer o novo rosto de Jesus, pintado

Sangria espiritual

Por conta da nova imagem do Cristo, da nova descrição, do novo endereço e dos novos pregadores, algumas igrejas sofreram enorme sangria; principalmente a Católica Apostólica Romana. Seus fiéis lhe foram infiéis e escolheram sentar-se diante de novos púlpitos e novos pregadores e orar diante de novos altares. Não estavam satisfeitos com os pregadores da Igreja na qual foram batizados. Faltou alguma coisa! Culparemos apenas a Igreja? Quando alguém vai embora de uma família, a culpa é sempre de quem ficou? Quem partiu não tem também sua parcela de infidelidade?

Mudaram por alguma razão

Quando o supermercado que frequentamos desde crianças não muda de cara e não oferece os novos produtos que há nos novíssimos centros de compra instalados ao lado dele, não hesitamos em mudar de fornecedor. Sinto ter que dizê-lo, mas muitos fiéis e pregadores de hoje percorrem o mesmo caminho. Na outra Igreja é permitido casar de novo, lá se sente mais Jesus, lá se presenciam mais milagres...

Em pouco tempo os infiéis da velha Igreja, tornados fiéis da nova, adquirem uma nova imagem mental de Jesus de Nazaré, que não é nem o Cristo histórico nem o da fé; é um Cristo mais pragmático. Estou escrevendo estas linhas em maio de 2010. Não faz uma semana que ouvi esta frase de um católico que aderiu a uma nova Igreja: "Mudei porque ser católico não me satisfazia mais. Lá, eu sinto e toco Jesus, e ele agora me toca sempre que eu preciso dele. Nosso Jesus oferece concretude. Vocês, católicos, perderam Jesus!". Agradeci ironicamente pela generalização e pela ingratidão. Era alguém que recebeu dos líderes católicos educação, emprego e ajuda constante por conta de grave enfermidade na família. Mas não viu Jesus em nada disso! Viu mais resultado na nova fé...

Cristo personalizado

Na era do *personal trainer* e da personalização, não poderia faltar um *Cristo personalizado*. Mas isso nem é tão novo! Paulo já advertia contra o apego a Cefas, a Apolo e a ele. Evidentemente aqueles fiéis não estavam à procura do Cristo da fé, mas sim do Cristo do seu admirado pregador (cf. 1Cor 1,12). Outra vez, valia mais a simpatia do que a teologia.

***

Coisas como estas que acabo de descrever me levaram a sentir que deveria e poderia falar no rádio e na televisão, e, depois, escrever sobre o tema Jesus, de maneira acessível, na esperança de que o ouvinte, telespectador ou leitor conhecesse também os que *pensam* Jesus! Torno a citar alguns das mais diversas igrejas e caminhos: Karl Rahner, Edward Schillebeeckx, Bento XVI, Roger Haight, Albert Nolan, católicos, e Karl Barth, Marcus Borg, John Dominic Crossan, Mircea Eliade, Karen Armstrong. E lembro ainda uma dezena de bons autores que oferecem um relato bem mais desapaixonado de Jesus de Nazaré, a quem chamamos de "O Cristo".

9. Um rosto inteiramente novo

Ansiosa por não envelhecer, dona Mildred, senhora da alta sociedade de um condado do Centro-Oeste americano, na juventude tinha sido o rosto mais conhecido da região. Usou, então, de todos os recursos de que dispunha para retardar a idade. Deixou-se operar por mais de quinze cirurgiões plásticos. Insatisfeita, foi de um a outro. E não houve quem a demovesse.

Dez anos depois, corpo e rosto estavam tão irreconhecíveis que nem os filhos, nem as irmãs, nem o marido viam nenhuma semelhança com o rosto, antes bonito e sereno, de dez anos atrás. Dona Mildred, na verdade, não tinha mais rosto. O que ela agora mostrava não era o da juventude, nem o das fotos de antes. Retocadores de rosto haviam criado para dona Mildred um rosto inteiramente novo. Mas ele não fazia jus à bonita mulher que ela fora!

O rosto de Jesus de Nazaré

Diferentemente de dona Mildred, Jesus de Nazaré há dois mil anos tinha um rosto que era mais do que sua face. Foi quem foi e deixou claro que sabia quem era. Morreu crucificado por ordem de Pôncio Pilatos, que mandou escrever na cruz a razão de sua execução: enfrentara o poder de Roma, proclamara-se rei e propusera um novo reino. Roma, que já crucificara outros messias que ousaram criar reinos não submissos à águia romana, crucificou mais este. A bem da verdade, o sumo sacerdote Caifás, que naqueles dias conduzia a religião, numa jogada política de mestre o entregou aos romanos. Roma o mataria por conspirar contra o império, e a religião judaica se livraria de um pregador que questionava o que se fazia no Templo e o modo de viver dos líderes daqueles dias... Segundo as autoridades daqueles dias, Jesus morrera por sedição e por blasfêmia. Era herege, blasfemo,

um rosto para JESUS CRISTO

impostor e sedicioso... Alguém com este perfil jamais escaparia da cruz! Era o rosto que eles viram.

Um rosto de mártir

Mas aquele rosto de mártir, que sabia que sua cabeça estava a prêmio e mesmo assim subiu a Jerusalém, que deixou claro que morria pelo seu povo, que morreu perdoando os inimigos, fixou-se na mente de quem o viu morrer e depois ressuscitar. Milhões de crentes mais tarde contemplariam aquele rosto torturado na cruz e adorado depois da cruz (cf. Jo 19,37; Lc 24,41).

É possível que na hora da cruz e dias depois, quando correu a notícia de que ele ressuscitara, alguns discípulos, como os dois de Emaús (cf. Lc 24,13), tenham pensado naquele rosto. Estava mudado! Os de Emaús não conseguiram reconhecê-lo. É possível que Pedro, Tiago e João tenham relembrado aquele rosto brilhante do Tabor (cf. Mt 17,1-8). Era ainda o rosto original do Cristo que dera a vida pelo seu povo e por todos, mas já não era o mesmo aos olhos dos discípulos (cf. Rm 5,8). Olhavam-no, agora, com outros olhos (cf. Lc 24,34-46). Mudara Jesus ou haviam mudado eles?

Que rosto vocês me dão?

Um dia, o próprio Jesus perguntara aos discípulos que rosto o povo lá fora lhe dava. "Quem andam dizendo que eu sou? Quem dizem que é o Cristo?" Eles disseram que alguns apontavam para Elias, João Batista ou outros profetas. Então Jesus perguntou que rosto, eles, os discípulos, lhe davam. Pedro respondeu que via nele o Cristo, o Ungido, o Filho de Deus vivo (cf. Mc 8,28-30; Mt 16,16).

Assim chegou até nós o relato daqueles dias. De qualquer forma, a comunidade cristã elaborou um perfil de Jesus que naqueles dias correspondia ao que tinham recentemente ouvido dele e dos apóstolos. Mas, com o tempo e com os novos pregadores, já no tempo dos apóstolos, muitos deles avessos a estudos e

38   Pe. Zezinho, scj

encantados com o mistério e com os prodígios, o rosto começou a ser esticado, deturpado e retocado (cf. 1Tm 1,18-20). Em menos de vinte anos, a profecia de Jesus a respeito dos que deformariam seu rosto já se cumpria.

> Porque se levantarão falsos cristos, e falsos profetas, e farão sinais e prodígios, para enganarem, se for possível, até os escolhidos (Mc 13,22).

> Porque muitos virão em meu nome, dizendo: "Eu sou o Cristo"; e enganarão a muitos (Mt 24,5).

> Então, se alguém vos disser: "Eis que o Cristo está aqui, ou ali, não lhe deis crédito (Mt 24,23).

> Porque tais falsos apóstolos são obreiros fraudulentos, transfigurando-se em apóstolos de Cristo (2Cor 11,13).

> E entre esses foram Himeneu e Alexandre, os quais entreguei a Satanás, para que aprendam a não blasfemar (1Tm 1,20).

Pintores de pincel em punho

Não respeitavam o perfil do Cristo, nem o rosto nem a doutrina. Daqueles dias em diante um exército de profetas, pregadores e anunciadores de Cristo, em pseudoevangelhos, escritos apócrifos, cartas forjadas, visões nunca comprovadas e em novíssimas igrejas, se encarregaram de retocar de tal forma o rosto de Jesus, que em muitos lugares e púlpitos ele é, hoje, irreconhecível. E uma Igreja acusa a outra de havê-lo deturpado...

Aqueles rostos de Jesus não estão nos evangelhos. É um Jesus que permite os mais incríveis comportamentos: diz que quem vai com ele não sofre mais; que os fiéis não precisam mais levar a sua cruz cotidiana; faz milagres com data, lugar e hora marcados; abençoa as mais estranhas uniões; diz coisas inimagináveis; apoia acúmulo de capital e oferece bênçãos de prosperidade; milita na direita, na esquerda, no centro; abençoa quebra-quebra de ônibus ou bens do Estado; apoia terroristas e sequestradores de crucifixo no peito; aceita a pena de morte; cala-se diante do aborto de milhões de fetos; concorda com ditadores assassinos; manda pegar em armas e admite que se mate e se minta em seu nome...

Em nome de Jesus

Em nome de Jesus não foram poucos os que tomaram o poder, mataram, mandaram matar, dizimaram populações nativas, levaram junto os seus pregadores para cuidar de quem morria matando, ou para converter os povos subjugados; invadiram terras alheias, subjugaram nações e povos. No meio de tudo isso havia os cristãos sinceros a buscar o verdadeiro perfil do Cristo. Francisco e Clara, Vicente de Paula, Camilo de Lellis, João Bosco, Martin Luther King, Teresa de Ávila, Teresa de Calcutá, Oscar Romero e milhares de outros que fundaram creches, asilos, hospitais, ou morreram sabendo que morreriam pelo seu povo.

Que rosto vocês me dão?

A pergunta continua. E para vocês, que rosto é o meu? Como vocês pintam minha face? Sou um Cristo italiano ou alemão? Loiro de olhos azuis? Sou negro e tostado de sol? Sou mulato? Amorenado? Meu olhar é calmo e doce, ou sou também exigente e às vezes cerro os sobrolhos? Estou desesperado na cruz ou mostro sofrimento sem perder a minha dignidade? Digo o que tem que ser dito diante do prefeito, do presidente ou do governador, ou abrando o discurso para não perder alguma concessão do governo? Que rosto é o meu agora? Lembra o rosto que foi o meu naqueles dias, ou anda irreconhecível? Meus divulgadores estão dizendo o que eu diria, ou o que mais lhes convém para conseguirem encher seus templos? Seria eu capaz de dizer o que eles andam afirmando?

É deste rosto retocado que se ocupa a cristologia. São os retoques cada dia mais atrevidos que a deturpam...

10. Conhecer aquele rosto

> E ele mesmo chamou uns para apóstolos, e outros para profetas, e outros para evangelistas, e outros para pastores e doutores, querendo o aperfeiçoamento dos santos, para a obra do ministério, para a edificação do corpo de Cristo, até que todos cheguemos à unidade da fé e, no conhecimento do Filho de Deus, ao homem perfeito, à medida da estatura completa de Cristo (Ef 4,11-13).

É fácil dizer que conhecemos ou que não conhecemos Jesus. Um pouco todos os cristãos conhecem. O suficiente, alguns captaram; em profundidade, poucos... Suficiente até que ponto? Suficiente para quê? Uma coisa é o suficiente para consumo próprio, outra para distribuir; um é o conhecimento pessoal suficiente para prosseguir na fé e outro o conhecimento mais detalhado para subir a um púlpito ou colocar-se atrás de um microfone e anunciar Jesus para milhões de ouvidos.

Jesus nunca é suficiente, porque há sempre mais dele para se saber e concluir. Por isso Paulo fala do mistério do Cristo no qual espera ver os efésios crescerem, conhecendo-lhe todas as dimensões (cf. Ef 3,18).

Difícil é conhecer

Um grande número de anunciadores de Jesus ainda acha que basta amá-lo para anunciá-lo. Não basta! Nunca bastou! Se há quem diga amá-lo sem anunciá-lo, também é verdade que há quem o ame e o anuncie errado. Uma coisa é viver como Jesus viveu e outra é ensinar o que ele ensinou. Nossos santos pais e avós viveram como Jesus viveu, sem terem lido sequer um livro de religião. Não teriam, pois, como anunciá-lo de um púlpito. Anunciaram com sua vida, mas este já é outro ministério!

um rosto para JESUS CRISTO

Os que, hoje, vão à televisão e ao rádio anunciar que Jesus é maravilhoso, cura e faz milagres são sinceros, mas não são poucos os que se confundem ao explicar Jesus. Aí entra a necessidade da cristologia. Um mínimo de conhecimento é essencial para quem, levado pelo zelo e pela gratidão, resolve subir a um púlpito e empunhar um microfone. É o que sugere e até exige a Igreja Católica dos seus catequistas em sucessivos documentos. Há um rosto a ser mostrado e não pode ser mostrado apenas do nosso jeito e com os nossos traços.

11. Desfazendo as caricaturas

Pregador algum gosta de admitir que o rosto de Cristo, que ele propõe ao povo, é uma caricatura. Ofende-se gravemente caso alguém o corrija. Mais de 90% dos pregadores não aceitam retoques aos seus retoques no rosto de Cristo, sobretudo os que sabidamente não estudam e não leem teologia. Acreditam em efusão. Deus lhes disse que Jesus é assim! Ligue a televisão e o rádio, ouça e depois conclua!

Não o fazem por maldade

Um ou outro talvez o faça com manifesta má intenção, mas ninguém desfigura o rosto do seu mestre de maneira intencional. Até prova em contrário, a esmagadora maioria dos anunciadores do Cristo é gente sincera e bem intencionada. Fala a partir do sentimento. Aprenderam a amar este rosto de Cristo e querem que este rosto seja conhecido. Sua Igreja ou seu movimento os pintou para eles. Homens e mulheres, sacerdotes e catequistas, idosos e jovens de todas as igrejas, eles acreditam no que dizem. Querem que Jesus seja conhecido pelos outros, como eles o conhecem. Mas eles mesmos, às vezes, conhecem mais o Jesus demiurgo e taumaturgo do que o Cristo que ensina a pensar e a viver.

Pressa de converter

A pressa de converter pessoas os leva a um Cristo urgente e redesenhado que termina em caricatura. Na mídia, nos templos e nas grandes concentrações de fiéis é onde se torna mais evidente:

1) a vitória do veículo sobre o conteúdo;

2) a proeminência das luzes e do palco sobre a mensagem;

um rosto para JESUS CRISTO

3) a superexposição do pregador, em detrimento da doutrina e da teologia.

Dentre as centenas de textos que se ocupam do pregador, do meio e da mensagem, destaco um de 1649, um de 1908 e outro de 1990, a saber: *O sermão da sexagésima*, do Padre Antonio Vieira, *Ortodoxia*, de Gilbert Keith Chesterton, e *A transparência do mal*, de Jean Baudrillard. Podem ser encontrados via internet. Baudrillard talvez seja o mais destacado filósofo e estudioso dos símbolos e sinais midiáticos do século que passou. E foi, também, um contundente crítico dos abusos da imagem e do sinal, praticados por políticas, ideologias, sistemas, religiosos, artistas, publicitários e *promoters*, no intuito de influenciar pessoas.

A verdade é que, encantadas, enfeitiçadas até, com o jogo das imagens ou das palavras, as pessoas ficam nas aparências do retrato e nunca na pessoa retratada. Saem convencidas de que viram o verdadeiro rosto de um personagem, quando, na verdade, viram a máscara ou a caricatura. Jesus é uma das maiores vítimas dessas deformações de rosto. Mas não é o único. Em toda parte, sob a desculpa de criatividade, é visível a deturpação do rosto humano do homem ou da mulher, como os retoques de tal forma intervencionistas de Madonna, que não mais é Madonna, de Michael Jackson, que não era mais Michael Jackson, de Elvis Presley, que já não era mais Elvis Presley, de Marilyn, que deixara de ser Marilyn. Suas imagens foram moldadas para vender e pouco sobrou de suas pessoas. Nem elas mesmas se reconheciam, porque a mídia as superdesenhara e superdimensionara. Alguns, como Michael Jackson, desesperadamente retocaram de tal forma o próprio rosto e com tamanha brutalidade que nem mais o podiam mostrar. Começaram a perder-se, quando venderam o rosto em troca de milhões de dólares. O *Botox* de hoje, aplicado com clara intenção de ressaltar a beleza e a jovialidade, trai o acento na aparência. É rosto moldado para uma canção ou palavra que também acaba modelada!

O rosto dos pregadores

Dá-se o mesmo com pregadores de fé. Começam sendo quem são: pregadores *que anunciam* Jesus. Passam a ser pregadores *que se anunciam* para anunciar Jesus... Em pouco tempo o esquema de evangelização voltado para o proselitismo e para o arrastar de multidões os transforma em caricaturas do que eram; e, com eles, o Cristo que anunciam.

O objetivo deixa de ser a verdade objetiva e passa a ser o agregar de multidões. Para isso, buscam-se freneticamente milagres, curas, exorcismos de um Jesus sensacional; tudo feito para atrair adeptos. E sempre acentuam que são almas para Jesus e não para eles. Mas seu rosto está lá o tempo todo! As luzes estão sobre o porta-voz. Passam a valer mais do que a pessoa Jesus. Perseguem o resultado Jesus porque o resultado Jesus se traduz em novos templos, emissoras e prosperidade. Seu Jesus faz acontecer, mais do que ser, porque o verbo da modernidade é "acontecer"... *Se não sou visto, não existo!*

Jogo de poder

Transformam o Jesus que é no Jesus que pode e faz. O Jesus que opera prodígios torna-se mais importante do que o Jesus verdade e vida. Naturalmente, tudo acaba muito bem explicado, mas não há como fugir à análise das prioridades: *Quem era Jesus para eles e quem Jesus se tornou depois da fama, das multidões e dos rios de dinheiro arrecadado? Quem era o Jesus deles quando eram pequenos e o de agora que são poderosos? Continuam simples como pombas, ou cada dia mais espertos como serpentes?*

Baudrillard e a pós-orgia

O filósofo Jean Baudrillard aborda as consequências da liberação de costumes dos anos 1960, que ele caracteriza como

um rosto para JESUS CRISTO

pós-orgia, o fim dos conceitos, a perda de objetivos. É contundente a invasão inclemente das imagens, a contaminação geral que transforma tudo em sexo, tudo em político, tudo em estético, tudo em economia ou tudo em fé imediatista. Nada mais se circunscreve. Tudo pervade tudo, não há mais referências. A arte perde o sentido, porque tudo é chamado de arte, até mesmo uma simples lata de lixo colocada no meio de um salão...

O excesso de comunicação destrói a busca do conceito e do porquê. De tal maneira se banaliza e se vulgariza tudo, que tudo acaba na indiferença. Nada mais é feio, nada é imoral, nada é proibido, tudo é relativo, tudo é transestético, tudo é instantâneo; basta que se apertem os botões indicados... Vira questão de escolha e não de verdade. *Temos quase tudo ao nosso alcance e por isso perdemos o alcance de quase tudo...*

No dizer de Baudrillard, já não existe regra fundamental, critério de julgamento nem de prazer. Até o mais marginal, o mais obsceno estetiza-se, culturaliza-se, musealiza-se (*A transparência do mal*, pp. 22-23). Uma jovem de microvestido vermelho sacode uma faculdade, vira sujeito de certo tipo de mídia, posa de vítima da intolerância dos mestres e colegas, aparece diante dos holofotes e protagoniza a batalha do estético contra o ético. Insiste no seu direito de usar vestido curto, frequenta a mídia que lhe deu visibilidade e, em troca, ela lhe dá audiência e novidade. A seguir cria uma grife e escreve uma autobiografia. Não há um "por detrás dos fatos" e, se há, não vem à tona. Não há conceitos. Houve um pré e agora existe um pós. Mas seus gestos não nascem de um conceito. Vale a oportunidade que, numa sociedade pragmática, é o que conta. A mesma oportunidade leva o religioso a mudar de Igreja ou de grupo, a agredir abertamente a liderança de sua Igreja que ele chama de intolerante, quando ele também não a tolera, e a tirar proveito das luzes e do novo púlpito mais abrangente e mais contundente. Por isso, a mocinha sem estudos, mas dona de atraente microvestido, vence a universidade com suas regras de convivência, que passa a ser vista como retrógrada e intolerante, enquanto a moça é a própria modernidade.

O trunfo e triunfo do momentâneo

Por mais que importune, o que aparece é a oportunidade, o momento midiático e econômico a ser explorado. Dá audiência e dá dinheiro! As leis e a ética da faculdade são questionadas, nunca a estética e o gesto da moça. O estágio da circulação ultrarrápida da notícia supera o da reflexão em torno dela e de suas consequências. Se o episódio ficasse circunscrito, não geraria lucro nem mais-valia. Então, extrapolou-se. Mais do que notícia, tornou-se excrescência. É o que diria Jean Baudrillard, que distingue entre *crescimento e excrescência*.

A era da extrapolação gerou o que Baudrillard chama de *a era da excrescência* ou *era da prótese*. A pessoa passa a valer pelos acréscimos ou por ter se travestido. *Botox*, ajustes, nádegas, cílios e seios postiços, aparência de andrógino e de androides, faces redesenhadas, bustos e silhueta reconfiguradas, não por necessidades clínicas, mas por visibilidade, mostram a era da excrescência a que chegamos. No dizer do mesmo autor: "Não se trata de 'eu existo, estou aqui' e, sim, de 'sou visível, sou imagem'".

A era do visual, para além do narcisismo, gerou empresários da própria aparência. Baudrillard, então, joga no ar a pergunta que todos os voluntariamente caricaturados se fazem, mas não emitem: sou homem ou máquina? Sou homem ou mulher? Sou homem ou clone virtual?

Transcendência

Agora, afirmo eu. O apóstolo Tiago fala do homem que se olhou no espelho e acabou esquecendo seu rosto... (cf. Tg 1,23-24). Tem a ver com transcendência, algo potencialmente gigantesco que, contudo, não se importa em ser contido. Quem não consegue assimilar a mística e a ascese da transcendência não cresce por dentro, então faz de tudo para ganhar espaço. Não se ultrapassa, mas vive de ultrapassar os outros. Sua palavra predileta é "mais". O pouco lhe é desprezível, o pequeno lhe parece medíocre; quer tudo e ainda quer mais. Mergulha, então, nos números, no cifrão e na excrescência.

Só se realiza quando se sobressai, isto é, quando sai do meio. Sobressaindo-se, procurando o diferente, o "por fora", o grandioso, o exorbitante, pensa que a essência está no tamanho, na quantidade e na grandeza. Mundaniza-se porque perde a sacralidade. Jesus lembra isso ao falar dos que pensam que estão em contato maior com a divindade, porque usam de discurso mais demorado e de mais palavras do que os outros (cf. Mt 6,7). Multiplicam a repetição de gestos e de palavras (coisa que Jesus condena), fogem do essencial e passam a viver do acidental e dos acréscimos. Os sobressalentes, e por isso mesmo intencionalmente salientes, querem sempre mais: mais fama, mais almas, mais dinheiro, mais metas ambiciosas, mais repercussão, mais templos, mais fiéis... Chamam a isso de zelo. Seus amigos corajosos que não têm medo de perder sua amizade perguntam se é zelo pelo reino ou pelo acesso ao andar de cima!

Característico da falta de transcendência é a não descoberta do bastante. A pessoa não sabe o que fazer com a circunscrição nem com a circunspecção. Sente-se oprimida quando tem que se conter. Só se desenvolve no incontido, na liberdade de não ter que se ajustar, pertencer, prestar contas, conviver.

A síndrome da autoexposição

A síndrome da autoexposição exagerada da moça modelo, do jogador de futebol, do artista, do cantor e da cantora, do pregador e da pregadora, a necessidade dos holofotes, do destaque, do reconhecimento, da multidão e dos números não mais lhes permite distinguir entre o transcendente e o exorbitante. Não conseguem sentir grandeza nem crescimento no pequeno. Pensam grande, agem grande e pregam grande, e acham que isso é virtude, quando Jesus e Paulo pregaram pequeno, circunscritos ao pequeno, mas de maneira grandiloquente... Antes do grande "Ide" houve inúmeros pequenos "Vinde e ide".

Foi Paulo quem, em final de vida, que ele sabia que terminaria em martírio, disse e mostrou a diferença entre o excrescente e o transcendente: "Minha morte se avizinha. Combati o bom combate, lutei direito, corri direito, não fui infiel, guardei a fé" (2Tm 4,7).

Não contou vantagem, não disse que derrotou alguém ou que chegou primeiro: apenas que deu conta do recado. Fala de qualidade e não de quantidade do seu ministério. Não conta seu ministério por cabeças. Aliás, são dele as frases entremeadas da palavra "alguns":

> Fiz-me como fraco para os fracos, para ganhar os fracos. Fiz-me tudo para todos, para, por todos os meios, chegar a salvar alguns (1Cor 9,22).

> Para ver se de alguma maneira posso incitar à emulação os da minha carne e salvar alguns deles (Rm 11,14).

Nem ele nem Jesus precisaram de marketing pesado ou de cenários espaçosos e tonitruantes para a sua mensagem. A multidão e o universo seriam para depois. Um raio de sol é o que basta para iluminar a sala e uma pequena fenda na cortina, o suficiente para a sua missão. Isso é transcendência.

Escancaramentos

O escancaramento de si, das coisas e da mídia aponta para a excrescência. Não é mais crescimento, é "quero mais", exorbitância e acúmulo, coisa que se vê nos bancos, nas indústrias e no mundo monetário, onde "mais" vira sinônimo de sucesso:

o benfeito vem depois, quando vem... Excesso e abundância de imagem, excesso de retoques, excesso de acréscimos, excesso de autoexposição, excesso de prodígios e de sensacional, excesso de testemunhos, excesso de curas e de exorcismos; tudo isso aponta para a pouca transcendência e para a hipertrofia. Tudo é agigantado, para que a vitória de Jesus ou daquele veículo pareça maior. As estatísticas são maquiadas por partidos, governos, editoras e igrejas para, diante do grandioso, ninguém procurar algo menor... *É a era dos "mais-mais" ou dos "mais-que-os-demais".*

Quando Jesus é apresentado dessa forma, estamos na caricatura! Ele é tudo, menos isso. "Não temais, pequeno rebanho..." (Lc 12,32). "Sede simples e inofensivos como as pombas, mas prudentes como as serpentes" (Mt 10,16), dizia ele. Discípulo dele não luta por primeiros lugares (cf. Mt 23,6).

Corrida ao pódio

A impressão que se tem da mídia religiosa de agora é que, em alguns casos, é infantilizada e ingênua como cordeiro, em outros casos, esperta como cascavel e, aqui e acolá, simples e inofensiva como as pombas... Baudrillard gostaria de estar aqui e ver o que estamos vendo... Qual delas mostra um rosto verossímil de Jesus? Não estaria Jesus sendo transformado num Michael Jackson espiritual, tamanhas as plásticas e próteses nele inseridas por pregadores, cujo primeiro objetivo é atrair as massas? E o depois? Este depois mereceria um estudo, como se fez depois de Berkeley, Johns Hopkins e Woodstock.[1]

---

[1] Berkeley e Johns Hopkins são universidades americanas, e Woodstock, um lendário festival de música realizado nos Estados Unidos que, na década de 1960, acolheu movimentos libertários e contestatórios.

12. Descrever Jesus

> Porque a loucura de Deus é mais sábia do que os homens;
> e a fraqueza de Deus é mais forte do que os homens (1Cor
> 1,25).

Como descrever alguém que viveu cerca de dois mil anos
atrás? Com certeza? Com alguma dúvida? Com humildade?
Com esperança? De que forma você resumiria seus conhecimentos sobre ele? Se pusermos cem alunos a descrever uma ópera de
72 personagens e 50 outros componentes em torno de um ator
principal, 12 dos quais com papéis de destaque e 3 deles com destaque ainda maior, certamente teríamos tantas visões quantos
alunos. Todos eles a terão assistido, mas, na hora de descrevê-la,
cada um o faria a partir do seu ângulo, da sua cultura e da sua
visão; às vezes, a partir do seu temperamento.

Se escolhêssemos quatro dessas versões, ainda assim teríamos
o básico da ópera, mas muitos detalhes não combinariam, porque seria o jeito deles de escreverem sozinhos, ou em grupos por
eles formados, o que tinham visto e vivido.

Os evangelhos nasceram assim. Primeiro foram contados e
depois escritos. A partir de Marcos passaram, cada qual, pelo
jeito de ser da pessoa, ou do grupo que os escreveu.

O Jesus que conhecemos passa pela cabeça dos pregadores
e das comunidades que o anunciaram por escrito ou de
viva voz. Se não continuarmos a procurá-lo, correremos o
risco de não irmos com ele. A estrada para o céu não termina na porta da nossa casa nem do nosso grupo! Jesus é
mais! O processo de conhecê-lo é progressivo.

um rosto para JESUS CRISTO 51

Quem diz isso é o Papa Bento XVI no seu livro-entrevista *Dio e il mondo*, que espero que seja traduzido no Brasil. Falando da necessidade de um cristão estudar sua fé, responde ele ao jornalista Peter Seewald, e traduzo em linguagem de brasileiro:

> Deus não nos poupa do cansaço. A fé não é um instrumento miraculoso capaz de sortilégios, pirlimpimpins e magias. Ela oferece a chave com a qual nós mesmos devemos aprender, indagar e fazer nossas descobertas.

13. Interpretar Jesus

> E Paulo, como tinha por costume, foi ter com eles; e por
> três sábados debateu com eles sobre as Escrituras, expon-
> do e demonstrando que convinha que o Cristo padecesse e
> ressuscitasse dentre os mortos. E este Jesus, que vos anun-
> cio, dizia ele, é o Cristo (At 17,2-3).

Diz Albert Nolan, em seu livro *Jesus antes do cristianismo* (p. 194), que "Jesus não fundou uma organização, ele inspirou um movimento", e que era inevitável que este movimento logo se tornasse uma organização. No começo, porém, prossegue Albert Nolan, "não havia doutrinas, nem dogmas e nem um modo universalmente aceito de seguir Jesus, ou de acreditar nele. Cada qual se lembrava de Jesus do seu jeito, ou tinha ficado impressionado por um determinado aspecto daquilo que tinha ouvido a respeito dele".

Como tudo o que cresce precisa de rumo, os cristãos foram se organizando em comunidades. Os textos e as regras vieram aos poucos. À medida que passava o tempo, foi preciso escrever, organizar os cultos e as lembranças. *Jesus começou a ser estudado. Sem estudá-lo ficava difícil anunciá-lo.* Mas havia testemunhos contraditórios. Os que testemunhavam ou ouviram e viram, ou não ouviram, mas mentiram dizendo ter ouvido. E havia os que entendiam mal. Além deles, havia também os mal-intencionados que buscavam adeptos a qualquer preço. Nem sequer disfarçavam seu amor pela fama e pelo dinheiro. Foi o caso de Simão, o Mago. Até falsos milagres eles operavam. Jesus alertara contra eles. Desde as primeiras pregações, os apóstolos tiveram que viver com esse tipo de crentes. Está lá registrado nas Epístolas e nos Atos dos Apóstolos. São assaz lembradas as advertências de Jesus e dos apóstolos:

> E surgirão muitos falsos profetas, e enganarão a muitos
> (Mt 24,11).

um rosto para JESUS CRISTO 53

E também houve entre o povo falsos profetas, como entre vós haverá também falsos doutores, que introduzirão à socapa heresias de perdição, e negarão o Senhor que os resgatou, trazendo sobre si mesmos repentina perdição (2Pd 2,1).

Porque tais falsos apóstolos são obreiros fraudulentos, transfigurando-se em apóstolos de Cristo (2Cor 11,13).

Em viagens muitas vezes, em perigos de rios, em perigos de salteadores, em perigos dos da minha nação, em perigos dos gentios, em perigos na cidade, em perigos no deserto, em perigos no mar, em perigos entre os falsos irmãos (2Cor 11,26).

Foi preciso interpretar

Na verdade não havia outra coisa a fazer senão interpretar Jesus para quem veio depois, já que, não tendo estado pessoalmente com ele, os novos cristãos dependiam de relatos e interpretações de quem esteve perto dele ou conheceu quem esteve. Mas os relatos nem sempre combinavam. Afinal, Jesus disse ou não disse aquilo? Dá-se o mesmo ainda hoje. Os fiéis se confundem ao ouvir interpretações desencontradas.

Relatos que confundem

Jesus às vezes nos confunde. Não entendendo o contexto, não entenderemos o texto. Esse é o risco dos que se apossam de um microfone sem ter estudado o que os escritores registraram que Jesus teria dito, o que Jesus realmente disse e em que contexto.

Algo semelhante acontece no nosso cotidiano. Dizemos uma coisa e mais adiante parece que dissemos outra, mas o contexto era outro. Qual dessas sentenças traduz realmente o que Jesus pensava?

Bem-aventurados os pacificadores, porque eles serão chamados filhos de Deus (Mt 5,9).

Tomai sobre vós o meu jugo e aprendei de mim, que sou manso e humilde de coração, e encontrareis descanso para as vossas almas (Mt 11,29).

E entrou Jesus no templo de Deus e expulsou todos os que vendiam e compravam no templo, e derribou as mesas dos cambistas e as cadeiras dos que vendiam pombas (Mt 21,12).

Cuidais vós que vim trazer paz à terra? Não, vos digo, mas a espada (Lc 12,51).

Então Jesus disse-lhe: "Embainha a tua espada; porque todos os que lançarem mão da espada, à espada morrerão" (Mt 26,52).

E, quando estiverdes orando, perdoai, se tendes alguma coisa contra alguém, para que vosso Pai, que está nos céus, vos perdoe as vossas ofensas (Mc 11,25).

A mim nem sempre tereis (Mt 26,11).

Eis que estarei convosco todos os dias, até a consumação dos séculos (Mt 28,20).

E, chegando-se Jesus, falou-lhes, dizendo: É-me dado todo o poder no céu e na terra (Mt 28,18).

Eu não posso de mim mesmo fazer coisa alguma. Como ouço, assim julgo; e o meu julgamento é justo, porque não busco a minha vontade, mas a vontade do Pai que me enviou (Jo 5,30).

Assim brilhe a vossa luz diante dos homens, para que vejam as vossas boas obras e glorifiquem a vosso Pai, que está nos céu (Mt 5,16).

Guardai-vos de fazer a vossa esmola diante dos homens, para serdes vistos por eles; aliás, não tereis galardão junto de vosso Pai, que está nos céus (Mt 6,1).

É Jesus quem se contradiz ou foram seus escritores que ressaltaram pensamentos dele, ditos em situações diferentes? Sem estudar Jesus fica difícil anunciá-lo. Que ninguém se aposse de um microfone sem primeiro ter estudado!

14. Um rosto para Javé

Disse mais: "Eu sou o Deus de teu pai, o Deus de Abraão, o Deus de Isaque, e o Deus de Jacó". E Moisés encobriu o seu rosto, porque temeu olhar para Deus (Ex 3,6).

E disse mais: "Não poderás ver a minha face, porquanto homem nenhum verá a minha face e viverá" (Ex 33,20).

O povo de Israel nunca achou um rosto para Javé. Começava pelo nome: *El, Elohim, Adonai, El Shaddai, Javé*... Bem que tentou, mas não chegava a um acordo. Um dia, percebendo que a tarefa, além de impossível, era atrevida, por volta do século XII a.C., Moisés legislou em nome do Deus que não revela sua face, proibindo pinturas ou representações dela. Seriam forçosamente falsas. Os deuses dos outros tinham rosto e até carrancas, mas o de Israel, que era o único, não podia ser visto nem esculpido. Ele não era humano nem se parecia com nada do que se conhecia. Gigantesca inspiração, grandiosa revelação ou, como querem alguns agnósticos, tremendo *insight pedagógico* de imensa repercussão sociológica? O fato é que crentes e ateus de todos os caminhos admitem que aquela proibição foi um marco divisório na vida de Israel e na história das religiões. "Não pintem o rosto de Deus. Com toda certeza, errarão!".

Moisés não foi ouvido

Isso, porém, não impediu seus pregadores de fazê-lo até hoje. Descrevem-no ora inclemente, ora cruel, ora capaz de ordenar genocídios, ora misericordioso, ora irado e frustrado, ora seguro de si, ora arrependido de ter sido bom, ora alheio e ausente... Anunciavam Deus do jeito que pensavam que ele fosse e não como ele era. Não faziam imagem de madeira ou de barro de Deus, mas eram pródigos em pintar imagens mentais dele, que em nada correspondiam ao que ele era.

Não esculpido, mas muito imaginado

Em Israel, portanto, era crime pintar ou esculpir Deus. Nem se pronunciava o seu nome descritivo, nem se esculpia, nem se pintava sua face. Imagens que apontassem para ele, sim; imagens dele, não! Mas muitas descrições dele, feitas por pregadores e profetas, o deturpavam mais do que imagens de barro. Massacravam tribos inteiras e depois diziam que Deus tinha ordenado o massacre! Foi o caso da Tribo de Dan contra o pacífico povo de Laís (cf. Jz 18,14-29). Deus jamais faria o que eles fizeram. Arrasaram com uma cidade que os acolhera. Aquelas tribos meio selvagens com frequência anunciavam o Deus que lhes convinha. Se meu leitor já leu a Bíblia alguma vez por inteiro, viu que ela não esconde estes fatos.

A descoberta do deus único

Voltemos no tempo, cerca de dois mil anos antes de Cristo. Formava-se na Caldeia um clã sob a liderança do patriarca Abrão. Ele acreditava em deuses. Na sua cabeça, como de resto entre os caldeus, os deuses eram muitos e havia um deus para cada situação. Eram deuses com __d__ minúsculo... deuses também minúsculos...

Diz a Bíblia que *Abrão*, ou *Avram*, nome que traduzido em termos compreensíveis significaria hoje "pai de povos" e, pluralizado, "pai de multidão", chefe da pequena tribo de nômades em Ur, recebeu um recado de um deus estranho e diferente. O deus desconhecido lhe dava a ordem de sair da sua terra e ir aonde poderia aprender mais sobre ele (cf. Gn 12,1). Sua descendência seria mais numerosa que as estrelas do céu (cf. Gn 15,5).

***

Naqueles tempos de violência arrasadora, em que ser fértil equivalia a sobreviver, ser pai de uma multidão era o êxtase dos êxtases. Abençoado o chefe que tivesse muitos filhos! Não era diferente de algumas novas igrejas de hoje que já começam ensinando os fiéis que um dia eles serão milhões, derrotarão as grandes igrejas infiéis. Eles, sendo pequenos, mas fiéis, um dia tomarão posse do país e do mundo. Promessa para fiel cair em êxtase...

O sonho de hegemonia

A ideia de que não ficarão pequenos para sempre e que tomarão posse do mundo motivou religiões, reinos, movimentos sociais e também inúmeros bandos de fanáticos! Quem já leu História sabe aonde leva a teologia da eleição! Deve ser por isso que ninguém funda uma Igreja Municipal ou Estadual. Todas já começam *Nacionais, Mundiais, Internacionais, Universais*. E não esqueçamos que o nome *católico* quer dizer: *para todos!* Também vivemos deste sonho e por causa dele fizemos no passado muitas coisas das quais hoje nos penitenciamos! Resta ver se os novos cristãos evitarão os erros dos antigos. Pelo andar da carruagem, parece que não... Julgue pelos discursos e livros deles!

Logo se subdividem, pois não faltam as igrejas nacionais renovadas, as mundiais renovadas e as universais e católicas renovadas... O homem descobriu muito cedo, ao inventar a flecha, que, para atingir o alvo, é preciso mirar mais alto!

Aprendiz do novo deus

Coerente, Abrão até mudou de nome. Passou a ser chamado Abraão: "Pai de muitos"... No caminho foi aprendendo sobre este novo deus que lhe dizia ser o único deus que há. Os outros simplesmente não eram deuses!

Demorou...

Mas não foi coisa de estalo. Até esse deus se tornar Deus, com D maiúsculo e único, levou séculos, quase seiscentos anos. Abraão não descobriria este Deus único por magia. O aprendizado seria lento e penoso. De sinal em sinal, o único Deus se lhe revelaria. Diz o livro que Abraão o via, mas as coisas não são assim tão claras. Era Deus ou eram seus sinais e seus mensageiros? Ele e seus descendentes, que seriam mais numerosos do que as estrelas do céu (cf. Gn 15,5), teriam que ir descobrindo aos poucos esta verdade fundamental e separar suas imagens de Deus da realidade que Deus é. Deus existe e é um só. Os deuses não são Deus. Abraão procurava uma terra para viver sua busca sem ser incomodado pelas tribos vizinhas, que, é claro, rejeitavam a nova proposta de fé e de vida.

***

A conquista desta nova terra tornou-se quase obsessão. E esta nova ideia de religião lhe custaria muito caro. Está tudo no livro das Origens, mais conhecido como Gênesis, que narra as origens do Universo, da Terra, da vida, dos humanos, da fé num só Deus...

De selvagens descrentes para crentes ainda selvagens

Naquele tempo os povos eram incivilizados e selvagens. Vale dizer: não conheciam o diálogo. Arrasar nações inteiras, homens mulheres e crianças, para lhes tomar a terra e os bens, era a coisa mais corriqueira. Valia a lei de cada grupo e não as leis universais, e, menos ainda, as da consciência. Conviver não era um verbo que compreendessem. Cada grupo tinha o seu deus e cada deus o motivava a viver de vitórias e conquistas, até porque o grupo que perdesse corria o risco de ser eliminado e dizimado.

Como se vê, a mística de "povo escolhido", "Igreja vencedora", "fiel vencedor e conquistador" vem de longe... O verbo vencer era o único aceito. A ideia de perder não cabia no seu dicionário. Então, escolhiam deuses que os levassem à vitória sobre os outros. E seu deus às vezes acabava dizendo exatamente o que

um rosto para JESUS CRISTO

eles queriam ouvir... Não faltavam profetas para assinar embaixo dos sonhos do povo. Jeremias combate esse tipo de profecia (cf. Jr 14,14). Prometiam o que não poderia ser prometido e garantiam que Deus os mandara dizer aquelas coisas agradáveis de se ouvir. Séculos depois, Paulo retoma o discurso em 2 Timóteo 4,1-5.

***

Guerreiros imaginavam um deus combatente e guerreiro. Sendo eles pequenos grupos aguerridos e competitivos, formavam membros suicidas dispostos a morrer ou a matar pela hegemonia. Um dia, o mundo seria deles, as terras que cobiçavam lhes pertenceria e seu sonho se realizaria. Vem de lá as raízes do fanatismo religioso que ainda hoje arma pessoas até os dentes ou tapa os ouvidos dos crentes incapazes de diálogo.

Resquícios de fraternidade

A bem da verdade, nem todo mundo era cruel. Também havia os sensatos, os bons, mas eles não influenciavam a história, nem mesmo as de suas tribos. O clima era de disputa por terras e de violência. Aqui e acolá, algum resquício de convivência. Até cometer incesto era válido para ter filhos, como foi o caso das filhas de Ló, que embebedaram o pai e não hesitaram em ter filhos dele... (cf. Gn 19,30-36). Era impensável morrer sem filhos... Procriar era o verbo; bem mais importante que amar!

O leitor verá isso quando ler os livros Gênesis, Êxodo, Josué e Juízes. Verá um pouco mais de humanidade no livro de Samuel, mas outra vez ficará ciente das selvagerias de grupos hegemônicos nos livros dos Reis. As palavras de ordem eram *eleição, vitória, vingança, conquista,* as mesmas que se ouve hoje no marketing da fé gritado pelo rádio e pela televisão por parte de crentes que desejam mais adeptos.

A já mencionada *teologia da eleição,* desde aqueles primórdios, foi a causa da maioria das guerras e dos atos de violência atravês da história. Se todos pensavam assim, por que não eles? Acreditavam que Deus lhes daria sucesso e bens, nem que tivessem que mentir, enganar, roubar extorquir e eliminar quem os impedisse de chegar lá. Jacó fez isso. Mentiu o quanto pôde em família para conseguir seus objetivos. Na esteira dele, Gengis Khan, Stalin, Hitler, fizeram o mesmo, mas por outras razões. O outro que se opõe deve ser silenciado ou eliminado. Vale o projeto pessoal que acaba sendo atribuído a Deus. Veja na Bíblia o livro dos Juízes, a história da Tribo de Dan e o comportamento errático de Gedeão.

Difíceis de converter

Abraão morreu e seus filhos divulgaram que o Deus que os escolhera abençoava o que faziam, mesmo que suas empreitadas não fossem éticas. Valia tudo para atingir seu objetivo. Repassemos os malfeitos de Jacó, um dos filhos de Isaque, descendente direto de Abraão. Era um trapaceiro de marca maior. Mentiu para o pai, para o irmão, para o tio e, onde podia, mentia e trapaceava. Gerou ódio ao seu redor. Mas era religioso até a medula dos ossos. Religião sem alteridade! Ética não era o seu forte, como não é o forte de muitos fanáticos religiosos de hoje em dia. Jogam gás sarin nos metrôs, postam bombas em aviões e navios, jogam aviões contra torres cheias de gente inocente, cujo crime é não ser do seu povo e de sua fé. Matam indiscriminadamente, mas julgam ter Deus ao seu lado. É o rosto que dão para Deus.

E, antes que alguém acuse os muçulmanos, é bom lembrar que não são os únicos: um povo cristão aplaudiu seu presidente por ter mandado jogar duas bombas atômicas pela primeira e última vez até agora. Caíram sobre cidades inocentes e queimaram vivos quase 100 mil habitantes. Aquelas crianças e aqueles humildes cidadãos não estavam em guerra. Cometiam o crime de ser japoneses.

Deus cruel ou povos cruéis?

Esta mentalidade fez o povo hebreu massacrar os outros, mas eles não foram os únicos. Os povos vizinhos faziam a mesma coisa em nome dos seus deuses. Não havia chance de paz, posto que não existia a cultura do diálogo; cultura difícil até hoje. Crentes de templos vizinhos não conseguem nem mesmo tomar, juntos, um café no bar da esquina... Saem dos seus templos felizes da vida por terem falado com o Deus que lhes falou pela boca do pregador e mal conseguem falar-se enquanto esperam a mesma condução... Era a isso que Jesus se referia, quando orou pela unidade dos que o seguiriam (cf. Jo 17,11-23).

***

Consoante o livro dos Juízes, triste é a leitura do proceder das tribos de Dan, Efraim e Benjamin. Houve genocídios, esquartejamentos, estupros, crueldades de revirar o estômago, sempre cometidas em nome de Deus do jeito que o imaginavam. Cidades como Laís, Ai, Maquedá, Azor foram impiedosamente arrasadas. Até o, em geral, correto e justo Moisés mandou matar compatriotas em nome da unidade em Deus. Pensou como general em combate. Josué foi cruel. Gedeão, de herói passou a vilão que massacrava e saqueava sem dó nem piedade. Um filho seu, Abimelec, matou setenta irmãos. Davi, guerrilheiro, matou muitos compatriotas. Salomão, seu filho, matou diversos amigos do próprio pai... Os reis, volta e meia, eram mortos ou mandavam matar. Ou isso ou não sobreviveriam! Não eram tempos de diálogo!

Como o sangue de Abel

O sangue corria solto, e os líderes diziam que era com as bênçãos de Deus. Conheciam a história dos primeiros irmãos Caim e Abel e sabiam o que Deus fizera com Caim, mas era catequese distante (cf. Gn 4,9-16). Na hora de matar, pouco importavam as consequências. Até entenderem que Deus não abençoa nenhum assassinato e muito menos genocídios e matanças, levou séculos. E não é que tenha mudado tanto assim! Dia após dia, os jornais de hoje falam de matanças por pontos de droga, por independência, por religião ou por questões de terra. Ainda hoje há grupos que se afirmam crentes em Jesus, em Javé, em Alá ou Maomé, mas, quando podem, explodem pessoas e até crianças como se elas fossem tijolos e pedras.

Humanos e vingativos

Lembremos o que foi dito sobre os traços de hospitalidade, grupos bons e pessoas maravilhosas que, contudo, não representavam a mentalidade dominante. Laís era uma cidade pacifista e seus habitantes eram acolhedores. A tribo de Dan foi lá e a massacrou, acreditando que Deus lhe daria aquela terra. Fez algo demoníaco em nome da promessa de terras que Deus lhe daria... Tratou Deus com "d" minúsculo. Tornou-o seu parceiro de terrorismo.

O mal era maior do que o bem, o ódio maior do que o amor. Ai de quem ousasse se pôr no caminho deles, que tinham sido educados para vencer todas em nome de Deus! Oravam bonito nas suas reuniões, mas tinham cabeça de guerreiros e soldados em ordem de batalha. A mística de fraternidade universal não os encantava: a da vitória, sim!

Culpa dos motivadores

A Bíblia é um livro que nada esconde. A exemplo de Caim, Jacó, Esaú, Moisés, Josué, Eli, Saul, Davi, Salomão, ainda hoje se passa por cima dos outros e, se preciso, se mata e se manda matar. O traficante o faz pelo lucro, o político o faz pelo poder e alguns religiosos o fazem pela vitória da sua corrente religiosa. Vale qualquer método para se conseguir mais adeptos... Aquelas eram sociedades armadas até os dentes. Entre uma guerra, uma conquista e uma vingança, limpavam o sangue das espadas e oravam ao seu deus que lhes dava vitórias.

O pacifista Samuel

Se o leitor tiver tempo, verá também, na mesma Bíblia, passagens cheias de ternura, como é a história do nascimento de Samuel; este, sim, um sábio pacificador, um líder diferenciado. Pena que os pregadores que valorizam o cruel Gedeão não deem o mesmo valor aos "Samuéis da fé". Divulgam mais os gedeões e conquistadores à frente de pequenos grupos com fome de crescer... Samuel, para alguns, não serve de exemplo: não tinha fome de crescer... Guerreiros não toleram diálogo.

Violência contra o ventre

Naquele tempo, o sexo não tinha a dimensão de agora. Nem a família. Um homem precisava procriar para sobreviver. Ainda falaremos disso. Havia, pois, mulheres à disposição dos reis, dos líderes, dos soldados. Eram tomadas à força, vendidas ou compradas para esse fim. Poucas mulheres eram livres para escolher se queriam ou não ser companheiras. Eram propriedade do marido ou do pai.

Havia as criadeiras, as amantes e as bem amadas. Praticava-se o estupro a cada conquista. A tribo de Benjamin, que fora praticamente dizimada por causa de um estupro contra a concubina de um levita da tribo de Efraim, para não desaparecer, teve permissão de destruir uma cidade, matar a todos, mas poupar e estuprar as virgens para terem descendentes (cf. Jz 21,15-25). Era a moral daqueles dias.

Violência como cultura

Voltemos ao terror de ontem e de hoje. Horroriza-nos o relato de povos inteiros passados a fio de espada, mas esquecemos Hitler, Stalin, Pol Pot, Mao Tsé-Tung e outros mestres da crueldade, não muito longe dos nossos dias. Muitas de suas vítimas ainda vivem. Os filhos e netos dos mais de duzentos milhões de pessoas que, somadas as suas crueldades, eles exilaram ou exterminaram em marchas forçadas e fornos crematórios, ainda guardam a memória daqueles massacres. O século XX talvez tenha sido um dos séculos mais violentos da História...

> Quanto a abusos sexuais, estupros, pedofilia cometidos por soldados, políticos, religiosos de todas as religiões naqueles dias, se repetem hoje com maior incidência e até com filmes na televisão a mostrar como se faz. O tráfico de escravas sexuais continua intenso. Os povos civilizados parecem não ter força contra tais crimes. Pois assim foi durante séculos e a Bíblia registra tudo, fato por fato. É um livro sobre a busca por Deus, mas é também um livro sobre o homem que foge de Deus, ou se finge de Deus; sobre a miséria humana, inclusive a dos que dizem crer em Deus. *Não basta crer para ser bom, é preciso ser bom além de crer!*

Samuel, o grande pacifista

Interessa prosseguir no assunto. Voltemos a cerca de *30 séculos* atrás. Falemos de *Samuel*, juiz simples e pobre, educado por um sacerdote e profeta, um quase monge, pacifista, filho de mãe piedosa e pai amoroso, casal da melhor espécie para aqueles dias de poligamia.

Samuel trouxe um pouco de civilidade para aquelas tribos. Dele se poderia dizer que foi um aproximador, portanto, um longínquo precursor de Jesus. Era nazireu, homem consagrado, que viveu para semear a paz e o diálogo. Não um era nazareno. Isto é: não veio de Nazaré. *Nazireu* significa consagrado. Sua mãe

um rosto para JESUS CRISTO

Ana, uma das mulheres mais generosas que a Bíblia nos revela, o dera a Deus e foi uma das coisas mais acertadas do seu tempo. Gerara um filho pela prece e o queria fazedor da paz.

Ana de Elcana

Mães podem mudar muita coisa num povo, e Ana foi uma dessas mulheres de primeiro escalão; ricas de conteúdo. Queria procriar e sonhava ser mãe. Cabeça privilegiada, nesse sentido ela é precursora de Maria, mãe de Jesus. Era mulher pensadora. Aliás, o conteúdo essencial do hino do *Magnificat*, que Lucas atribui a Maria, foi, primeiro, recitado por Ana, mãe de Samuel (cf. 1Sm 2,1; Lc 1,46).

Elcana, homem bom e ético, cidadão pensante, coisa rara naqueles dias, tinha duas mulheres. Era o costume. Uma lhe dava filhos, a outra lhe dava amor, do mais bonito que se possa imaginar entre homem e mulher. Elcana, vendo-a triste por não engravidar, lhe dizia que seu amor valia pelo de dez filhos. Mas a bem amada Ana queria ser mãe, como Penina, a outra esposa o era. Penina humilhava a bem amada Ana, dizendo-lhe que o amor de nada valeria, porque nem parir um filho ela sabia... A ofensa chegara a este nível.

***

A grande e humilde Ana sofria calada e chorava pelos cantos. Naqueles dias, a procriação era um mistério. Não se sabia do óvulo nem do espermatozoide. Aliás, o processo da procriação só ficou conhecido em meados do século XX. Antes, não havia instrumentos capazes de detectar o espermatozoide ou o óvulo e a trajetória dele pelo organismo da mulher. Era muito mais religioso, mítico e místico o processo de procriar. Nosso tempo descobriu os detalhes e perdeu a mística. Achou que, por saber do mecanismo, dominava o mistério. Agora, os Estados permitem matar o feto porque dominam sua construção. Só não sabem o que fazer com o que vem depois da lei que permite apenas um filho para cada casal. Miremo-nos no exemplo da China e da Europa! E ainda não vimos o seu final!

Não gerar naqueles dias parecia, pois, castigo e humilhação; engravidar era sinal de aceitação do céu. Imaginem o drama da gentil e suave Ana, mulher que qualquer homem gostaria de ter por esposa, mas incapaz de engravidar e, além disso, considerada culpada... Com o amor que sentia pelo marido Elcana, a dor crescia. Elcana sofria, mas seu amor por Ana era tão grande que ele a consolava dizendo que não deixaria de amá-la, só porque seu ventre não era fértil. Estava séculos avançado na sua concepção de amor conjugal.

Filho de uma prece

Um dia, o profeta Eli, vendo-a em oração, percebeu sua dor e profetizou que ela seria mãe. A esterilidade terminaria. Terminou. A mulher que esperara tantos anos por um filho, fez o quê? Assim que o menino nasceu, consagrou-o ao Senhor e o entregou aos cuidados do sacerdote, que tinha dois filhos violentos e arruaceiros. Eli criou Samuel como se fosse filho e o educou para ser juiz e homem de paz. Deus recompensou Ana com mais três filhos. Ana e Elcana foram entendendo quem era esse Deus de Israel que alguns pintavam como guerreiro e vingador, mas que também era perdoador e pacificador, criador e criativo. Optaram pelo Deus que pacifica.

O rosto de Deus foi mudando

O rosto de Deus foi tomando vulto em Israel, *de guerreiro e senhor, para rei e para pai*, mas foi um processo de quase 15 séculos. Por volta de 1250 a.C., apareceu Moisés querendo, outra vez, ver o rosto de Deus. Já falamos disso. É claro que não viu. Deus não tem rosto, porque não é humano. Diz o texto que

Deus falava *face a face, cara a cara, diretamente,* com Moisés, mas Moisés não lhe via o rosto. Aliás, Moisés tinha medo de ver o rosto de Deus (cf. Ex 3,6). Quando tomou coragem e pediu, a resposta foi clara: "Ser humano algum poderá me ver e sobreviver" (Ex 33,20; 33,11-23). Moisés pede a Deus que ao menos se defina (cf. Ex 3,13-14). Deus não o faz. Diz apenas "Ehyeh Asher Ehyeh", algo que os exegetas traduzem como "Serei quem eu for sendo". Equivaleria como circunlóquio: "Você vai me descobrir pouco a pouco"... Bela e significativa definição de quase três mil anos sobre Deus. Até o nome dele, Javé, aponta para essa pedagogia. Por isso Jesus manda questionar quem diz que sabe tudo e que basta segui-lo a um canto isolado ou ao deserto; manda desconfiar dessa gente (cf. Mt 24,24-26). Pregador atrevido que diz que tem todas as respostas na ponta da língua, não deve ter lido direito a sua Bíblia... "Encontrei Jesus, encontrei Deus" é uma frase que precisa de muita explicação. É simples de falar e difícil de provar...

***

Revelado pouco a pouco

Deus não se revela por inteiro. A Moisés ele não diz quem é, mas pedagogicamente lhe ensina que ele, Moisés, o descobrirá aos poucos. "Ehyeh Asher Ehyeh." Já vimos o conceito. Ninguém bebe de uma vez toda a água de que necessita, nem come todo o alimento do qual precisa. A lógica do pouco a pouco faz parte da lógica da vida. Dá-se o mesmo na fé.

Desconfie de quem se converte de um dia para o outro! Paulo não mudou naquela queda e naquela cegueira (cf. At 9,1-43). Levou anos para se tornar o Paulo que hoje conhecemos, reconhecido por sua catequese (cf. Gl 2,9). Teve um caminho demorado! Convertidos que passam rapidamente da conversão para a pregação correm o risco de testemunhar sem dizer o que deve ser dito. Passam a vida inteira falando de sua conversão por falta de uma boa versão! Esquecemos esse detalhe quando falamos do convertido Paulo. Catorze anos depois, ele ainda estava se convertendo...!

Apressadinhos da fé

Exatamente porque Deus chega aos poucos, não admira que, antes e depois de Moisés, os *apressadinhos da fé* tenham dado tantos rostos e tantas personalidades para Deus. Pior para Deus se ele não se revela: os apressadinhos da fé inventam rostos e revelações... Falsos videntes entram em cena e levam milhares com eles, anunciando terem visto o que nunca viram. Jesus trata do assunto em Mateus 7,15. Dizer que falamos com Deus, que o vimos e que Deus nos fala dá *status* e dinheiro, por isso são milhares os profetas que se fazem passar por videntes e ouvintes do céu... Ganham *status* e não poucas vezes sua conta no banco aumenta com impressionante rapidez. Você já deve ter visto este filme!...

Foi entrando de mansinho

Fiz uma canção na qual digo que Deus foi entrando de mansinho pelas frestas do meu eu!... A ideia é bíblica. Deus "foi sendo" para cada época e situação. Do deus que o povo queria que ele fosse até o Deus que ele realmente era, foram muitos passos e muitos séculos. E a saga continua, porque ainda hoje um grande número de pregadores anuncia no rádio e na televisão, em estádios, praças e templos, não o Deus de todos os tempos, mas um deus pragmático que lhes traga mais adeptos. "Deus quer mais um templo, mais uma torre, mais uma obra"... Não dizem "demos a Deus", dizem "Deus quer". Ninguém os questiona! Inventam milagres que não precisam provar e afirmam inverdades gritantes.

O Deus ou um deus?
Deus de todos ou meu deus?

Vimos da leitura de Gênesis, Êxodo, Juízes, Reis que o Deus que não tem rosto ganhara rosto de Senhor, de guerreiro, de vingador, de rei e de pai. A primeira vez que Deus foi citado como pai, foi a Davi, depois que ele dançou diante da Arca (cf. 2Sm 6,16) e prometeu a Deus um templo de cedro. Deus disse que essa tarefa seria de Salomão e que "seria um pai para ele" (cf. 2Sm 7,14). Os profetas seguiram perguntando: "Quem és, onde estás, o que queres". Deus respondia com sinais, mas o rosto de Deus, como ele é, nunca ninguém viu ou jamais verá.

Entre os cristãos, o único rosto visível de Deus é o de Jesus Cristo, que também não sabemos como era, porque não há nem pinturas nem fotografias da época. O sudário de Turim é questionável como relíquia e como prova.

Parte II

Como identificar
o rosto de Jesus hoje

O divino Redentor Jesus Cristo, que, antes de subir ao céu,
dera aos Apóstolos o mandato de pregar o Evangelho a todos
os povos, para sustento e garantia da sua missão,
fez-lhes a consoladora promessa: "Eis que estarei convosco
todos os dias até ao fim dos séculos" (Mt 28,20).

Esta divina presença, em todo tempo viva e operante na Igreja,
é sentida sobretudo nos períodos mais graves da humanidade.
Então a esposa de Cristo se mostra em todo o seu esplendor de
mestra da verdade e medianeira de salvação, e exerce também
todo o poder da caridade, da oração, do sacrifício
e do sofrimento: meios espirituais invencíveis, usados por seu
divino Fundador que, em hora solene de sua vida, declarou:
"Tende confiança: eu venci o mundo" (Jo 16,33).

(João XXIII, Constituição apostólica de convocação do Concílio)

15. O rosto de Jesus

E transfigurou-se diante deles; e o seu rosto resplandeceu como o sol, e as suas vestes se tornaram brancas como a luz (Mt 17,2).

Como era Jesus? Como é Jesus? Era ou não era Deus? É ou não é Deus? Existiu antes de nascer aqui? Se existiu, certamente não tinha um rosto. Deus não é humano. Falemos, então, de face ou identificação, já que o rosto identifica. Como identificar o rosto de Jesus hoje?

Com Jesus, ao lermos progressivamente a seu respeito nos evangelhos e nas epístolas, e, a seguir, nos livros de cristologia cheios de ilações e deduções, aparece uma imagem complexa, porém mais aproximativa de quem ele era e do que ensinava. Nisso os cristólogos são excelentes. Esmiúçam!

Filho do Homem

Em primeiro lugar Jesus se identificava e agia como Filho do Homem. Mas não estava falando apenas de ser humano. Havia mais do que *homós* (semelhante), mais do que de *humano* na afirmação. Filho do Homem não era designação usada para qualquer profeta. Jesus apontava o tempo todo para o "Abba". Era sua identidade! Falava do Pai como quem o conhecia profundamente e com quem havia perfeita identificação. E o que é que identifica Deus? Como sabemos que algo é fruto da ação de Deus e não de uma ilusão?

Conheça-me

Filipe quis algo concreto. Mostra-o! Jesus lembra a Filipe que depois de tanto tempo com ele já era hora de ter percebido!... Quem o conhecesse saberia como é o Pai, porque o Pai e ele eram um (cf. Jo 10,30; Jo 14,8) e quem o visse estava vendo o Pai (cf. Jo 14,9). Afinal ele faz o que o Pai faz. Nada há que o Filho faça que não venha do Pai (cf. Jo 5,19). Filipe viu e ouviu isso muitas vezes. Não há como querer conhecer o Pai em separado! O que identifica o Filho é o *amor unitivo* que jamais permite pensar no Pai sem ele e a ele sem o Pai (cf. Jo 14,9-11). Metáforas? Acréscimo posterior?

Eterno, mas humanado

Ao desenhar seu próprio rosto, que vem desde todos os tempos: "Em verdade, vos digo que eu sou antes que Abraão existisse" (Jo 8,58), e ao deixar claro que estava aqui por um tempo e que voltaria ao Pai, mas não os deixaria órfãos, Jesus traça o rosto do Cristo que ele era. Veio do não tempo, viveu no tempo, voltava ao não tempo e tornaria a entrar no tempo, quando viesse com poder e glória uma segunda vez. Não era de carne, mas assumiu a carne. Assumiu um rosto humano, ele que já tinha um rosto divino. Nem por isso perdeu seu rosto eterno. Não abdicou de sua identidade para assumir a nossa. Foi, ao mesmo tempo, Deus e homem. E ainda é, porque Jesus Cristo está vivo!

Foi essa a doutrina que os apóstolos nos passaram. Há uma vontade eterna para além da vontade da carne. Há um rosto que não é de carne, e que é mais do que um rosto humano (cf. Jo 1,13; Jo 3,6). E nós, que o seguimos, também precisamos assumir um novo rosto em Cristo, sem perdermos a nossa humanidade. Gente de cara nova e alma que se revestiu de Cristo (cf. Cl 3,10)! Precisamos gerar dentro de nós um homem novo, uma nova similitude, melhor do que a que já temos pela graça, que, contudo, agora extrapolou (cf. Rm 5,20; 2Cor 8,2; Ef 2,1). Paulo propõe conformidade plena com Jesus.

Transfigurado

O mundo não deve formatar-nos (cf. Rm 12,2). Nós somos daqui, mas Jesus não é deste mundo (cf. Jo 8,29). E ele nos dá a chance de amoldar nossa imagem à dele. Podemos ser conforme a imagem do Filho (Rm 8,29; Gl 4,19). Na sua primeira epístola aos coríntios, várias vezes Paulo confronta o rosto e a sabedoria do mundo com Jesus e com os que assumem Jesus em sua vida. Os batizados em Cristo se vestiram de novo. Revestiram-se das vestes do Cristo (Ef 4,24; Gl 3,26-29). Revestir-se de Cristo é assumir esta nova identidade sem perder os valores que já trazíamos em nós. Seremos sempre nós mesmos, mas poderemos dizer: "Já não sou eu a viver, mas é Cristo a viver em mim" (Gl 2,20). Paulo afirma que está de novo dando à luz os gálatas, para que conformem sua imagem à de Cristo (Gl 4,19).

Era este rosto que os discípulos tinham visto e que buscavam para si e para suas comunidades. Seriam capazes? Diz Paulo em 1 Coríntios 1,27:

> Deus escolheu as coisas loucas deste mundo para confundir as sábias; e Deus escolheu as coisas fracas deste mundo para confundir as fortes.

É o rosto espiritual de Cristo e deve ser também o nosso novo rosto.

> Porque os que agem segundo a carne inclinam-se para as coisas da carne; mas os que agem segundo o Espírito inclinam-se para as coisas do Espírito (Rm 8,5).

> Vós, porém, não estais na carne, mas no Espírito, se é que o Espírito de Deus habita em vós. Mas, se alguém não tem o Espírito de Cristo, esse tal não é dele (Rm 8,9).

> Por isso não desfalecemos; mas, ainda que o nosso homem exterior se corrompa, o interior, contudo, se renova dia após dia (2Cor 4,16).

16. Um rosto para os cristãos

> Ouvindo, porém, isto os apóstolos Barnabé e Paulo rasgaram as suas vestes e saltaram para o meio da multidão, clamando:... Nós também somos homens como vós, sujeitos às mesmas paixões, e vos anunciamos que vos convertais dessas vaidades ao Deus vivo, que fez o céu e a terra, o mar, e tudo quanto há neles (At 14,14-1).

Barnabé e Paulo, tratados como deuses, deixaram claro que não o eram. João Batista deixou claro que não era o Messias. Não eram mais do que servidores de alguém maior. Mostraram sua identidade. Não aceitaram parecer o que não eram. Não fingiram santidade nem usaram da fé para se promover. *No tempo de Jesus, não eram poucos os que faziam da religião uma forma de preeminência.*

> E, quando jejuardes, não vos mostreis contristados como os hipócritas; porque desfiguram os seus rostos, para que aos homens pareça que jejuam... Sentem prazer em orar em pé nas sinagogas, e às esquinas das ruas, para serem vistos pelos homens.... Em verdade vos digo que já receberam sua recompensa (Mt 6,16-18).

Se não é fácil delinear o rosto de Cristo, também não é fácil delinear o rosto de um cristão fiel. Com facilidade fica-se nas aparências. Confunde-se marketing com zelo missionário, entusiasmo com sabedoria e santidade, jeito suave e manso com piedade, palavras doces e bonitas com profecia. É fácil cair na caricatura. De repente, um Modigliani, um Picasso ou um Tintoretto falsificado passam por legítimos aos olhos de alguém que não entende de traços, cores e estilos. Foi o que Jeremias condenou em 14,14: profetas que fingiam ser o que não eram. Rosto falsificado...

A verdadeira face

Mas há traços que apontam para aquele rosto. João o delineia com detalhes e, por conseguinte, o rosto de uma comunidade que vive nele. Mergulha no conceito de amor gratuito e vai longe ao nos propor esta nova identidade de pessoas amorosas e renovadas no Cristo que é amor:

> *Nós o amamos porque ele nos amou primeiro (1Jo 4,19).* Amemo-nos, porque o amor é de Deus; e quem ama é nascido de Deus e mostra conhecer a Deus (1Jo 4,7).

> Aquele que não ama não é porque conhece a Deus; porque Deus é amor (cf. 1Jo 4,8).

> E nós conhecemos e cremos no amor que Deus nos tem. Deus é amor; e quem está em amor está em Deus, e Deus nele (1Jo 4,16).

Os textos desenham o rosto de um cristão. Têm os traços fortes e suaves do amor. Paulo também descreve o cristão como: 1. *alguém de coração bom e fiel* (Hb 3,12); 2. *tolerante para com os fracos* e 3. *preocupado em não fazer só o que lhe interessa* (Rm 15,1); portanto, 4. *capaz de renúncias*, 5. *humilde* e 6. *penitente* (2Cor 12,5). Ao elencar, no seu magistral *Hino ao Amor*, os valores da caridade, Paulo descreve o perfil de um seguidor de Cristo (1Cor 13,1-8): 1. *é alguém capaz de ir ao cerne das coisas*; 2. *de não buscar seu próprio interesse* e de 3. *nunca se pôr em primeiro lugar*. Enfim, 4. *alguém que sabe que tudo passa, menos o amor.* Por isso é que o cultiva e o procura para si e para os outros.

Jesus, em Lucas 14,33, diz com clareza: "Assim, pois, qualquer de vós, que não renuncia a tudo quanto tem, não pode ser meu discípulo".

O Deus vingativo, castigador, terrível, às vezes paterno e perdoador, o indizível, o invisível, o inefável, o santo, o intocável para quem procura o rosto de Jesus, aos poucos se torna visível, tocável, próximo, aproximador, não violento, justo.

Se em alguns profetas, em algumas passagens, Javé é educador e amoroso, em Jesus, segundo os apóstolos e evangelistas, ele é sempre amor. Jesus usa a palavra *Pai* com enorme frequência. Da sua pregação o que mais emerge é a figura *do Filho em direto contato com o Pai*. E o Pai não quer que ninguém pereça. Quer vida em abundância porque tem e dá esta vida a quem pedir.

Fraterno e não violento

Jesus deixa claro que a busca da paz deve ser a nossa identidade, o Pai não aceita violência. Por isso não deixa que os seus discípulos andem armados: quer o perdão setenta sete vezes (cf. Mt 18,22); e afirma que aquele que não perdoar corre o risco de não ser perdoado (cf. Mc 11,26); condena a vingança e diz que, se alguém quiser vencer, tem que aprender a perder. Diz que nem sempre o vitorioso é o sujeito que está no auge do sucesso; o que crucifica nem sempre é o vencedor. O crucificado vence e o crucificador perde. Chega a dizer que, se alguém tiver algum louvor em forma de oferta, ao se lembrar que algum irmão não está em paz com ele, deve deixar a oferta ao pé do altar e ir primeiro fazer a paz com este irmão; só depois o seu louvor fará sentido (cf. Mt 5,23). A doutrina é clara: Deus não anda à cata de louvores. O que ele quer é justiça e paz.

Kenosis

Jesus muda de maneira marcante o conceito que, até então, se fazia de Deus. Vem com um novo rosto e quer um novo rosto para o Pai e para ele, o Filho. Por isso diz que ele sabe quem Deus é, e, se não o dissesse, seria um mentiroso (cf. Jo 10,15; Jo 8,55). Deus é misericórdia e se compadece. Na pessoa dele próprio, Deus fizera *shekinah* e *kenosis*. Descera para elevar o ser humano ferido.

No dizer de Paulo, Jesus igualou-se ao não igual e foi em tudo como nós, exceto no pecado (cf. Hb 4,15). Tirou de nós a maldição que só por nosso esforço jamais seria tirada (cf. Gl 3,13). Agora, mesmo pecadores, somos abençoados por quem nos ama, apesar de nossos erros. Não há mais vingança a pairar sobre nós. Não há mais por que tirar a maldição dos antepassados, porque não há mais maldição. Jesus assumiu este peso por todos. Ou isso, ou a cruz não foi eficaz! Quando ele pede que confiemos nele e avisa que venceu o mundo (cf. Jo 16,33), mostra a face misericordiosa de Deus (cf. Mt 9,13; Lc 10,37). Paulo completa que Deus é riquíssimo em misericórdia (cf. Ef 2,4). Os demais apóstolos associam sempre as ideias de graça, misericórdia e perdão. Nas saudações está sempre presente esta catequese. Busca-se o rosto de Jesus em tudo. A comunidade pecadora é, agora também, a comunidade sem medo, porque perdoada. Ele esteve no mundo e agora estava ali, no meio deles.

Um novo rosto

> Reprisemos o que já foi dito: Jesus muda o rosto que haviam pintado de Deus. Diz que ele é o Filho desde todo sempre e que será sempre o Filho; que ele e o Pai são um só (cf. Jo 10,30), e que há um Espírito Santo que ele enviará do Pai, porque também o Espírito Santo é um com ele. Ensinará tudo o que ele e o Pai ensinaram (cf. Mt 10,20; Lc 11,13).

Olhe bem para o meu rosto!

Releiamos ainda o que ficou dito a Filipe, que, como Moisés, quer ver este pai do qual Jesus tanto fala. Diz que basta olhar para ele, porque o Pai e ele são uma só realidade: "Quem me conhece, conhece o Pai" (Jo 14,7-9). Agora, temporariamente Deus tem um rosto neste mundo: é o dele. Depois, haverá outra longa espera até que ele volte (cf. Jo 14,3).

De rosto em rosto, de imagem em imagem, de imaginação em imaginação, o rosto de Deus foi se revelando ao mundo, embora nunca saibamos exatamente como Deus é. Paulo lembra isso no seu Hino ao Amor. Agora tudo o que vemos é por reflexo. Meio invertido. Um dia veremos tudo como tudo é (cf. 1Cor 13,1-13).

Com Jesus já sabemos que Deus é perdoador e aproximador e nos dará milhares de chances até o último momento. Forçar, Deus jamais nos forçará. Não seria amor gratuito nem de gratidão! Segundo João e Paulo, amor tem que ser gratuito e agradecido (cf. 1Jo 4,9; Rm 5,6; 1Cor 15,9). Ele fez mais por nós do que jamais poderemos fazer por ele. E o fez sem mérito algum de nossa parte. Foi pura misericórdia. O salmista já percebera isto ao falar das misericórdias e das bondades de Deus, ao cantar: "Lembra-te, Senhor, das tuas misericórdias e das tuas benignidades, porque são desde a eternidade" (Sl 25,6).

Chances de conversão

A última coisa que ele quer é punir. Mas somos livres. A escolha é nossa! Fomos criados para escolher. Aí a diferença entre nós e os animais. É mais do que genética, mais do que questão social. De dois irmãos gêmeos, um pode ser bandido e assassino e o outro, santo. O filho de Pepe Escobar, o megatraficante que matou milhares de pessoas, não quer saber das violências do pai e até mudou de nome. Escolheu! Aliás, é disso que se trata: de escolha! A mesma escolha foi oferecida ao povo hebreu no grande pacto: "Escolha a vida, porque, se você escolher a morte, vai morrer" (Dt 30,15-19). Não há traficante ou bandoleiro que não saiba disso. Sabe, mas não liga ou não consegue viver sem aquele dinheiro de morte.

O rosto retocado de Jesus

Conhecer Jesus pode nos levar um pouco mais perto da noção de Deus, porque ele é *Deus conosco, Emanuel* (cf. Is 43,2-3a).

um rosto para JESUS CRISTO

Acontece que também o rosto de Jesus não é tão simples de se traçar. Prova disso são os milhares de grupos nascidos do cristianismo, cada qual criado por pregadores que tinham certeza de que Jesus era do jeito que eles ensinavam.

> E a cada novo dia aparece um novo templo e uma nova igreja com um novo pregador, dando seu retoque ao rosto de Jesus. Ele tem certeza de que o rosto de Jesus é do jeito que ele o desenha. E usa a Bíblia para provar que o seu traço é o mais fiel. Se fosse, de fato, um estudioso de Cristo, como o são e foram os grandes teólogos católicos, ortodoxos e evangélicos, não falaria com tanta certeza! É que o rosto de Jesus não é assim tão fácil de traçar. Há mistério naquela face!
>
> Infelizmente, porém, o rosto de Jesus é hoje o rosto mais retocado da história! Milhares de igrejas e pregadores lhe dão, cada qual, as feições que acham que são as dele. Mas Jesus era quem era, e não quem dizemos que ele era ou é.

Basta ver a televisão, ouvir o rádio, ir a um dos mais novos templos ou ler nos frontispícios os nomes das novas igrejas. Alguém achou ter achado um ângulo melhor de Jesus e, agora, oferece a mais nova foto espiritual do Filho de Deus.

> São tão gritantes as diferenças de pregador para pregador, que não podemos senão concluir que se trata do mesmo modelo, mas não do mesmo rosto. Alguém o pintou de acordo com sua imaginação.

Como, entre os hebreus, os fiéis aderiam ao deus de Fulano, de Sicrano e de Beltrano, agora aderem ao Jesus deste ou daquele mais novo pregador. Chega a ser ridículo e seria cômico se não

82 Pe. Zezinho, scj

fosse trágico! *Meu Jesus é mais Jesus do que o seu!* É o que se ouve, com outras palavras, de pregadores que, em alguns casos, nunca sequer abriram um livro de história ou de teologia.

Venham conhecer "o nosso" Jesus

Pregadores de agora falam do "nosso Jesus". Então admitem haver um Jesus dos outros; mas "o deles" opera mais prodígios... Os que acham que Jesus diria o que eles andam dizendo, que abençoaria suas vitórias e seus sucessos e aplaudiria seus métodos para angariar adeptos, talvez estejam indo longe demais. Devem cuidar para não cair no erro dos hebreus que matavam, demoliam, odiavam, exterminavam inocentes e erroneamente chamavam a isso de bênção e de vitória. Acreditavam que números expressivos, espólios de guerra e dinheiro de sobra era sinal de estar com Deus, e Deus com eles. Invadiam território alheio, sempre com a desculpa de que Deus queria lhes dar aquela terra. Queria? Ou eram eles que a queriam e manipulavam a fé dos simples?

Embriagados de sucesso

Uma leitura atenta da Bíblia mostra no Pentateuco que existe, sim, a embriaguez da vitória. Ela é maior do que possamos imaginar. Talvez embriague mais do que o vinho, a cerveja, a cachaça e as drogas. Tais tóxicos embriagam o corpo, mas desejo de vitória, de sucesso e de dinheiro encharca a pessoa e embriaga a alma. Não foi por menos que Jesus recomendou pobreza e desprendimento aos seus discípulos. Sem essa de acumular bens (cf. Mc 4,19), de querer os primeiros lugares (Mt 23,6), de perseguir a riqueza, confundindo-a com bênção ou com um bem maior (cf. Lc 16,9; Lc 18,24)! Se vier, terá que ser administrada em função dos outros!

Jesus vai mais longe ao dizer que o sucesso religioso não é garantia de céu. Não basta orar (cf. Mt 7,21-22) nem angariar adeptos para si ou para Deus, nem mesmo expulsar demônios.

um rosto para JESUS CRISTO

Ele não reconhecerá tais pregadores como seus (cf. Mt 7,15-23). E haverá um castigo maior para o pregador que devorar as casas das viúvas (cf. Mc 12,40).

O perigo dos números e do cifrão

O perigo de embriagar-se pelos números, pelos espólios de guerra, pela vitória está nas narrativas daqueles livros, até o Livro dos Juízes. Este poderia também ser chamado "o livro dos sem juízo". Eram violências inimagináveis praticadas em nome de Deus e da embriaguez da vitória. Derramavam sangue inocente e agradeciam a Deus por terem passado a fio de espada mulheres, crianças e anciãos. Alguns voltaram ricos de suas façanhas e acharam coisa de somenos terem massacrado tanta gente (Jz 6–9)!

O perigo da fama, do dinheiro e da busca do primeiro lugar é o de, com o tempo, valer tudo. A pessoa perde a sensibilidade espiritual e social. Assim como o bêbado bebe cada dia mais, eles querem cada vez mais dinheiro. Jesus os chama de tolos (cf. Mt 23,17-19). "Qual o proveito de um homem ganhar o mundo inteiro, se perder a sua alma? Qual o preço de uma alma?" (Mt 16,26).

É o que explica os ditadores que não abrem mão do poder; os que, por estarem bem cotados no ibope, desobedecem às normas do país e até destituem juízes ou quem os enfrente; os que, por serem famosos, acham que para eles tudo é permitido. Fama, riqueza e poder embriagam. Outra vez, Jesus está certo! Discípulo seu ficará longe desses excessos. Aprenda a administrá-los, nunca em proveito próprio! O palácio de Salomão traiu seu conceito de fé. Sua casa ficou mais rica do que o templo que ele ergueu para Javé...

Pacifista

Através da História, os espólios de guerra tiveram cheiro de sangue, de mentira, de corrupção e de extorsão. Mil anos depois de Davi e Salomão, Jesus não quis nada disso. Proibiu a vingança, a vaidade, a busca do primeiro lugar, a espada, os julgamentos e a vaidade de os seus se acharem mais eleitos, por orarem em tom mais alto ou atingirem mais gente com mais estardalhaço.

Está tudo nos evangelhos e não vê quem não quer. O modelo de um cristão não pode nunca ser Gedeão, por conta dos capítulos 8 e 9 do livro dos Juízes. Deus jamais poderia apoiar aquilo. Nem o povo de Dan, nem os benjaminitas, nem Moisés, nem Salomão servem de modelo ao cristão ou ao judeu de hoje. Violência e dinheiro demais desagradam a Deus; Jesus o diz com todas as letras. O que ele quer é solidariedade, diálogo, fraternidade e justiça.

Que rosto?

Qual o rosto que mais se aproxima do de Javé, que não tem rosto? Qual o rosto de Jesus? Quem o pintasse, acertaria? Uma coisa são as imagens e pinturas, que, pelo próprio nome, sabemos que são representações; outra, a realidade.

Mas como ele agia, pode-se ver nos evangelhos. Desse Jesus que ia ao encontro, convertia e educava para a paz, de Javé que demorou séculos para educar os seus para a paz, é que devemos falar. Estamos falando de um só Deus!

Ele propõe diálogo

Jesus, repitamos, é aquele que chega a dizer que se tivermos uma oferta diante do altar e nos lembrarmos que algum irmão está sem paz, devemos deixar a oferta e ir dialogar e fazer as pazes. Só depois poderemos fazer a oferta (cf. Mt 5,23).

Dentre as prioridades de Jesus certamente está o louvor, mas ele deixa claro que sem diálogo com os daqui, o diálogo com o de lá não funciona...

Seguidores do Cristo, estamos longe do projeto de Deus para nós e ainda muito longe de poder dizer que sabemos quem e como é Deus. Já é muito crer que ele existe e perceber seus sinais. Há quem não creia nem perceba. Já não mais o vemos como o Deus da violência, da morte e da vingança. Ele quer diálogo, sem o qual a humanidade se esfacelará no ódio e nas bombas estocadas pelo ódio silencioso de povo contra povo. Quem se arma, um dia, acaba matando. Quem estoca cinco mil bombas, um dia tornará a usar uma delas, como já usou duas em Hiroshima e Nagasaki. Os americanos sabem disso! Sabem-no também os russos e quem tem bombas e ogivas estocadas.

O jeito do mundo e o de Jesus

Se americanos, russos, chineses, ingleses, franceses e outros que já possuem bombas atômicas tiverem que usar, certamente usarão. Se não as tivessem, a chance de a humanidade sobreviver seria maior. Quem conseguiu jogar três aviões do inimigo contra seus centros de poder, se tivesse um artefato atômico pequeno teria feito muito maior estrago. Capazes disso, seriam! É nesse tipo de mundo violento e ensandecido, até mesmo por ideias religiosas espúrias, que desde os tempos de Samuel até os dias de Jesus o mundo precisa de pregadores e fazedores da paz e da concórdia. É dessa paz que Jesus falou ao dizer que deixava como herança e daria a "sua" paz; e que a daria não do jeito que o mundo a dá... (cf. Jo 14,27). Já conhecemos o jeito do mundo. Falta-nos conhecer o jeito de Jesus.

Só o diálogo

Saber que fé sem diálogo não é fé e que só o diálogo pode salvar o mundo já é um enorme passo. Os dois ou três povos renitentes terão que se curvar, quando sobrarem apenas eles. Por mais louco que seja o líder, não será louco a este ponto de explodir seu povo com as bombas estocadas por seus antecessores. Seu próprio povo lhe daria um fim.

Estamos chegando ao conceito que pode levar-nos a Deus. Se vai levar, não sabemos, mas, exceto pelos histéricos e mentalmente instáveis, que adoram confrontos e batalhas, a grande maioria dos povos quer diálogo. Também em nossos ouvidos soa o que Deus teria dito a Moisés: "Serei quem eu for sendo! *Ehyeh Asher Ehyeh*!". Vocês me descobrirão aos poucos... É muito mais cristão descobrir Jesus aos poucos do que entrar numa assembleia e sair de lá gritando a plenos pulmões que encontramos Jesus! Jesus é bem mais do que uma experiência de um minuto!

Nosso tempo

Nosso tempo, que repete todos os dias as violências do povo hebreu e dos seus vizinhos, em tempos em que quase não havia povo pacifista, está longe de poder dizer que encontrou Deus. Antes, passa por cima do Deus perdoador e misericordioso e tenta a todo custo restaurar o Deus personalista: bonzinho para nós e para nossa fé e cruel para os outros de outra fé. É o Deus pragmático que nos ajuda a levar vantagem! Impressionante é ver como a religião ainda separa pessoas! Ouça alguns discursos de rua e de televisão e veja o que andam dizendo sobre Jesus.

***

A reflexão vale um retiro. Para entender melhor Jesus é preciso voltar aos tempos anteriores a ele. Para entendê-lo ainda mais é preciso imaginar o que foi o mundo com ele e o que será sem ele. Governos e entidades civis imediatistas andam querendo desvencilhar-se da sua herança. Repete-se o Salmo 2 na sua quase totalidade. Soa como profecia.

> Por que se amotinam os gentios, e os povos imaginam inutilidades? Os reis da terra se levantam e os governos se unem em assembleia contra o senhorio de Deus e contra o seu ungido, dizendo: "Livremo-nos de seus grilhões e sacudamos de nós as suas cordas" (Sl 2,1-3).

Se os cristãos não reagirem com a paz e a fraternidade, vencerá o traficante, o terrorista, o violento, o libertino, o vale-tudo, o esperto levador de vantagem.

Paulo aos romanos

Releia Paulo aos romanos. Está tudo lá. Que modelo seguir? Que Jesus anunciar? Não estaremos encolhendo a sua imagem para que ela caiba nos nossos projetos de liberdade sem limites?

Enfim, *queremos o Jesus que vem ou o Jesus que nos convém?* Escolha muito bem os seus pregadores! Alguns deles tiraram Jesus da cruz e o sepultaram. Mas não permitem que ele ressuscite! Vale o que dizem dele. Vale menos o que ele diria!

17. Quase o mesmo rosto

"Não é este o carpinteiro, filho de Maria, e irmão de Tiago, e de José, e de Judas e de Simão? e não estão aqui conosco suas irmãs?" E escandalizavam-se dele (Mc 6,3).

Disseram, pois, os judeus uns para os outros: "Para onde irá este, que o não acharemos? Irá porventura para os dispersos entre os gregos, e ensinará os gregos?" (Jo 7,35).

Teólogos católicos, ortodoxos, evangélicos, vale dizer: igrejas com séculos de estudos e vivência em Cristo apresentam um rosto bastante parecido de Jesus. Seus estudiosos chegaram quase às mesmas conclusões; na maioria delas, às mesmas. Suas concepções de Jesus se aproximam no essencial e mais do que no essencial. É do mesmo Cristo que falam. Adoram-no como a Deus único, no seio do qual ele é a segunda pessoa que se nos revelou. Isso de primeira, segunda e terceira é coisa para nossa pedagogia; não é classificação do céu. Jesus nunca disse que ele era a segunda pessoa e que o Espírito Santo é a terceira pessoa da Trindade. Nossa catequese caminhou junto, marcada que foi pelos escritos da era pós-apostólica e pelos primeiros Padres da Igreja. Ainda hoje, os teólogos das três principais correntes de cristianismo citam Agostinho de Tagaste, Ambrósio de Milão, Anselmo de Cantuária e outros que fizeram teologia nos cinco primeiros séculos do cristianismo. A herança é comum.

Há enfoques e acentos diversos, e houve dissidências, mas seus teólogos e seus documentos mostram um Jesus histórico e um Cristo da fé bastante confiável. Divergências não nos separam neste aspecto. É do mesmo Jesus que estamos a falar. Está lá na Bíblia e nos primeiros escritos da Igreja, e é possível e verossímil.

Os não teólogos

Outros grupos e outros pregadores mais recentes e mais imediatistas, sobretudo os que atuam fortemente na mídia, depois da invenção do moderno marketing da fé, acentuam um Cristo que muitas vezes não se encontra nos evangelhos nem naqueles escritos. Alguns, pelo que se ouve na mídia, sepultaram a teologia primeira e saltam do evangelho pragmático de hoje para o Antigo Testamento, com cujos heróis e combatentes se identificam.

Combativos

Citam os heróis conquistadores e vencedores. Pregam o Cristo conquistador de almas, urgente-agora-já, e os modelos são Josué, Salomão e Gedeão. Há entre eles pregadores católicos, evangélicos e pentecostais. Não é difícil encontrá-los a propor como modelo o general Josué, reis vitoriosos, o rico e sábio Salomão, cujos métodos e cujo fim já conhecemos, e Gedeão, cujos métodos e cujo fim também conhecemos. Estão longe dos teólogos e pregadores que se fundamentam na teologia cristã que vem das primeiras catequeses. Não há como não perceber a linha dessas pregações proselitistas de agora: eram poucos, mas Deus esteve ao seu lado; enfrentaram os não crentes e venceram... Os textos são cuidadosamente escolhidos para ressaltar que pequenos grupos se tornaram multidões, porque Deus os elegeu e combateu com eles.

A vitória da certeza

Na linguagem imediatista e cheia de certezas absolutas que usam, Jesus se torna um demiurgo, taumaturgo, disposto a operar milagres em quantidade a qualquer encontro; basta começar! É só puxar, que todos seguem atrás, orando em línguas. Oram em línguas a qualquer momento, mas muitos deles, quando falam em linguagem destrinchável, não distinguem o Filho do

90 Pe. Zezinho, scj

Espírito Santo, ou subordinam um ao outro, ou os transformam em dois servos do Pai. Pregam o montanismo, o docetismo ou o subordinacionismo, o ultramontanismo,[1] disfarçados com outros nomes. Anunciam com certeza absoluta que Jesus intervirá se o fiel fizer o que lhe for pedido.

Há os confiáveis

Não citamos nem os nomes das igrejas nem os movimentos, porque também ali há teologias bastante confiáveis. Mas as mudanças drásticas do rosto de Cristo vêm mais desses pregadores de certezas do que dos pregadores das igrejas históricas. Toda vez que se acentua o Jesus milagroso, que, ao menor acento, interfere e opera milagres, mostra-se um rosto que não é o de Cristo. Ele não agia dessa forma. Não fazia milagres a toda hora e em qualquer lugar. Aliás, negou-se a fazê-los por exibicionismo e chegou a proibir que divulgassem alguns de seus milagres e sinais (cf. Jo 4,48; 4,23; Lc 23,8-11; Mt 16,20; 17,9).

Não bastava invocá-lo nem fazer determinadas coisas para se conseguir a sua graça (cf. Mt 7,22-23). Não fazia milagres na hora e com data marcada. E nunca prometeu melhores pescas, nem melhores barcos, nem sucesso financeiro aos seus discípulos mais fiéis. Propôs desapego aos bens e até elogiou a pobreza

---

[1] *Montanismo*: movimento cristão fundado por Montano, que queria a volta do profetismo, ao revalorizar elementos esquecidos da mensagem cristã primitiva, sobretudo a esperança escatológica. Seu adepto mais famoso foi Tertuliano, um dos primeiros doutores da Igreja.
Docetismo: nome dado a uma doutrina cristã do século II, considerada herética pela Igreja Primitiva, por defender que o corpo de Jesus Cristo era uma ilusão, e que sua crucificação teria sido apenas aparente.
Subordinacionismo: crença cristã primitiva na qual Jesus Cristo era subordinado a Deus, o Pai. Esta ideia não é aceita hoje pelas igrejas ortodoxas, pois ela contraria a doutrina da trindade.
Ultramontanismo: doutrina política católica que, tendo em Roma sua principal referência, reforça e defende o poder e as prerrogativas do Papa em matéria de disciplina e fé.

um rosto para JESUS CRISTO   91

digna e escolhida como forma de testemunhar o céu. Questionou os ricos e os que perseguiam conforto e riqueza. Exigiu, dos pobres, que fizessem a sua parte, mas não disse que quem o seguisse ficaria rico. O "cento por um" ao qual Jesus se refere não tinha nada a ver com a conta no banco.

Um Cristo utilitário

Pregações de algumas dessas novas igrejas mostram um Jesus que não está nos evangelhos. Com certa justiça, eles talvez digam que pregações de católicos e evangélicos também não mostram o verdadeiro rosto de Jesus. Estamos todos precisando repensar o rosto que andamos desenhando em nossas pregações. Ele não fez e não faz tudo aquilo que alguns dizem que fez e faz. Mas os que negam sua capacidade de intervir ainda hoje, também deturpam seu rosto.

> Quem deve ser questionado é o Cristo utilitário que vem em socorro da nossa pregação e faz exatamente aquilo que dissemos que ele faria. Questionemos o Cristo que vem exatamente às 15h, como preconizou o pregador, e que começa a operar milagres no exato momento em que o pregador ergue a voz e todos, a um aceno, começam a orar em línguas. Ou Jesus esteve naquele ensaio geral ou não é o Jesus dos evangelhos, que disse que o vento sopra onde quer e ninguém sabe de onde vem (cf. Jo 3,8).

Questionemos o Espírito Santo que infalivelmente, sem atraso de um segundo, cinco minutos depois que começou o culto, já faz 1.500 pessoas orarem em línguas, cada qual sempre no mesmo tom que parece ser apenas dela, com as mesmas sílabas e palavras que repete há dois anos no rádio e na televisão: *Malarialabândara, Ôooo alarialamândara, ianadaliandara, manândera, manândera.*

Gravei e escrevi uma dessas preces, e toda vez que a pessoa a proferia na televisão ia conferir. Era sempre o mesmo som. Não havendo intérprete, não sei que prece era. Mas não é fácil ver o rosto de Jesus naquela pregação. O Cristo ali anunciado vem depressa demais e obedece ao mais leve comando da liderança. O verdadeiro dom de línguas não parece fluir a comando de um só líder e, pelo que os textos sobre o Espírito Santo indicam, é muito mais criativo do que o mesmo som, do mesmo jeito, ao mais leve aceno da liderança...

Milagres questionáveis

Sei dos fenômenos prometidos por Jesus e sei das narrativas dos Atos dos Apóstolos. Sei das cartas de Paulo e do rosto de Cristo que ele traçou. Vejo este rosto em muitas pregações de irmãos das mais diversas igrejas. Não o vejo em pregações imediatistas de quem se reúne com aviso prévio de que ali haverá milagres. E, caso não haja, mesmo assim acreditarão que Jesus esteve entre eles?

Onde há imediatismo e busca frenética por milagres todos os dias, prodígio após prodígio, não vejo o rosto de Cristo. Vejo pessoas procurando um rosto que não está na Bíblia e não foi prometido. Um rosto, porém, parece claro: o da misericórdia, o do diálogo. Onde ele existe é bem mais fácil distinguir os traços do Cristo nas igrejas de agora. E este rosto se pode ver em fiéis e pregadores das mais diversas igrejas. Caracteriza-os a caridade, o senso de justiça e a fraternidade. Ouvem e deixam falar. Veem valores nos outros. Conseguem ver a luz de Deus em outros púlpitos e altares. Discordam sem perder o respeito.

Posso discordar... Paulo discordou fortemente de Pedro a respeito dos "judaizantes" e, nem por isso, um foi menos apóstolo do que o outro. Mas Simão, o mago, foi ameaçado de punição porque estava querendo ganhar dinheiro às custas do evangelho.

um rosto para JESUS CRISTO

Se alguém detecta em mim interesses escusos ao pregar, se alguém vê que o outro persegue o dinheiro e a fama e cobra preço exorbitante por sua pregação, se o outro deturpa o evangelho e ensina o que não está na Bíblia, então tenho a obrigação de falar. A isto se chama "apologética", que não tem que ser polêmica nem mal-educada. Se o irmão tem o direito de dizer e fazer aquelas coisas em nome de Jesus, eu também tenho o mesmo direito de lembrar que Jesus nunca prometeu aqueles bens e aquele prometido sucesso financeiro a quem o segue... O "cento por um" (cf. Mt 19,29) não tem nada ver com bancos e bens imobiliários...

Enfim, as igrejas contribuem com sua parte na construção do monumento que, juntas, podem e devem erguer, para que o mundo perceba o verdadeiro rosto do Senhor Jesus. Ele é feito de pedras vivas!

Parte III

O desespero humano

Cristo é a luz dos povos. Por isso, este sagrado Concílio, congregado no Espírito Santo, deseja ardentemente que a luz de Cristo, refletida na face da Igreja, ilumine todos os homens, anunciando o Evangelho a toda criatura (cf. Mc 16,15). E, porque a Igreja é em Cristo como que sacramento, isto é, sinal e instrumento da união íntima com Deus e da unidade de todo o gênero humano, retomando o ensino dos concílios anteriores, propõe-se explicar com maior clareza aos fiéis e ao mundo inteiro a sua natureza e a missão universal. As presentes condições do mundo tornam ainda mais urgente este dever da Igreja, a fim de que todos os homens, hoje mais intimamente ligados por vínculos sociais, técnicos e culturais, alcancem também unidade total em Cristo.

(*Lumen gentium* 1)

18. Desenraizando as relações e as reações

Sem raízes profundas e, por isso mesmo, facilmente transplantados, milhões de irmãos mudaram de lado na contemplação de Jesus, ou deixaram Jesus por outros mestres. Alguém anunciou Jesus de outra maneira e pintou-lhes um outro rosto, e eles acharam aquele perfil mais condizente. Sem hesitação, mudaram para o que consideravam melhor.

Não há por que julgá-los. Usavam as mesmas lentes que eu, mas experimentaram as daquele pregador e achavam que viam melhor com elas. A minhas continuam servindo à minha miopia; não deram para a deles. Garantem que enxergam Jesus, melhor agora, na nova igreja. Sejam felizes! Eu sou!

19. O mundo em desespero

Voltemos ao passado e viajemos cinquenta séculos até hoje. A crueldade infelizmente tem sido uma das constantes do ser humano. Nela se manifesta a porção *bestia fera* que coexiste com o lado humano do animal *homo*. Nascido para ser semelhante ao criador (a palavra *homo*, do grego, significa "semelhante"), nascido para ser *adam* (de *adamah*, em hebraico "terra"), portanto, *terreno*, *terrestre*, resumo do planeta, ele não tem correspondido.

Dizem os cientistas que os dinossauros reinaram aqui por 165 milhões de anos e a Terra cresceu quase intacta. Vieram os humanos e, em menos de um milhão de anos, mais precisamente no último século, sua sanha de consumo e de poder insaciável criou a bomba atômica e ameaça dizimar a vida no planeta. A brincadeira do "nada nos seja proibido" nos jogou num quadro cada dia mais tétrico de terrorismo, até mesmo de fundo religioso que chafurda o mundo nas mais diversas lamas de violência: contra o feto, contra o embrião, contra o cidadão indefeso a quem nem mesmo os muros e as grades protegem. Somos seres violentos e a violência virou espetáculo de alto grau de consumo!

Gigantescos desvios

A maldade humana e o egoísmo, levados ao extremo, tornam o ser humano mais semelhante ao diabo, o separador, do que a Deus, o aproximador. Por isso, alguns atos humanos são declarados diabólicos. E tais atos são os principais causadores do desespero de indivíduos e comunidades. Não se vê saída. Os semeadores de esperança garantem que, sim, por mais longo que seja, o túnel da vida tem saída, senão aqui, na eternidade, mas a esperança é a última que deve morrer. Sem ela, o ser humano perde o ânimo, e perder o ânimo é como ter alma que não funciona, motor que não se liga.

Luz no fim do túnel?

Desesperar-se não é apenas não ter esperança, é perdê-la! Pior do que não ter esperança é tê-la tido e perdido. Acontece com pais e mães, com casais, com pessoas ontem idealistas, com milhões de pessoas que enveredaram por um caminho que não deu certo ou sofreu desvios e, agora, não acreditam em voltas ou reencontros.

Três alpinistas perdidos na neve, depois de uma avalanche, salvaram-se por não terem perdido a esperança. Mantiveram-se vivos com todos os recursos possíveis, até que um pequeno rádio que tinham orientou as buscas. Salvou-os a persistência em viver e o sinal, ainda que frágil, que tinham consigo. Alguém de lá de cima o leu!

Sobreviventes de um avião que caiu nos Andes não tiveram o mesmo fim. Acabaram as provisões, o agasalho não foi suficiente, ninguém levara qualquer instrumento capaz de emitir sinais. Vencidos pelo desespero, alguns acabaram comendo a carne congelada dos mortos. Uns poucos se salvaram. A esperança que a estes poucos restou os trouxe de volta. Para a mídia sua história merecia cobertura. Afinal, foi canibalismo em pleno século XX. Para eles, era melhor guardá-la para si. Foi dor para toda uma vida!

***

Entrar em desespero pode acontecer com indivíduos em depressão e com nações inteiras. De violência em violência, de guerra em guerra, de perda em perda, um povo, após ver tantas vidas desperdiçadas, por conta de religião e de ideologias, pode perder a perspectiva! Aos holocaustos seguem, não poucas vezes, a indiferença, a negação, o ódio e a vingança. O perdão é bem mais difícil. É dor para muitos séculos!

20. A condição humana

Esperanças e angústias

Para levar a cabo esta missão, é dever da Igreja investigar a todo momento os sinais dos tempos e interpretá-los à luz do evangelho; para que assim possa responder, de modo adaptado a cada geração, às eternas perguntas dos homens acerca do sentido da vida presente e da futura, e da relação entre ambas. É, por isso, necessário conhecer e compreender o mundo em que vivemos, as suas esperanças e aspirações, e o seu caráter tantas vezes dramático. Algumas das principais características do mundo atual podem delinear-se do seguinte modo.

Nova fase da História

A humanidade vive hoje uma fase nova da sua História, na qual profundas e rápidas transformações se estendem progressivamente a toda a terra. Provocadas pela inteligência e atividade criadora do homem, elas repercutem sobre o mesmo homem, sobre os seus juízos e desejos individuais e coletivos, sobre os seus modos de pensar e agir, tanto em relação às coisas como às pessoas. De tal modo que podemos já falar de uma verdadeira transformação social e cultural, que se reflete também na vida religiosa.

Como acontece em qualquer crise de crescimento, esta transformação traz consigo não pequenas dificuldades. Assim, o homem que tão imensamente alarga o próprio poder, nem sempre é capaz de o pôr ao seu serviço. Ao procurar penetrar mais fundo no interior de si mesmo, aparece frequentemente mais incerto a seu próprio respeito. E, descobrindo gradualmente com maior clareza as leis da vida social, hesita quanto à direção que lhe deve imprimir.

um rosto para JESUS CRISTO

Riqueza mal distribuída

Nunca o gênero humano teve ao seu dispor tão grande abundância de riquezas, possibilidades e poderio econômico; e, no entanto, uma imensa parte dos habitantes da terra é atormentada pela fome e pela miséria, e inúmeros são ainda os analfabetos. Nunca os homens tiveram um tão vivo sentido da liberdade como hoje, em que surgem novas formas de servidão social e psicológica. Ao mesmo tempo que o mundo experimenta intensamente a própria unidade e a interdependência mútua dos seus membros na solidariedade necessária, ei-lo gravemente dilacerado por forças antagônicas; persistem ainda, com efeito, agudos conflitos políticos, sociais, econômicos, raciais e ideológicos, nem está eliminado o perigo de uma guerra que tudo subverta.

O mundo mais informado

Aumenta o intercâmbio das ideias; mas as próprias palavras com que se exprimem conceitos da maior importância assumem sentidos muito diferentes segundo as diversas ideologias. Finalmente, procura-se com todo o empenho uma ordem temporal mais perfeita, mas sem que a acompanhe um progresso espiritual proporcionado.

(Gaudium et spes 4)

Parte IV

A Esperança

Tendo sido, pois, purificados pela fé, temos paz com Deus, por nosso Senhor Jesus Cristo; por ele também fomos introduzidos pela fé a esta graça, na qual estamos firmes, e na qual nos firmamos cheios de esperança de viver na luz gloriosa de Deus.

(Rm 5,1-2)

21. Os hebreus e seu Messias

A história dos hebreus, mais tarde Israel e seus holocaustos, os que infligiram e os que sofreram, como está relatada na Bíblia, é, no fundo, a história do ser humano. As tribos guerreiras, os Sansões e os Gedeões se repetem de tempos em tempos com outros nomes e com outras armas. Mas os massacres e o desespero são os mesmos.

Este povo que não hesitou em registrar seus enormes desvios também deixou claro que nunca perdeu a esperança. Sua fé num messias norteou toda a sua caminhada. Um dia, um grande ungido mudaria tudo. Ele faria a diferença! Outros povos também eram messiânicos, mas poucos, talvez nenhum outro, encarnaram esta esperança messiânica como Israel.

Difícil virtude

Livros inteiros, famosos romances e obras de grande alcance literário se debruçam sobre a difícil virtude da esperança. Os *Upanishades*, a *Bíblia,* a saga de *Ulisses,* mil histórias vindas de todos os povos foram escritas para lembrar que mesmo quando não acabou bem, ainda assim valeu acreditar num amanhã melhor. Foi o caso do simples e questionador *Diário de Anne Frank.* O leitor tem mil escolhas: os livros que exaltam o desespero, o *nonsense* e o niilismo, ou os que apontam para uma chance de paz e de fraternidade, por menor que ela seja.

Leitores de Sartre, Kafka, Nietzsche, Kierkegaard, Feuerbach, Bertrand Russel e Saramago terão uma perspectiva. Os de Chesterton, Shakespeare, Carl Sagan, Antonio Vieira, outra, bem outra! Um passeio pela filosofia e pelo romance nos levará, mais cedo ou mais tarde, de autor em autor, à grande interrogação:

> A dor humana tem solução? O rio sinuoso e agitado da vida desemboca no mar da serenidade? Ou essa paz que jamais virá na terra, também não virá no infinito?

Muitas religiões, e entre elas, de maneira especial, o cristianismo, respondem que sim, que pode vir aqui mesmo e certamente virá depois do judaísmo. "Alguém" esteve aqui para mostrar o caminho! Como resposta parece palatável, mas, aí, vêm outras perguntas:

> Então, por que milhões de crentes não são e não agem como pessoas serenas e felizes? Como pretendem ensinar o caminho da paz, se eles mesmos não o trilham? Não foram cristãos protestantes os que deram a ordem de jogar as, até hoje, únicas duas bombas atômicas da história?... Um dos pilotos não era evangélico? O outro não era católico? E os mortos, na sua maioria, não eram budistas? Não foi Stalin educado por cristãos? De onde veio o marxismo? Marx era judeu! Jesus era judeu! Não viveu Hitler num país cristão? Não houve crentes opressores?

Do lado judeu e muçulmano persistem as mesmas perguntas. Se acreditam que sua religião os guiará na direção da paz, como explicam o terrorismo, os massacres e as mortes perpetrados por membros de suas religiões? E como explicar Gengis Khan, Hitler, Pol Pot, Stalin, Mao Tse-Tung e outros ateus e descrentes que massacraram sem piedade quem não rezava pela sua cartilha? Como explicar o Livro dos Juízes 6, 7, 8, 9 e outros que põem a nu o desespero dos fracos e a prepotência dos bem armados, mas incapazes de amar?

***

um rosto para JESUS CRISTO

Comecemos com a carta de Paulo aos romanos. A carta tem quase dois mil anos. Falava da Roma do seu tempo. Aquilo podia ser tudo, menos felicidade...

Não me envergonho do evangelho de Cristo, pois é o poder de Deus para salvação de todo aquele que crê; primeiro do judeu, e também do grego. Porque nele se descobre a justiça de Deus de fé em fé, como está escrito: o justo viverá da fé.

Do céu se manifesta a ira de Deus sobre toda impiedade e injustiça dos homens, que detêm a verdade em injustiça, porquanto o que de Deus se pode conhecer neles se manifesta: Deus lho manifestou.

As suas coisas invisíveis, desde a criação do mundo, tanto o seu eterno poder como a sua divindade, se entendem e claramente se veem pelas coisas criadas. Ficam sem desculpas, porquanto, tendo conhecido a Deus, não o glorificaram como tal, nem lhe deram graças, muito ao contrário, envaideceram-se nos seus discursos, e o seu coração insensato se obscureceu. Dizendo-se sábios, revelaram loucura. E mudaram a glória do Deus incorruptível em semelhança da imagem de homem corruptível, e de aves, e de quadrúpedes, e de répteis.

Por isso também Deus os entregou às concupiscências de seus corações, à imundícia, para desonrarem seus corpos entre si. Mudaram a verdade de Deus em mentira, e honraram e serviram mais a criatura do que o Criador, que é bendito eternamente. Amém.

Deus os abandonou às paixões infames. Porque até as suas mulheres mudaram o uso natural, no contrário à natureza... E, do mesmo modo, também os homens, deixando o uso natural da mulher, se inflamaram em sua sensualidade uns para com os outros, homens com homens, cometendo torpeza e recebendo em si mesmos a consequência que seu erro acarretava.

E, como não se importaram conhecer Deus, Deus os deixou no seu sentimento perverso, fazendo eles o que não convém. Cheios de toda a iniquidade, prostituição, malícia, avareza, maldade; cheios de inveja, homicídio, contenda, engano, malignidade; murmuradores, detratores, aborrecedores de Deus, injuriadores, soberbos, presunçosos, inventores de males, desobedientes aos pais e às mães; néscios, infiéis às suas promessas, sem afeição natural, irreconciliáveis, sem misericórdia. Conhecendo a justiça de Deus que diz que são dignos de morte os que tais coisas praticam, eles não somente as fazem, mas até incentivam quem as faz (Rm 1,16-32).

Como Paulo descreveu

Em parte é este o quadro atual na mídia do mundo. Basta ligar a televisão, baixar algumas canções eróticas e pornográficas, passar pelas bancas, entrar na internet, passar por becos e ruas onde jovens se drogam, ler as notícias de jornal, ir às praias e balneários para ver a nudez, o sexo, o despudor que invadiu famílias e sociedades. Programa após programa, não falta o incentivo a transgressões cada vez maiores. Como na antiga Roma e na velha Grécia, as cenas de rua, de esquinas e de anfiteatros de hoje pouco se espelham no cristianismo. E não omitamos, para tormento dos pais, a pedofilia e a pornografia a domicílio via internet.

Uma outra vez, quem sabe!

Paulo, hoje, seria outra vez, como no seu tempo, hostilizado em alguns programas de televisão por apresentadores simpáticos e sorridentes. Não o deixariam concluir seu pensamento. Interromperiam seu discurso dizendo que uma outra vez o chamariam para outro debate (cf. At 17,32)! Seria impiedosamente pichado como fanático, ultrapassado e ultraconservador. Ele, certamente, não se calaria. As portas se lhe fechariam. Outros pregadores menos cultos, mas muito mais sorridentes e gentis, ocupariam o seu lugar, mesmo que não fossem metade do apóstolo e do convertido que ele era.

* * *

um rosto para JESUS CRISTO

Naqueles dias, com todos os seus deslizes registrados em epístolas como Gálatas e Coríntios, os cristãos trouxeram a fé em Jesus como resposta ao desespero de seu tempo. Outra vez foi Paulo a nos brindar com a proposta da esperança universal que vem por um homem chamado Jesus.

> Tendo sido, pois, purificados pela fé, temos paz com Deus, por nosso Senhor Jesus Cristo; por ele também fomos introduzidos pela fé a esta graça, na qual estamos firmes, e na qual nos firmamos cheios de esperança de viver na luz gloriosa de Deus.
> E não é só isto: mas também glorificamos a Deus até mesmo nas tribulações; sabendo que as dificuldades desta vida produzem a paciência, a paciência a experiência, a experiência a esperança e esperança não confunde, porque o amor de Deus tomou conta de nossos corações pelo Espírito Santo que nos foi dado.
> O motivo? Cristo, quando ainda éramos fracos, morreu pelos ímpios. Porque talvez alguém morra por um justo; pode ser que por um sujeito bom alguém aceite dar a vida, mas Deus provou o seu amor para conosco, no Cristo morreu por nós, quando estávamos ainda em pecado.
> Por isso muito mais agora, que fomos tornados justos pelo seu sangue, seremos por ele salvos da ira. Porque se nós, que éramos seus inimigos, fomos reconciliados com Deus em vista da morte de seu Filho, muito mais agora seremos salvos em vista de sua vida.
> E não só isto, mas também damos glória a Deus por nosso Senhor Jesus Cristo, pelo qual alcançamos a reconciliação. Por um homem entrou o pecado no mundo, e pelo pecado, a morte; e a morte passou a todos os homens, porque todos levaram aquele pecado (Rm 5,1-12).

E Paulo concluía esta parte da sua cristologia afirmando, no capítulo 8,1-34:

> Agora nenhuma condenação há para os que estão em Cristo Jesus, e que não andam segundo a carne, mas segundo

o Espírito. Porque na esperança fomos salvos. Esperança que se vê não é esperança, porque, se já viu, não tem por que esperar! Mas, se esperamos o que não vemos, então é porque aprendemos a paciência do esperar.

Da mesma forma também o Espírito ajuda as nossas fraquezas, porque nem sequer sabemos pedir como convém, mas o mesmo Espírito intercede por nós com gemidos inexprimíveis. Aquele que examina os corações sabe qual é a intenção do Espírito, e é ele que, segundo Deus, intercede pelos santos.

Sabemos que todas as coisas concorrem para o bem daqueles que amam a Deus, daqueles que são chamados segundo o seu propósito. Porque os que conheceu antecipadamente também os predestinou para serem conformes à imagem de seu Filho, para que ele seja reconhecido como o primogênito entre muitos irmãos. Aos que predestinou também chamou; e aos que chamou também justificou; e aos que justificou a estes também glorificou.

Que diremos, pois, a estas coisas? Se Deus é por nós, quem será contra nós? Aquele que nem mesmo a seu próprio Filho poupou, e até o entregou por todos nós, como nos não dará também com ele todas as coisas? Quem acusará os escolhidos de Deus? Deus os justifica. Quem vai condená-los? Somente o Cristo que morreu e ressuscitou dentre os mortos. Ele tem o poder à direita de Deus, mas ele também é quem intercede por nós.

22. Deprimidos e amedrontados

Num mundo de tanta fome, dor, lágrimas desespero e poucos sinais de mudança; num mundo de dez ou doze países com acesso à bomba atômica e ao poder de destruir e intimidar os vizinhos; bem como depois de 11.09.2001, já sabemos que uns poucos cidadãos fanatizados e dispostos a morrer por sua fé, por sua etnia ou pelo seu partido político podem provocar a grande catástrofe. Bastou um desequilibrado assassinar o Duque Ferdinand, de Sarajevo, para que se desencadeasse a guerra de 1914. Os espíritos andavam armados. Só faltava o estopim.

Quem tentou, naquele trágico setembro de início de século, matar o presidente da nação mais poderosa do mundo, usando os aviões do inimigo, sabia que bastaria um pequeno grupo de suicidas para mudar o quadro político do mundo. Colocou o terrorismo na ordem do dia e no centro das preocupações do Ocidente e do Oriente. Quem num só dia tentou atingiu três centros de poder, e atingiu dois deles, mostrou que o mundo não deve nunca mais dormir sossegado. Com o advento do terrorismo atualizado, os inocentes correm maior perigo do que se imagina. Mas, em vez de olharmos apenas para a Al-Qaeda,[1] lembremos que também milhares de inocentes dormiam em Hiroshima e Nagasaki,[2] quando chegaram os aviões com as duas bombas atômicas... Lá morreram 30 vezes mais gente do que nas torres gêmeas do WTC.[3]

---

[1] Organização terrorista que se afirma islâmica.

[2] Cidades japonesas arrasadas em 1945 por duas bombas atômicas lançadas pelos Estados Unidos, o que pôs fim à Segunda Guerra Mundial.

[3] World Trade Center, edifício com duas torres gêmeas em Nova York, que um comando terrorista suicida destruiu em 11.09.2001, com mais de quatro mil pessoas dentro.

Uma escola de crianças, um metrô cheio de passageiros inocentes, uma mesquita, uma sinagoga, um templo cristão, um navio de voluntários que leva alimentos podem ser os alvos da ira sem alvo. Mata-se indiscriminadamente como nos tempos da tribo de Dan e de Gengis Khan, sobre quem se afirma ter massacrado e arrasado cidades e aldeias inteiras. Não era mais sanguinário do que os povos armados de artefatos nucleares.

Nosso tempo não é menos propenso ao crime e ao desespero. Treblinka, Dachau, Kosovo e Kampuchea que o digam. Eram cidades ou países onde reinou o terrorismo de Estado. E não esqueçamos Uganda, os tutsi ou watusis,[4] tribos no poder ou na oposição que se aniquilaram, os milhões de expatriados e refugiados cujo crime foi estar nos colcozes,[5] nas cidades ocupadas e nos territórios disputados. Outros morreram por não serem da mesma etnia ou tribo e por professarem outro credo. Acontece, ainda hoje, em pleno século XXI, quando países, ditos democráticos, mantêm prisioneiros ou exilam cidadãos por delito de opinião; quando governos eleitos dão asilo político aos de sua ideologia e devolvem os de outra corrente política; condenam os crimes de um país e silenciam os do outro, porque o outro tem a mesma linha política do partido agora no poder... *É a reideologização do mundo. Voltam as ideias-força, perdem espaço as ideias-diálogo.* Um partido no governo não pode perder! A oposição não pode vencer! Recorra-se à mentira ou à violência, mas nunca mais o poder estará em outras mãos...

***

---

[4] Cerca de quatrocentos anos atrás, os watusis (tutsis), uma tribo guerreira e criadora de gado, invadiu a região de Ruanda, habitada por bahutus (hutus), e lá se instalaram. Os hutus não conseguiram expulsá-los e acabaram dominados e tratados como escravos, até 1959, quando finalmente se rebelaram e mataram milhares de tutsis em uma guerra sangrenta.

[5] Colcoz: tipo de propriedade rural coletiva, típica da antiga União Soviética, no qual os camponeses formavam uma cooperativa de produção agrícola e davam uma parte fixa de sua produção ao Estado.

Sem grandes perspectivas

É um mundo esperançoso? Com os pais sem saber como resgatar os filhos do *crack*? Com milhares de crianças, donas de casa, executivos viciando-se para sempre na quarta dose? Com os governos relativamente pobres gastando em megaprojetos e sem dinheiro para recuperar estes candidatos à morte prematura? Com o aumento de carros nas ruas e de fugas do lar? Com o aumento de geladeiras, micro-ondas, máquinas de lavar e de enxugar, computadores e maravilhas da técnica, e o aumento paralelo de divórcios e separações? Com a gravidez precoce de adolescentes que sabem tudo sobre fazer sexo e quase nada sobre viver a sexualidade? Com a mídia ensinando o amor livre, mas confusa quanto ao amor comprometido? Com a infidelidade e a loucura a tomarem conta de todos os quadrantes da sociedade e a repetir o que Paulo condenava há vinte séculos, em Romanos 1,31, e o salmista (Sl 5,5) denunciava há três mil anos?

Nesta situação, como se portará um cristão católico? Onde buscará suas esperanças?

Parte V

Alguém nos visitou

Função régia

Cristo, que se fez obediente até a morte, e por isso mesmo exaltado pelo Pai (cf. Fl 2,8-9), entrou na glória do seu Reino; a ele estão submetidas todas as coisas, até que submeta ao Pai a si mesmo e consigo toda a criação, a fim de que Deus seja tudo em todos (cf. 1Cor 15,27-28). Ele comunicou este poder aos discípulos para que, também eles, fossem constituídos na liberdade própria de reis, e, pela abnegação de si mesmos e por uma vida santa, vencessem em si próprios o reino do pecado (cf. Rm 6,12); ainda para que, servindo a Cristo também nos outros, conduzissem pela humildade e paciência os seus irmãos àquele Rei a quem servir é reinar.

(*Lumen gentium* 36)

23. Aquele grito de perdão

> E dizia Jesus: "Pai, perdoa-lhes, porque não sabem o que fazem". E, repartindo as suas vestes, lançaram sortes (Lc 23,34).

Um dia, em alta voz, um homem ainda jovem gritou de uma cruz, pedindo perdão pelos que o matavam. Nós, cristãos, dizemos que começou ali a diferença entre morrer e morrer... Alguém transformava sua morte em perdão e, por isso, em razão de esperança. Não morria com medo, nem com ódio, nem rogando pragas sobre seus assassinos. Morria como vivera: dizendo que sem perdão não há solução. Falou e fez.

Foi de dor e foi de amor aquele grito! Se nunca ninguém jamais falou como ele (cf. Jo 7,46), nunca ninguém jamais perdoou como ele (cf. Lc 7,47)! Os humanos, em geral, não têm tamanha grandeza. O perdão ultrapassa os limites do humano! Aquela hora na cruz traduziu a dimensão libertadora da pregação do homem Jesus. Outra vez entregou-se ao Pai, outra vez ofereceu a sua vida em favor da humanidade e outra vez pensou nos outros. Tinha feito isso a vida toda. Alguns homens o estavam matando, a mando deles fora barbaramente torturado, seu sangue escorria em consequência do ódio daqueles religiosos cheios de fúria e, enquanto morria, lembrou-se de orar pelos que o matavam: "Perdoa-os, Pai. Eles não sabem o que estão fazendo!". Era como se dissesse: "Faltou catequese para eles! Não entenderam nada de religião!".

O perdão essencial

Mas foi o mesmo homem quem ensinara, nos trinta meses de sua pregação e dos mistérios luminosos de sua vida, que era preciso perdoar não só aos amigos, mas também aos que nos ferem e nos odeiam (cf. Mt 5,44). Pediu que os espíritos se desarmassem (cf. Mc 11,25). Disse que deveríamos oferecer a outra face, caso alguém nos batesse no rosto (Mt 5,39). Lembrou que era fácil amar os amigos, mas que, depois dele, a lei seria outra; que amássemos os inimigos para sermos dignos do nome de filhos do mesmo Pai, que faz chover sobre os bons e maus e faz o seu sol brilhar sobre os justos e os injustos! (cf. Mt 5,45).

Pouco antes da sua morte, quando Pedro, para defendê-lo, lançou mão da espada e feriu Malco, um dos agressores, Jesus curou seu agressor (cf. Lc 22,51) e mandou que Pedro guardasse aquela espada na bainha, lembrando que os que recorrem à espada morrem pela espada; um claro recado aos que andam armados e não hesitam em usar de chantagem, matar, caluniar, ferir e destruir os outros para conseguirem os seus objetivos.

Foi ele, também, quem disse que com a mesma medida com que medíssemos os outros seríamos medidos por Deus (cf. Mt 7,1-2). Na oração que ensinou aos seus discípulos, deixou mais do que óbvio que devemos orar pedindo perdão, com a promessa de também perdoar. "Perdoai as nossas ofensas, assim como nós perdoamos a quem nos tem ofendido..." (Mt 18,35).

O primeiro passo

Aquele grito de quem perdoava e pedia a salvação dos seus algozes mostrou um ponto essencial de toda e qualquer proposta de mudança. Alguém precisa dar o primeiro passo! Cristão que é cristão, perdoa! Fácil não é! Mas não há outra opção. Não se pode viver apenas de louvar. Perdoar faz parte do projeto. De tal forma foi radical na sua exigência, que mandou que os seus fiéis deixassem a oferta ao pé do altar e primeiro buscassem perdoar e dar perdão (cf. Mt 5,23). Só depois poderiam vir ao templo, abrir os braços, falar e cantar bonito os seus hinos de "exaltado, louvado e adorado sejas!". É que louvar é mais fácil do que perdoar!

um rosto para JESUS CRISTO

É o drama de todos os religiosos. Falar de Deus é bonito e até arranca suspiros da plateia, mas o difícil é perdoar quem nos ameaça e de nós discorda.

> Há pessoas que morrem sem o conseguir, porque seu coração não se dilata e não se abre. Vivem mais em sístole do que em diástole e morrem de enfarto não do miocárdio, mas do sentimento bloqueado. Não se imaginam indo embora deste mundo sem ter dado o troco a quem os feriu. Por mais que o outro tenha reparado o seu erro, eles não perdoam. Deus, sim, mas eles, não! Não admitem que Deus perdoe ou corrija quem os ofendeu. Então assumem a tríplice função de promotores, juízes e algozes.

Como sempre, aquele homem estava certo! Não há felicidade nem paz sem perdão pedido, aceito e oferecido! Quem não o pede ou não o dá, corre o risco de morrer *no* seu pecado! Pior: de morrer *do* seu pecado! (cf. Jo 8,21).

24. O homem Jesus

> Sentiram um grande temor e diziam uns aos outros: "Mas quem é este, que até o vento e o mar lhe obedecem?" (Mc 4,41).

> Mandou aos seus discípulos que a ninguém dissessem que ele era Jesus, o Cristo (Mt 16,20).

Viera do interior...

Voltemos os nossos olhos para o homem que, enquanto morria sob tortura, pediu perdão pelos seus algozes. Chamava-se Jesus e era mais conhecido nas aldeias e nas pequenas cidades do que em Jerusalém. Carpinteiro que era, pelo menos 90% da sua audiência estava no campo ou perto do campo, na região hoje conhecida como Israel, Palestina e Jordânia. Naquele tempo a divisão territorial era outra. Ele viera do povo e falava a ele e em nome do Pai! Foi ao povo e compadeceu-se.

Olhar agonizante

Imaginemos aquele olhar que nunca vimos e nunca ninguém viu depois daquela tarde, porque Jesus não foi fotografado. Pensemos naquele coração, este, sim, descrito até mesmo com abundância de detalhes. O que havia por trás daquele olhar agonizante que fitava seus inimigos e torturadores como dignos de compaixão por saberem que estavam matando, mas não a quem matavam? Ensinara e fez o que ensinara:

> Eu, porém, vos digo: Amai a vossos inimigos, bendizei os que vos maldizem, fazei bem aos que vos odeiam e orai pelos que vos maltratam e vos perseguem; para que sejais filhos do vosso Pai que está nos céus (Mt 5,44).

Se não perdoardes, também vosso Pai, que está nos céus, não vos perdoará (Mc 11,26).

E dizia: "Pai, perdoa-lhes, porque não sabem o que fazem" (Lc 23,34).

De viver ele entendia

Se houve no mundo um homem que parecia saber tudo sobre esperança, este alguém foi Jesus. Falava com firmeza de quem sabe das coisas! E seu saber começava com a noção de Deus. Dizia saber quem Deus era.

E vós não o conheceis, mas eu o conheço. E, se dissesse não conhecê-lo, seria mentiroso como vós; mas eu o conheço e guardo a sua palavra (Jo 8,55).

Conheço o Pai, como o Pai me conhece. Dou a minha vida pelas ovelhas (Jo 10,15).

Não apenas sabia; tratava Deus como Pai e dizia ser o Filho e ser um com ele. Quem o olhasse teria uma ideia do Pai.

Se vós me conhecêsseis, também conheceríeis a meu Pai; na verdade já o conheceis e já o tendes visto (Jo 14,7).

Eu e o Pai somos um (Jo 10,30).

Todas as coisas me foram entregues por meu Pai, e ninguém conhece o Filho, senão o Pai; e ninguém conhece o Pai, senão o Filho, e aquele a quem o Filho o quiser revelar (Mt 11,27).

Deixou para os ouvintes a conclusão sobre se este Pai era ou não era o Deus dos hebreus. Mas havia amor filial nos seus olhos quando falava do seu "Abba". Naqueles tempos dizer "Abba" significava relação de profunda intimidade entre pai e filho. Talvez não tenhamos palavra correspondente em português. É mais do que *papá*, *painho* ou *paizão*, ou mesmo *papai*.

Intimidade absoluta

Se algum homem chegou à intimidade absoluta com Deus, este homem foi Jesus. Foi ele quem o disse. Se um homem é capaz de tamanha intimidade, ele não é um sujeito qualquer. Há qualquer coisa de especial nele. Se Deus é este ser que pensamos que é, quem afirma ter intimidade absoluta com ele corre o risco de ser visto como um doido varrido, um esperto marqueteiro, ou um atrevido megalomaníaco. Jesus não foi isso. Nem mesmo seus mais ferrenhos adversários duvidam de sua lucidez. Há uma diferença abissal entre ele e os milhares de pregadores que já se proclamaram messias, salvadores do mundo ou enviados pelo céu.

Se o que Jesus dizia era verdade, então ele foi o mais especial, o mais homem entre os homens, o mais filho dentre os filhos. Viveu sustentando que conhecia quem o havia mandado: ninguém menos que Javé, a quem ele chamava de "Abba". Isto: ele viera do alto.

Não pensem que vim destruir a lei ou os profetas: não vim anular, mas cumprir (Mt 5,17).

Não pensem que vim trazer a paz à terra; não vim trazer paz, mas espada (Mt 10,34).

Vim a este mundo para um julgamento, para que os que não veem vejam, e os que veem percebam sua cegueira (Jo 9,39).

Eu sou a luz que veio ao mundo, para que todo aquele que crê em mim não permaneça nas trevas (Jo 12,46).

Sua linguagem era simples, mas não era fácil de compreender. Exigia reflexão. Veio ensinar a pensar:

E ensinava-lhes muitas coisas por parábolas (Mc 4,2).

A vós vos é dado saber os mistérios do Reino de Deus, mas aos que estão de fora todas estas coisas se dizem por parábolas, para que, vendo, vejam, e não percebam; e, ouvindo, ouçam, e não entendam (Mc 4,11-12).

E disse-lhes: "Não percebeis esta parábola? Como, pois, entendereis todas as parábolas?" (Mc 4,13).

Disse-vos isto por parábolas; chegará, porém, a hora em que não vos falarei mais por parábolas, mas abertamente vos falarei acerca do Pai (Jo 16,25).

Ele via o Pai

Homem algum será capaz de ver Deus. É o que afirma João no evangelho a ele atribuído e numa de suas cartas. Disse, em outras palavras: "Quando o Verbo esteve entre nós, vimos a sua glória, tivemos um vislumbre da sua luz!" (Jo 1,14). "Ninguém jamais viu a Deus; mas se nos amarmos uns aos outros, Deus estará em nós" (1Jo 4,12).

Segundo o autor do evangelho de Mateus, Jesus dissera que os puros de coração, um dia, o veriam (cf. Mt 5,8). Mas com Jesus foi diferente: disse que o conhecia, e não era só vislumbre. E somente ele conhecia. Ninguém antes, nem depois dele, foi capaz disso. "E vós não o conheceis, mas eu o conheço. E, se dissesse não conhecê-lo, seria mentiroso como vós; mas eu o conheço e guardo a sua palavra" (Jo 8,55).

Ele sempre existiu

Se Deus existe, se criou o mundo e se criou o homem, somos todos filhos de Deus. Mas Jesus garante que ele é o Filho único e que existia antes de Abraão. Loucura ou verdade? Quem diz isso ou é mesmo quem afirma ser ou é um desequilibrado!

Abraão, vosso pai, exultou por ver o meu dia, e viu-o e alegrou-se (Jo 8,56).

Digo e reafirmo que eu sou de antes que Abraão existisse (Jo 8,58).

124   Pe. Zezinho, scj

Não haviam entendido errado. Era isso mesmo que ele queria ter dito. Deixava cair as palavras com enorme força e poder, a ponto de confundir os inimigos e deixar extasiados ou preocupados os que o escutavam.

> Responderam os servidores: "Nunca homem algum falou como este homem" (Jo 7,46).

> Tudo isto disse Jesus à multidão, por parábolas, e nada lhes falava sem parábolas (Mt 13,34).

> E outra vez começou a ensinar junto do mar, e ajuntou-se a ele grande multidão, de sorte que ele entrou e assentou-se num barco, sobre o mar; e toda a multidão estava em terra junto do mar (Mc 4,1).

> Muitos, pois, dos seus discípulos, ouvindo isto, disseram: "Duro é este discurso; quem o pode ouvir?". Sabendo, pois, Jesus em seu íntimo que os seus discípulos murmuravam disto, disse-lhes: "Isto os escandaliza?" (Jo 6,60-61).

Sabia o que queria

Dono de palavra que sacudia povo e autoridades, de gesto e poder que deixavam inquietos os poderosos e restituiam vida e paz aos pequenos, ele disse que viera para que todos tivessem vida em abundância.

> O ladrão não vem senão para roubar, matar e destruir; eu vim para que tenham vida, e a tenham em abundância (Jo 10,10).

Há uma coisa nesse homem Jesus que nenhum homem, por mais inteligente que seja, é capaz de decifrar. Às vezes, fala como alguém submisso e obediente; às vezes, como alguém absolutamente identificado com Deus. Ou suas metáforas são mentiras demais para nós, ou são verdades demais. Não admira que muitos o tivessem abandonado (cf. Jo 6,64-67) depois de ouvi-lo e muitos ficassem mesmo sem entender tudo (cf. Jo 6,67-69). O fato é que nenhum homem jamais falou como Jesus falava. Isso, dito por quem deveria prendê-lo (cf. Jo 7,46).

O que chegou até nós

Os homens que escreveram a seu respeito não teriam capacidade de criar um personagem assim tão forte e tão capaz de, por vinte séculos, desafiar a mente de tantos pensadores e cientistas. Se Jesus foi invenção, então os quatro evangelistas que, como insistem alguns, teriam construído o personagem Jesus seriam mais espertos que ele. Neste caso foi uma tremenda conspiração que começou nos anos 60 a.D. e foi um pouco além do ano 100 a.D. Um teria levado adiante a fantasia do outro! Mas se fora fato vivido e presenciado pelos que ainda viviam, então quem esteve lá merece mais crédito do que os que, dois mil anos depois, sentados nas suas mesas e vasculhando livros, teclam suas ideias garantindo que foi ou não foi daquele jeito... A palavra "talvez" ficaria bem mais humilde do que as palavras "foi/não foi".

O Jesus histórico e o Jesus da fé

Para crer em Jesus, precisamos acreditar nos seus biógrafos Mateus, Marcos, Lucas e João. Dizem os estudiosos que aqueles textos refletiam uma catequese de comunidades. Era visão coletiva. Pois bem, individual ou coletivamente o que foi que viram e ouviram, para falar dele como falaram, lembrá-lo como lembraram e muitos morrerem por ele do jeito que morreram? Apenas fanatismo? Mas será que tudo o que se refere à fé é fanatismo, ou pode haver fé corajosa, ponderada e serena que testemunha sem medo o que foi visto e vivido não por uma, mas por milhares de pessoas? O episódio do sol girando em Fátima foi loucura e histeria daquela multidão, ou alguma coisa aconteceu para que roupas molhadas secassem imediatamente, a lama secasse e ninguém morresse ante calor tão intenso e súbito? Não houve nada? Explica-se tudo pela ciência, que nunca reproduziu nada semelhante? Explica-se tudo pela psiquiatria e pela psicologia, que continua não sabendo como libertar em pouco tempo e com palavras e terapia intensiva uma vítima do *crack*? Há ou não há coisas que ainda não sabemos explicar nem solucionar?

Pois foi o que houve com os apóstolos. Com Jesus aconteciam coisas que eles não sabiam como explicar nem a si mesmos nem aos outros. Mas era real. Que experiências tiveram, para dar a vida como deram? Morreram por um personagem de novela ou por uma pessoa concreta com quem haviam convivido?

Morreram pelo que viram e ouviram. Mas o que foi que viram e ouviram de Jesus para viver e morrer por ele daquele jeito e sem medo? É semelhante, ou é mais do que suicidar-se por Alá em missão de guerra? Era Jesus, filho de Maria, filho de José, apenas um profeta poderoso, ou era de fato o *Filho* especialíssimo? Era ou não era Deus vivendo aqui na terra? Mas isso era blasfêmia e idolatria! Jesus os enganou? Mas como, se Jesus nunca impôs nada em nenhuma cabeça e até os deixou livres para irem embora, se quisessem (cf. Jo 6,67)? O que os levou a este extremo de cristologia?

***

A proposta da não violência

Aquele Jesus era um pacifista. Uma só vez usou de chicote. E não consta que tenha ferido pessoas com ele (cf. Jo 2,16). Mas mostrou sua indignação contra o uso do templo para arrecadar, vender e comprar coisas. Deixara de ser casa de oração.

Nunca, porém, usou de espadas nem de violência. A espada que ele disse que trazia ao mundo era de outra natureza. Não admitia o uso de armas no seu grupo, embora Pedro portasse uma (cf. Jo 18,10). E fez isso num tempo em que os sicários apunhalavam soldados romanos pelas costas e rebeliões explodiam quando menos se esperava. As coisas ali se resolviam com espadas e porretes:

Então disse Jesus à multidão: "Saístes, como para um salteador, com espadas e varapaus para me prender? Todos os dias me assentava junto de vós, ensinando no templo, e não me prendestes" (Mt 26,55).

A violência disseminada ou latente era tal que, trinta anos após sua morte, uma guerra civil de 66-70 trouxe os romanos para Israel e o exército invasor arrasou o templo e a cidade. Ele previra isso! Na Israel que não se deixava dominar sem dar o troco, ele não permitiu aos seus discípulos que usassem de violência. Ainda assim, eles portavam armas (cf. Lc 22,38). Como entre nós, quem podia andava armado, mesmo que fosse proibido. Sair à rua era perigoso naqueles dias. Hoje também!

Paz de dentro para fora

Era mais do que filosofia. Era teologia da mais profunda. Alguém teria que dar o primeiro passo, fazer pelos outros o que faríamos por nós mesmos (cf. Mt 7,12); dar a outra face em vez de revidar o tapa (Mt 5,39); fugir do supérfluo (cf. Lc 9,3); dar a túnica extra (cf. Lc 3,11); perdoar o inimigo e amá-lo (cf. Lc 6,27). Ele não daria o tipo de paz que o mundo dá (cf. Jo 14,27). Eram conceitos novos em Israel. Jesus propunha uma paz que vinha de dentro para fora e não uma paz conquistada após a vitória sobre alguém. Teria que começar com a vitória sobre si mesmo (cf. Mt 16,24). Rabinos anteriores ao seu tempo haviam ensinado isto, mas ele foi às últimas consequências. Morreu perdoando.

Sem receitas fáceis de felicidade

Harold Churaqui, em *Mathiah*, traduz o texto em grego *makárioi*: "felizes", como "a caminho". Assim Mateus 5,1-8 soaria como "Estão a caminho do Reino, estão a caminho da paz, estão em marcha para a mansidão...". Parece mais consentâneo com um Jesus que não traz fórmulas mágicas nem garantias de

128   Pe. Zezinho, scj

realização pessoal. O discípulo terá que assumir a própria cruz e a cruzes dos outros, se quiser chegar à paz (cf. Mt 25,31-46). Terá que fazer mais do que orar gritando o nome do Senhor de maneira teatral (cf. Mt 7,15-22). Ele não aceitará a conversa do proselitista que arrebanhou almas para ele (cf. Mt 7,22). Vai exigir a paz de quem fez algo de concreto pelos outros (cf. Mt 25,31-46) e cumpriu a vontade do Pai, que era a de que nenhum pequenino se perdesse (cf. Mt 18,14). O que é feito pelos carentes e pequenos será visto como feito para o céu (cf. Mt 25,40).

A Palavra de Deus salva, mas as nossas, não!

Apenas o louvor não traz a paz e não leva para o céu (cf. Mt 5,23). A oferta diante do altar espera, porque a paz tem que vir primeiro! Primeiro o fiel deverá buscar a paz e só depois ofertar seus bens! *A paz é um bem mais urgente, ainda que não mais importante que o louvor.*

Falou claro que quem o seguisse teria felicidade, mas teria também muito sofrimento. "Se alguém quiser vir após mim, renuncie-se a si mesmo, tome sobre si a sua cruz, e siga-me" (Mt 16,24). "Lembrai-vos da palavra que vos disse: 'Não é o servo maior do que o seu Senhor. Se perseguiram a mim, também a vós perseguirão; mas se guardaram a minha palavra, também guardarão a vossa'" (Jo 15,20).

Sem oba-oba

Jesus nunca fez religião espetáculo ou marketing triunfalista e mentiroso do caminho que propunha. Não era desesperado para fazer discípulos (cf. Jo 6,67). Quem quisesse ir embora dele, estava livre! Não era de mudar o discurso para engrossar suas fileiras. Não era proselitista. Estava muito distante do que se faz hoje na mídia moderna. Não pregou igrejismo. Nunca disse que quem o seguisse seria vencedor em tudo. Falou claramente de morte e de cruz.

Palavra forte

Que palavra forte tinha esse Jesus que ultrapassou e sobreviveu aos homens, às ideologias, às seitas e até mesmo aos erros colossais dos que transmitiram sua mensagem através dos séculos? Que foi que ele disse para ter se tornado a personalidade mais carregada de humanidade que se conhece? Seus pregadores erraram demais, dividiram-se, agrediram-se, fundaram milhares de grupos – cada qual pretendendo ser o mais fiel –, usaram de truques para angariar adeptos, brigaram pelo poder, por templos, por tronos, por mais dinheiro, cuidando sempre em dizer que era vontade dele... Mas eles passaram e o nome de Jesus sobreviveu! As palavras deles eram confusas, imediatistas e pragmáticas, mas a dele sobreviveu.

A soma de todos os grandes homens, com as suas mensagens, não chega perto do mistério que é Jesus. Nenhum dos doze que o conheceram e viveram com ele tinha a mesma ideia sobre ele. Cada qual o viu de seu ângulo e da sua experiência. Mas da sua pregação emerge um homem totalmente identificado com Deus, totalmente filho – Filho especialíssimo de Deus. E se era tão filho, por que não Deus? Aí, a objeção se agiganta!

25. Homem ou Deus?

> Chamaram, pois, pela segunda vez o homem que tinha sido cego e disseram-lhe: "Dá glória a Deus; nós sabemos que esse homem é pecador" (Jo 9,24).

> "És tu aquele que havia de vir, ou esperamos outro?" E Jesus, respondendo, disse-lhes: "Ide e anunciai a João as coisas que ouvis e vedes" (Mt 11,3-4).

> E, insistindo, o sumo sacerdote disse-lhe: "Conjuro-te pelo Deus vivo que nos digas se tu és o Cristo, o Filho de Deus" (Mt 26,63).

A notícia e confirmação da ressurreição, dada pelas mulheres que tinham ido ao sepulcro (cf. Mt 27,61), mudou radicalmente o comportamento dos discípulos. Depois de ter visto o que viram não havia mais como e por que calar. Foram açoitados e presos pelo seu testemunho. Mas era isso! Tinham visto Jesus vencer a morte! Antes, não afirmariam com tanta certeza. Agora, sim! Tinham presenciado o inacreditável! Depois daquela experiência, viver ou morrer dava na mesma! Paulo, que nem tinha estado lá naqueles dias, mas que viveu experiência semelhante, escreveu sobre isso. "Para mim o viver é Cristo, e o morrer é lucro" (Fl 1,21). Pedro e João ousadamente atestavam: "Não podemos deixar de falar do que temos visto e ouvido" (At 4,20).

Foi esta notícia que levou os apóstolos a proclamar que tinham convivido com o Filho de Deus. A teologia agora era outra. Outra vez, Paulo sentencia:

> Foi sepultado e ressuscitou ao terceiro dia, segundo as Escrituras. Foi visto por Cefas e depois pelos doze. Depois foi visto, uma vez, por mais de quinhentos irmãos, dos quais vive ainda a maior parte, mas alguns já dormem também. Depois foi visto por Tiago, depois por todos os

um rosto para JESUS CRISTO 131

apóstolos. E por derradeiro de todos apareceu também a mim, como a um abortivo (1Cor 15,4-8).

Se insistem que não há ressurreição de mortos, e se estão certos, então Cristo não ressuscitou. E, se Cristo não ressuscitou, logo é inútil a nossa pregação, e também é inútil a vossa fé. Neste caso, somos também considerados como falsas testemunhas de Deus, pois testificamos de Deus, que ressuscitou a Cristo, quando não o ressuscitou. Isto se for verdade que os mortos não ressuscitam. Nada mais lógico: se os mortos não ressuscitam, também Cristo não ressuscitou (1Cor 15,13-16).

Será tomado em conta termos acreditado naquele que dentre os mortos ressuscitou a Jesus, nosso Senhor. Ele por nossos pecados foi entregue e ressuscitou para nossa justificação. Tendo sido, pois, justificados pela fé, temos paz com Deus, por nosso Senhor Jesus Cristo. Pela fé nele temos acesso a esta graça, na qual estamos firmes e na qual nos gloriamos esperando a glória de Deus. E não somente isto. Também nos gloriamos nas tribulações, porque sabemos que a tribulação produz a paciência, a paciência a experiência, e a experiência a esperança. A esperança não confunde, porque o amor de Deus já está derramado em nossos corações pelo Espírito Santo que já nos foi dado (Rm 4,24-25; Rm 5,1-5).

26. Era de Deus ou não era?

Era difícil crer nele. E ainda é difícil. Até que ponto Jesus era de Deus? Até que ponto era Deus? Era de Deus ou era Deus? Não era semideus porque Deus ou se é ou não se é! Não há semi-infinito! Se algo está perto do absoluto é porque não é absoluto. A noção de homem Deus foge a tudo o que se aceita como divindade. Não! Deus não pode ter se tornado humano! Um Deus que é Deus jamais morreria. Muito menos torturado! Não tem lógica! É filosoficamente insustentável. O absoluto chegar a tamanho grau de relatividade? É o que dizem os lógicos que adoram enquadrar tudo dentro do possível e do aceitável. Vão embora do que não podem aceitar ou mandam embora o que não querem aceitar. Fazemos o mesmo! Se não cabe em nós, deixamos no cabide!

Somos todos assim. A maioria de nós não sabe viver com um descrente ou com um crente de outra linha. Estão aí os massacres, as masmorras, as forcas e os *paredóns*, as mortes e os preconceitos, a provar que não aceitamos o que não cabe na nossa lógica. Não estranhemos se alguém não consegue aceitar Deus como lhe propomos. Nós também não sabemos viver com eles. Preste atenção no que dizem na mídia os crentes mais aguerridos a respeito dos ateus. Percorra as livrarias e leia os livros de ateus e crentes combativos... Nossa vida não aponta para o diálogo. Alguém tem que estar errado e este alguém não somos nós! Dizemos que o ateísmo não faz sentido e eles dizem que o teísmo é que não tem lógica; menos lógica tem ainda um Deus que se torna ser humano! *Pim, pam, pum*! E fica tudo tão certo como "dois mais dois são quatro". Só que tem que não fica! Nem tudo na vida é matemática, embora haja pitagóricos que sustentem esta tese!

O mistério de Jesus leva ao mistério de Deus e desafia tudo aquilo que se conhece de ciência e de religião; porque esse homem

um rosto para JESUS CRISTO

Jesus é, antes de tudo, filho. Sem essa palavra é impossível continuar com ele.

O homem Filho!

Assim pregam os cristãos! Em Deus que é um só, mas é três pessoas, há o Filho, que veio viver entre nós. E este Filho que se humanou era Jesus. Mas o Pai não ficou lá em cima no infinito. Nem ficou lá o Espírito que pairava sobre tudo. Não há como imaginar as três pessoas do Deus, que é um só, agindo uma sem a outra. Trata-se do mesmo Deus!

E como é que se explica isso a quem quer lógica, mais lógica e tão somente lógica? De que lógica falamos? Não foi esta lógica que levou os cientistas a explodirem nos anos 1940, em Los Álamos, a primeira bomba atômica? Uma lógica pedia para não a criarem. Outra lógica dizia que, se não a criassem, outros criariam. E outra lógica, ainda mais perversa, decidiu jogá-la sobre duas cidades para que a guerra terminasse mais depressa! Se acreditaram nestas lógicas ilógicas, por que não acreditar em algo além da lógica? Se Fidel Castro teve que matar para salvar a revolução cubana, por que estaria errado um ditador de direita que matasse para salvar a revolução brasileira ou argentina? Uma causa seria pura e a outra não? A lógica da esquerda é mais lógica do que a lógica da direita e vice-versa?

Dizem os cristãos que é através desse Filho especial que o Pai nos adota também como filhos seus, e seu Espírito nos pervade, ou seja, nos invade de maneira plena (cf. Rm 9,8; Gl 3,26; 4,6). Mas, caso se trate do mesmo e único Deus, por que acentuar o Filho? É que dizemos que ele se tornou humano. Então estamos mais perto dele do que do Pai. Também desafia a lógica. Mas, se os políticos o fazem, por que não pode a fé desafiá-la? Se a razão é soberana, porque não pode ser a fé, já que ambas são soberanias limitadas? E a lógica do mais certo e do melhor, ao matar ou encarcerar o adversário, não se torna assassina? Quem morre matando por uma ideologia ou religião, morre como mártir, e o que mata pela ideologia ou religião contrária, morre como bandido? A greve de fome contra a ditadura de direita é justa, mas a greve de fome contra a ditadura de esquerda é coisa de bandido? Para uma certa direita, os esquerdistas são bandidos e para um certa esquerda os direitistas é que o são. Foi contra esse tipo de lógica que Jesus veio combater. Ele queria diálogo. Morreu buscando-o, enquanto alertava os avessos a qualquer conversa amistosa que morreriam no seu pecado (cf. Jo 8,21).

Por que o Filho?

Paulo nos propõe esta reflexão:

> A nós convinha tal sumo sacerdote, santo, inocente, imaculado, separado dos pecadores e feito mais sublime do que os céus; que, contudo, como os sumos sacerdotes daqui, não tivesse que oferecer cada dia sacrifícios, primeiramente por seus próprios pecados e depois pelos do povo; porque isto ele fez de uma só vez, oferecendo-se a si mesmo (Hb 7,26-27).

> Em resumo, o que temos dito é que temos um sumo sacerdote tal, que está assentado nos céus à destra do trono da majestade (Hb 8,1).

> Cristo, o sumo sacerdote dos bens futuros, vindo por um maior e mais perfeito tabernáculo, não feito por mãos daqui; ele, não por sangue de bodes e bezerros, mas por seu próprio sangue, entrou de uma vez no santuário e gerou uma eterna redenção (Hb 9,11-12).

A pergunta continua

Será nossa fé suficientemente forte para nos fazer sentir que, através de Jesus, o Filho, somos filhos e herdeiros do céu? Ou nossa casa é hermética demais para que nela entre ao menos uma réstia dessa luz que dele emana?

27. O judeu Jesus!

> Habitou numa cidade chamada Nazaré, para que se cumprisse o que fora dito pelos profetas: "Ele será chamado Nazareno" (Mt 2,23).

Aquele homem Jesus era também o judeu Jesus. Que os cristãos não esqueçam isso, porque os judeus mais piedosos não esquecem. *Adoramos um homem judeu, porque dizemos que ele não era apenas um homem.* Não dá para ser cristão e antissemita. Podemos discordar do judaísmo, mas não podemos esquecer por meio de que povo Jesus nos veio.

"Não me diga que um judeu era Deus ou que Deus foi judeu! É demais para a minha cabeça!", foi o que disse um antissemita não confesso, daqueles que sustentam que nunca houve o Holocausto e que os judeus fizeram mais mal do que bem ao mundo. A julgar por Jesus e por tantos sábios e pensadores que eles nos deram, o mínimo que poderíamos fazer é estudar aquele povo e seus filhos ilustres.

Assassinos, bandidos e gente cruel também os outros povos produziram. Mas nenhum deles nos deu alguém como Moisés e como Jesus! Os muçulmanos dizem que sim; que Maomé deu um passo a mais do que eles. O mesmo interlocutor garantia que os judeus sabem vender o peixe melhor do que os outros povos... Considerando, porém, que até hoje eles não admitem que Jesus é o Messias por eles esperado, a culpa de quase dois bilhões de pessoas o adorarem como Filho de Deus não cabe a eles e ao seu marketing! Credite-se isso aos cristãos encantados com a pessoa e a doutrina de Jesus de Nazaré!

***

Há vinte séculos

Há cerca de dois mil anos, rezam os evangelhos e a Tradição, nasceu na pequena Belém de Judá um menino judeu da Galileia que morreu com pouco mais de 30 anos. O que ele disse e fez, a maneira como viveu, sofreu e morreu e o seu jeito de se relacionar, de amar e ensinar a amar o ser humano determinaram o caminhar do Ocidente. Era, em todos os sentidos, um homem relacional e veio estabelecer e ensinar relações profundas, sem as quais não se pode falar em paz.

Nós cremos que a História se divide em antes e depois dele: a.C./d.C. Alguns de nós até nos referimos a sua pessoa com iniciais maiúsculas, porque a sua presença neste mundo foi maiúscula. Depois de sua vinda, a vida é outra História! Com ele começou o ano 1 de um novo tempo. Por causa dele estamos no século XXI. Não há como negar: Jesus existiu e deixou sua marca na História.

Fato histórico

Jesus foi e é um fato histórico, um fato político e um fato religioso. Existiu, provocou um movimento de cunho religioso, com efeitos políticos e sociais que sacudiram o planeta, e até hoje desafia bilhões de homens e mulheres a se decidirem sobre a sua pessoa. A pergunta sobre o Messias não começou com ele, mas também ele a assumiu: "Quem o povo anda dizendo que é o Filho do Homem? Qual é a catequese sobre o Messias? E vocês, quem acham que eu sou?" (Mt 16,13-16).

Também os apóstolos se fizeram a mesma pergunta. "Quem é esse a quem até o vento e o mar obedecem?" (Mc 4,41). Estudiosos garantem que tais trechos refletem um caminhar posterior e não um fato. Mas, mesmo tendo nascido de reflexão posterior, não deixa de ser uma pergunta que atravessou os tempos. *Jesus era tudo isso que disseram que ele era?* Ouviremos quem diga que não e quem diga que sim. Ouviremos os peremptórios e os

um rosto para JESUS CRISTO

cuidadosos, que pensarão antes de responder. Não se responde de qualquer jeito, quando a pergunta se refere a Jesus! Ele não foi um cidadão comum. Não é todo dia que aparece num povo alguém com tantos valores como Jesus de Nazaré. Valores, ele os tinha!

As muitas dimensões do Cristo

Você encontrará estas colocações mais bem explicitadas no livro de Pablo Richard, *Força ética e espiritual da Teologia da Libertação*. Mas, para nossa reflexão, permita-me resumi-las.

O Cristo real

Aborda Jesus tal qual ele era. Este Jesus nós não conhecemos porque os relatos que nos vieram tinham um propósito pedagógico e catequético. Os evangelhos não são biografias de Jesus. São João lembra isso no final de seu livro, deixando claro que o que foi dito tinha um projeto, mas o que deixou de ser dito encheria milhares de páginas (cf. Jo 21,25). Só podemos imaginá--lo, porque não há fotos nem relatos da maior parte de sua vida. Onde andou e com quem estudou, não sabemos.

O Cristo histórico

Há vinte séculos, em Nazaré da Galileia, cidade que até hoje é visitada, existiu um homem ainda jovem, que nascera em Belém, mais tarde se mudou para Cafarnaum (cf. Mt 4,13) e morreu em Jerusalém. Os historiadores registram sua presença e sua ação que, naqueles dias, julgavam pequena, destinada a não repercutir. Ele seria mais um dos cristos que apareciam de vez em quando em Israel, como alguns Henri Christus que, hoje, folcloricamente frequentam as televisões do Brasil ou circulam por países cristãos, dizendo ser o cristo que voltou. Mas distinga-se entre histriônico e histórico. Julgaram-no histriônico! Riram dele.

Naqueles dias pensaram coisa semelhante de Jesus. Não lhe deram muita importância. Afinal, tinha sido eliminado! Sim, por um tempo, um jovem carpinteiro chamado *Ieshuah* (Deus liberta) – e houve tantos com este nome em Israel! – sacudiu uma pequena parcela do povo judeu. É verdade que influenciou algumas aldeias por onde passou, mas as autoridades o haviam posto no seu devido lugar! Pagara o preço de sua ousadia. Acontece que, depois de sua morte, sucederam alguns fatos pelos quais as autoridades não esperavam. É sobre o que houve naqueles dias e sobre o que aconteceu depois de sua morte que se debruçam os estudos sobre o Cristo histórico. No caso dele, a morte não foi o fim! Notícias de ressurreição raramente vingam. A dele vingou!

O Cristo da teologia

O tempo se encarregou de dar subsídios para o Cristo da História, da Teologia e da Filosofia. Começaram a estudar sua vida, suas palavras, e a elaborar um discurso em cima do que ele disse e significou. Não parou até hoje. Até os ateus entraram no debate. Afinal, quem era este homem que alguns sustentam que era o próprio Deus encarnado? Como é essa história de um Deus em três pessoas? Como seria o relacionamento do Filho eterno com o Pai e o Espírito Santo? Como se desenvolveu a doutrina de que ele era uma pessoa com duas naturezas? Deus entrou no tempo? E isto é possível? Um Deus que se materializa? Como agia e como age? Ele é Senhor do tempo e da eternidade? Existe um Cristo cósmico? Milhares de livros nos deram o Cristo da Teologia. Veio de Deus ou não veio? É Deus ou não é? Deificaram-no ou foi ele que se humanizou sem deixar de ser Deus. Homo*o*ousios ou homo-*i*-ousios? Igual ou semelhante ao Pai?

O Cristo da fé

"Aquele homem não era apenas um profeta", dizem os crentes em Jesus, que apostam nele mesmo sem ter ideia de como era seu rosto. Era do céu. Encarnou aqui, no ventre de uma virgem chamada Maria e por cerca de trinta anos chamou-se Jesus (*Ieshuah*: libertação de Deus). "Não, nada disso", dizem alguns!

um rosto para JESUS CRISTO

Não houve *partenogênese*. Quem o gerou de maneira virginal foi o Espírito Santo. Maria emprestou o ventre, mas ele é obra do Espírito Santo. O debate continua intenso; Maria dentro dele!

E rebatem outros: "Estão diminuindo Maria. *Parthenos*, sim". Ela colaborou como ninguém colaborou. Foi *teotokos* e não apenas *teodokos*. Foi *parthenos*. Foi mãe de Deus e foi virgem por obra do Espírito Santo. Não alijem Maria da encarnação. Ela não foi apenas uma barriga de aluguel...

Os debates prosseguem. São cristãos admitindo ou negando a colaboração consciente de Maria, a primeira cristã, acentuando a maternidade divina do Espírito Santo, mas não a de Maria. Linguagem por linguagem, para negar a maternidade divina da humana Maria, que recebeu nela o divino sem ser divina, feminizam o Espírito Santo, já que não negam que, na ordem das coisas e da vida neste mundo, é o feminino que gesta a vida! Acabam, com isso, dizendo que o Pai é masculino, o filho é masculino e o Espírito Santo é feminino. Outra vez caímos em antropocentrismos: por causa do nascimento de um homem, decidimos a natureza de quem o gerou. É embananar ainda mais o cacho de bananas!

Do outro lado, se há quem diminua Maria, a humana, no processo da encarnação, há quem a exalte como se fosse divina, uma espécie de quarta pessoa da quaternidade. Afirmam que se ela não tivesse dito sim, não haveria a redenção... Superexcelentizam o sim de Maria. Há de tudo na exposição do Cristo da fé. E não falta o pregador de pouca teologia a garantir que, se Maria não tivesse sido virgem, ela não teria merecido ser mãe do Messias! Outra vez, a superexcelentização da virgindade! A doutrina da Igreja não aceita que se diminua a castidade matrimonial em favor da castidade celibatária. São dois trilhos paralelos de santidade!

Tema complicado

O tema começa a ficar complicado! Como crer numa coisa dessas? Pois é nisso que os cristãos acreditam. Nós, católicos romanos, nossos irmãos ortodoxos (a partir do século XII) e nossos irmãos evangélicos (a partir do século XVI) incluímos no nosso credo que Jesus é Deus. Estão longe os dias em que não considerávamos irmãos os que não fossem da nossa Igreja. Hoje, apenas alguns grupos mais aguerridos têm essa dificuldade. Se eles são eleitos por Deus para salvar o mundo com Jesus, então os outros só podem ser os rejeitados por Deus... Foi o que disse na televisão, num programa que foi ao ar no dia 25 de maio de 2010, uma senhora pentecostal ao falar de sua prima: "Pobrezinha, tão bondosa, não merecia morrer católica, porque irá para o inferno! Ela teria que conhecer Jesus antes de morrer!". "Conhecer Jesus", porém, para ela, só é possível numa igreja pentecostal! Sístole da alma!

O Cristo dos igrejistas

É mais um sintoma do igrejismo que desvirtuou o cristianismo. O Cristo daquela Igreja é só daquela Igreja. Vale dizer: não está nas outras! Para a piedosa senhora, ser da igreja que ela frequentava era mais importante do que ser de Cristo, ser fraterna, caridosa e cristã. Mesmo sendo pessoa boa, a prima dela iria para o inferno. Não se salvaria, se não aderisse à sua Igreja, por ela designada como evangélica pentecostal!

Não levava jeito de ser leitora de livros. Sua fala a denunciava. Deve ter ouvido essa doutrina de algum pregador de igrejismo! É do púlpito que nascem estas atitudes excludentes. Ser evangélico ou ser carismático virou grife em alguns ambientes, como foi grife por muito tempo declarar-se católico apostólico romano. Todo mundo se dizia católico, mesmo que nunca tivesse pisado num templo católico. Hoje a grife é declarar-se evangélico e convertido a Jesus... Dá *status*! Passa a impressão de que se trata de pessoa melhor! As provas aparentemente não são tão importantes quanto a proclamação...

28. Onde está o teu Jesus?

E, estando com os olhos fitos no céu, enquanto ele subia, eis que junto deles se puseram dois homens vestidos de branco. Os quais lhes disseram: "Galileus, por que estais aí olhando para o céu? Esse Jesus, que daí de entre vós acaba de subir ao céu, há de voltar assim como o vistes subir" (At 1,10-11).

Um desses questionadores de catolicismo, que vivem de plantão, prontos para demolir qualquer católico que lhes passe por perto, numa padaria onde eu fora comprar leite, sabendo que eu sou padre católico, me apostrofou: "Então, 'seo' padre, onde está o seu Jesus?".

Olhei ao redor e vi que todos que me conheciam esperavam para ver minha reação. Perguntei ao senhor, que aparentava 40 e poucos anos, se estava me pedindo uma aula de cristologia ali mesmo, ou se ele preferia me ver numa igreja... Começaram a rir. Ele, vendo que o irônico era eu e que não me desestabilizara, me provocou: "Agora!". Respondi que aceitava, desde que ele me deixasse falar, pois fizera uma pergunta e eu não queria ser interrompido na minha resposta. Hesitou. Joguei a plateia contra ele. Eu estava quieto, comprando leite, quando ele me fez uma pergunta em voz alta e eu topei: queria dar a resposta em voz alta. Perguntei aos presentes se aceitavam aquela aula, ou se eu a deveria dar numa mesa, só a ele. Queriam em voz alta! Ele aceitou.

Fomos à mesa, imediatamente cercada de mais dez pessoas. Lembrei-lhes que nos inícios do cristianismo e na Idade Média, bem como nos começos do século XX, na Inglaterra, homens como o filósofo jornalista Gilbert Keith Chesterton também discutiam em salões e bares a sua fé, diante de ateus e agnósticos. Gostaram da ideia.

Falei de *Jesus antes, durante e depois*. Segundo minha fé, antes ele era o Filho eterno, Deus como o é o Pai e o Espírito Santo, porque Deus é um só, mas é trindade de pessoas. Mas era minha crença e eu respeitava a dos ali presentes que pensavam diferente. Não está no céu, porque o céu não é um lugar. Ele é o céu. Há dois mil anos o Filho eterno se encarnou e, aí sim, ele esteve aqui por trinta anos e chamou-se Jesus, *Ieshuah*, "Deus liberta". Nasceu em Belém, morou em Nazaré e Cafarnaum, viajou por cidades e aldeias da Palestina, pregou, fez o bem, curou, questionou, mostrou um novo Reino e um jeito diferente de conviver e dialogar; não foi aceito nem compreendido, condenaram-no por considerá-lo blasfemo e por ter ido contra as leis religiosas e políticas de Israel daqueles dias. Há dois mil anos ele estava lá onde hoje está Jerusalém, Belém, Nazaré. Agora, ele estava de novo no Pai, com quem é um desde toda a eternidade, isto é, voltara para o céu de onde viera.

Não está mais aqui

O homem tentou me interromper. Ameacei parar... Ele provocara; agora, que me ouvisse! Lembrei que, quando Jesus morreu e as mulheres foram ungir o corpo no túmulo, um anjo lhes disse que não o procurassem no túmulo. Ele não estava mais lá (cf. Mt 28,1-7). Elas o encontrariam vivo, a caminho. Logo após a ressurreição, Jesus ficou com eles quarenta dias e deu as últimas aulas de catequese sobre o Reino e sobre como as coisas deveriam prosseguir depois dele. Lembraram, então, que ele dissera que, quando dois ou três se reunissem no seu nome, ele estaria no meio desses dois ou três, ou quatro, ou milhares (cf. Mt 18,20).

Então ele "subiu para o alto" e desapareceu da vista deles. Uma voz se ouviu a dizer: "Não fiquem aí olhando para o céu, porque ele vai voltar um dia". A voz sugeriu que seguissem adiante, procurando-o aqui na terra, ao seu redor, porque ele não estaria apenas no céu.

um rosto para JESUS CRISTO

Então concluí dizendo que acreditava que Jesus era Deus e estava ali mesmo naquela padaria. E citei a Carta de Paulo aos Efésios 1,17-20. O padeiro tinha uma Bíblia e eu li:

> Por isso, ouvindo eu também a fé que entre vós há no Senhor Jesus, e o vosso amor para com todos os santos, não cesso de dar graças a Deus por vós, lembrando-me de vós nas minhas orações, para que o Deus de nosso Senhor Jesus Cristo, o Pai da glória, vos dê em seu conhecimento o espírito de sabedoria e de revelação.
> Tendo iluminado os olhos do vosso entendimento, espero que saibais qual é a esperança deste chamado, quais as riquezas desta sua herança manifestada nos seus santos e qual a enorme dimensão do seu poder sobre nós, os que cremos.
> Cremos na força do seu poder. O pai se manifestou em Cristo, ressuscitando-o dentre os mortos, e pondo-o à sua direita nos céus, acima de todo o principado, e poder, e potestade, e domínio. Ele está acima de qualquer nome que se pronuncie, não só neste tempo, mas também no futuro. Ele sujeitou todas as coisas a seus pés, e sobre todas as coisas o constituiu como cabeça da Igreja (Ef 1,15-22).

Tem que ser procurado

Ele, o desafiador, se comportou de maneira respeitosa. E eu lhe disse que, pelo seu respeito, eu agora queria ouvi-lo. Agora, respeitosamente, pediu desculpas pela brincadeira e disse que não tinha fé, nem em Deus nem em Jesus, mas entendia que há muitos católicos que sabem no que acreditam e por que acreditam. Eu era um deles. Mas ficou satisfeito com a resposta que lhe dei, ao dizer que o céu não é um lugar e que Jesus não pode ser encontrado lá em cima, e sim que sua memória e sua mensagem estão em gente boa que tenta viver o que ele ensinou. Gostou quando eu disse que, sem a gente deixar o outro falar e sem ajudar os outros, nunca acharemos Jesus aqui.

Os presentes nos cumprimentaram pelo *show* de boa educação e fui-me com o leite. Ficaram lá, conversando. O dono da padaria disse que a conversa rendeu mais de duas horas de debate amigo entre crentes, descrentes e homens interessados em saber um do outro o que pensava sobre Jesus ontem, hoje e amanhã.

Não fugir do diálogo e não impor Jesus é a melhor maneira de torná-lo conhecido.

29. Consubstancialidade

Para um cristão, Jesus é o próprio Deus, posto que só existe um Deus. Por isso afirmamos que Deus esteve e está entre nós. Como cremos que Deus é um só ser, mas o Deus único são três pessoas, afirmamos que a pessoa Filho é a única das três que tem duas naturezas. Jesus é, pois, uma pessoa divina com duas naturezas: é divino e é humano. Depois de muitos conflitos, o tema foi definido pelos cristãos no Concílio de Calcedônia, em 451. O Concílio Niceno convocado por Constantino 126 anos antes, em 325, contra o convincente pregador Ário, proclamara a *consubstancialidade* de Jesus Cristo com o Pai ("Eu e o Pai somos um", Jo 10,30).

Foi a famosa questão do *homoousios* sem um *i* no meio: *mesma natureza* e não *natureza semelhante*... Nem o Pai nem o Espírito Santo se encarnaram. O Filho, sim, mas não o fez sem unidade absoluta com o Pai e com o Espírito Santo, porque as três pessoas da Trindade, embora distintas, não estão nem agem divididas ou separadas (cf. Jo 10,38; 14,10-11).

> Na verdade, na verdade vos digo que o Filho por si mesmo não pode fazer coisa alguma, se não vir fazer o Pai; porque tudo quanto ele faz, o Filho o faz igualmente" (Jo 5,19).

O cristão que fala de Jesus está falando do único Deus que há, mas refere-se ao Filho encarnado. Antes da encarnação o Filho já existia, mas aí não era Jesus. Não se encarnara. Foi humano por cerca de três décadas e, agora, sua humanidade está glorificada no céu. Voltou ao Pai. Agora temos no céu o Cristo que esteve entre nós. E ele disse que viria de novo para levar com ele a nossa humanidade.

> E quando eu for, e vos preparar lugar, virei outra vez, e vos levarei para mim mesmo, para que onde eu estiver estejais vós também (Jo 14,3).

Este é um dogma altamente questionado pelas outras religiões e até mesmo por algumas igrejas cristãs, mas, para nós, sem a Trindade não há o Deus único, e sem o humano e o divino numa só pessoa não há Jesus Cristo.

30. Ousadamente cristãos

> Tendo, pois, tal esperança, usamos de muita ousadia no falar (2Cor 3,12).

Repassemos o que ficou dito!

Somos uma religião ousada. Ousamos contemplar o incontemplável. Ousamos dizer que Deus *esteve* aqui, *está* aqui e *voltará* um dia. Vivemos de teogonias, de epifanias e de parusias. Manifestou-se, manifesta-se e se manifestará. E está conosco cada vez que nos reunimos. Atrevidamente afirmamos que não o vemos, mas sentimos e captamos os seus sinais. Atrevemo-nos a chamar o Criador do Universo de "Pai Nosso" e afirmamos que Deus é um só, mas é três pessoas. Dizemos que a segunda pessoa, o Filho eterno, que viveu desde toda a eternidade no Pai eterno, com quem é um só no mesmo Espírito, há dois mil anos veio viver entre nós e chamou-se Jesus de Nazaré.

Provar? Não podemos! Mostramos apenas os resultados, os mártires, os santos, as obras. Foi Jesus quem disse que elas falariam por ele.

> E ele perguntou: "Quais?". E eles lhe disseram: "As que dizem respeito a Jesus Nazareno, que foi homem profeta, poderoso em obras e palavras diante de Deus e de todo o povo" (Lc 24,19).

> Respondeu-lhes Jesus: "Tenho-vos mostrado muitas obras boas procedentes de meu Pai; por qual destas obras me apedrejais?" (Jo 10,32).

> "Já vo-lo tenho dito, e não o credes. As obras que eu faço, em nome de meu Pai, essas testificam de mim" (Jo 10,25).

> "Eu tenho maior testemunho do que o de João; porque as obras que o Pai me deu para realizar, as mesmas obras que eu faço, testificam de mim, que o Pai me enviou" (Jo 5,36).

"Vossos pais me tentaram, me provaram, e viram por quarenta anos as minhas obras" (Hb 3,9).

Mas dirá alguém: "Tu tens a fé e eu tenho as obras; mostra-me a tua fé sem as tuas obras, e eu te mostrarei a minha fé pelas minhas obras" (Tg 2,18).

"Resplandeça a vossa luz diante dos homens, para que vejam as vossas boas obras e glorifiquem a vosso Pai, que está nos céus" (Mt 5,16).

"O Pai ama o Filho e mostra-lhe tudo o que faz; e ele lhe mostrará maiores obras do que estas, para que vos maravilheis" (Jo 5,20).

Ainda reprisando

Afirmamos que este homem poderoso em palavras e obras (cf. Lc 24,19) nasceu de uma virgem, viveu e morreu para nos ensinar o sentido da vida, da morte e da eternidade, semeou a fraternidade universal e a compaixão, num mundo que tem enorme dificuldade de perdoar e de amar. Dizemos que ele morreu na cruz perdoando quem o matava, que ressuscitou três dias depois, que subiu ao céu, onde sempre esteve desde toda a eternidade; Filho eterno que era no Pai eterno, em unidade com o Espírito Santo eterno.

Como explicar uma religião dessas a quem não crê ou crê diferente? Pela lógica? E tem lógica? Mas quem disse que só o que faz sentido para nós é que é verdadeiro? Quem disse que a lógica dos humanos é infalível?

***

Nós, católicos, vamos ainda mais longe do que os irmãos de outras igrejas. Eles até nos criticam por isso. Dizemos que Jesus fez milhões de santos e já levou bilhões de almas para o céu. Ousamos falar com ele e com os santos que ele já salvou e a quem chamamos de irmãos salvos. Chamamos sua mãe de nossa mãe e afirmamos ainda que, se o pedirmos, ele nos enviará o Espírito seu e do Pai. Católicos ousados, atrevemo-nos a dizer que as espécies de pão e de vinho transubstanciadas, depois das preces da consagração, não apenas sinalizam o mistério, elas são o mistério do seu corpo ali presente. Dizemos que ele está presente nos nossos altares de maneira real, mesmo sendo o Cristo da fé. Já perdemos e perderemos fiéis por causa disso, como Jesus perdeu... E daí? Assim cremos, assim assumimos.

***

Cremos no Batismo, na Confirmação, na Eucaristia, no perdão dos pecados; cremos que ele nos chama e nos envia e que une os casais em bonito e santo matrimônio, que gera amor e filhos para o mundo. Por isso dificultamos ao máximo as separações e o divórcio. Cremos em muitas outras verdades que outros crentes em Deus, agnósticos e ateus não aceitam e questionam.

Teogonias e teodiceias

Cada religião tem suas teogonias e teodiceias. A nossa passa por Jesus de Nazaré. Não há como convencer por A + B quem deseja um discurso lógico. Mas é de se perguntar se ele também vive pela lógica. A um desses que questionava o sentido do que eu fazia e dizia, perguntei se ele também vivia pelo que sabia e pelo que dizia. Quis saber se seu comportamento e seu discurso eram lógicos. Afirmou que sim; o que ele fazia tinha explicação. Pedi que me explicasse os três cigarros que fumou naquela sala, enquanto falava conosco. Se sabia que faz mal, por que fumava? Eu, ao menos creio numa verdade. Se estiver enganado, não o terei feito com má intenção. Mas ele sabia dos males do cigarro para si mesmo e para os outros e, no entanto, fumou... Admitiu que não agia de maneira lógica. Mas insistiu que nossa fé não tem lógica. Perguntei se tudo na vida se rege por A + B. Disse que, em termos, sim. E eu disse que, em termos, não! São daqueles debates que nunca terminam. Eu que creia como creio e ele que fume os cigarros dele, crendo em Deus do jeito dele!

31. Dos ungidos, o mais ungido

O leitor talvez já saiba que a palavra "unção" entre os hebreus tinha um significado maior do que as unções de agora. O óleo tinha significado cultural diferente do que tem hoje. O ritual daqueles dias, ao ungir o rei com óleo, simbolizava sua força de combatente (cf. 1Rs 1,45). Havia outros ungidos e outro tipo de unção (cf. 1Cor 16,22). Enfermos também eram ungidos. A medicina daqueles dias dependia muito dos óleos. Até de unção de alegria se falava (cf. Sl 45,8). Não se conheciam as drágeas e as injeções. Unção, portanto, apontava para a cura, para a liderança e para missões especiais.

Um dos salmos cantava que viver em comunidade era tão bom como experimentar o óleo que cobria Arão e escorria por sua barba (cf. Sl 133,2). Arão era sacerdote. O ritual lembrava fartura, bem-estar e consagração. Estava, também, associado à vitória, ao sucesso e a tempos auspiciosos. Mais tarde o óleo que ungia os atletas lembrava força e capacitação para vencer. Mas ele também vinha em forma de unguento, como óleo que curava. O óleo continua, ainda hoje, símbolo de saúde, usado na preparação de alimentos. Também o é como sinal de força, porque carros, barcos e veículos motorizados dele ainda dependem.

Ungido por e para Javé

Compreenderemos, então, o que era ser ungido por e para Javé. Falar com unção era falar com autoridade do céu. Ainda hoje, grupos de fé, de maneira correta ou incorreta, recorrem ao mesmo simbolismo, porque não poucas vezes atribuem unção a discursos errados e superficiais, apenas porque são ditos de cabeça torta e com suavidade na voz. Aí já é caricatura. Unção, porém, é conteúdo que vem do derramar do Espírito sobre aquela pessoa. Jesus foi ungido. Havia unção na escolha dos apóstolos (cf. Lc 7,46; At 10,33; 2Cor 1,21).

O grande ungido

O homem prometido e esperado pelos hebreus seria mais do que apenas um ungido: seria *O Ungido*! O maior dos Ungidos! Não esperavam "um" messias. Esperam "O" Messias. O termo em hebraico soava *Mashiah*, em grego *Xristós*, em latim *Christus*, em português de hoje, Messias ou Cristo. Sobre este ungido especial e acima de todos havia as mais diversas versões de como seria e como agiria: *rei* (cf. Dn 9,25), *vencedor* (cf. Dn 2,39), *restaurador da hegemonia* de Israel (cf. Is 6,1-4), *poderoso* (cf. Is 53,12) e *sofredor* (cf. Jr 42,12). Anunciava-se uma libertação para breve e uma outra para todo o sempre.

De grandioso a esmagado e depois vitorioso, assim seguiam as profecias antecipando sua vinda. Um dia, ele viria. Dessa fé viveu o oprimido e esperançoso povo de Israel. Quando ele viesse, ninguém mais os conduziria cativos, porque ele seria libertador e governaria com justiça (cf. Sl 67,5), submetendo as nações ao seu domínio (cf. Jr 51,28). Ainda que não falassem diretamente do messias, toda vez que se falava de um rei vitorioso, a projeção era o futuro breve ou longínquo. De pequenos messias (cristos e ungidos) ao messias definitivo (O Ungido), assim caminhava a fé em Israel.

Elias já veio

Fez, pois, sentido a explicação de Jesus sobre Elias e a pergunta dos discípulos após a ressurreição de Jesus (cf. Mc 9,11-12 e Mt 17,10-11) sobre se havia chegado a hora da proclamação do Reino.

"Mas digo-vos que Elias já veio, e não o conheceram, mas fizeram-lhe tudo o que quiseram. Assim farão eles também padecer o Filho do Homem" (Mt 17,12).

Aqueles, pois, que se haviam reunido perguntaram-lhe, dizendo: "Senhor, restaurarás tu, neste tempo, o Reino a Israel?" (At 1,6).

Mas nem tudo era assim "pau-pau, pedra-pedra". A verdade é que mesmo entre os profetas havia divergência sobre quem e como ele seria! Mas certamente seria o mais ungido dentre os ungidos! Com ele, tudo mudaria!

32. Dentre os filhos, o mais filho

> Jesus lhes respondeu, dizendo: "É chegada a hora em que o Filho do Homem há de ser glorificado" (Jo 12,23).

Jesus não inventou o conceito de Filho do Homem. Encarnou-o e viveu-o como quem sempre o vivera. O que é dele é a consciência de filiação e o jeito único de tratar a Deus como "meu e vosso Pai". Antes de Jesus, Ezequiel a si mesmo se referia como filho do homem. Mas não há em Ezequiel e nos profetas este modo de tratar Javé como *meu Pai*. Também os salmos se referem ao ser humano como filho do homem.

> Que é o homem mortal para que te lembres dele? E o filho do homem, para que o visites? (Sl 8,5)

> Senhor, que é o homem, para que o conheças, e o filho do homem, para que o estimes? (Sl 144,3)

> E disse-me: "Filho do homem, põe-te em pé, e falarei contigo" (Ez 2,1).

> "Mas tu, ó filho do homem, ouve o que eu te falo, não sejas rebelde como a casa rebelde; abre a tua boca e come o que eu te dou" (Ez 2,8).

O conceito de filiação divina evoluiu sensivelmente entre os hebreus. Mas em Jesus ficou claro que fazia parte de sua essência. Ele não era *um* filho do homem. Era *o* filho do homem. Em Ezequiel a expressão fala de um filho do homem frágil e dependente do céu. Em Jesus, este filho tem poder e, nele, a palavra homem não se refere ao ser humano. O ouvinte teria que tirar a sua conclusão e se perguntar: "Mas de que homem ele está falando?...". Foi o que fizeram diversas vezes. Quiseram saber quem era o seu pai e para onde ele disse que estava indo. Nem o Filho era como os filhos daqui, nem o Homem era como o homem daqui.

O Filho do Homem não tem onde reclinar a cabeça (Mt 8,20).

Porque o Filho do Homem veio salvar o que se tinha perdido (Lc 9,10).

Porque o Filho do Homem até do sábado é Senhor (Mt 12,8).

Ora, para que saibais que o Filho do Homem tem na terra autoridade para perdoar pecados (disse então ao paralítico): "Levanta-te, toma a tua cama, e vai para tua casa" (Mt 9,6).

Veio o Filho do homem, comendo e bebendo, e dizem: "Eis aí um homem comilão e beberrão, amigo dos publicanos e pecadores. Mas a sabedoria é justificada por seus filhos" (Mt 11,19).

Que seria, pois, se vísseis subir o Filho do Homem para onde primeiro estava? (Jo 6,62).

Disse-lhes, pois, Jesus: "Quando levantardes o Filho do Homem, então conhecereis quem eu sou, e que nada faço por mim mesmo, mas falo como meu Pai me ensinou" (Jo 8,28).

Como Jonas esteve três dias e três noites no ventre da baleia, assim estará o Filho do Homem três dias e três noites no seio da terra (Mt 12,40).

E, se qualquer um disser alguma palavra contra o Filho do Homem, ser-lhe-á perdoado; mas, se alguém falar contra o Espírito Santo, não lhe será perdoado, nem neste século nem no futuro (Mt 12,32).

E, descendo eles do monte, Jesus lhes ordenou, dizendo: "A ninguém conteis a visão, até que o Filho do Homem seja ressuscitado dentre os mortos" (Mt 17,9).

um rosto para JESUS CRISTO

> Quando pois vos perseguirem nesta cidade, fugi para outra; porque em verdade vos digo que não acabareis de percorrer as cidades de Israel sem que venha o Filho do Homem (Mt 10,23).

Os textos não deixam dúvida. Faz parte da essência da cristologia e do cristianismo o conceito de filiação divina. O Homem de quem Jesus se proclamou Filho não era o homem que ele queria salvar e, sim, o Homem a quem todos deveriam chamar de Pai; por isso, também, a frequente expressão: *vosso* Pai (cf. Mt 18,14; 23,9; Mc 11,26). Ia além do humano. Era nele que o "homo" se espelhava!

33. O maior dos salvadores

> O que nem mesmo a seu próprio Filho poupou, antes o entregou por todos nós, como nos não daria, também com ele, todas as coisas? (Rm 8,32)

Mergulhemos na catequese cristã

Resgatar, reparar, libertar, restaurar, imolar-se, ressuscitar e salvar são verbos de esperança e de resposta à dor universal. São temas da Semana Santa. Libertação lembra escravidão, que pode terminar com o pagamento do resgate, ou com o libertador dando a vida pelo libertado. Aquele que morre pelo outro volta a viver. Todo o processo de tornar uma pessoa livre e dona do próprio destino recebe o nome de salvação.

Por isso Jesus, para nós, é mais do que libertador e resgatador. Ele é salvador. Para salvar o ser humano e abrir uma perspectiva histórica e total, ele imolou-se, aceitou morrer daquele jeito com bravura e serenidade e, ao ressuscitar daquele jeito, deixou claro que é possível salvar uma pessoa ou um povo sem disparar uma só bala ou explodir uma só bomba. É a nossa crença, ou, como querem alguns descrentes, nossa utopia.

Há quem duvide. Há quem negue. E há quem creia e reafirme que Jesus é salvador. É mais que um José Marti, um Bolívar, um Tiradentes, um Garibaldi, um Mahatma Gandhi, um Mandela ou qualquer libertador de povos. Foi mais longe do que todos porque ousou portar-se como o mais Filho dentre os filhos. E disse que iria preparar-nos um lugar futuro junto ao Criador. Jesus transcende!

Salvadores de pátrias

Jesus é mais do que um salvador de pátrias. É salvador de pessoas. Segundo os que o aceitam como Deus, ele é salvador do

um rosto para JESUS CRISTO 157

mundo. Seu Reino não é daqui, mas ninguém chega a ele se não fizer alguma coisa de concreto para libertar alguém da sede, da fome, do erro, da solidão, da enfermidade ou de qualquer dor ou desconforto. O que é apenas enunciado doutrinário pode tornar--se mística. Aceitar Jesus como o Ungido, o Messias e crer que ele pode salvar e salva. Quem duvida que Jesus tenha tido poder de salvar, que ele está vivo e que ele tem todo poder, não crê em Jesus Cristo.

Depois dele, quem não se faz libertador, pagador de resgate e não ajuda a salvar, corre o risco de não se salvar. O que fazemos pelos outros ou contra os outros determina nossa vida aqui ou nossa vida eterna. Tudo o que fizermos pelos pequeninos teremos feito a ele. Serão benditos e irão para o Reino do Pai os que tiverem dado de comer, de beber, de vestir e mostrado presença consoladora no sofrimento do outro (cf. Mt 25,31-46). Mesmo que ele seja inimigo, o chamado é o mesmo. Estamos, outra vez, na catequese de atitudes. Jesus a exige dos seus.

> Portanto, se o teu inimigo tiver fome, dá-lhe de comer; se tiver sede, dá-lhe de beber; porque, fazendo isto, amonto-arás brasas de fogo sobre a sua cabeça (Rm 12,20).

A Semana Santa é uma sequência de aulas de salvação. Mais do que limpar, desinfetar e passar pomada nas feridas humanas, a morte e a ressurreição de Cristo restauram, renovam e refazem o tecido que morrera. É vida nova, tecido vivo e refeito, cura total. É mais do que aplicar um curativo: é curar e recriar.

Pregar uma Semana Santa sem mostrar caminhos e sem abordar os dramas sociopolíticos do mundo de hoje é fugir do assunto. Quem não mostra desejo de suavizar a dor humana, desviou--se do Cristo!

34. O mais gentil dos senhores

> Tomai sobre vós o meu jugo e aprendei de mim, que sou manso e humilde de coração, e encontrareis descanso para as vossas almas (Mt 11,29).

> E toda língua confesse que Jesus Cristo é o Senhor, para glória de Deus Pai (Fl 2,11).

> Então dirá o Rei aos que estiverem à sua direita: "Vinde, benditos de meu Pai, possuí por herança o Reino que vos está preparado desde a fundação do mundo" (Mt 25,34).

> Disse-lhe, pois, Pilatos: "Logo, tu és rei?". Jesus respondeu: "Tu dizes que eu sou rei. Eu para isso nasci e para isso vim ao mundo, a fim de dar testemunho da verdade. Todo aquele que é da verdade ouve a minha voz" (Jo 18,37).

> Respondeu Jesus: "O meu reino não é deste mundo; se o meu reino fosse deste mundo, pelejariam os meus servos para que eu não fosse entregue aos judeus; mas agora o meu reino não é daqui" (Jo 18,36).

O leitor já deve ter se dado conta de que praticamente todas as igrejas cristãs acentuam o *senhorio universal* de Jesus. Para os cristãos, sendo O Filho, e sendo Deus, ele é o Senhor de toda a criação.

> Todas as coisas me foram entregues por meu Pai, e ninguém conhece o Filho, senão o Pai; e ninguém conhece o Pai, senão o Filho, e aquele a quem o Filho o quiser revelar (Mt 11,27).

Nós, católicos, estampamos revistas, nomeamos paróquias, colégios, seminários, ruas, congregações e até temos um dia especial para *Cristo Rei*. Igrejas ortodoxas, evangélicas, pentecostais também ostentam este nome e escrevem nos pórticos de seus templos *Jesus Cristo é o Senhor*.

um rosto para JESUS CRISTO **159**

A ideia está ligada ao Cristo Cósmico, ao Senhorio de Jesus sobre toda a Criação. Ele sempre existiu.

> Disse-lhes Jesus: "Em verdade, em verdade vos digo que antes que Abraão existisse, eu sou" (Jo 8,58).

Mas este senhorio é exercido na humildade.

> Vós me chamais Mestre e Senhor, e dizeis bem, porque eu o sou (Jo 13,13).

> A quem constituiu herdeiro de tudo, por quem fez também o mundo (Hb 1,2).

> Depois que lhes lavou os pés, tomou as suas vestes e se assentou outra vez à mesa, disse-lhes: "Entendeis o que vos tenho feito?" (Jo 13,12)

> O Filho do homem não veio para ser servido, mas para servir e para dar a sua vida em resgate de muitos (Mt 20,28).

Liderança humilde

A doutrina que foi sendo assimilada aos poucos se tornou clara na catequese dos cristãos: Jesus é o herdeiro que não abusa do poder que tem.

> E, achado na forma de homem, humilhou a si mesmo, sendo obediente até a morte, e morte de cruz (Fl 2,8).

> Já estou crucificado com Cristo; e vivo, não mais eu, mas Cristo vive em mim; e a vida que agora vivo na carne, vivo-a na fé do Filho de Deus, o qual me amou e entregou a si mesmo por mim (Gl 2,20).

> Digo, pois, que todo o tempo que o herdeiro é menino em nada difere do servo, ainda que seja senhor de tudo (Gl 4,1).

> A saber, que os gentios são co-herdeiros, de um mesmo corpo, e participantes da promessa em Cristo pelo evangelho (Ef 3,6).

> Ouvi, meus amados irmãos: porventura não escolheu Deus aos pobres deste mundo para serem ricos na fé, e herdeiros do Reino que prometeu aos que o amam? (Tg 2,5)

Se não conseguimos viver a liderança com humildade, se ainda disputamos os primeiros lugares, se ainda passamos por cima dos outros, se ainda nos proclamamos mais eleitos e mais fiéis do que os outros, é porque ainda não assimilamos a ideia do Reino.

> E ele, assentando-se, chamou os doze e disse-lhes: "Se alguém quiser ser o primeiro, será o derradeiro de todos e o servo de todos" (Mc 9,35).

> E (fariseus) amam os primeiros lugares nas ceias e as primeiras cadeiras nas sinagogas (Mt 23,6).

> Mas não sereis vós assim; antes, o maior entre vós seja como o menor, e quem governa, como quem serve (Lc 22,26).

Adorar sem competir

O grande perigo de certo marketing da fé, que sempre existiu entre as igrejas em competição e dentro de cada Igreja, é o de tratar alguém ou algum grupo como reis ou herdeiros imediatos. Vai à contra mão do que Jesus ensinava sobre ser herdeiro do Rei e sobre o Reino de Deus.

Proclamar o senhorio universal de Jesus é proclamar a liderança humilde e nunca usar de métodos que derrubem os outros ou que os diminua. Enfim, é saber dialogar e discordar sem perder o respeito. Mais: é saber ser o primeiro sem posar de maior e melhor!

Ascese dificílima! Tão difícil que poucos a conseguiram! Em pouco tempo o púlpito, o altar e os palcos viram espaço de celebridades intocáveis que raramente se misturam aos irmãos de fé.

Acresce a isso a falta de sentido de pobreza que Jesus exerceu de maneira exemplar! Por isso ele era rei e poderia dizer como disse a Pilatos, que lhe perguntava se ele se considerava um rei:

> Tu o dizes (Mc 15,2).

> Eu para isso nasci e para isso vim ao mundo, a fim de dar testemunho da verdade. Todo aquele que é da verdade ouve a minha voz (Jo 18,37).

> Meu reino não é deste mundo; se o meu reino fosse deste mundo, pelejariam os meus servos para que eu não fosse entregue aos judeus; mas agora o meu reino não é daqui (Jo 18,36).

Jesus no poder

Cremos que Jesus deve governar este mundo e que um dia virá com poder e majestade, mas nunca oprimirá nem perderá a humildade.

> Então aparecerá no céu o sinal do Filho do Homem, e todas as tribos da terra se lamentarão e verão o Filho do Homem vindo sobre as nuvens do céu, com poder e grande glória (Mt 24,30).

> O Filho do Homem não veio para ser servido, mas para servir e para dar a sua vida em resgate de muitos (Mt 20,28).

35. O Jesus que eu nunca vi

> Ora, havia alguns gregos entre os que tinham subido a Jerusalém para adorar no dia da festa. Estes, pois, se dirigiram a Filipe, que era de Betsaida da Galileia, e rogaram-lhe, dizendo: "Senhor, queríamos ver a Jesus" (Jo 12,20-21).

Já tocamos no assunto. Nem eu nem você temos ideia das feições de Jesus. A bem da verdade, não chega a ser importante. O perfil de Jesus vem do que ele disse e fez e das consequências que ele gerou. Ele é aproximador e causador. Creio nas palavras e nos gestos dele até onde posso analisar o que me chegou pelos livros. Faço parte dos que afirmam que ele existiu e era do céu, mas não me preocupa saber que aparência ele tinha. Imagem alguma o retrata. Por isso mesmo a chamamos de imagem!

Se eu encontrasse Jesus Cristo na rua não o reconheceria, porque não faço ideia de como era seu rosto. Sei que não sou digno, mas gostaria de tê-lo visto em ação naqueles dias. Dados os meus pecados e limites, pode até ser que eu fosse um dos que não o aceitariam. Não posso saber o que pensa meu leitor, mas nem todos estamos preparados para ver Jesus e tocá-lo. Parabéns para quem diz que vê e toca. É alguém altamente privilegiado. Mas que seja verdade! O assunto de vidência é sério demais para se brincar com ele no rádio e na televisão!...

Era e continua não sendo nada fácil aceitar o que ele dizia sobre Deus e sobre si mesmo! Pelo menos é isso que nos chegou pelo relato das testemunhas.

36. Pensei que fosse Jesus

> Nem todo o que me diz: "Senhor, Senhor!" entrará no Reino dos Céus, mas aquele que faz a vontade de meu Pai, que está nos céus (Mt 7,21).

> Todas as coisas me foram entregues por meu Pai, e ninguém conhece o Filho, senão o Pai; e ninguém conhece o Pai, senão o Filho, e aquele a quem o Filho o quiser revelar (Mt 11,27).

A voz interior

Acontece conosco repetidas vezes que, diante de certas situações, ouvimos uma voz interior e pensamos que fosse Jesus, mas não era. Na hora de comparar com os evangelhos, a visão ficou a lhe dever. Jesus jamais diria tal coisa.

Não poucas vezes, por simpatizarmos com o jeito de algum pregador e com sua doçura e seu jeitinho de dizer as coisas, nos vem a certeza de que este, sim, fala em nome de Jesus. Amadurecemos na fé e, na hora de comparar o que ele diz ou faz com o que diz e faz a Igreja e com o que dizem os evangelhos, percebemos o nosso engano. Ele não falava em nome de Jesus e, sim, de sua família, de si mesmo e de seu grupo. Não havia progredido na sua catequese.

Outra linha de pregação...

Outras vezes, por mágoa, por não gostarmos do jeito do pregador, por sermos de outra linha de pensamento, rejeitamo-lo, com a certeza de que "ele não pode ser de Cristo". Mesmo tendo errado, mesmo arrependido, não lhe damos o direito de ser de Jesus. Fazemos como os cristãos do tempo de Paulo de Tarso, que o consideravam menos apóstolo do que os outros (cf. 1Cor 15,1-11).

Vemos alguém falar e achamos que não era de Jesus. Mas era. Ouvimos alguém de outra fé e decidimos que tal pessoa não tem Jesus, e ela tem. Pomos a mão no fogo por quem achamos que tem e é, porque canta nossos cantos, prega do jeito que gostamos, frequenta conosco a mesma Igreja, os mesmos encontros, e fala o que falamos. De repente, o irmão ou a irmã assume atitudes de heresia ou de cruel falta de caridade. Não era de Cristo, ou era e deixou de ser.

Julgamentos sectários

Não tenhamos pressa nem em proclamar que somos de Cristo nem em afirmar ou negar que alguém o seja. Muitas vezes, quem não era mudou e agora é. E quem era, mudou e agora não é. Quem pregava com a Igreja, agora prega com determinado grupo e passa por cima da Igreja.

No grupo de Jesus havia falhas, a santidade foi vindo aos poucos. No fim, dos onze que restaram, mais Matias, o que foi eleito após prece e após lançarem a sorte (cf. At 1,23), e Paulo, que Jesus escolheu mais tarde, todos deram a vida por ele. Jesus os converteu aos poucos. Se deixarmos e não nos encantarmos demais com o palco, os aplausos, as câmeras e os microfones, que podem formar grandes pregadores, mas também grandes hereges, Jesus fará o mesmo por nós! Basta que falemos menos do que Jesus tem feito por nós e mais do que ele tem feito pelos seus verdadeiros santos!...

37. O mestre dos mestres

> E ele lhes perguntou: "Quais?". E eles lhe disseram: "As que dizem respeito a Jesus Nazareno, que foi homem profeta, poderoso em obras e palavras diante de Deus e de todo o povo" (Lc 24,19).

Tenho meus autores e meus pregadores preferidos, mas às vezes discordo deles. Tenho suficiente lucidez para saber que não acertam em tudo. Não leio apenas livros de minha corrente de espiritualidade. Aceito ouvir e cantar canções de grupos de linguagem diferente da minha. Deus não ilumina apenas a mim ou ao meu grupo.

Aceito, obedeço e admiro o Papa, mas tenho suficiente lucidez para saber que ele tem limites. Ele não sabe tudo, por isso consulta os especialistas.

Respeito e obedeço ao bispo diocesano e às demais autoridades de minha cidade, mas tenho suficiente lucidez para não exigir que acertem em tudo. Entenderei alguma eventual decisão ou atitude deles, da qual discorde. Mas vai prevalecer a autoridade deles. Eu sei obedecer.

Não acho que só existem pessoas santas na minha Igreja. Admito que temos erros e pessoas que erram. As outras passam pela mesma situação. Portanto, saberei respeitar quem errou na minha Igreja ou nas outras. Quando discordar, discordarei com respeito.

38. Um rosto emoldurado

O fato: Carlos e Luana não souberam definir o que é teologia e muito menos o que é cristologia. Conheciam as palavras, mas não sabiam discorrer sobre elas na visita do primo mal-educado e agressivo que disse: "Essa doutrina dos católicos, de que um homem pode ser Deus, é de um absurdo sem medida. Ele é um homem de Deus, mas não é Deus. Prefiro o judaísmo e o islamismo. Lá, Deus é Deus e o resto é ser humano".

A doutrina: A teologia estuda Deus e o que com ele se relaciona, bem como as notícias do seu relacionamento conosco. É matéria vasta. A cristologia estuda o Cristo anunciado na Bíblia e a história dos muitos que se proclamaram messias, cristos, ungidos de Deus. Entre os cristãos, o estudo aponta para Jesus de Nazaré, a quem consideram o verdadeiro Cristo.

Carlos e Luana poderiam ter chamado o primo de *ariano* e falado sobre o arianismo e o sacerdote Ário (c. 260-336), bem como da enorme polêmica que ele suscitou por causa de um "i" entre as palavras *homo* e *ousios:* "mesma natureza". *Homoousios* com um "i" no meio passava a significar: de natureza "semelhante" e não "mesma natureza". A polêmica vem dos séculos III e IV. Ário dizia que o Filho era inferior ao Pai. Criava uma hierarquia na Trindade, na qual uma pessoa divina era mais do que a outra. Só o Pai seria Deus.

Ário, descrito como um homem negro, bonito, bem falante e cantor, seduziu multidões com suas pregações agradáveis e incrementadas. Sua posição virou bandeira política e ideológica.

Já naquele tempo, século IV, ele garantia a mesma coisa que o primo de Carlos e Luana. Sustentava que Jesus não era Deus de verdade. Já tocamos no assunto. Para eles Jesus não era *homoousios*, da mesma natureza de Deus, e sim homoi*ousios*,

um rosto para JESUS CRISTO

de natureza semelhante. A polêmica durou séculos e perdura até hoje.

***

O primo também poderia ser eutiquiano. Um monge chamado Êutiques (fim do século IV) pregou o monofisismo, que ensinava que Jesus tinha uma só (*monos*) natureza (*phüsis*), apenas a natureza divina. O *logos* divino penetrara na alma humana do Cristo e o humano acabou. Para ele, Jesus não era humano. Ainda hoje há igrejas na Armênia e no Egito e alguns países do médio oriente que seguem a sua doutrina. Tem havido intenso diálogo entre nós, católicos, e eles.

***

Já *Nestório*, um bispo e patriarca (anos 400), navegou entre o "d" e o "t". Para ele, Maria era apenas theodokos, mestra do Cristo, e não theotokos, mãe do Cristo (século V). As discussões eram feias e as ofensas, piores do que as do primo de Carlos e Luana. Brigavam e até matavam por essas verdades. Imperadores e políticos tomavam ora o lado de um, ora o de outro.

Nos Concílios de Niceia e de Calcedônia, a Igreja se definiu pela doutrina que sustenta até hoje: "Jesus era *plenamente homem e plenamente Deus*". Não se trata de "Deus *ou* homem", e sim de "Deus *e* homem", porque se trata do Filho eterno, encarnado e homem de verdade. Sendo Deus um só ser, ele é três pessoas. A pessoa Filho se encarnou. Por isso, podemos dizer que Deus se encarnou. E dizemos que Jesus Cristo tinha duas naturezas: *a divina e a humana* e não era *homoiousios*, e sim *homoousios*, sem "i" no meio. O primo de Carlos e Luana, que considerou estúpida essa doutrina, optou pelo "i" no meio: *semelhante*, mas não *igual*. Sem o saber, tornou-se um *ariano-eutiquiano*. Não pensa mais como católico. As escolas e as escolhas continuam.

168 Pe. Zezinho, scj

***

De vez em quando ainda se ouve na mídia algum católico ou evangélico pregando tais doutrinas. Mas é coisa da cabeça deles. Os cristãos afirmam que Jesus é "Deus e Homem", não Deus *ou* homem.

Parte VI

Deus esteve aqui

Para estabelecer a paz ou a comunhão com ele
e uma sociedade fraterna entre os homens, apesar de pecadores,
Deus determinou entrar de modo novo e definitivo na história
dos homens, enviando o seu Filho na nossa carne para arrancar,
por meio dele, os homens do poder das trevas e de satanás, e
nele reconciliar o mundo consigo. Constituiu, portanto, herdeiro
de todas as coisas aquele por quem fizera tudo,
para nele tudo restaurar.

(*Ad gentes* 3)

39. A grande comunicação

Prólogo joanino (Jo 1,1-18)

Parafraseemos João!

No princípio, não havia quase nada do que existe agora. Tudo era caos. O único ser que existia era o ser essencial: o Logos. Nada mais além dele! Mas o ser essencial não se conteve, tamanho era o seu conteúdo. Decidiu partilhar--se, tornar-se comum. E assim o fez. Transbordou no magnífico ato da criação do universo. E foi assim que o ser primeiro e essencial, o Logos, deu ser ao tempo, ao espaço e a tudo aquilo que agora existe.

Esse transbordamento de sua essência foi o início do grande mistério da comunicação. Dessa comunicação primeira e continuada nasceram as incontáveis estrelas, galáxias, constelações, bilhões, trilhões de corpos celestes a explodir, incendiar-se, acender e apagar-se há bilhões de anos, em velocidade e objetivo que nem sequer podemos imaginar, nem sabemos onde e como vai acabar, porque daqui a milhares de gerações tudo continuará a ser mais ou menos como é agora.

E foi nesse tempo e espaço que praticamente não passam – tamanhos os números e as distâncias a computar – que há cerca de cinco, talvez oito bilhões de anos, um mísero grão de poeira cósmica conheceu uma forma de comunicação: a vida. Ou terá sido antes? Ou será que foi depois?

O fato é que este planeta – ao qual os gregos chamavam Gaia e os romanos Terra, que leva 365 dias para dar uma volta ao redor de sua estrela-mãe, o Sol, e que, atrelado a ela, leva duzentos mil anos para dar uma volta em torno das outras 100 milhões de estrelas da Via Láctea – é que acolheu numa passagem do tempo a vida, que veio em forma de plantas e animais aos milhares. Um dia, talvez um milhão de anos atrás, o ser essencial deu forma a um animal capaz de pensar e de interferir na criação. Assim diz a maioria dos crentes.

O animal criado para pensar chamou-se semelhante, *homos*, homem. Desde o começo ele começou a procurar o ser que lhe dera origem. Não o vendo, inventou milhares de seres essenciais aos quais chamou deuses. Numa gigantesca inversão de valores, o animal nascido para ser "semelhante ao criador" criou inúmeros deuses semelhantes a ele mesmo. E não tardou para, mesmo crendo num só Deus, fazê-lo parecido com um homem, que ele nunca foi nem jamais será.

***

O ser essencial, que a tudo deu origem, prosseguiu comunicando-se mais intimamente. Aceitou a grande procura, ainda que errática e errônea do ser homem, e enviou aos homens em procura de contato e comunicação a sua essência, em forma de pessoa humana, que se fez semente como qualquer pessoa e veio ser a sua comunicação entre os homens. Já no meio dos homens e homem como os demais homens, em tudo semelhante menos no pecado, ele fez de tudo para reaproximar os humanos do Criador. O tempo todo falou de filiação, diálogo e fraternidade.

***

Sua comunicação não foi entendida nem aceita. Era uma afirmação e um sonho impossível de aceitar. Religiosos, que já carregavam uma ideia de quem seria o seu Deus, reagiram a esta comunicação. Não podia ser de Deus quem assim falava e agia!

Assim, aquele que veio rimar homem com Deus, foi declarado nota destoante, por isso rejeitado e morto por homens que não suportaram a possível revolução que nasceria de sua palavra.

Houve, porém, um grupo de homens e mulheres que aceitou essa comunicação libertadora e plenificante. Foram chamados de loucos, hereges e blasfemos, e milhares deles morreram por essa verdade. Apostaram suas vidas, na

um rosto para JESUS CRISTO

certeza de que a vida e a luz que regem o universo aqui estiveram na pessoa de Jesus de Nazaré, que viera dessa mesma essência. Ele era *homo-ousios* e não *homo-i-ousios*. Da *mesma* natureza e não de natureza *parecida*. Jesus era o Logos encarnado, da mesma forma que o Pai era o Logos. E havia um Espírito que também era Logos, porque o Logos é um só, mas é três pessoas.

Tiveram a ousadia de se proclamar filhos de Deus, porque viveram a coragem de assumir a comunicação até as suas últimas consequências. Quem acreditou em Jesus de Nazaré, viu o que homem algum jamais vira ou verá depois: a pessoa do Logos.

Os que acham isso possível continuarão a ser candidatos ao mergulho nas origens do universo. Eles proclamam que o Verbo se fez carne e morou entre nós.

***

E não é possível imaginar Deus sem comunicação. E não é possível imaginar humanidade sem comunicação. E não há nada sem comunicação. E tudo o que existe voltaria ao nada, se o Logos parasse de transbordar e não mais se comunicasse.

Foi para rimar o homem com o infinito que Jesus nasceu. E é por isso que, aquele que não se comunica, não sabe o que é, ou não quer ser um dos filhos do Logos.

Jesus é a rima perfeita do homem com Deus. Nós também rimamos com Deus, mas imperfeitamente. Mas Jesus é o Verbo que se fez carne. Deus se comunicou visivelmente e habitou e habita entre nós. Por isso ele disse a Filipe que, quem quisesse conhecer o Pai, deveria olhar para ele (cf. Jo 14,8-9)! Deus nunca foi visto, porque não tem um rosto humano. Mas quem viu o rosto de Jesus teve nele um vislumbre de como Deus é. Um dia o conheceremos!

40. Temporal e eterno

Eis que eu estou convosco todos os dias, até a consumação dos séculos. Amém (Mt 28,20).

Além de catequista, fui e ainda sou professor de Comunicação e pesquisador de mídia religiosa por mais de trinta anos. Isto me levou e leva a procurar as expressões mais corretas quando falo ao povo de Deus. A verdade é que de alguma bênção ou frase dúbia pode nascer uma fé dúbia. Expressar-nos com a máxima clareza, mais do que conselho, é nosso dever, quando lideramos o povo.

É a razão pela qual no Natal não mais oro pelas "mais ricas bênçãos do Menino Jesus". É que Jesus não é mais menino. Cresceu e morreu na cruz, ressuscitou, elevou-se, está no Pai e virá adulto no segundo Advento. Assim cremos: não há nem haverá mais Menino Jesus. Então eu oro e acentuo: "Ó Jesus, que foste menino"... Meu Natal fica bem mais claro. É memória.

Também não digo: "Que Jesus possa te abençoar!". É claro que ele pode. Todo o poder lhe foi dado! Prefiro dizer: "Que Jesus te abençoe!". Oro para que o fiel *possa* entender e acolher a bênção de Jesus... Este, sim, precisa permitir que Jesus atue nele.

Não falo com as imagens dele

Não falo com imagens. Não dou a bênção trinitária com a imagem de Maria. Apenas a elevo. Ela não faz parte da Trindade. Uso, porém, o crucifixo, sempre como símbolo e sabendo que aquela cruz não é Jesus. Falo perto das imagens, de olhos fechados ou dirigidos para algum lugar vago, porque sei que nem Cristo nem santo algum está naquelas imagens. Gosto delas, mas

um rosto para JESUS CRISTO

são lembranças do passado que nos ajudam a pensar no presente. Lembram a serpente de bronze que ajudava os hebreus mordidos por serpentes do deserto a pensar em Deus.

Deus não era aquela cobra nem estava nela (cf. Nm 21,7-8). Mas quando no reino de Ezequias ela foi adorada como deus, sob o nome de Neustan, o rei Ezequias a destruiu (cf. 2Rs 18,4). Perdera a sua finalidade, fora transformada em ídolo.

Uso imagens, mas não lhes atribuo maior poder que realmente possuem. São simbólicas. Trato da mesma forma as relíquias de um santo. Respeito-as porque estiveram perto de alguém que Jesus santificou e hoje está no céu. Trato-as como ao manto de Jesus (cf. Lc 7,50). Aquela mulher que tocou com fé foi curada, outros não. Jesus mesmo disse isso! Soube de pessoas que se curaram tocando alguma relíquia. Disse a elas o que Jesus disse àquela mulher: "Tua fé te salvou". Não foi a relíquia. Mas ela tem sua finalidade pedagógica.

Não oro em línguas estranhas

Não oro em línguas, assim como a maioria dos papas e bispos não orava e não ora. Acho bonito que alguém o faça, mas não considero isso prova de maturidade cristã. A Igreja não leva em conta este critério para nomear um bispo ou um superior religioso. Há muita gente imatura emitindo aqueles sons que em nada melhoram a comunicação do povo de Deus entre si. Que seja, como é, um dom particular! É apenas mais um jeito de um católico se expressar. Que seja aceito, nem supervalorizado nem diminuído. Como Paulo, acho que há dons bem mais catequéticos e compreensíveis.

> Todavia, eu antes quero falar na igreja cinco palavras na minha própria inteligência, para que possa também instruir os outros, do que dez mil palavras em língua desconhecida (1Cor 14,19).

Não acho que cantar é evangelizar melhor

Canto, mas não acho que os cantores católicos, por mais famosos que se tornem, são melhores do que os catequistas, bispos, padres, pensadores e teólogos que não aparecem na mídia. É só mais um jeito de evangelizar. Que nem o canto nem a fama subam à cabeça dos cantores da fé, a ponto de achar que não precisam dos teólogos e mestres da doutrina. Ninguém é mais cristão do que os outros porque canta bonito e vendeu milhões de CDs ou livros. Eu não sou! Fama nem sempre é santidade ou sabedoria. Se alguém ficar famoso, tem ainda a tarefa de ficar sábio e santo. E precisará tomar cuidado com a idolatria dos fãs. Incenso é só para Jesus Cristo. Cantor tem que se misturar com o povo, vê-lo e ouvi-lo.

Procuro-o na Eucaristia

Na Eucaristia, eu creio que Jesus se faz presente. Não é apenas simbolismo. É realidade. Ali, eu contemplo pão e vinho transubstanciados e falo com Jesus, olhando para eles por crer que se trata do mistério acontecendo. É o próprio mistério da fé.

Não faz muito tempo num grande átrio, nave de Igreja lotada, fui até a imagem de Maria, toquei-a e disse: "Irmãos e irmãs, Maria não está aqui. Esta imagem não é Maria". Fui para o outro lado perto da imagem de São Miguel e disse: "São Miguel não está aqui. Creio em anjos, mas Miguel está no céu". Fui, então, para o sacrário, apontei para ele e disse: "Jesus está aqui. Esta é a diferença. Aqueles são símbolos que apontam para pessoas santas. Este é sinal de presença real". As palmas do povo mostraram que ele também pensava dessa forma.

Creio no Cristo vivo

Não oro ao "Cristo crucificado e a morrer", e sim ao Cristo "que morreu crucificado, mas ressuscitou". As imagens de dor me lembram o passado dele e o presente do mundo. Aceitou sofrer conosco e por nós.

Se acho que Jesus é Deus? Acho e creio e afirmo! Para mim Jesus era o próprio Deus. Deus esteve aqui por trinta anos! Mas o único Deus que há é Pai, Filho e Espírito Santo. Jesus era o Filho encarnado. Mas antes de encarnar já existia desde toda a eternidade. Só não havia nascido de Maria e não se chamava Jesus.

Não sei explicar Jesus

Não me peçam para explicar este dogma, porque não sei. Só sei que está na Bíblia, a qual afirma que o Filho é eterno, encarnou-se, fez *kenosis*, humilhou-se, veio até nossa pequenez e nos ensinou que ele e o Pai são uma só realidade! Disse o mesmo sobre o Espírito Santo. Por isso e muito mais, creio num só Deus que, contudo, é três pessoas. Rezo isso todos os domingos.

41. O aproximador

Diá-logo supõe *diá* e *logos*: "a capacidade de recebermos o conteúdo do outro". Ensina-se entre os católicos que Deus é Logos, o ser essencial, o que a tudo dá sentido. Nada haveria sem ele. Logos não é matéria, nem objeto, nem pessoa humana, nem carne, nem coisa, nem pensamento. Ele é mais do que um projeto, um pensamento, um marco inicial. Não pode ser circunscrito. Ele é o quê e o porquê de tudo. Sem ele nada do que veio a existir existiria, porque antes do que há, nada mais havia senão o Logos.

> No princípio era o Verbo, e o Verbo estava com Deus, e o Verbo era Deus (Jo 1,1).

De mil maneiras na Bíblia se percebe que o Logos veio ensinar o diálogo. O ser essencial veio tirar-nos do superficial e do acidental, transversalizando a vida: veio ensinar o que realmente importa! João diz que Deus *é amor*, não apenas o *tem*.

> Amados, amemo-nos uns aos outros, porque o amor é de Deus; e qualquer um que ama é nascido de Deus e conhece a Deus (1Jo 4,7).

> Aquele que não ama não conhece a Deus, porque Deus é amor (1Jo 4,8).

Foi o seu jeito de dizer que o amor é o conteúdo essencial da vida. Onde ele falta, falta a viga mestra. A catequese dos cristãos caminhou nessa direção. As histórias sobre Jesus e o que ele disse deram aos primeiros cristãos, e a quem herdou deles a reflexão cristológica, a convicção de que Jesus era este *essencializador*. Ele não fez outra coisa senão apontar para o essencial e aproximar o ser humano do Pai, e cada ser humano do outro ser humano. Veio ligar o que andava desligado, aproximar o que

um rosto para JESUS CRISTO   179

andava separado e dar importância ao que perdera importância. Apontou para os pequenos, os pobres, as crianças, para a família e seus laços, para a justiça, para os direitos humanos, para a caridade e a partilha, para a proteção da inocência e da vida. Semeou o diálogo do céu com a terra e da terra com o céu...

> O Espírito de Deus que habita em Jesus possibilita e abre a relação do Pai com o Filho e do Filho com o Pai. No Espírito Deus experimenta a Jesus como o Filho divino e Jesus experimenta a Deus como o "Abba". Esse diálogo é teologicamente a razão para o primeiro, também é o elemento formador da pessoa na reciprocidade de Jesus e Deus (Jürgen Moltmann, *O caminho de Jesus Cristo*).

Assim professamos e assim cremos. Deus é um só, ele é o *Lógos* (λογοσ). A relacionalidade entre as pessoas divinas é perfeita. O Filho esteve entre nós para nos ensinar o Logos, fez *kenosis*, desceu, aproximou-se, veio. Dizemos que o Pai o mandou, o Espírito Santo, a *Rûah Jahwe*, agiu permanentemente nele. Afirmamos que o Espírito o guiou, o levou, pairou sobre ele. O que Jesus fez e foi constituíram atos da Trindade Santa. Mas uma das pessoas se tornara humana, sem deixar de ser divina.

Desceu sem se perder

Possível? Admissível? Compreensível? Até que ponto Deus pode descer e assemelhar-se? Não somos nós os que devem se assemelhar a ele? Poderia um criador de abelhas tornar-se abelha; um criador de ovelhas tornar-se cordeiro? Por absurdo que pareça é o que dizem os cristãos: o criador do homem se fez homem, assemelhou-se a nós em tudo, menos no pecado (cf. Hb 2,7; Fl 2,7-8).

A ideia de que Deus se aproximou supõe a ideia da *kenosis*. Baixou sem se rebaixar e sem deixar de ser do alto; chegou ao nosso nível sem se nivelar, como fez o bombeiro que desceu ao fundo do poço para com ele elevar a criança que caíra. Não se infantilizou para salvá-la, mas desceu ao nível dela para trazê--la à superfície. Jesus é a pessoa da Trindade que se aproximou, desceu ao nosso nível, mas não se nivelou porque não pecou. Fez como a história do capitão do navio que desceu ao porão, esteve entre os mecânicos, ensinou como consertar os motores e nem por isso saiu de lá manchado de óleo.

O pecado não manchou Jesus, que, contudo, se aproximou dos pecadores e das pecadoras. Não os salvou de lá de longe. Chegou perto, mas não fez o que faziam para salvá-los.

Aproximou-se e aproximou

O termo aproximador cabe bem em Jesus, porque ele aproximou-se e aproximou as pessoas. Trouxe o céu para mais perto e nos levou para mais perto do céu. Mas há passos que dependem de nós: o da conversão e o do perdão. Sem estes passos não haveria proximidade.

> Eu vim para que tenham vida, e a tenham em abundância (Jo 10,10).

> Um novo mandamento vos dou: que vos ameis uns aos outros, como eu vos amei (Jo 13,34).

> Mas, se vós não perdoardes, também vosso Pai, que está nos céus, não perdoará as vossas ofensas (Mc 11,26).

> E disse: "Em verdade vos digo que, se não vos converterdes e não vos fizerdes como meninos, de modo algum entrareis no Reino dos Céus" (Mt 18,3).

Proximidade em Cristo supõe reciprocidade e atos de justiça e de fraternidade. Aquele que se aproximou espera que nos aproximemos: dele e dos outros, e se não nos aproximarmos dos outros não vai adiantar a teatralidade de falsas aproximações. Ele saberá quem os buscou de verdade e quem usou seu nome para conseguir os próprios objetivos.

Nem todo o que me diz: "Senhor, Senhor!" entrará no Reino dos Céus, mas aquele que faz a vontade de meu Pai, que está nos céus. Muitos me dirão naquele dia: "Senhor, Senhor, não profetizamos nós em teu nome? Em teu nome não expulsamos demônios? Em teu nome não fizemos muitas maravilhas?". Então lhes direi abertamente: "Nunca vos conheci; apartai-vos de mim, vós que praticais a iniquidade" (Mt 7,21-23).

Aproximemo-nos, pois, com confiança ao trono da graça, para que possamos alcançar misericórdia e achar graça, a fim de sermos ajudados em tempo oportuno (Hb 4,16).

Assim, também, não é vontade de vosso Pai, que está nos céus, que um destes pequeninos se perca (Mt 18,14).

E, respondendo o Rei, lhes dirá: Em verdade vos digo que, quando o fizestes a um destes meus pequeninos irmãos, a mim o fizestes; quando a um destes pequeninos não o fizestes, não o fizestes a mim (Mt 25,40-45).

Portanto, se trouxeres a tua oferta ao altar, e aí te lembrares de que teu irmão tem alguma coisa contra ti, deixa ali diante do altar a tua oferta, vai reconciliar-te primeiro com teu irmão e, depois, vem e apresenta a tua oferta (Mt 5,23-24).

42. Dialogou: deixou falar

> Disse-lhe, pois, a mulher samaritana: "Como, sendo tu judeu, me pedes de beber a mim, que sou mulher samaritana?" (Porque os judeus não se comunicam com os samaritanos) (Jo 4,9).

Encanta-nos o Cristo que fala o que pensa, mas que deixa que os outros falem. Fazia parte do seu modo de ser. Intelectualmente fiquei mais curioso e quero saber mais, por ter ouvido e lido os que estudam Jesus. Não é de bom alvitre enterrar a cabeça na areia. O que dizem contra nós, as novas descobertas da exegese, as análises dos textos bíblicos, a dizer que pode não ter sido daquele jeito, nunca me abalaram. Atenho-me ao que considero essencial e ao que a Igreja deixa claro que é da essência do catolicismo: *o diálogo* a) com Deus, b) com as pessoas c) com a comunidade d) e com as culturas. Sobre isso os documentos da Igreja são claros. Não somos a única cultura do planeta e temos o que aprender e o que ensinar.

Como cristãos somos chamados a sempre dialogar, até porque pedimos isso dos grupos políticos e dos líderes dos povos. Só não é possível manter o diálogo quando o ódio e o escárnio do outro são tão evidentes que não adiantaria mais falar. Jesus se calou diante de Herodes porque o rei não queria conversar. Ridicularizou-o e pediu um milagrezinho (cf. Lc 23,8-11). Deixou clara a sua intenção de usá-lo. Então Jesus se calou (cf. Lc 23,9). Na maioria dos casos, porém, Jesus falou e deixou falar.

> Jesus não maldisse o político, recusou-lhe a capacidade e o direito de definir a existência humana (Christian Duquoc, *O único Cristo*).

um rosto para JESUS CRISTO 183

Mas havia em Jesus uma enorme capacidade de se abrir para que o outro falasse. A samaritana (cf. Jo 4,9) estranhou que ele, judeu, puxasse conversa com ela. Os discípulos também estranharam. Não era comum (cf. Jo 4,27)! Falou com o centurião romano (cf. Mt 8,5-13), embora Lucas (cf. 7,2-6) tenha dito que falou com amigos daquele comandante. Não importava com quem fosse, ele dialogava. Falou com a mulher cananeia (cf. Mt 15,22). O tempo todo levava os discípulos ao diálogo e à reflexão. Dialogou com Pilatos (cf. Lc 23,3). Explicava longamente os fatos, como no caso dos dois de Emaús (cf. Lc 24,13-33).

Os evangelistas tomaram o cuidado de apresentar um Jesus que ouvia, perguntava, deixava perguntar e respondia. João registra longos colóquios de Jesus com amigos como Nicodemos (cf. Jo 3,1-14), discípulos, adversários, autoridades.

Fazia parte da pastoral daquele que dissera que, se o amigo pedisse companhia para uma milha (cf. Mt 5,41), andássemos com ele o dobro e, se tivéssemos duas túnicas, déssemos uma (cf. Lc 3,11); e, ainda, que visitássemos os enfermos e encarcerados.

Se a salvação não consiste apenas no diálogo, a verdade é que, para Jesus, ela não vem sem ele.

43. Vieram dialogar

E dizendo: "Senhores, por que fazeis essas coisas? Nós também somos homens como vós, sujeitos às mesmas paixões, e vos anunciamos que vos convertais dessas vaidades ao Deus vivo, que fez o céu e a terra, o mar, e tudo quanto há neles" (At 14,15).

Cristã e fraterna foi a conversa com o pastor Euclides e sua esposa. Sua cristologia é séria. Deliciaram-se ao ler um livro de Karl Barth, evangélico de renome, que nós, católicos, também admiramos, ainda que não pensemos do mesmo jeito em tudo. Mas trata-se de um pensador cristão culto que tinha um trato amigo com Hans Ur Von Balthasar, teólogo católico. Os dois viviam trocando ideias sobre Deus, sobre Jesus e sobre a Igreja.

O livro era *Esboço de uma dogmática*. Mostrei-lhes o livro de Edward Schillebeeckx, *Jesus, a história de um vivente*. Ele, mais versado do que eu em teologia, e eu, mais lido do que ele em outros assuntos, fomos longe, um mostrando o que ateus e religiosos das diversas igrejas falavam sobre as realidades de um mundo cruel e agressivo que deixa as igrejas perplexas. Aproveitei para mostrar-lhe o livro de Agenor Brighenti, *A Igreja perplexa*. Achou maravilhosa a ideia. Anotou para comprá-lo.

Não veio me converter. Veio ouvir o que eu sabia de novo e mostrar-me suas novas descobertas. Irmãos que procuram Jesus fazem isso. Ele, o pastor Euclides, sereno e bom, e eu, perguntador como sou, nos perguntamos quase todos os dias:

> Quem era Jesus para os que o viram e ouviram? Quem é Jesus para quem nunca o viu nem ouviu? Quem é Jesus para o mundo de agora? Quem é Jesus para os pregadores de todas as igrejas?

um rosto para JESUS CRISTO 185

A resposta às vezes é alentadora, às vezes assusta. Temos sempre que perguntar: "Que pregador? Que pregadora? Que igreja? Que fiel?". Nem a mídia, nem os púlpitos, nem as igrejas estão falando do mesmo jeito. E às vezes nem é o mesmo Jesus sobre quem se lê na Bíblia. Na era do "Jesus me disse", estamos cada dia mais atarantados. Se foi Jesus quem disse aquilo que andam dizendo, então não se trata do mesmo Jesus dos evangelhos. O Jesus deles tem respostas para tudo na ponta da língua. O dos evangelhos não tinha. Fazia raciocinar e mandava refletir (cf. Mt 25,13; 24,36; Mc 13,32). Ele dialogava, mas não respondia a todas as perguntas.

> E, respondendo, disseram a Jesus: "Não sabemos". E Jesus lhes replicou: "Também eu vos não direi com que autoridade faço estas coisas" (Mc 11,33).

Se o catequista iniciante ouvir falar em "Jesulogia" e "Cristologia", entenda que, na maioria dos textos, não se trata de um conceito a diminuir o outro. Por Jesulogia entendem os estudiosos o acento na humanidade de Jesus, acento que pode até aprofundar a fé na sua divindade. Jesus não poderia ser o Cristo, se não fosse divino, mas também não seria o Cristo, se não fosse humano, porque não há Cristo sem a encarnação.

Em cristologia pode haver e há desvios conceituais. Pode-se de tal forma acentuar a humanidade de Jesus, que se exclua sua divindade. Mas pode-se também acentuar de tal forma o Jesus divino que se exclua sua natureza humana. Não seria cristologia, porque então não estaríamos falando do Filho eterno que se encarnou.

Tivemos longa e proveitosa conversa sobre o que na sua Igreja Luterana se diz hoje sobre Jesus, sobre seus principais teólogos que eu conheço, sobre os nossos que ele conhece. Eu compro livros das editoras deles e eles das nossas editoras. Ele não espera que eu me torne luterano nem eu forço o caminho deles para o catolicismo. Já vivem em Cristo. Detalhes podem até ser importantes, mas, a partir do momento que nos jogam um contra o outro, deixam de ser importantes.

Assim, no que nos é comum, caminhamos juntos; no que não concordamos, fico com minha opinião e ele com a dele.

Mostrei-lhes nos livros de Jürgen Moltmann e Rudolf Bultmann alguns pontos dos quais nós, católicos, discordamos. Ele e ela ouviram serenamente dizendo que, de fato, há pontos cruciais que não serão resolvidos facilmente entre nós, nem com os de formação calvinista. Mas mostraram respeito pelos nossos teólogos, como eu mostrei pelos deles.

Sei que teólogos têm conversas ainda mais detalhadas e profundas e que o diálogo entre eles é de alto nível. A dificuldade começa com os pregadores que raramente leem teologia. Com eles não é fácil dialogar. Também para Jesus não foi fácil dialogar com os que zelavam pela lei. Talvez com rabinos ele não tivesse tantos problemas. Um deles pediu calma aos colegas de bancada, quando julgaram apressadamente o novo caminho. Chamava-se Gamaliel (cf. At 5,34), e Paulo afirma ter sido seu discípulo.

Minha convicção é esta: quem realmente procura Jesus, aceita dialogar. Quem acha que o achou, não ouve, não dialoga e, quando pode, impõe!

44. Vieram me converter

> Porque se levantarão falsos cristos e falsos profetas, e farão sinais e prodígios, para enganarem, se for possível, até os escolhidos (Mc 13,22).

Gentis e sorridentes, vieram me apresentar Jesus e me oferecer a verdadeira libertação. Não me acharam com cara de pessoa livre... Queriam saber se eu conhecia Jesus. Eu disse que sim. Sorridentes, ainda perguntaram se eu queria conhecê-lo melhor. Eu disse que era o que mais queria; que lia em média quatro a cinco livros por mês e que lera pelo menos uns oitenta livros sobre Jesus: Claudel, Ratzinger, Rahner, Schillebeeckx, Roger Haight, Karl Barth...

Perguntaram se eu queria conhecer o verdadeiro Jesus, porque todos os autores que citei deixavam a desejar. Esbocei um sorriso e perguntei se eles os haviam lido. Disseram que esta era a diferença. Para conhecer Jesus não era preciso ler nenhum autor. Bastaria aceitar Jesus, que ele ensinaria o essencial...

A conversa começou a ficar interessante. Era mais um casal de pregadores, desses que não precisam de sabedoria humana. Agarram-se a Mateus 11,25 e à carta de Paulo aos Coríntios:

> Naquele tempo, respondendo Jesus, disse: "Graças te dou, ó Pai, Senhor do céu e da terra, que ocultaste estas coisas aos sábios e entendidos e as revelaste aos pequeninos" (Mt 11,25).

> Porque está escrito: "Destruirei a sabedoria dos sábios e aniquilarei a inteligência dos inteligentes" (1Cor 1,19).

Segundo eles, eu era um desses que acham que basta ler para conhecer Jesus. Eu conhecia alguns autores, mas não Jesus; eles conheciam o único Jesus que vale a pena conhecer... Era o

188   Pe. Zezinho, scj

discurso de sempre, decorado e já manjado. Escorrega nele quem não estudou linguagem religiosa. Eu estudei! Insisti para saber de onde tiravam sua teologia. Disseram que vinha da Bíblia e apenas da Bíblia. Não precisavam de mais nenhum autor. O Espírito Santo os guiava, porque eles oravam antes de ler...

Esquema que funciona

Acontece frequentemente e acontecerá de novo. Havia mentira e esquema de fazer adeptos nos seus olhos. A conversa era a de quem achava que não conheço Jesus, não lia a Bíblia, lia os livros errados e não teria chance de ir para o céu. Entraram julgando e carregados de preconceitos. Mas o sorriso era bonito e acolhedor. Só o sorriso, porque as palavras foram se tornando irônicas e agressivas, à medida que eu desafiava seus conhecimentos.

Haviam batido à minha porta com a manjada conversa de que, naquela manhã, o Espírito Santo lhes dissera para me entregarem aquele livro especial do seu pregador especial, pois eu era uma pessoa especial. O cartaz com o anúncio do meu show estava pela cidade.

Como isca, usaram de uma canção que achavam que era minha. Não era! Mas, segundo ela, a esposa, na juventude eu a embalara com aquela canção e, na sua adolescência, por causa daquela canção, ela encontrou a Bíblia e a verdade. Tocante! Quase me comovi! Eu até ficaria emocionado, se não tivessem errado o nome e o conteúdo da canção. Era do Pe. Irala, sj. Eu jamais a gravei ou cantei. Deviam ter se informado melhor! Ou eles se enganaram, ou algum espírito os enganou, mas não devem ter ouvido o Espírito Santo, porque ele saberia, já que admitiam que é ele quem inspira tais canções. Mentiram!

***

Disseram que gostariam que eu lesse aquele livro que me davam, porque queriam partilhar uma riqueza espiritual comigo.

um rosto para JESUS CRISTO   189

Recebi e aceitei, mas eles se recusaram a levar um livro meu, que pouco antes, enquanto me esperavam, meus jovens ofereceram. Então, não era partilha. Por que eu deveria ler o livro do seu pregador e eles não podiam ler o meu? Mentiram!

Quando perguntei a que Igreja pertenciam, não quiseram dizer o nome. Mas o livro dizia claramente quem era o pregador e de que Igreja. Mentiram!

Mandaram-me ler o livro, que nele eu descobriria verdades e, depois delas, o verdadeiro caminho. Belo truque, mas comigo não cola! Era tão difícil dar o nome da sua Igreja? Eu dera o da minha!

Desejaram que eu conhecesse a Bíblia, sem primeiro conversar comigo e verificar se eu a conhecia. A suposição era a de que, sendo católico, eu não a conheço. Eram daqueles crentes pentecostais que acham que católico não entrará no céu nem que a vaca tussa! Mas para eles o céu está escancarado!

Retribuí, dizendo que, já que desejavam que eu conhecesse a Bíblia, eu lhes desejava o mesmo. Ela disse que esperava, um dia, me ver ao lado deles no céu; por isso me dava aquele livro do seu missionário bem amado. Respondi da mesma forma, só que eu desejava vê-los no céu ao lado do Cristo e não necessariamente ao meu lado! O centro da fé é Cristo; não eu nem o seu bem amado missionário.

***

Morreu ali a conversa. Ele olhou no relógio e alegou compromisso. Eu oferecera maior resistência do que esperavam. Gentilmente e com um suave sorriso, partiram. Mas levaram junto o livro que me haviam oferecido. Deixei de ser especial e de merecer aquelas mensagens! Os jovens que viram, acharam graça. Mas foi triste. Comigo não deu certo, mas tem dado certo com milhares de católicos abordados dessa forma. Não sei se levam Jesus nos lábios ou se levam Jesus na lábia!... Imagino que seja na lábia! A conversa nunca vira diálogo!

45. Jesus, o ecumênico

> Ainda tenho outras ovelhas que não são deste aprisco; também me convém agregar estas. Ouvirão a minha voz, e haverá um rebanho e um Pastor (Jo 10,16).

É comum entre os cristãos, pregadores e fiéis acharem que seu grupo é o das ovelhas legítimas. As "outras" ovelhas são sempre as outras. Isso dificulta grandemente a marcha do ecumenismo. É disputa pelos primeiros lugares disfarçada em "primeiro redil" e "redil anexo!"... A verdade teológica, e não a estratégica, é que o redil é um só; as ovelhas é que adoram se considerar de raça e olhar as outras como as mestiças... João Batista questiona isso, quando fala das pedras que podem se transformar em filhos de Abraão, se estes teimarem no seu orgulho! Deveríamos ler mais esta passagem... (cf. Lc 3,8).

Do Cristo que se aproxima e dialoga fica, também, a lembrança do homem ecumênico; no mais puro dos ecumenismos. Não se prevalece! Escuta, dialoga e oferece reflexão. Quem põe a casa em ordem e respeita a casa alheia é ecumênico. É convicto da sua e respeitoso da outra, mesmo que discorde dela. No evangelho de Lucas, há uma bonita passagem da atitude ecumênica de Jesus. Ele respeitava as pessoas de outra religião e as ajudava.

O oficial romano

Um oficial romano, que amava o povo judeu e até lhe construíra uma sinagoga, precisou de Jesus. Seu servo caíra enfermo. Alguns amigos aproximaram-se do Mestre e disseram: "Ajuda este oficial romano, porque ele estima nosso povo. Ele até mandou construir uma sinagoga para nós" (Lc 7,1-10). Jesus foi procurar o centurião que tanto bem fizera ao povo judeu, mas este

um rosto para JESUS CRISTO

se lhe antecipou e disse a Jesus que não se incomodasse de ir lá. Poderia curar de longe! Ele nem era digno de receber Jesus na sua casa! Jesus rasgou-lhe um elogio pela humildade, pelo ecumenismo demonstrado e porque amava de verdade o ser humano, tanto ao povo hebreu como a seu servo. Aquilo, sim, era atitude ecumênica!

Jesus não hesitou nem teve medo de ser acusado de *irenismo*, paz a qualquer custo! Disse que nunca havia encontrado fé tão grande, nem mesmo entre os membros do povo judeu. Que diferença entre ele e os pregadores de seitas de agora! Alguns nem café conseguem tomar com o pregador da outra Igreja! É atitude de seita. Gente segregada e fechada. Carimbam o outro como idólatra e não hesitam em dizer que o outro tem o demônio. Orar e ir junto? Nunca! Eles não querem, mas dizem que Deus não quer.

Jesus fez o milagre em favor do servo do centurião. Sim, ele mereceu ser atendido! Era de outra religião, mas e daí? O que contava era a sua caridade, coisa que soldado romano tinha de sobra, ao contrário de alguns piedosos louvadores, cujas mãos balançam felizes na hora do louvor, mas não se abrem na hora de ajudar os outros, nem na hora de ler juntos na mesma Bíblia ou de repartir o pão com quem precisa!

Estava lá uma credencial em favor de um homem pagão, que mostrou caridade, respeito e atitude ecumênica. Jesus também mostrou respeito e atitude ecumênica para com ele e, sem questioná-lo, apostrofá-lo ou tentar convertê-lo, premiou-o. Teve atitude bem diversa da de alguns pregadores de hoje em dia, que só ajudam quem é do seu grupo religioso ou quem se compromete a aderir a sua Igreja. São incapazes de ajudar alguém de outra religião. De tal maneira obcecados estão com a sua Igreja e seu grupo, que se fecham à bondade dos outros e não conseguem ser bons com quem não ora, nem canta, nem se curva como eles.

Vale a pena refletir sobre aquele centurião romano e Jesus. E é uma pena que nem sempre os que garantem que Jesus lhes fala não percebam essa faceta de Jesus, que mostrou ter vindo para quem amava como ele, mesmo que este alguém orasse diferente e não fosse do seu grupo! Ecumenismo é caridade!

46. Shekinah-Emanuel

Não vemos o seu rosto nem o seu corpo, mas cremos que ele está ali, inteiro. Como o povo hebreu, temos os mais diversos sentimentos ante a proposta de sua presença.

> O Senhor nosso Deus fez conosco aliança em Horebe (Dt 5,2).

> E disseram a Moisés: "Fala tu conosco, e ouviremos; e não fale Deus conosco, para que não morramos" (Ex 20,19).

> O Senhor nosso Deus seja conosco, como foi com nossos pais; não nos desampare e não nos deixe (1Rs 8,57).

> O Senhor dos exércitos está conosco; o Deus de Jacó é o nosso refúgio (selá) (Sl 46,8).

> Eis que a virgem conceberá, e dará à luz um filho, e chamá-lo-ão pelo nome de Emanuel, que traduzido é: Deus conosco (Mt 1,23).

> Ensinando-os a guardar todas as coisas que eu vos tenho mandado; e eis que eu estou convosco todos os dias, até a consumação dos séculos. Amém (Mt 28,20).

Entre os hebreus havia os que celebravam Deus com eles e os que de tal maneira o consideravam santo e inacessível que tinham medo de sua presença. Há crentes excessivamente íntimos de Deus a ponto do desrespeito, do vulgar, da manipulação e da temeridade; há os que dele se distanciam a ponto da indiferença (cf. Sl 36,2). E há os que respeitam e adoram com amor, temor e tremor. Jesus suscitava estas reações (cf. Lc 5,26; 7,16; 2Cor 5,11; 1Jo 4,16).

O rito presencial

Entre os católicos, todos os dias o rito da Eucaristia repete a teologia da presença. *Shekinah de Shakan*, "habitar, montar tenda",

194 **Pe. Zezinho, scj**

e de *E-manu-el*, "Deus conosco". À saudação do sacerdote: "O Senhor esteja convosco", a assembleia responde: "Ele está no meio de nós". À saudação: "Corações ao alto", responde a assembleia: "O nosso coração está em Deus". Fazem coro à promessa de Jesus:

> Porque, onde estiverem dois ou três reunidos em meu nome, aí estou no meio deles (Mt 18,20).

> Estou convosco todos os dias, até a consumação dos séculos. Amém (Mt 28,20).

A Eucaristia que celebramos nasce desta convicção: *a) Ele se aproximou, b) Ele prometeu que estaria conosco, c) Ele está conosco d) Ele está naquele altar e) Ele voltará!* Por isso, logo após a consagração, assim que o presidente da assembleia anuncia: "Eis o mistério da fé", respondemos e ele prossegue:

> Anunciamos, Senhor, a vossa morte e proclamamos a vossa ressurreição. Vinde, Senhor Jesus!
> Celebrando agora, ó Pai, a memória do vosso Filho, a) da sua paixão que nos salva b) da sua gloriosa ressurreição c) da sua ascensão ao céu d) enquanto esperamos sua vinda, oferecemos em ação de graças este sacrifício de vida e de santidade...

Isso se traduz em memória e presença.

> Shekinah, habitou entre nós. O Senhor esteja convosco! Emanuel, ele está no meio de nós.

Por isso também cantamos que somos a Igreja do Cristo eucarístico, do Cristo presente, do púlpito e do altar, do pão e da palavra, do abraço e da paz. A teologia da presença que todos os dias celebramos na Eucaristia nos enche de sentido e, de certa forma, resume toda a catequese cristã. Estão lá os elementos fundamentais da nossa fé católica. Respeitamos os enfoques das outras igrejas e grande número delas nos respeitam por nosso amor ao Cristo eucarístico: teologia da presença real.

47. Jesus e as mulheres

Têm razão as mulheres ao protestarem contra as injustiças seculares contra elas. Entre os judeus do tempo de Jesus havia uma prece na qual o homem agradecia por não ter sido criado mulher. Flávio Josefo, famoso historiador judeu, é acusado de dizer que a mulher é inferior ao homem em todos os sentidos. Na rua e no templo havia leis que as obrigavam a esconder-se ou calar-se. Ainda hoje, em determinadas culturas orientais, a burca é um símbolo, ao mesmo tempo, de proteção e de proibição. A mulher era vista como impura quando estava menstruada. O homem podia dar cartas de divórcio contra a mulher, mas esta não podia fazer o mesmo contra o homem. No caso da mulher flagrada em adultério, trouxeram apenas ela para Jesus julgar... (ver Jo 8,3).

Platão chegou a dizer que até os rapazes eram preferíveis às mulheres... Aristóteles dizia que a mulher tem uma natureza defeituosa e incompleta. Cícero teria dito que, se as mulheres não existissem, os homens seriam capazes de falar com Deus. Nietzsche teria dito em *Assim falava Zaratustra*: "Vais ter com mulheres? Não esqueças o chicote!".

Proibidas de se manifestar, de conversar e de aprender, era natural que elas acabassem secundarizadas. Esperavam delas o que nunca lhes fora concedido. Os tempos mudaram. De tempo em tempo apareciam as Rutes, as Naomis, as Ester, as Judites, as Catarinas de Siena, as Teresas de Ávila e outras notáveis mulheres que, contudo, eram exceções. À maioria era negada a chance de saber e de mostrar o que sabia. Hoje o quadro está substancialmente mudado, mas ainda faltam às mulheres do mundo, na política e nas igrejas, o reconhecimento pelo que podem dar a mais ao seu povo. Muitas delas ainda se sentem cerceadas política e religiosamente, e grande número delas também sexualmente.

A vida a dois ainda é, em muitas famílias, solo de um e refrão de outro... Raramente conseguem cantar juntos e em dueto.

Jesus as incluiu

Jesus, de maneira clara e inconteste, se aproximou das mulheres. Na sociedade em que ele viveu, os seus passos foram ousados. Livros como o de Paul Vayne: *O Império Grego-Romano* (Campus); de Áries-Duby: *História da vida privada: do Império Romano ao ano mil*, e de Duby-Perrot: *História das mulheres*, dão uma ideia do que era ser mulher no tempo de Jesus e, mais tarde, em tempos de cristianismo. Vale a pena conhecer os livros que mostram a mulher no mundo islâmico. Nem tudo é negativo, nem tudo é positivo entre eles e entre nós.

As mulheres ocuparam notável espaço na missão de Jesus. Não era comum entre os profetas. Jesus as levou em sua companhia ao grupo dos discípulos. Falava delas como quem as conhecia e respeitava. Estavam lá no grupo de apoio a Jesus. Chamavam-se Marta, Maria de Betânia, Maria de Magdala, Suzana, Joana de Cusa, Maria de Clopas, Maria de Alfeu, que também era mãe de José, de Tiago, de Judas, de José e suas irmãs, Salomé e a outra Maria... Uma das Marias era irmã da mãe de Jesus, que também era Maria. Está tudo nos evangelhos. Nem sempre de maneira clara e explícita! O leitor precisa comparar os textos e deduzir.

E havia a pecadora que lhe lavou os pés (cf. Lc 7,37). Ela seria uma mulher da cidade que, intrusa na casa de Simão, o fariseu, lavou os pés de Jesus com lágrimas e os enxugou com seus cabelos. João 11,2 diz que foi Maria de Betânia, irmã de Lázaro, quem lavou os pés de Jesus com unguento e os enxugou com seus cabelos. Em Jo 12,3, ele torna a relatar o fato. E havia outra pecadora, a ponto de ser apedrejada, que ele salvou. No registro entram também a mulher samaritana com quem ele dialogou sobre ser ou não ser de Israel, a cananeia que intercedeu pela filha e conseguiu o que esperava e a viúva de Naim, mãe do jovem que Jesus ressuscitou.

Havia a anciã, a penitente, a pobre generosa, as que oravam, as que contribuíam com o grupo, as que serviam, as que ficaram ao pé da cruz. Algumas eram pobres, outras tinham bens. Como acontece com as mulheres que estão sempre mais perto da vida, estavam lá quando ele nasceu e quando começou seu ministério; não fugiram quando ele morreu e foram cuidar do seu corpo no sepulcro. Também testemunharam sua ressurreição.

Não foi relação superficial. Tocou-lhes na alma e soube ressaltar seus valores. Defendeu-as, quando preciso. Quebrou leis para chegar a elas. Entregou sua mãe aos cuidados de João, que não era seu irmão. A despeito de outras interpretações, os textos que falam de seus irmãos os apontam como filhos de outra Maria, que ao que tudo indica era mulher de Alfeu. Se há textos que dão a entender que Maria teve outros filhos, outros nos levam a concluir que Jesus era filho único. A Maria mãe dele não era a mesma Maria mãe dos seus "irmãos". Seus "irmãos" tinham outro pai e outra mãe, que também se chamava Maria. Este debate, pelo visto, jamais terá fim. Lembra conversa de surdos!

Várias Marias

Havia várias Marias no círculo de Jesus! Havia a Maria mãe dele, a Maria irmã de sua mãe, a Maria de Magdala, a Maria de Betânia, a Maria que era mãe de José e de Tiago, por conseguinte também mãe de Judas e Simão, que tinham por pai o Alfeu. Quanto a Salomé, da maneira como está colocada e como tem sido traduzida, às vezes dá a entender que era uma das mulheres do grupo, ou que era irmã dos quatro filhos de Maria de Alfeu. Com relação a ela, alguns pregadores acrescentam uma "mãe de", inexistente na Vulgata (cf. Mc 15,40; 16,1). Marcos diz que Jesus tinha "irmãs". Não cita os nomes. Mas esta Maria, mãe de Tiago e José, só poderia ser era a Maria de Alfeu, mãe dos quatro, que outras passagens dos evangelhos mencionam como filhos de Maria e irmãos de Jesus.

Os quatro eram, pois, filhos de Maria, mas não da Maria mãe de Jesus. E havia ainda a Maria de Clopas e a Maria de Betânia, irmã de Lázaro e Marta. Seriam os dois de Emaús um casal? Seria este Clopas o que, depois da ressurreição, caminhou com Jesus e o acolheu na sua casa em Emaús? E se aquela casa era um lar, não poderiam ser eles o casal Maria e Cléofas ou Clopas? E quem era Maria, a irmã de sua mãe, da qual fala a passagem de João 19,25? Não seria esta Maria a mulher de Alfeu, mãe de Tiago, José, Judas e Simão? O leitor preste atenção nos textos que seguem. Falam das mulheres ligadas a Jesus, das que ele defendeu e ajudou, e do que ele pensava sobre a mulher.

As que não eram do seu círculo

Veio uma mulher de Samaria tirar água. Disse-lhe Jesus: "Dá-me de beber" (Jo 4,7).

Disse-lhe, pois, a mulher samaritana: "Como, sendo tu judeu, me pedes de beber a mim, que sou mulher samaritana?" (porque os judeus não se comunicam com os samaritanos) (Jo 4,9).

E esta mulher era grega, siro-fenícia de nação, e rogava-lhe que expulsasse de sua filha o demônio (Mc 7,26).

E eis que uma mulher que havia já doze anos padecia de um fluxo de sangue, chegando por detrás dele, tocou a orla de sua roupa (Mt 9,20).

Eu, porém, vos digo, que qualquer que atentar numa mulher para a cobiçar, já em seu coração cometeu adultério com ela (Mt 5,28).

E Jesus, voltando-se e vendo-a, disse: "Tem ânimo, filha, a tua fé te salvou". E imediatamente a mulher ficou sã (Mt 9,22).

Outra parábola lhes disse: "O Reino dos Céus é semelhante ao fermento, que uma mulher toma e introduz em

um rosto para JESUS CRISTO   199

três medidas de farinha, até que tudo esteja levedado" (Mt 13,33).

E os que comeram foram quase cinco mil homens, além das mulheres e crianças (Mt 14,21).

E eis que uma mulher cananeia, que saíra daquelas cercanias, clamou, dizendo: "Senhor, Filho de Davi, tem misericórdia de mim, que minha filha está miseravelmente endemoninhada" (Mt 15,22).

"Portanto, na ressurreição, de qual dos sete será a mulher, visto que todos a possuíram?" (Mt 22,28).

E, aproximando-se dele os fariseus, perguntaram-lhe, tentando-o: "É lícito ao homem repudiar sua mulher?" (Mc 10,2).

E, voltando-se para a mulher, disse a Simão: "Vês tu esta mulher? Entrei em tua casa e não me deste água para os pés, mas ela me regou os pés com lágrimas e mos enxugou com os seus cabelos" (Lc 7,44).

E uma mulher que tinha um fluxo de sangue havia doze anos e gastara com os médicos todos os seus haveres, por nenhum pudera ser curada (Lc 8,43).

E eis que estava ali uma mulher que tinha um espírito de enfermidade, havia já dezoito anos, e andava curvada e não podia de modo algum endireitar-se (Lc 13,11).

E os escribas e fariseus trouxeram-lhe uma mulher apanhada em adultério (Jo 8,3).

E, voltando-se para a mulher, disse a Simão: "Vês tu esta mulher? Entrei em tua casa, e não me deste água para os pés; mas esta regou-me os pés com lágrimas, e mos enxugou com os seus cabelos" (Lc 7,44).

E viu também uma pobre viúva lançar ali duas pequenas moedas (Lc 21,2).

E, quando chegou perto da porta da cidade, eis que levavam um defunto, filho único de sua mãe, que era viúva; e com ela ia uma grande multidão da cidade (Lc 7,12).

48. A Mãe Maria

Mateus lembra uma profecia que afirmava que uma virgem conceberia e daria à luz um filho, e chamá-lo-iam pelo nome de *Emanuel*, que traduzido é: "Deus conosco" (cf. Mt 1,23).

Lucas diz que esta virgem era desposada com um homem, cujo nome era José, da casa de Davi; e o nome dela era Maria (cf. Lc 1,27). O mesmo evangelista afirma que ela era virgem quando concebeu Jesus (cf. Lc 1,34) e que o nascimento e a concepção de Jesus foram obras do céu (cf. Lc 1,35). Lucas 2,42 fala de Jesus aos 12 anos, no templo com Maria e José. Não mencionam irmãos.

Os Atos falam de Maria, mãe de Jesus, e mencionam seus irmãos (cf. At 1,14).

Marcos fala do carpinteiro Jesus, filho de Maria, e o aponta como irmão de Tiago, de José, de Judas e de Simão. E eles tinham irmãs (cf. Mc 6,3). João, em 6,42, afirma que os nazarenos consideram José o pai de Jesus.

João diz que junto à cruz de Jesus estava sua mãe e a irmã de sua mãe (cf. Jo 19,25). Então Maria tinha uma irmã. Qual o nome desta irmã? João diz que Jesus entregou sua mãe aos cuidados de João, filho de Zebedeu, e não de seus irmãos, e nem da irmã de sua mãe (cf. Jo 19,26). Se Jesus tivesse irmãos de sangue, os filhos de Maria não seriam as pessoas mais indicadas para cuidar dela?

49. Hiperdulia

> E aconteceu que, dizendo ele estas coisas, uma mulher dentre a multidão, levantando a voz, lhe disse: "Bem-aventurado o ventre que te trouxe e os peitos em que mamaste". Mas ele disse: "Antes, bem-aventurados os que ouvem a Palavra de Deus e a guardam" (Lc 11,27-28).

Objeto de longas e intermináveis controvérsias em outras religiões e mesmo dentro do cristianismo, é o papel de Maria na vida de Jesus e de Jesus na vida de sua mãe. Os *marianos demais* e os *marianos de menos* facilmente entram em conflito com a Maria pequena dos evangelhos. O culto de dulia (louvor ao servo) e o de hiperdulia (louvor à serva mais comprometida com o Reino) raramente são compreendidos pelos cristãos. Confundem-no com adoração, quando é gratidão ao Cristo pelos santos que ele nos deu. A própria Bíblia fala deste louvor.

> Quem não te temerá, ó Senhor, e não magnificará o teu nome? Porque só tu és santo; por isso todas as nações virão e se prostrarão diante de ti, porque os teus juízos são manifestos (Ap 15,4).

> E eu disse-lhe: "Senhor, tu sabes". E ele disse-me: "Estes são os que vieram da grande tribulação e lavaram as suas vestes e as branquearam no sangue do Cordeiro" (Ap 7,14).

> Preciosa é à vista do Senhor a morte dos seus santos (Sl 116,15).

> "Olhai para mim e sereis salvos, vós, todos os termos da terra, porque eu sou Deus, e não há outro" (Is 45,22).

> "Porque se nós, sendo inimigos, fomos reconciliados com Deus pela morte de seu Filho, muito mais, tendo sido já reconciliados, seremos salvos pela sua vida" (Rm 5,10).

Abóboras e homens

Todos concordam que Jesus salva e que o destino dos que morreram nele é o céu. A questão parece ser a de prazo. Alguns cristãos admitem céu eterno e salvação eterna para um ser humano, mas só depois do dia final do mundo. Até lá os justos dormem. Segundo eles, ninguém ainda entrou em definitivo no céu. Vivem a mística da espera pelo dia final. É o que se depreende de suas pregações no rádio e na televisão. Como nós, católicos, cremos na misericórdia e na infinita compaixão do nosso Deus (cf. Jn 4,1-11), ficamos com o texto que lembra o profeta Jonas, de como tinha dó de uma aboboreira na qual não trabalhou, à qual nem fez crescer, que numa noite nasceu e numa noite pereceu; não haveria ele, Deus, de ter compaixão de mais de cento e vinte mil homens que não sabem discernir entre a sua mão direita e a sua mão esquerda? Ficamos com os textos que falam do Deus que salva até quem não fez por merecer.

> Mas Deus, que é riquíssimo em misericórdia, pelo seu muito amor com que nos amou (Ef 2,4).

> Porém ele disse: "Eu farei passar toda a minha bondade por diante de ti e proclamarei o nome do Senhor diante de ti; e terei misericórdia de quem eu tiver misericórdia, e me compadecerei de quem eu me compadecer" (Ex 33,19).

Embora haja textos falando em último dia, há outros que falam da liberdade que Deus tem de nos salvar como e quando ele quiser. No caso de Maria, que cremos que está no céu, há sempre os que ou a apequenam demais, dizendo que os textos que a exaltam não se referem a ela, ou a engrandecem mais do que ela própria teria desejado.

Já vimos que a Palavra de Deus é o que é, mas está sempre sujeita à interpretação de fiéis e de pregadores, e que muitos crentes seguem a interpretação de seu líder e não necessariamente a

Palavra de Deus. Baseados nisso, os que não aceitam o culto ao servidor interpretam contra ele e os que o aceitam, interpretam a favor. Deus é glorificado em cada santo que veneramos e com quem conversamos em prece para que interceda por nós. E aí caímos de novo na doutrina da intercessão. Há os que aceitam intercessão de Jesus por parte dos seus santos e consagrados ainda vivos na terra, mas não admitem que os santos e consagrados já salvos no céu possam orar, porque ensinam que não há ninguém no céu; por não ter acontecido ainda o som da trombeta e o último dia. Colocam a salvação definitiva para depois da parusia. Já que todos interpretam, nós também interpretamos, dizendo que, muito antes dela, Jesus virá para levar os que lhe foram fiéis.

Referências e reverências a Maria

Não são muitos os textos bíblicos que a Maria se referem. A reflexão dos cristãos sobre a mãe de Jesus nasce de algumas deduções, a partir da cultura e do papel da mulher em Israel e, mais tarde, da cultura e do papel da mulher-mãe entre os primeiros cristãos.

Maria influenciou ou não influenciou Jesus? Foi *Téo-dokos* ou foi *Téo-tokos*. Foi apenas tutora que o educou (*dokein*) ou foi a mãe (*tokos*) que o gerou? Por causa desse "d" e desse "t", que trazia no seu bojo muito mais do que uma distinção sutil, comunidades inteiras se digladiaram. Maria foi mãe de um corpo humano no qual morava Deus ou foi mãe de Deus que entre nós morou? E como pode uma mãe humana ser mãe de Deus? Não é ir longe demais? Cuidou de Jesus que crescia entre nós, ou gerou Deus Filho aqui encarnado no seu ventre? (Ver capítulo 36.)

***

Tema sempre controvertido

O tema nunca será resolvido a contento. E não haverá consenso. Acabo de ler um livro supostamente erudito, no qual o autor simplesmente ignora os textos bíblicos que mostram que os chamados irmãos de Jesus tiveram outro pai e outra mãe. Atribuiu-os a Maria e a José, ignorando os textos que dão a Alfeu pelo menos dois dos mencionados filhos de Maria. Traído pela fé na sua Igreja e pouco atento ao que dizem os evangelhos e os Atos? Se for absolutamente impossível Deus entrar num ventre de mulher humana, então a encarnação não foi possível. Se for impossível que uma mulher dê à luz permanecendo virgem, então Maria virgem não entra nessa reflexão. Entrará a Maria casada e mãe, o que também não deixa de ser castidade matrimonial.

Os avós de Jesus

Padre e pastor, aos quais perguntaram quem eram os avós de sangue de Jesus, deram duas respostas. O pastor deu o nome dos supostos pai e mãe de José. O padre, o nome dos supostos pai e mãe de Maria. Duas tradições, porque o nome das avós não está na Bíblia. A resposta também mostrou no que acreditavam. Se José não gerou Jesus, então apenas o sangue dos pais de Maria está nas veias do Cristo. Se José foi o genitor, então Maria não foi virgem. Mas ainda há os que dizem que Jesus não tinha nem mesmo o sangue de Maria... Neste caso não tinha sangue humano... E então entramos em mais uma controvérsia. Ele não seria humano. Pregadores em conflito por conta dos textos bíblicos. Havia sangue de José em Jesus? Maria o concebeu virgem ou não? Que sangue corria nas veias do Cristo?

Filho de Maria, sangue de Maria!

Se para Deus tudo é possível, então o nascimento virginal foi possível. A única coisa que Deus não pode é odiar, deixar de ser Deus e deixar de amar. Se ele podia amansar o mar, se podia fazer sair água da rocha e transformar água em vinho, se podia devolver a vida, então podia se tornar humano sem deixar de ser

um rosto para JESUS CRISTO

divino e poderia, sim, ter entrado num ventre de mulher virgem. Os detalhes sacodem os teólogos e os pregadores. Não entendendo, elucubramos!

***

Maria foi a primeira a não entender. Perguntou. Não ficando claro, guiou-se pela fé e guardava aqueles mistérios no seu coração (cf. Lc 2,19). Não saiu dando testemunho da graça recebida, porque não era tola nem fanatizada. Sabia que, a começar por José, ninguém aceitaria tal explicação. Usou da inteligência. Calou-se. Deus quis, Deus daria um jeito de explicar o que não se explica! Previu louvores e dores. Sabia como são as pessoas. Era mais pensadora do que imaginamos que foi!

Viu o filho crescer, agiu como qualquer mãe judia, interferiu quando foi preciso e nunca se afastou do mistério que se aninhou em seu ventre, depois, na sua casa e na sua vida e, finalmente, nas ruas de Israel. Estava lá na concepção, no crescer e no morrer. E estava também na ressurreição e na ascensão. Assim cremos.

***

Por isso, falar de Jesus ignorando e diminuindo sua mãe é erro colossal para qualquer cristão, que às vezes quase deifica seus pregadores. Mas falar de Maria quase que a deificando e igualando-a ao Filho, também é erro colossal. Ela não foi e nunca será deusa ou semideusa. Foi humana, tocada pela graça. Mas não podia nem pode tudo. Tem que pedir. Não tem o trono nem o cetro. No Reino de Deus ela é rainha-mãe por causa do Filho, mas o poder é do Filho. Ele é que o rei. Ele *não é o filho da rainha*, mas *ela é a mãe do rei*. Charles, na Inglaterra de hoje, é o filho da rainha, porque sua mãe tem o poder. Jesus, rei do Reino dos Céus, não é o filho da rainha, porque ela não governa. Mas ela é mãe do rei... Usemos bem desses simbolismos!

Superexaltar Maria é errado, diminuí-la também. Não é igual a Jesus, mas, depois dele, ninguém esteve tão dentro do mistério da presença de Deus neste mundo. Por isso dizemos que *o filho tem o poder e ela tem o pedir.*

***

Um lugar para Maria

Outras igrejas terão que acertar suas contas com o Cristo por conta da sua mãe. Nós também. Achar o lugar de nossa devoção por Maria, dentro da cristologia católica, é urgente e fundamental. Por isso, só por questão de coerência, na próxima vez que você entrar num templo, vá primeiro ao sacrário e depois procure a imagem de Maria. Não fale com a imagem, porque imagens não ouvem. Jesus está no sacrário, mas Maria não está naquela imagem. A imagem é símbolo, a Eucaristia é real.

Diante de alguma escultura ou pintura, ou de qualquer lembrança dela, feche os olhos e então peça ajuda. De Jesus, Maria entende. De orar, ela entende. Para nós, católicos, ela está viva e no céu ao lado do Filho. Se Jesus, que é tão poderoso, ainda não levou sua mãe para o céu, então vai levar quem? Ela sabe orar por nós e conosco. Invoque, não sua presença, mas sua prece. Lá onde ela está certamente intercederá por você. Se nós que somos tão pecadores intercedemos a Jesus uns pelos outros, até pelo rádio e pela televisão, por que Maria não conseguiria?

***

Perto de Maria, perto de Jesus

Perto de Maria, perto de Jesus! Perto de Jesus, perto de Maria! Onde ele estiver, seus santos estarão. Maria, que foi a primeira cristã, lá estará na linha de frente. É nosso jeito de pensar

um rosto para JESUS CRISTO

em Jesus. Depois dele vem Maria e, logo a seguir, os seus santos. Só depois os candidatos a santo que nos falam do altar, do microfone e diante das câmeras... O poder deles é pequeno e sua prece é bem menor, ainda que andem curando de Aids ou de câncer com seu toque, ainda que o povo queira até o seu suor, ainda que anunciem ressurreições e falem a milhões de pessoas todos os dias. Maria é mais! Os salvos no céu são mais! Santo por santo, aceite os daqui, mas prefira os do céu. Não é por nada não, mas são muito mais confiáveis!

50. As outras Marias

Recapitulemos

Quem seria esta irmã de Maria que estava ao pé da cruz? Não era Madalena. Não era Maria de Clopas nem a Maria de Betânia. Seria ela a *outra* Maria? E não poderia ser ela a Maria de Alfeu e mãe dos chamados irmãos de Jesus?

Quem era a Maria que assistiu ao sepultamento e foi comprar aromas? O texto diz que ela era mãe de Tiago e também de José (cf. Mt 27,56). Este Tiago era filho de um tal Alfeu (cf. Mc 3,18) e de uma tal Maria (cf. Mt 27,56). Mas Tiago, filho de Alfeu e de Maria, além de ser irmão de José (cf. Mt 27,56), era também irmão de Judas (cf. Lc 6,16). Este Judas, que era irmão de Tiago, também era irmão de José e de Simão (cf. Mt 13,55). Conclui-se então que os citados como filhos de Maria, mãe de Jesus e esposa de José (cf. Lc 1,27), a saber, José, Tiago, Simão e Judas, não eram filhos de Maria e de José, e, sim, de Alfeu e Maria. Se a irmã da mãe de Jesus for esta Maria, os cinco irmãos e as irmãs de Jesus eram seus primos, e não seus irmãos de sangue (cf. Jo 19,25).

Tentemos rever e ligar os textos e os nomes

Havia uma Maria mulher *de Clopas* e uma Maria *Madalena* (cf. Jo 19,25). E havia uma *outra Maria* que com Madalena se assentou defronte do sepulcro (cf. Mt 27,61). Havia ainda uma Maria, *mãe de José*, que, com Maria Madalena, observava onde o sepultaram (cf. Mc 15,47). Uma certa Maria, mãe de Tiago, passado o sábado, juntamente com Maria Madalena, foi comprar aromas para ungi-lo. No grupo estava também Salomé (cf. Mc 16,1). Havia ainda uma *Maria de Betânia, irmã de*

um rosto para JESUS CRISTO

Marta e de Lázaro (cf. Jo 11,28). E havia as citadas irmãs de Jesus (cf. Mc 6,3).

Para quem não aceita que Maria permaneceu virgem e não teve outros filhos, basta ficar com os trechos que lhe dão outros filhos. Para quem admite e crê que ela só teve Jesus, os trechos que apontam para o fato de que seus irmãos e irmãs tinham outra mãe e outro pai são questionadores. Eles tinham ou não tinham outra mãe? Se tinham, então, Jesus foi o único filho de Maria. Isto explica porque, ao morrer na cruz, ele entregou Maria aos cuidados de João. Só poderia ser porque José tinha morrido e ela não tinha outros filhos!...

A questão da sua virgindade antes e depois de conceber Jesus é outro assunto a ser debatido. Mas tudo indica que Maria só teve Jesus.

51. As outras mulheres

> E Joana, mulher de Cuza, procurador de Herodes; Suzana e muitas outras que o serviam com seus bens (Lc 8,3).

> E algumas mulheres que haviam sido curadas de espíritos malignos e de enfermidades: Maria, chamada Madalena, da qual saíram sete demônios (Lc 8,2).

> E aconteceu que, indo eles pelo caminho, entrou Jesus numa aldeia; e certa mulher, por nome Marta, o recebeu em sua casa (Lc 10,38).

O leitor e a leitora farão bem em repassar estes textos. Para um católico, eles fornecem suficiente reflexão sobre Maria na vida de Jesus. A reflexão das igrejas tem evoluído, mas ainda falta muito para que entendamos o mistério das mulheres na missão do Cristo e do Cristo na missão das mulheres. Uma coisa são os documentos, outra a reflexão das comunidades. Mais do que falar para as mulheres, convém ouvi-las. E este tem sido um caminho lento e sofrido em todas as igrejas.

52. Proclamar-se de Cristo

> Nós o proclamamos o Cristo e também nos proclamamos cristãos. A diferença é que ele era quem era e nós estamos longe de ser quem deveríamos ser!

Jesus exigia coerência, virtude que falta à maioria dos pregadores e fiéis. Incluamo-nos entre eles! Proclamar que Jesus é o ungido não nos faz ungidos. É preciso mais do que proclamar. Era a isso que Jesus se referia quando disse que não consideraria seus os que tivessem apenas proclamado seu nome (cf. Mt 7,21-23). De quem pretende seguir Jesus espera-se mais do que palavras e proclamações. É falta de catequese e erro crasso acentuar demais o discurso e esquecer o curso! Alguém pode discorrer sem acorrer. A distinção parece pequena, mas não é. Narrar uma corrida ou um fato é uma coisa, correr junto e vivenciar o fato é outra. Alguém pode torcer por um time e jamais ir ao estádio. Sem o verbo ir o verbo amar perde a sua força. Falar bem dos pobres não é o mesmo que ir lá e ajudá-los. Toda a epístola de Tiago se ocupa deste tema: coerência. O leitor faria bem em percorrer aqueles cinco capítulos. E foi Jesus que em Mateus 6,7 disse que muito falar a Deus não significa orar direito.

A incoerência entre o pregar e o viver é uma tentação contra a qual Jesus se insurgiu várias vezes. Paulo faria o mesmo:

> Ora, o fim do mandamento é o amor de um coração puro, e de uma boa consciência, e de uma fé não fingida (1Tm 1,5).

Símbolos pomposos, filactérios, discursos bonitos e pouca justiça não agradam a Jesus! Foi sua acusação contra os fariseus e doutores do seu tempo. Sabiam tudo de cor e salteado, mas não viviam o que pregavam. Falavam bonito, mas não assumiam sua fala.

212 Pe. Zezinho, scj

> Todas as coisas, pois, que vos disserem que observeis, observai-as e fazei-as; mas não procedais em conformidade com as suas obras, porque dizem e não fazem (Mt 23,3).
>
> Em vão, porém, me honram, ensinando doutrinas que são mandamentos de homens (Mc 7,7).

Antes que apontemos o dedo contra o fariseu, o sacerdote e o levita das parábolas do fariseu, do publicano e do bom samaritano, examinemos a nós mesmos. Ficou imensamente fácil pregar no rádio, nos templos, nos estádios e nas televisões. O pregador fala e vai embora, anuncia curas e viaja. Se, dias ou meses depois, alguém constatar que não foi milagre, o que acontece ao pregador? Absolutamente nada! Não se aplica o Procon contra a falsa pregação. Verificada a incoerência, ele estará em outro lugar, com fama de santo e profeta, anunciando novas revelações e novas curas, se não estiver arrecadando para mais uma obra. A pessoa não curada raramente tem segunda chance. Ao menos no médico ela tem retorno... Raramente o pregador moderno é contestado. Isaías, Jeremias e Jesus o foram. Na mídia moderna quase não há chance de alguém interromper uma pregação ou questionar algum milagre ou exorcismo. Uma equipe o tirará do caminho. Jesus, ao que tudo indica, não tinha esta equipe, nem a queria...

> E disse Jesus: "Quem é que me tocou?". E, negando todos, disse Pedro e os que estavam com ele: "Mestre, a multidão te aperta e te empurra, e dizes: Quem é que me tocou?" (Lc 8,45).
>
> E traziam-lhe meninos para que os tocasse, mas os discípulos repreendiam aos que lhos traziam. Jesus, porém, vendo isto, indignou-se e disse-lhes: "Deixai vir os meninos a mim, e não os impeçais, porque dos tais é o Reino de Deus" (Mc 10,13-14).

Proclamar o Cristo e proclamar-se cristão é relativamente fácil. Basta ligar o rádio e a televisão para ver Jesus ovacionado, aplaudido e proclamado; milhões de fiéis se reunindo em seu nome. Acontece que anunciar e proclamar que Jesus é o Cristo é mais do que proclamar milagres e curas, puxar aplausos para Jesus; é mais do que orar, mais do que cantar para ele e sobre ele, mais do que sair em procissão e marchas para Cristo; é manter certa linearidade de comportamento, dia a dia, vivendo pelos outros e preocupado em libertar a pessoas. Sobre isso não há mestre melhor do que ele. Sua exigência de humildade e coerência é contundente. Questiona a todos nós que ousamos subir a um púlpito e lidar com a multidão.

> Assim resplandeça a vossa luz diante dos homens, para que vejam as vossas boas obras e glorifiquem a vosso Pai, que está nos céus (Mt 5,16).

> Guardai-vos de fazer a vossa esmola diante dos homens, para serdes vistos por eles; aliás, não tereis galardão junto de vosso Pai, que está nos céus (Mt 6,1).

> Mas, quando tu deres esmola, não saiba a tua mão esquerda o que faz a tua direita (Mt 6,3).

> Muitos me dirão naquele dia: "Senhor, Senhor, não profetizamos nós em teu nome? E em teu nome não expulsamos demônios? E em teu nome não fizemos muitas maravilhas?" (Mt 7,22)

> Portanto, qualquer que me confessar diante dos homens, eu o confessarei diante de meu Pai, que está nos céus. Mas qualquer que me negar diante dos homens, eu o negarei também diante de meu Pai, que está nos céus (Mt 10,32-33).

> Disse-lhes Jesus: "Em verdade vos digo que os publicanos e as meretrizes vos precederão no Reino de Deus" (Mt 21,31).

Proclamar é arriscar-se! Pode não acontecer sempre, mas em algum lugar alguém nos questionará. Teremos então que pedir

214   Pe. Zezinho, scj

perdão por palavras escritas, cantadas e proferidas, mas não vividas. Valerá outra vez a sentença de Jesus:

> Porque com o julgamento com que julgardes sereis julgados, e com a medida com que tiverdes medido vos hão de medir (Mt 7,2).

> De toda palavra ociosa que os homens disserem, hão de dar conta no dia do juízo (Mt 12,36).

> Guardai distância dos escribas, que gostam de andar com vestes compridas e amam as saudações nas praças, as principais cadeiras nas sinagogas e os primeiros lugares nos banquetes; que devoram as casas das viúvas, fazendo, por pretexto, longas orações. Estes receberão maior condenação (Lc 20,46-47).

Maior contundência, impossível. É o peso da palavra bem falada, mas mal vivida! Em outros termos: sem coerência não dá!

Parte VII

Veio nos questionar

Se eu não acreditasse que Jesus está na nossa Igreja, não seria mais católico. Se não acreditasse que ele está no meio dos outros cristãos, não seria ecumênico. E se saísse por aí dizendo que ele está apenas conosco, estaria agredindo outras confissões. Se negasse que creio que nossa Igreja pode oferecer mais de Jesus a mim e ao mundo, estaria sendo pouco missionário. Se em quase setenta anos de vida não deixei de ser católico – e não faltaram convites, informações e oportunidades –, é porque aceito as conclusões da nossa Igreja. O fato de ver mais valor na minha religião não significa, porém, que veja menos valor nas outras. Sei pensar diferente e até discordar, sem diminuir o outro lado!

(Padre Zezinho, scj)

53. Nascido de mãe virgem

Eis que a virgem conceberá e dará à luz um filho, e chamá-lo-ão pelo nome de Emanuel, que traduzido é: "Deus conosco" (Mt 1,23).

Quem crê, aceita ser questionado para crer melhor. O inseguro na fé foge da pergunta irado ou escandalizado. Diz que é dogma, e dogma não se questiona: tem que se aceitar sem perguntar. É pílula que se engole sem questionar o médico!... Mas há uma diferença entre querer entender e não querer assimilar. A fé pode perfeitamente nos ajudar a assimilar o que não compreendemos. Foi o que Pedro disse a Jesus em João 6,68: "Para quem iríamos? Só tu tens palavras de vida eterna". A frase na boca de Pedro soa diferente da outra, posta na boca de Tomé: "Se eu não vir o sinal dos cravos em suas mãos, não puser o dedo no lugar dos cravos e não puser a minha mão no seu lado, de maneira nenhuma o crerei" (Jo 20,25). São duas atitudes: a de crer sem constatar que algo pode ser verdade e a de crer, mesmo sem entender, por causa da credibilidade de quem fala.

Quem não crê na geração virginal de Jesus nem sequer se importará com argumentos. Dirá que é um mito transposto para o cristianismo. Virou mitologia cristã, Maria como protagonista. Quem simplesmente afirma, sem jamais se interrogar, terá dificuldade de argumentar.

Possível? Factível?

Já mencionamos os teólogos cristãos que atribuem a partenogêse ao Espírito Santo, e não a Maria. Dão a ela outros filhos, embora os textos apontem outra mãe e outro pai para Tiago, José, Judas, Simão e Salomé. A questão gira em torno da

218   **Pe. Zezinho, scj**

possibilidade e da facticidade. É possível uma mulher conceber permanecendo virgem? O que diz a biologia? E, sendo virgem, é possível uma mulher conceber um filho Deus? Pode uma humana ser mãe de Deus?

Não houve testemunhas

Reveja o capítulo 36 deste livro. Nós que achamos que para Deus nada é impossível (cf. Mt 17,20; Mc 9,23), cremos. Não estávamos lá, por isso aceitamos as narrativas de Lucas e Mateus. E elas deixam dúvidas porque, ora dizem que Maria era virgem, ora que teve outros filhos. Os ateus ou agnósticos também não estavam lá. Negam a partir de suas outras convicções, da mesma forma que afirmamos a partir de nossas outras convicções.

Não é possível provar, e mesmo que o fosse, não há DNA de José nem sangue de Jesus para provar que José não era o pai e que Jesus nasceu do Espírito Santo. Se Deus não existe, não pode gerar um filho. Se existe, assim mesmo, para os seus propósitos jamais precisaria de uma concepção virginal, já que os próprios cristãos não consideram pecaminoso o ato sexual entre casados: antes, definem-no como santo. Então, por que Deus nasceria de uma virgem, se há mães de alma pura e se nem sempre a virgindade quer dizer pureza? Não poderia Deus ter nascido de uma esposa não virgem, mas de alma pura? Poder, poderia, mas se dois evangelistas dizem que ela era virgem ao conceber Jesus, aceitamos ou negamos, de acordo com nossa cabeça e não com os acontecimentos.

Testemunhos

Maria conviveu com os apóstolos. Não poderiam ter ouvido dela, que gozava de credibilidade entre eles, o relato que depois Lucas, tendo investigado minuciosamente, registrou? (cf. Lc 1,3). Então Lucas não inventou! Ele ouviu de alguém. Mateus 1,18-20 acentua que Maria não concebeu Jesus de José. Mas nós não convivemos com Maria, e os apóstolos conviveram! Maria

um rosto para JESUS CRISTO **219**

acompanhava Jesus e os apóstolos e, depois da ascensão, ela estava com eles. Não poderiam alguns deles ter ouvido e dado crédito a este relato? Havia contemporâneos? Ou, como já disseram até mesmo alguns cristãos, Maria fantasiou a concepção? Aí chegamos ao cúmulo! O certo é que conviveram, falaram e ouviram. Maria tinha o que dizer após a morte e a ressurreição do filho!

> Todos estes perseveravam unanimemente em oração e súplicas, com as mulheres e com Maria, mãe de Jesus, e seus irmãos (At 1,14).

Os autores narram do jeito deles e nós os interpretamos do nosso. Depende da fé que professamos ou da descrença que assumimos. Antes do fato vem a nossa postura ante ou pró... Mas como ser ante ou pró sem levar em conta os testemunhos de quem esteve lá, bem mais perto dos acontecimentos? Lucas, que foi discípulo de Paulo, disse que investigou minuciosamente tudo o que ouvia... Cremos nele ou não cremos?

As perplexidades de Mateus

O mesmo autor de Mateus que fala da virgindade de Maria fala de "irmãos" de Jesus. Então, Maria teve Jesus em estado de virgindade e depois a entregou a José, a menos que os "irmãos" não sejam irmãos de sangue. Se não aceitarmos Mateus como o autor do evangelho que traz o seu nome, ser-nos-á permitido concluir que aquela comunidade inventou o nascimento virginal?

Sabendo nós que havia um outro Tiago, irmão de João, e os dois eram filhos de Zebedeu (cf. Mt 26,37), e sabendo que Jesus, ao morrer, confiou sua mãe a este João, filho de Zebedeu, e não aos outros quatro supostos filhos de Maria, a conclusão mais natural é a de que Maria não era mãe deles. Se Jesus a confia ao filho de Zebedeu, é de se supor que Maria já fosse viúva.

Não tendo outros filhos, poderia ser chamada de mãe virgem (cf. Mt 1,18-20) e pode ter permanecido virgem. Mateus dá a

220 Pe. Zezinho, scj

entender que não, ao lhe atribuir outros filhos em 13,55. João 6,42 diz que Jesus era filho de José, mas é o mesmo que em 19,26 afirma que Jesus entregou Maria aos cuidados de João. Onde estavam o marido José e os outros cinco irmãos?

Como os evangelistas não são claros e temos que ir tirando conclusões sobre a virgindade ou não virgindade de Maria, o tema se presta a todo o tipo de controvérsia. Mesmo que Maria, depois, se tivesse dado a José, ela nada perderia em santidade. Maria não foi santa só porque foi virgem: foi santa porque era cheia de graça e ouviu a Palavra de Deus e a praticou (cf. Lc 11,28). Mas, se a virgindade dela é narrada como um chamado especial, chamado que ela não pediu e sobre o qual pensou a vida toda, por que então negar também este chamado? (cf. Lc 1,30-34; 2,19).

Já que o debate virou combate e cavalo de batalha até mesmo entre os cristãos, por conta de doutrinas sobre santidade do celibato e a santidade do casamento, tiremos as conclusões com base em que está escrito. E escrito está que Maria concebeu Jesus, sendo ainda virgem (cf. Lc 1,27; Mt 1,18-20), e que os outros filhos a ela atribuídos tinham outra mãe. Sendo Alfeu o pai de Tiago, que era filho desta Maria, e sendo esta mãe também de José (cf. Mc 15,40), e sendo eles irmãos, a conclusão é a de que, se não há como provar que Maria permaneceu virgem, também não há como provar que teve outros filhos. Os mencionados tinham outro pai e outra mãe. Pode pesquisar. Está nos evangelhos e nas epístolas.

A mesma tecla

Os textos, quando não comparados, tanto podem secundar quem nega a virgindade de Maria em fase posterior como apoiar quem a afirma. Depende da intenção prévia, porque poucos religiosos se aproximam de maneira desapaixonada do tema. Carregam consigo a bagagem das leituras de sua Igreja e de seus pregadores preferidos. Mesmo que fossem vencidos pela evidência dos textos, não abririam mão. *Em alguns casos não é a verdade que se busca, mas a vitória do seu púlpito!*

Aceitamos ou negamos?

Aí, ou aceitamos o evangelista e o que corria pelas comunidades primeiras, ou negamos peremptoriamente. Aos crentes resta não a lógica, mas a fé. Aceitar os outros milagres e não este parece coisa de alguém com segundas intenções. Se pode ter havido o maná, as codornizes no deserto; se brotou água na fonte ao toque de Moisés; se os israelitas atravessaram o mar Morto a pé enxuto; se anjos apareceram; se Jesus multiplicou pães, fez cegos verem, surdos ouvirem e coxos andarem; se ressuscitou mortos, se ele mesmo ressuscitou, então o cristão que diz crer em tudo isso terá que explicar por que só com Maria não pode ter havido o milagre da concepção virginal!

As outras passagens são dignas de crédito e estas, não? O que se esconde por trás da dúvida? Uma jovem mulher pode engravidar de Cristo ou não pode? Se ele era o Cristo, mesmo que o fato de ela ter sido virgem não fosse fundamental para sua vinda, porque negar o fato? Todos os milagres são possíveis de aceitar, mas o que houve no ventre de Maria não faz sentido?

Disputa mais do que teológica

Talvez nessa disputa, mais do que o casamento e a presença de José, o que esteja em questão, na maioria dos questionamentos, é o celibato de Maria e de José. Erra quem o acentua demais, como se tivesse sido pecado Maria e José terem coabitado para ter Jesus e erra quem o nega como se fosse obrigatório Jesus ter nascido do ato marital de Maria e de José. Se conseguem crer nos outros milagres, sem impor a eles nenhuma condição, terão que refletir sobre seus condicionamentos, quando se trata da virgindade de Maria.

Está em dois evangelhos, mas, aí, eles os interpretam de outra maneira; não o fazem para outros fatos igualmente passíveis de questionamento, como a ressurreição de Lázaro, da filha de Jairo e do jovem de Naim. Foram milagres vitais! Por que Jesus pode ressuscitar mortos, mas não poderia ter sido gerado por uma virgem? Por que passar por cima do fato de que os seus irmãos tinham outro pai e outra mãe e teimar na tecla de que Maria deixou de ser virgem ou nunca foi? Por que negar a virgindade física? O que está por trás desse debate?

Virgindade que divide

Aí os estudiosos e doutores também se dividem entre o talvez, o pode ou não pode, o conveniente para a economia da salvação, ou oportuno ou inoportuno deste dogma. Diz o Papa Bento XVI que a mãe e a virgem são uma componente essencial da imagem cristã do homem (*Dio e il Mondo*, p. 274). Aceitemos ou não a palavra do papa teólogo, diz ele que a palavra "cheia de graça" não é apenas uma bonita expressão linguística: atinge o cerne da fé! Deus morou nela. Se, como cristãos, aceitamos este dogma, não há por que não aceitar que a mãe de Deus o concebeu virgem e, sendo José um homem, a mesma graça lhe foi concedida de outra forma.

Se preferirmos negar esta possibilidade, ousemos ir adiante e negar os outros milagres, e, com eles, de quebra, a Eucaristia! Também não é constatável e, humanamente falando, impossível. Aliás, é o que alguns dizem. Fica tudo no terreno do simbolismo...

A fé dizia que foi possível. Está em dois livros escritos pelos primeiros cristãos. Resta ver se para nós continua possível, ou se nos curvamos aos argumentos do mundo de agora. Se para afirmar a encarnação, segundo alguns, não é preciso afirmar seu nascimento virginal, então a afirmação de seu nascimento virginal também não prejudica a ideia da encarnação. Se negar a virgindade não tiraria a fé em Deus e o valor de Maria, afirmá-la também não o tira! Neste caso talvez acrescente, porque é muito mais questionador. Deus poderia ou não poderia?

54. Cristo para meu amigo ateu

E, todavia, dizem a Deus: "Retira-te de nós, porque não queremos saber dos teus caminhos" (Livro de Jó 21,14).

"Jesus Cristo" – dizia ele – "foi uma das maiores invenções da História. Que tenha havido um Jesus de Nazaré, eu creio, mas que ele tenha sido o que afirmam que foi, isto é que não compro!"

E acrescentava: "Pura e simplesmente alguns homens, que passaram a ser chamados de cristãos, endeusaram um profeta muito inteligente que morreu na cruz. Posso até admitir um pouco mais. Admito, por exemplo, que Jesus tenha sido um abnegado, um idealista e um homem corajoso que, de fato, amava os pobres e os oprimidos e resolveu lutar por eles até as últimas consequências. Posso até admitir que tenha havido poucos homens mais altruístas e abnegados que Jesus de Nazaré, mas... Deus? Quem me vai provar que ele era o filho de Deus, se é que Deus tem ou teve algum filho especial?".

Provas! Provas! O que ele exigia eram provas. E que poderia eu fazer? Jogar-lhe no rosto alguns textos bíblicos? Provar a um homem, que acha que a Bíblia mente ou não conta toda a verdade, que Jesus é Deus e, para isso, apoiar-me na Bíblia a qual ele rejeitava, não chegaria nem a ser ingenuidade: seria infantilidade ao cubo! Usar a *Summa Theologica* de Santo Tomás? E ele engoliria tais provas? Foi então que o fitei com amizade e lhe disse o que achei que deveria dizer: "Eu não quero provar-lhe nada e você não quer prova nenhuma. E, se eu quisesse provar as razões de minha fé, você logo a seguir me provaria por que não crê. Eu não acharia suas provas convincentes e você não acharia as minhas, nem suficientes nem convincentes. Eu partiria das convicções que tenho. Você partiria das convicções que tem. As mesmas provas que eu lhe desse para crer seriam as provas, reinterpretadas, que você me daria para não crer.

Não! Não lhe posso provar que Jesus é Deus! Você não quer acreditar, e eu quero acreditar. Você não quer crer porque é ilógico, e eu creio porque faz sentido, mesmo sem ser lógico. *Você quer ver para crer, e eu creio mesmo sem ver.*

Entre nós há, portanto, uma barreira que não nos permite fazer outra coisa senão respeitarmos um os sentimentos do outro. De nós dois não sei quem é o mais honesto. Se for você, a sua versão da verdade o tornará mais livre do que já se sente. Se for eu, é a mim que a verdade que me chegou tornará mais livre. Não lhe darei nenhuma prova senão a de que respeito a sua descrença!".

Ele sorriu e disse, com calculada malícia: "Para um homem de fé, você é perigosamente inteligente".

Retruquei-lhe: "Para um homem de ciência, você é maliciosamente espirituoso!...".

55. Esse Cristo que me desafia

Muitos dos seus discípulos, ouvindo isto, disseram: "É um discurso duro; quem aguenta ouvi-lo?" (Jo 6,60).

O Jesus que eu aceito como o Ungido diz coisas que provocam minha coerência. Mentiria se dissesse que entendo tudo o que disseram que ele disse. Suas palavras me provocam e não poucas vezes me deixam perplexo. Então, eu digo a mim mesmo: "E agora?".

Diz que seremos felizes se formos insultados por causa dele (cf. Mt 5,11). Diz que somos a luz do mundo e que devemos expor-nos para que as pessoas vejam quem nos deu aquele brilho (cf. Mt 5,14-16). Manda que subamos a um telhado e proclamemos sua mensagem (cf. Mt 10,27). Mas também diz que não devemos praticar nossos deveres religiosos à vista de todo mundo. Propõe que nos tranquemos num quarto e oremos em segredo. E que demos esmola em segredo (cf. Mt 6,1-6).

Diz que devemos louvar, mas que se algum irmão estiver em conflito conosco, devemos parar o louvor e, primeiro, ir fazer as pazes e só depois fazer a oferta (cf. Mt 5,23). Diz que não veio abolir a lei, mas aperfeiçoá-la, e que nem um jota nem uma vírgula serão mudados, mas diz que, no sábado, se pode trabalhar se for para salvar uma vida (cf. Mt 12,11).

Diz que devemos perdoar os inimigos, orar pelos que desejam nos destruir, perdoar o tempo todo, nunca nos vingarmos e dar a quem precisa ou quer nos tomar alguma coisa mais do que ele pediu. Se tivermos um par de alguma coisa, devemos dar uma delas. Se alguém nos der um tapa na cara, deveremos oferecer-lhe a outra face (cf. Mt 5,38-48).

Manda trabalhar, mas diz que não devemos preocupar-nos em ajuntar bens. Diz que devemos orar, mas afirma que os que apenas oram não se salvarão. É preciso fazer mais do que dizer "Senhor, Senhor!" (cf. Mt 7,15-21). Diz que não reconhecerá nem mesmo quem converteu gente, fez milagres e expulsou demônios. Se faltar o essencial, não os verá como seus discípulos.

Diz que o essencial é a caridade e que, no dia do julgamento, até quem não o conhecia, mas ajudou o próximo, se salvará, e quem o conhecia, mas não ajudou os outros, será rejeitado (cf. Mt 25,31-48). Elogiou um comandante romano, quando os romanos eram invasores em Israel, porque o soldado mostrou-se humilde. Elogiou uma mulher pagã que orou com insistência, mas logo após criticou os religiosos do seu tempo.

Propõe mansidão, perdão aos inimigos e proíbe usar da violência e da espada, mas diz que não veio trazer a paz e, sim, a espada (cf. Mt 10,34). Diz que aprendamos com ele que é manso e humilde de coração, mas manda levar a cruz e morrer com ele (cf. Mt 10,38). Manda os discípulos darem de comer, mesmo tendo quase nada, mas diz que não veio apenas para dar pão.

Numa sociedade na qual milhões mudam de Igreja e saem às ruas para testemunhar seu novo jeito de crer; milhões se declaram homossexuais e ganham as ruas para declarar sua opção; milhões se declaram abertamente a favor da vingança e da pena de morte... Outros milhares pedem o direito ao aborto...

...numa sociedade em que padres, pastores, pais de santo são acusados de homossexualismo ou de pedofilia, pregadores são presos por acusação de uso ilícito de dinheiro, representantes do povo desviam milhões do erário em favor de suas famílias...

...numa sociedade ponteada de crimes, um mais violento do que o outro...

um rosto para JESUS CRISTO   227

... o anúncio de Jesus também sofre revezes. É que muitos dos que o anunciam são acusados de viver de maneira oposta ao que ele ensinava.

Nesta sociedade você é chamado a conhecer melhor o pensamento e a vida daquele que não teve medo de viver, não teve medo de falar e não teve medo de morrer. Disse que deveríamos perdoar sempre e morreu perdoando quem o matava.

56. O severo Jesus de Nazaré

Assustam e incomodam certas verdades que nascem da boca de Jesus. Por vezes, contudo, é o impacto que elas causam e a perplexidade que geram que lhes dão a força de renovação com que se nos apresentam.

Severo, mas não temperamental. Expliquemos! Há momentos em que, lendo os evangelhos, podemos esperar tudo, menos certas expressões que nele se encontram! Jesus a dizer que não veio trazer a paz, mas a espada?... Jesus a dizer que, por causa dele, a família se dividirá?... Jesus a dizer que é preferível arrancar um olho ou uma das mãos; atar uma pedra de moinho ao pescoço e jogar certo tipo de gente no fundo do mar?... Como?... Jesus falando desse jeito?... Jesus irado com os fariseus? Jesus usando de um chicote e expulsando os cambistas do recinto de prece?

Alguns cristãos habituados com uma imagem amiga, tranquila, doce, meiga e contemporizadora do seu "doce" Jesus, sentem mal-estar e chegam mesmo a zangar-se diante do interlocutor que lhe solicite uma explicação para frases duras e pesadas como: "Ai de vós, escribas e fariseus hipócritas...", "Eu vos digo: até o fundo do inferno descerás...!", "Quem não crer já está condenado!", "Ai daquele por quem vier o escândalo...", "Moisés vo-lo permitiu por causa da dureza do vosso coração", "Lançai-o nas trevas exteriores, ali haverá choro e ranger de dentes!".

E daí? A quantas se fica? Jesus errou quando foi exigente e severo? Nessas horas ele não era Deus? Só era Deus quando dizia coisas gostosas de ouvir? Ou terá talvez sido erro de transmissão e interpretação dos evangelistas? Não seria o Cristo exigente um aspecto pouco lembrado da personalidade de Jesus? É possível

um rosto para JESUS CRISTO

admitir que Jesus tenha se zangado alguma vez? Mas não é a ira o mesmo que desequilíbrio e ausência de paz? Jesus é sempre aquele que nos atende se orarmos forte e com emoção, ou ele às vezes não nos atende da forma como esperávamos?

A ira de Jesus é evidente pelo menos em algumas passagens do evangelho. Em João 2,13-22 e em Mateus 23,1-39; 12,38-45 é difícil detectar traços de brandura nas atitudes ali assumidas por Jesus. Estamos diante de um homem zangado a exigir justiça e sem um mínimo sinal de transigência ou doçura amiga! Não tinha nada do "Jesus sanduíche ou sobremesa", "Jesus sabor framboesa" ou do "Cristo Macdonaldizado" de alguns pregadores em busca de adeptos. Você entra na fila e encomenda um Cristo do jeito que você gosta e ele dirá exatamente o que você quiser ouvir! A suave pregadora que adora sussurrar coisas suaves, nessas horas em que Jesus clama por justiça, sempre suave, ela pula o trecho, ou diz que Jesus não deve ter ficado assim tão irado. Deve ter sido exagero dos escritores... O Jesus dela adocica tudo o que toca! Mas não é o Jesus dos evangelhos!

Para Jesus sobravam razões de santa ternura e de santa ira. Talvez aí esteja o começo da resposta. Nem sempre a ira é um desequilíbrio. E não é sempre que ela se constitui num pecado ou num erro. Ela pode ser justa e santa. Pode ser uma reação perfeitamente normal ao intolerável e inadmissível.

Consideradas as atitudes maldosas, tendenciosas e abertamente demolidoras daqueles que por todos os meios intentavam fazê-lo calar e atravancar a sua atividade, Jesus não podia permitir que levassem a melhor. Assim, aos seus murmúrios, aos seus intuitos de tumultuar e às suas insinuações, Jesus respondia e revidava com igual força de reação.

Em nenhum momento, porém, se percebe que Jesus tenha caído em neurose ou tenha entrado em crise de raiva e desequilíbrio. Ira é uma coisa, raiva é outra! Sua ira é madura, poderosa, forte, mas controlada. Há textos que nos permitem concluir por onde concluímos (cf. Mt 23,1-39; Mc 3,22-30; Lc 6,24-26; e, sobretudo, Jo 2,14-16). Na hora do "ai de vós", ele não dourou a pílula: enfrentou os adversários.

> O severo Jesus de Nazaré chegou muitas vezes a se encontrar face a face com o intolerável. E reagiu, não o tolerando. A verdade, por vezes, não pode vestir veludo, quando o ambiente que a cerca exige resposta à altura!

Jesus era bom! Isso ele era! Só não foi covarde e fraco! Por isso, sua ira teve sentido! E funcionou! Enquanto não chegou a hora, ninguém teve coragem de lhe barrar o caminho ou tumultuar seu trabalho. Estavam diante de um homem determinado a levar a verdade até as últimas consequências!

É daí que se começa a concluir pela plenitude em Jesus. Era tão bom que teve até mesmo a coragem de ficar zangado, quando se zangar era preciso!

57. Jesus e as riquezas

> E, respondendo ele, disse-lhes: "Quem tiver duas túnicas, reparta com o que não tem, e quem tiver alimentos, faça da mesma maneira" (Lc 3,11).

Brincar com riqueza e pobreza só machucou quem o fez. Mais do que refletir sobre Jesus e os pobres ou Jesus e os ricos, procuremos Jesus e seu conceito de riqueza. É esta vivência ou a falta deste conceito que gera as atitudes negativas que conhecemos.

Na parábola que se lê em Lucas 16,19-31, Jesus traça o perfil de um homem excepcionalmente rico, mas também excepcionalmente insensível para com os pobres. Pinta com cores fortes a insensibilidade de uma pessoa que tem muito dinheiro, mas pouco senso de justiça. Faz o mesmo diante do jovem rico que não conseguiu assumir a proposta do Reino por não saber ficar sem o seu dinheiro. Na parábola, coloca o homem rico frente a frente com o homem excepcionalmente pobre, que não queria nada mais do que as sobras da mesa do rico. Nem assim o rico se toca. O rico não dá nem o que iria para o lixo.

Jesus o coloca no inferno, sem chance alguma de conversão, porque ele escolhera isso. O pobre não estava nem mesmo pedindo uma parte, pedia as migalhas... Nem assim o pobre se revoltou ou se deixou levar pelo ódio. Por isso Jesus põe o pobre no céu. Tanto que o rico pediu ajuda do pobre, agora em paz! Pai Abraão teria dito que a chance dele passara. O rico mendigou ajuda do pobre, a quem ele negara até o lixo. Pediu que Lázaro pudesse retornar e fosse avisar seus parentes ricos para que, ao menos eles, não caíssem no inferno, como ele. Pai Abraão deixou claro que todo mundo tem sua chance de escolha. E a sentença vem pesada: "Quem escolhe o dinheiro não vai acreditar que Deus ressuscita um pobre".

Desafio

Aqui, o desafio de Jesus. Ele não cobre o bolo da riqueza com chantili. Mostra-a como um dever do rico e não como privilégio ou graça de Deus. Quem tem mais precisa dar mais. Esta história, com o episódio do jovem rico, sublinha a pregação de Jesus sobre riqueza e solidariedade. Diante do jovem rico que escolheu o dinheiro, ele chama a atenção para o fato de que as riquezas tornam a pessoa incapaz de escolher, razão pela qual Jesus afirma que é difícil um rico optar pelo Reino dos Céus.

> E, outra vez vos digo, que é mais fácil passar um camelo pelo fundo de uma agulha do que entrar um rico no Reino de Deus (Mt 19,24).

> E o que foi semeado entre espinhos é o que ouve a palavra, mas os cuidados deste mundo e a sedução das riquezas sufocam a palavra, e fica infrutífera (Mt 13,22).

Jesus não diz que os ricos irão para o inferno, nem que os ricos não entram no Reino; diz que é difícil, não impossível. Chega a ver as riquezas como um bem, desde que ajudem a ajudar. Elas podem fazer amigos para este e para o outro mundo (cf. Lc 16,9), desde que não sejam acumuladas em favor de um indivíduo e não humilhem os outros.

> Não ajunteis tesouros na terra, onde a traça e a ferrugem tudo consomem, e onde os ladrões minam e roubam (Mt 6,19).

Sempre haverá pobres e ricos (cf. Jo 12,8), mas ao rico assiste o dever de aliviar o sofrimento dos mais pobres (cf. Mt 25,31-46).

Mostrou um tipo de rico que vai para o inferno. Não disse que todos iriam. Alertou para o fato de que é difícil que um rico escolha a simplicidade e a justiça do Reino. Se, porém, há ricos santos, é porque conseguiram ser maiores do que o seu dinheiro.

um rosto para JESUS CRISTO

Os que agem obcecados pelo acúmulo não conhecem o bastante. O milhão persegue outro milhão! E nem o bilhão satisfaz...

***

Riqueza é bênção? Até que ponto?

Aqui, o grande equívoco dos cristãos e pregadores que, usando de outros trechos da Bíblia, chegam a brincar, como fez um relativamente famoso pregador de televisão, afirmando que não era bobo: queria ser rico, porque a riqueza e o conforto são bens dos quais merecemos desfrutar.

Também eram bens dos quais Jesus, mais do que ele, merecia desfrutar. Afinal, acreditamos que Jesus seja o rei e podemos até ser co-herdeiros, mas nunca seremos os primeiros nem os maiores! Fica difícil incentivar a busca de riquezas a um seguidor de Jesus, depois de conhecer o pensamento do Mestre e o dos seus discípulos sobre a destinação dos bens que temos. É um senhorio de quem reparte e jamais acumula para si. Salomão também ergueu um magnífico templo para Deus e, depois, fez para si mesmo um palácio ainda mais luxuoso. Era um ardoroso defensor da teologia da prosperidade. Mais rico do que ele no seu tempo, impossível! Começou bem intencionado.

> Então Deus disse a Salomão: "Porquanto houve isto no teu coração, e não pediste riquezas, bens, ou honra, nem a morte dos que te odeiam, nem tampouco pediste muitos dias de vida, mas pediste para ti sabedoria e conhecimento, para poderes julgar a meu povo, sobre o qual te constituí rei" (2Cr 1,11).

Deus o tornou rico!

> E também até o que não pediste te dei, assim riquezas como glória; de modo que não haverá um igual entre os reis, por todos os teus dias (1Rs 3,13).

Com o tempo os prazeres, o poder e a riqueza o perverteram. Terminou seus dias adorando os deuses de suas concubinas.

> Porque Salomão seguiu a Astarote, deusa dos sidônios, e Milcom, a abominação dos amonitas (1Rs 11,5).

Fora derrotado pela sua teologia da prosperidade. Jesus é radical. Deixa claro que sem desprendimento ninguém pode ser seu discípulo. Não há como querer ser rico e ser dele.

> E os discípulos se admiraram destas suas palavras; mas Jesus, tornando a falar, disse-lhes: "Filhos, quão difícil é, para os que confiam nas riquezas, entrar no Reino de Deus!" (Mc 10,24).

Riqueza que desvia

Sirva-nos de lição o religioso, poético, inteligente e rico herdeiro de Davi, que começou bem, pedindo desapego e sabedoria, mas depois sufocado pelo sucesso, enquanto pregava bonito sobre Javé e lhe fazia versos e pensamentos encantadores, não viveu tão desprendido, nem tão bonito como pregava. Falou bonito, mas viveu de maneira incoerente. Foi sufocado por sua pregação descarada em favor da riqueza e do poder... (cf. 2Cr 1,11).

Sobre o mesmo tema se debruçam outros textos dignos de estudo.

> Já conheceis a graça de nosso Senhor Jesus Cristo que, sendo rico, por amor de vós se fez pobre, para que pela sua pobreza enriquecêsseis (2Cor 8,9).

> Os cuidados deste mundo, os enganos das riquezas e as ambições de outras coisas, entrando, sufocam a palavra, e fica infrutífera (Mc 4,19).

> Os discípulos se admiraram destas suas palavras, mas Jesus, tornando a falar, disse-lhes: "Filhos, quão difícil

um rosto para JESUS CRISTO 235

é, para os que confiam nas riquezas, entrar no Reino de Deus!" (Mc 10,24).

Nem alforjes para o caminho, nem duas túnicas, nem sandálias, nem bordão; porque digno é o operário do seu alimento (Mt 10,10).

E, respondendo ele, disse-lhes: "Quem tiver duas túnicas, reparta com o que não tem, e quem tiver alimentos, faça da mesma maneira" (Lc 3,11).

Mas, quando fizeres convite, chama os pobres, aleijados, mancos e cegos (Lc 14,13).

As vossas riquezas estão apodrecidas, e as vossas vestes estão comidas de traça (Tg 5,2).

Disse-lhe Jesus: "Se queres ser perfeito, vai, vende tudo o que tens e dá-o aos pobres, e terás um tesouro no céu; e vem, e segue-me" (Mt 19,21).

O Espírito do Senhor é sobre mim, pois que me ungiu para evangelizar os pobres. Enviou-me a curar os quebrantados do coração (Lc 4,18).

E, levantando ele os olhos para os seus discípulos, dizia: "Bem-aventurados vós, os pobres, porque vosso é o Reino de Deus" (Lc 6,20).

Como contristados, mas sempre alegres; como pobres, mas enriquecendo a muitos; como nada tendo, e possuindo tudo (2Cor 6,10).

Recomendando-nos somente que nos lembrássemos dos pobres, o que também procurei fazer com diligência (Gl 2,10).

Ouvi, meus amados irmãos: porventura não escolheu Deus aos pobres deste mundo para serem ricos na fé, e herdeiros do Reino que prometeu aos que o amam? (Tg 2,5).

Debrucemo-nos seriamente sobre os textos aqui lembrados. Há posturas em curso nas igrejas que precisam ser pensadas e repensadas.

> A ideia de Reino de Deus é uma delas. Não combina com os verbos possuir ou apossar-se! Rima bem mais com o verbo partilhar.

58. Jesus a respeito de si mesmo

Os autores dos quatro evangelhos relataram afirmações atribuídas a Jesus. Nestas afirmações ele falava sobre si mesmo. Estudiosos mais tarde concluíram que muitas afirmações não poderiam ter sido de Jesus. Eram acréscimos vindos da fé. Outras, muito provavelmente eram dele. Você saberá mais quando estudar exegese, matéria que se ocupa da interpretação dos textos bíblicos. Por ora, recordemos o que está nos evangelhos.

Poderia ter exércitos de anjos, mas não quis (Mt 26,53). Era pobre por escolha pessoal (Mt 8,20). As riquezas mais atrapalham do que ajudam (Lc 18,24). Ele se declarava o bom pastor que dá a vida pelas ovelhas (Jo 10,11). Ele mesmo era a ressurreição e a vida (Jo 11,25). Ele era o caminho, a verdade e a vida (Jo 14,6). Quem o seguisse, não andaria em trevas (Jo 8,12). Ele fora enviado pelo Pai (Jo 5,30). Ele era um com o Pai (Jo 10,30). Quem o conhecesse, conheceria o Pai, porque ambos eram um só (Jo 14,7). Ele era o Filho (Mc 8,38). O Pai dava testemunho dele (Jo 5,36). Sabia o que o Pai sabia (Lc 10,22). Suas obras falavam por ele (Jo 5,36). O pai confiara a ele o julgamento das pessoas (Jo 5,22). Ninguém podia julgar os outros, mas ele podia (Jo 5,22). Quem não se escandalizasse por causa dele, seria feliz (Mt 11,6). Quem não o honrasse, não honraria o Pai (Jo 5,23).

Quem o acolher, acolhe quem o enviou (Mt 10,32). Fora enviado às ovelhas perdidas de Israel (Mt 15,24). Veio da parte de Deus para o mundo (Jo 3,17). Seu alimento era fazer a vontade do Pai que o enviou (Jo 4,34); viera a mandado do Pai (Jo 5,19ss); afirma mais de 15 vezes que Deus é seu Pai, e ele é o Filho e veio a mando do Pai (Jo 6,20-47). Afirma ser ele o pão da vida (Jo 6,48).

Iria para o céu preparar um lugar para os seus (Jo 14,2). O Pai e ele eram uma só realidade, mas duas pessoas distintas (Jo 10,30). E havia uma outra pessoa que ele e o Pai enviariam (Jo 15,26). Ele era a luz do mundo (Jo 9,5). Ele era maior do que Jonas e Salomão (Lc 11,32; Mt 12,41-42). Era maior do que o templo (Mt 12,6). Era o Senhor do sábado (Mt 12,8), viera cumprir e aperfeiçoar a lei (Mt 5,18); quem o ouvisse, conheceria a verdade e seria livre (Jo 8,32). Ele vencera o mundo (Jo 16,33). Ele existira antes de Abraão (Jo 8,58). Seu coração era modelo de mansidão e de humildade (Mt 11,29). Viera ao mundo para que todos tivessem vida em abundância (Jo 10,10). O que fizéssemos por uma pessoa carente teria sido feito por ele (Mt 25,40). O céu e a terra passariam, mas não suas palavras (Mt 24,35). Ele tinha poder de perdoar pecados (Mc 2,10); quem comesse da sua carne e bebesse do seu sangue, viveria para sempre (Jo 6,51). Ele não tinha pecados e, quem soubesse de algum, pois que o acusasse (Jo 8,46)! Sem ele, nada poderíamos fazer (Jo 15,5). Aliviaria os sofrimentos de quem a ele recorresse (Mt 11,28). O Pai lhe dera tudo e ele possuía todo o poder aqui na terra (Mt 28,18). Ele era a videira e nós, os ramos (Jo 15,1). Um dia haverá um só rebanho e um só pastor (Jo 10,16). Ele morreria, ressuscitaria, iria para o Pai, mas um dia voltaria para julgar o mundo (Jo 14,3).

59. Israel e Javé

Javé era um Deus pessoal que elegera Israel (Ex 6,7; Gn 5,1; 48,21; Dt 4,7). Invisível (Ex 33,23). Importava-se com o mundo (Dt 4,8; Sl 107,3). Era único e verdadeiro (Dt 6,4). Era guerreiro, mas era também pacificador (2Sm 7,26; Ex 4,14; Dt 20,10; Sl 37,37). A guerra era necessária, mas a paz era mais importante. Criador, arquiteto, oleiro, Senhor da história, juiz, pastor e guia, médico, ciumento (Dt 4,24), amoroso (Dt 23,6). Deus dos deuses (Dt 10,17), onipotente (Gn 17,1). Sem ele, Israel perderia sua razão de ser (Ex 29,45-46).

60. Jesus a respeito de Javé

Era invisível, mas ele o conhecia (Jo 3,13). Viera dele e a ele retornaria (Jo 3,14). Ele, Filho, tinha a presença constante do Pai (Jo 17,23-26). Javé era seu pai e um dia ele se sentaria à direita dele e voltaria ao mundo com poder e glória (Mt 26,64). Recebera dele o poder e a vida (Jo 6,44; 11,25). Tinha estado desde todo o sempre junto a ele, muito antes da criação do mundo (Jo 17,5-10). Tudo o que era do Pai, era dele e tudo que era dele, era do Pai (Jo 15,1-11). Só o Pai sabia quem ele era e só ele sabia quem era Deus (Jo 11,27). Ele estava no Pai e o Pai estava nele (Jo 14,10). Quem o odiasse, estaria odiando o Pai (Jo 15,23). O que o Pai fazia, ele também fazia (Jo 5,19-10). Afinal, ele e o Pai eram um só (Jo 10,30). Só ele nada poderia, mas ele e o Pai eram um só e no Pai ele podia tudo (Jo 8,28; 5,19). Ele obedecia em tudo ao pai, em perfeita conformidade e comunhão de vontade (Jo 12,49). O que era do Pai, também era dele (Jo 16,15).

61. Jesus e o Espírito Santo

Jesus fala do Espírito Santo como pessoa que o Pai enviaria e que ele mesmo enviaria da parte do Pai. Não é nem ele nem o Pai. E manda batizar em nome das três pessoas. Do discurso percebe-se que há unidade e que o Espírito Santo não é secundário, pois que o envolve no batismo como presença trinitária.

E João testificou, dizendo: "Eu vi o Espírito descer do céu como pomba, e repousar sobre ele" (Jo 1,32)).

E eu não o conhecia, mas o que me mandou a batizar com água, esse me disse: "Sobre aquele que vires descer o Espírito, e sobre ele repousar, esse é o que batiza com o Espírito Santo" (Jo 1,33).

E o Espírito Santo desceu sobre ele em forma corpórea, como pomba; e ouviu-se uma voz do céu, que dizia: "Tu és o meu Filho amado, em ti me comprazo" (Lc 3,22).

E logo o Espírito o impeliu para o deserto (Mc 1,12).

Porque não sois vós quem falará, mas o Espírito de vosso Pai é que fala em vós (Mt 10,20).

Mas, se eu expulso os demônios pelo Espírito de Deus, logo é chegado a vós o Reino de Deus (Mt 12,28).

Portanto, eu vos digo: todo pecado e blasfêmia se perdoará aos homens; mas a blasfêmia contra o Espírito não será perdoada aos homens (Mt 12,31).

E, se qualquer um disser alguma palavra contra o Filho do Homem, ser-lhe-á perdoado; mas, se alguém falar contra o Espírito Santo, não lhe será perdoado, nem neste século nem no futuro (Mt 12,32).

Portanto ide, fazei discípulos de todas as nações, batizando-os em nome do Pai, e do Filho, e do Espírito Santo (Mt 28,19).

Porque na mesma hora vos ensinará o Espírito Santo o que vos convenha falar (Lc 12,12).

Porque, aquele que Deus enviou, fala as palavras de Deus, pois não lhe dá Deus o Espírito por medida (Jo 3,34).

Mas aquele Consolador, o Espírito Santo, que o Pai enviará em meu nome, esse vos ensinará todas as coisas, e vos fará lembrar de tudo quanto vos tenho dito (Jo 14,26).

Mas quando vier o Consolador, que eu da parte do Pai vos hei de enviar, aquele Espírito de verdade, que procede do Pai, ele testificará de mim (Jo 15,26).

62. O povo a respeito de Jesus

E, expulso o demônio, falou o mudo; e a multidão se maravilhou, dizendo: "Nunca tal se viu em Israel" (Mt 9,33). E veio espanto sobre todos, e falavam uns com os outros, dizendo: "Que palavra é esta, que até aos espíritos imundos manda com autoridade e poder, e eles saem?" (Lc 4,36). E muitos da multidão creram nele, e diziam: "Quando o Cristo vier, fará ainda mais sinais do que os que este tem feito?" (Jo 7,31). E de todos se apoderou o temor, e glorificavam a Deus, dizendo: "Um grande profeta se levantou entre nós, e Deus visitou o seu povo" (Lc 7,16). Vendo, pois, aqueles homens o milagre que Jesus tinha feito, diziam: "Este é verdadeiramente o profeta que devia vir ao mundo" (Jo 6,14). E todos ficaram maravilhados, e glorificaram a Deus; e ficaram cheios de temor, dizendo: "Hoje vimos prodígios" (Lc 5,26).

63. A reação dos discípulos

O coração ardia enquanto ele falava e quando interpretava as Escrituras (Lc 24,32). Queriam saber mais e mais (Mt 13,36). Nem sempre captavam o que Jesus falava por histórias e parábolas. Por isso gostavam quando Jesus falava com mais clareza (Jo 16,29). Acharam estranho que conversasse com uma mulher não judia (Jo 4,26). Pedro se sente indigno de estar perto dele (Lc 5,8). Pedro diz que morreria por ele e Jesus profetiza que Pedro o trairá (Jo 13,38). Assombravam-se com sua sabedoria (Mt 13,54). Não entendiam como alguém tinha tamanha força sobre os elementos. Até o mar obedecia ao seu comando (Mc 4,41). Tiveram medo ao vê-lo caminhar sobre as águas (Mt 14,26). Esperavam que Jesus desse um golpe de Estado e liderasse a revolução contra Roma. Esperavam que Jesus proclamasse o Reino e disputam por lugares (Mc 10,37). Ele disse que não sabiam o que estavam pedindo (Mc 10,38). Ensinou-lhes a não procurar os primeiros postos (Mt 23,6-7). Discípulo dele lidera, coordena e atua, mas não disputa lugar nem age como dono e patrão. É quem mais serve (Mc 10,42-45). Achavam difícil seguir sua proposta de celibato e de casamento (Mt 19,10). Alguns se afastaram dele por acharem sua fala difícil de engolir (Jo 6,65-68). Não imaginavam que Jesus fosse derrotado (Mt 16,21-23). Pedro puxou da espada para defendê-lo (Jo 18,10). Chegaram a oferecer espadas, quando Jesus falou de perigo (Lc 22,38). Não acreditaram na ressurreição. Levou tempo até que a aceitassem (Lc 24,22). Pedro afirma que ele era o Messias (Lc 9,20). Três tiveram medo, quando Jesus se transfigurou diante deles (Mt 17,1-8). Pensaram que ele fosse um fantasma, quando ressuscitou e apareceu (Mt 14,26).

64. A multidão e Jesus

Impressionava-se com a sua doutrina (Mt 7,28; 22,21-33). Reconhecia que ele falava com autoridade (Mt 7,29). Seguiam-no para ouvi-lo (Mt 8,1-18; Lc 9,11). Tinha medo do seu poder e dava glórias a Deus por ter visto o que vira (Mt 9,8). Cegos viam, coxos andavam e surdos ouviam, pobres eram levados em conta (Mt 11,5). Dizia que Jesus talvez fosse Elias ou João Batista reencarnado (Mt 16,14). Via Jesus debatendo e vencendo os adversários (Mt 22,46). Era tão grande, que não havia espaço para mais gente (Mc 2,2). Acotovelava-se ao seu redor (Lc 12,1). Tocava-o e ele se deixava tocar (Mt 9,20). Chegava a passar fome. Parecia ovelhas sem pastor (Mt 9,36; 15,32). Às vezes ele fugia dela ou para orar ou para evitar tumulto (Mt 4,1; 12,15; Jo 5,13, 6,15; 8,20). Não o deixava comer sossegado (Mc 3,31). Uma vez quis proclamá-lo rei (Jo 6,15). Ia atrás dele até por água (Jo 6,24).

65. Os inimigos

Reconheciam que Jesus não era um profeta comum, mas atribuíam seu poder a Belzebu, um demônio poderoso (Mc 3,22). Acusavam Jesus de fanfarrão, boa vida, comilão. Não era um profeta com cara de asceta (Mt 11,19). Punham defeito em tudo o que ele fazia e também nos seus discípulos (Mc 7,2; 7,33). Herodes atribuiu a ele uma reencarnação. Teria recebido o espírito de João Batista que Herodes mandara matar (Mt 14,1). Procuravam-no para prendê-lo (Jo 7,30). Pilatos pergunta se ele é rei. Ele primeiro pergunta se Pilatos fala com a própria cabeça ou está sendo pressionado pelos que o queriam morto. Jesus confirma e diz de que tipo de Reino (Jo 18,34-36). Pilatos diz que tem poder para soltá-lo ou matá-lo. Jesus lembra-lhe que o poder dele é limitado. Quem tramou sua morte tem culpa maior (Jo 19,11).

66. A filosofia de Jesus

Jesus nunca foi citado como filósofo, mas ia ao essencial. O fato de nunca haver escrito nenhum livro não nos impediria de considerá-lo filósofo. Sócrates também nunca escreveu. Mas seu pensamento era substancioso e ia ao cerne. Jesus, na expressão de Romano Guardini, sabia *essencializar*.

O fanático vai ao templo e põe o peso no dízimo que paga; formigas procuram doce, tamanduá procura formigueiro, urso procura mel, o cachaceiro procura pinga, o sexólatra procura sexo, o insaciável procura comida, o chocólatra procura chocolate, o arruaceiro procura briga, o agitador procura conflito, o corrupto procura dinheiro sujo, o ladrão procura o que roubar. E Jesus avisa: de que adianta o homem ganhar o mundo inteiro, isto é, conseguir aquilo que deseja, se com isso perde o controle de si mesmo? Quanto vale uma alma? (Mt 16,26). Vale tanto quanto ou menos do que pinga, sexo e dinheiro?

De que adianta pagar o dízimo até da tiririca, se na hora da caridade e da justiça você nega sua ajuda? (Lc 18,12; Mt 23,23).

Pobre que dá pouco às vezes dá tudo que tem, e rico que dá pouco às vezes não dá nada. Vale a intenção do doador (Mc 12,41). Uma laranja entre dez é muito para um pobre. Uma laranja em um milhão é nada para um rico.

O louvor é menos importante do que a construção da fraternidade. "Portanto, se trouxeres a tua oferta ao altar, e aí te lembrares de que teu irmão tem alguma coisa contra ti, vai primeiro fazer as pazes e depois volta para trazer a oferta" (Mt 5,23).

Haverá castigo maior a quem usa da religião para seus próprios interesses. Jesus quer dizer que o conceito supõe desapego. O preceito não pode girar em torno da mais-valia (Mc 12,40).

67. A polêmica, o debate, a apologética

Eu fiz um milagre no sábado e vocês estão intrigados por causa disso. Mas vocês circuncidam meninos neste dia. Aí, pode! E eu não posso curar alguém no dia de sábado? (Jo 7,21-24). Se um de vocês tiver uma ovelha e ela cair num buraco, vai deixar que morra? É claro que vai tirá-la dali. Pois uma pessoa vale mais do que uma ovelha (Mt 12,11). O sábado existe por causa do homem, e não o homem por causa do sábado (Mc 2,27). Estão escandalizados porque meus discípulos colheram espigas no dia de sábado? Se são tão detalhistas, me respondam sobre Davi e seus companheiros. Estavam com fome. Comeram ou não comeram os pães que tinham sido oferecidos a Javé? A lei proíbe, mas eles comeram! Havia uma necessidade maior (Mc 2,25-26). Deixem de ser hipócritas. Vocês entram nas casas das viúvas e devoram a comida delas, a pretexto de longas orações. Para vocês haverá um julgamento mais rigoroso (Mc 12,40).

Moisés falou de mim. Se nem no próprio Moisés vocês acreditam, como vão acreditar em mim? (Jo 5,47). Venho dizendo desde o começo quem sou eu, mas vocês continuam não querendo saber (Jo 8,25). Querem me apedrejar. É pelo que eu digo ou pelas obras que realizei. Qual delas os incomoda a ponto de quererem me matar? (Jo 10,32). O livro que vocês tanto defendem usa a expressão: "Vós sois deuses". Aí vocês não objetam porque interpretam. Mas a mim vocês querem matar porque eu disse que venho do céu. Se dizem que não tenho direito de falar, ao menos aceitem que tenho poder de fazer o que faço. E aí, como é que vocês explicam? (Jo 10,34-38). Eu realizo um bem e vocês dizem que foi o demônio que me ajudou a fazer o bem (Lc 11,15).

Armam-lhe a cilada do imposto aos romanos invasores. Se ele disser para não pagar, será denunciado a Roma. Se mandar pagar, será denunciado ao povo que odiava os romanos. Ele arma outra cilada para eles. Pede uma moeda. Alguém a tira da sacola. Caíram na cilada de Jesus. "Se vocês que são tão santos carregam uma moeda de César, então deem a César o que devem a ele, e a Deus o que a Deus pertence" (Mt 22,21).

Armam outra cilada: trazem uma mulher surpreendida em adultério, mas não trazem o homem. Querem saber se ele aprova seu apedrejamento. Era ridículo. Onde estava o homem? Se Jesus mandasse apedrejar, seria injusto e teria se tornado cúmplice daquela morte. Se perdoasse, seria acusado de apoiar a decadência de costumes. Curvou-se diante da mulher e escreveu no chão. Depois se levantou e mandou que o mais puro dentre eles atirasse a primeira pedra. Ninguém se arriscou. Foram embora. Ele não a condenou, mas condenou o pecado dela. Aconselhou-a a parar de pecar (Jo 8,3-11).

Quando exigiram que ele mostrasse as credenciais para pregar como pregava, perguntou se tinham pedido as credenciais de João. E armou uma cilada. De quem era o batismo de João? Do céu ou do próprio João? Se dissessem que não era do céu, o povo se revoltaria. Disseram que não sabiam. Então Jesus também não respondeu à pergunta deles (Mc 11,29ss).

Tinha bom humor e agudeza de espírito. Chegou um momento em que não tinham mais argumentos para vencê-lo. Param de perguntar. Perdiam em todos os debates (Mc 12,34). O jeito era matá-lo. E foi o que fizeram.

68. As histórias e as parábolas

A cidade na montanha (Mt 5,14). A luz que precisa brilhar (Mt 5,15). Como as aves do céu e os lírios do campo (Mt 6,26ss). Bom pai não dá pedra nem serpente para um filho (Mt 7,9-11). O fruto revela a qualidade da árvore (Mt 7,16). Pano novo em roupa velha rasga a roupa ainda mais, vinho novo em odres velhos acaba não dando certo. Não apenas o conteúdo deve ser renovado, mas também os veículos e as condições para ele (Mt 9,16). Viver suas mensagens é viver como ovelhas no meio de lobos. Discípulo seu tem que buscar a simplicidade da pomba e a esperteza da serpente. Nada de ingenuidade (Mt 10,16ss)! Ofereceu asas protetoras como as da galinha para os pintinhos, mas Jerusalém as rejeitou (Mt 23,37).

O Reino é como torre a ser erguida. Exige um projeto. O improviso não é bom. Não se para na metade (Lc 14,28)! A vida é como grão de trigo: um dia tem que morrer para gerar outros grãos (Jo 12,24). Quem o segue construa sobre rocha e não sobre areia. Seja pessoa sólida e crie relacionamentos sólidos (Mt 7,24). Não se semeia de qualquer jeito e em qualquer lugar (Mc 4,26ss). O trigo e o joio. Combater o mal sem destruir o que é bom (Mt 13,24). Não menosprezemos coisas pequenas. Projetos ambiciosos demais nem sempre frutificam. O grão de mostarda é quase imperceptível, mas a hortaliça que dele nasce é uma das maiores do canteiro (Mt 13,31-32). O Reino de Deus é como um tesouro oculto. Quem o achar terá que saber o que fazer para possuí-lo (Mt 13,44). O Reino é uma pérola de grande valor; por ela vale qualquer renúncia (Mt 13,45). O Reino dos Céus é uma rede que pega todo tipo de peixe, os úteis e os inúteis. Mas depois haverá seleção. Peixe que não tem suficiente conteúdo, não vai sair do mar (Mt 13,47-50). Os convidados para festa também se revelam úteis ou inúteis (Mt 22,12-14). Há filhos que dizem que vão, mas mentem para o pai. E há os que dizem que não irão, mas reconsideram e vão. Filho que engana o pai, promete e não cumpre, é mau filho (Mt 21,28ss). Os convidados da elite que não foram à festa e os pobres tomaram o seu lugar (Mt 22,1ss). Dez virgens foram convidadas para o casamento, mas cinco delas eram improvisadoras, vazias e superficiais. Pagaram caro por conta da sua superficialidade (Mt 25,1-13). Talento, Deus dá e em quantidade razoável para todos, mas sempre há o que acha que ganhou pouco demais e nem mesmo este pouco ele aproveita (Mt 25,14). Amar não é cuidar só de quem gostamos ou de quem conhecemos. Todo aquele que sofre é da nossa conta. Parábola do bom samaritano (Lc 10,30). Religioso que foge do social e da justiça, e faz de conta que o problema social não é assunto dele, será rejeitado (Lc 10,30ss; Mt 7,15-23). Religioso ou até ateu que cuida dos outros, será salvo (Mt 25,31-46). O capitalismo e o acúmulo de bens são deletérios para a pessoa e para a sociedade. Há que haver desprendimento (Lc 12,16ss).

O Reino dos Céus é como um grupo de comadres que ficaram tristes quando uma delas perdeu uma moedinha que não valia quase nada, e voltaram a ficar alegres com ela porque achou sua moedinha. Foram solidárias (Lc 15,8-10). Deus é o bom pastor que conhece as ovelhas e as chama pelo nome. E se tiver que trazer de volta uma ovelha vai lá e deixa as 99 no cercado. Elas estão em lugar seguro (Lc 15,3-7). Deus acolhe até o filho que o desprezou e o abandonou. Basta que se arrependa. O filho bonzinho não tem o direito de se ofender porque o pai perdoou o seu irmão que pecou (Lc 15,11ss). O rico insensível e insensato acabou no inferno, e o mendigo a quem ele negava até as sobras dos seus banquetes acabou no céu (Lc 16,19ss). O fariseu que se achava mais santo do que o publicano, porque pagava o dízimo em dia, saiu sujo do templo, e o publicano que pedia perdão, saiu limpo (Lc 18,9ss). O empregado que pediu perdão e depois não perdoou foi punido com a mesma medida com que tratou o outro (Mt 7,1-2; 18,23ss).

69. Jesus e a mídia de agora

Que o palco, os microfones, os holofotes e as câmeras não vos seduzam. Evangelizai sem perder a modéstia e a simplicidade...

O que vos digo à parte, proclamai-o de cima dos telhados (Mt 10,27).

Não pratiqueis vossa religião na frente dos outros, só para serdes notados (Mt 6,1-6.16-18).

Quando deres esmola, não mandes tocar trombeta diante de ti, como fazem os hipócritas nas sinagogas e nas ruas, para serem elogiados pelos outros. Se era aplauso que queriam, já foram recompensados (Mt 6,2).

Quando deres esmola, não saiba tua mão esquerda o que faz a direita. Não divulgues a tua esmola (Mt 6,3-4).

Quando orares, não faças como os hipócritas, que gostam de ser vistos orando. Se era aplauso que queriam, já receberam sua recompensa. Tu, quando orares, entra no teu quarto, fecha a porta e ora em secreto. O Pai que vê o que fazes em segredo te recompensará (Mt 6,5-6).

Quando jejuares, não faças cara de sofrimento, como fazem os hipócritas. Se queriam ser aplaudidos por passar por santos, já receberam sua recompensa. Tu, perfuma-te e deixa apenas o Pai saber do teu jejum... (Mt 6,16-18).

A ninguém digais o que aconteceu aqui... (Mt 8,4; Lc 8,56).

Proíbo-lhes que contem o que houve... (Mc 5,43).

70. A palavra dos não crentes

Sobre Jesus, muitos se pronunciaram!

> Tácito, nos *Anais de Roma Imperial* (c. 108 d.C.), no livro XV, capítulo 47, afirma que Cristo, o homem que deu origem ao grupo acusado por Nero de haver incendiado Roma, foi executado no reinado de Tibério pelo procurador da Judeia, Pôncio Pilatos.
>
> Plínio, o Jovem, 112 d.C., fala dos cristãos que adoravam um tal de Cristo. Ele governava a Bitínia, hoje Turquia. Disse que punira os cristãos por traição aos deuses e os templos pagãos estavam esvaziando-se.
>
> Suetônio, 120 d.C., no seu livro *A vida de Cláudio*, lembra que os cristãos foram expulsos de Roma em 49 d.C. pelo imperador, por causa de um tal de Crestus, que os agitava contra o império.
>
> Flávio Josefo, em *Antiguidades judaicas*, no livro XVIII, 33, rasgou elogios a Jesus, a quem considerava mais do que homem. Mas o texto é contestado por muitos historiadores. Ele enumera 28 sumos sacerdotes com o nome de Jesus, mostrando como o nome Ieshuah era comum naquele tempo. Mas dá destaque a Jesus de Nazaré.

É bom que saibamos que Jesus, no seu tempo, não foi um personagem famoso. Sua pregação se passou num raio de poucos quilômetros de sua cidade. Falou mais para os aldeões do que para os habitantes das grandes cidades. Jesus aconteceu aos poucos no coração das pessoas que foram ouvindo e decidindo se acreditavam ou não. Milhões acreditaram sem pensar e outros milhões sabiam muito bem em quem acreditaram.

Nada mudou, Jesus continua um dos personagens mais falados e controvertidos da história. São milhões os que o seguem pelo que ele faz e não por ele ser quem é. Um imenso número de crentes não conseguiria repetir vinte frases dele.

O que os levou a Jesus foi o sentimento e não o pensamento. Não pensam como Jesus pensou! E isso dificulta a tarefa de amar como Jesus amou!

71. Deixou-se crucificar

> Ou pensas tu que eu não poderia agora orar a meu Pai, e que ele não me daria mais de doze legiões de anjos? (Mt 26,53).

> E depois de o haverem escarnecido, tiraram-lhe a capa, vestiram-lhe as suas vestes e o levaram para ser crucificado (Mt 27,31).

Jesus não se crucificou. Deixou-se crucificar. O pensamento não é meu. Emitiu-o o padre fundador da congregação religiosa da qual sou membro. Seu nome: Pe. Leão João Dehon, scj. Sua obra era uma visão bastante inteligente da ascese cristã. Para Pe. Dehon, o cristianismo não consistia em procurar o sofrimento para mostrar maturidade no amor, e sim aceitar o que vinha. Pode-se evitar o sofrimento até certo ponto, mas chega uma hora em que ele deve ser assumido. Procurá-lo ou fugir dele de maneira histérica não faz sentido. Assim como há uma busca histérica, pode haver e há uma fuga doentia. O padre condenava, portanto, a atitude de procurar descontroladamente tanto o prazer como a dor e a renúncia.

Entendia o amor como um modo natural de estar em Deus e com o próximo, transformando os pequenos e grandes momentos em aceitação plena dos fatos e das pessoas. A mística não era apenas dele. No seu tempo viveu-a Santa Teresinha de Lisieux, e não foram poucos os santos e beatos que encetaram este pequeno caminho de santidade. *Alegria em tudo, sentido em tudo, até nas pequenas coisas e principalmente nelas; sabedoria e paz no gozo e na dor.*

Quando vejo em certos grupos cristãos uma busca por demais acentuada de algo "diferente", a ponto de parecer fundamental fazer coisas que os demais não fazem, começo a me questionar sobre seu cristianismo. Creio profundamente no valor do cotidiano e na capacidade de qualificar os acontecimentos, à medida que acontecem ao nosso redor e em nós.

Soube pelos jornais neste junho de 2010 que há uma Igreja praticando também no Brasil o *drive-thru prayer*, ou seja, *passe e ore*. O fiel nem sai do seu carro. Se está na avenida e sente vontade de uma palavra amiga, entra num boxe preparado para isso e um pregador o recebe e ora por ele não mais de cinco minutos. A pequena oração o revigora e ele sente que alguém o acolheu e ajudou a pensar em Deus. Pode haver críticos que achem que esse Jesus imediato é mais uma forma de consumismo e de proselitismo, mas depende do fiel e do pregador. Pode-se tirar alguém da angústia em pouco tempo, ou pelo menos encaminhar alguém sob pressão momentânea. Desde que o pregador tenha capacidade de lidar com esta forma de sofrimento, um pronto--socorro espiritual pode ajudar. São inúmeras as urgências da grande cidade.

Uma entrada num bar e um copo de pinga também duram cinco minutos! Quem quer esta cruz encontra uma em cada esquina. Quem quer luz também pode achar!

A graça de Deus não consiste sempre no sensacional, e sim no comum, que a gente transforma ou pelo qual se deixa tocar a ponto de ser inundado pelo infinito! A figura do quarto escuro enquanto as janelas estão fechadas ou as cortinas cerradas é um bom exemplo. Nada muda no quarto quando entra a luz e, no entanto, tudo é diferente porque a luz entrou. As cadeiras, mesas, sofás, flores, quadros estão no mesmo lugar e são o que são, mas quando entra a luz, a gente os vê melhor, aprecia muito mais e se move com mais desenvoltura.

É assim a ascese do cotidiano. Não é porque resolvo sofrer mais por Cristo e busco renúncias espetaculares que minha vida fica mais lúcida. É porque minha vida fica mais lúcida que às vezes tem sentido eu buscar renúncias, ou tomar aquele cafezinho ou aquele vinho com moderação em companhia dos amigos. Quando a luz de Deus está em mim, eu qualifico as coisas que faço ou uso.

> Este recado vai para aqueles que pensam que a santidade consiste em ser alguém extraordinário. Não é bem isso. Ser alguém comum que consegue dar um sentido extraordinário às coisas do cotidiano: isto é santidade.

Quem está imerso em Deus não precisa do sensacionalismo. É no dia a dia, na capacidade de valorizar o comum sem jamais cair na rotina, que se mede o amor. Isto no casamento e também na vida nossa de cada dia. E é o que falta a muitíssimos cristãos que pensam ser santos só porque escolheram o caminho mais difícil. Se fossem santos, conseguiriam dar sentido a qualquer caminho: inclusive ao fácil... Se Jesus o ensinou? Leiamos a este respeito.

Pequenas alegrias, pequenas necessidades

O pão nosso de cada dia nos dá hoje (Mt 6,11).

Não vos inquieteis, pois, pelo dia de amanhã, porque o dia de amanhã cuidará de si mesmo. Basta a cada dia o seu mal (Mt 6,34).

Vindo, porém, uma pobre viúva, deitou duas pequenas moedas, que valiam meio centavo (Mc 12,42).

Ou qual a mulher que, tendo dez dracmas, se perder uma dracma, não acende a candeia, e varre a casa, e busca com diligência até a achar? E achando-a, convoca as amigas e vizinhas, dizendo: "Alegrai-vos comigo, porque já achei a dracma perdida" (Lc 15,8-9).

Que homem dentre vós, tendo cem ovelhas, e perdendo uma delas, não deixa no deserto as noventa e nove, e não vai após a perdida até que venha a achá-la? (Lc 15,4).

E, chegando à casa, convoca os amigos e vizinhos, dizendo-lhes: "Alegrai-vos comigo, porque já achei a minha ovelha perdida" (Lc 15,6).

E qualquer um que tiver dado só que seja um copo de água fria a um destes pequenos, em nome de discípulo, em verdade vos digo que de modo algum ficará sem recompensa (Mt 10,42).

Pequenas e grandes cruzes

Se alguém quer vir após mim, negue-se a si mesmo, e tome cada dia a sua cruz, e siga-me (Lc 9,23).

Pois que aproveita ao homem ganhar o mundo inteiro, se perder a sua alma? Ou que dará o homem em recompensa da sua alma? (Mt 16,26).

72. Dois dogmas cotidianos

E, tudo o que pedirdes na oração, crendo, o recebereis (Mt 21,22).

Cristo nos resgatou da maldição da lei, fazendo-se maldição por nós; porque está escrito: "Maldito todo aquele que for pendurado no madeiro" (Gl 3,13).

E, inclinando-se para ela, repreendeu a febre, e esta a deixou. E ela, levantando-se logo, servia-os (Lc 4,39).

E, tornando a inclinar-se, escrevia na terra (Jo 8,8).

Orar e ajudar

Um casal de esquiadores, ao descer uma colina, caiu num abismo. Lá no fundo, a quase 200 metros, gritaram quanto podiam. Não foram ouvidos. Ela, então, lembrou-se de um pequeno transmissor-receptor de pulso que seu irmão lhe dera semanas antes para o caso de se perderem. Vasculhou a bolsa e o achou. Era pequeno, menor que um relógio de pulso. Inteligentemente esperou cerca de três horas até que a família desse pela sua falta e refizesse o trajeto à sua procura. Deveriam estar de volta às 13 horas, para o almoço. Às 15 horas começou a acionar o dispositivo. Às 19 horas foram encontrados. Os sinais que enviara foram lidos e as respostas do irmão chegaram até ela. O uso correto dos sinais os salvara.

Na mesma cidade, milhares de pessoas todos os dias entram e saem de suas casas acionando um botão que abre os portões. Por ondas que não veem, eles abrem portas. É só questão de saber usar. Isso nos leva à doutrina da eficácia da oração. Acionamos e nos comunicamos com alguém que não vemos, mas que sabemos que virá em nosso socorro, alguém responde e as coisas acontecem.

***

Não faz muito tempo, na Itália, uma criança caiu num poço e de lá gritou por ajuda. Exaurida, não tinha nem mesmo como agarrar a corda que lhe era jogada. O poço era profundo e estreito. Um bombeiro de 29 anos amarrou em si mesmo uma corda, deixou um laço de reserva e desceu de ponta-cabeça, iluminando o poço com sua lanterna. Achou a criança, amarrou-a, e a equipe o içou com ela. Foi um resgate no qual ele corria risco de morte. Fez *kenosis*, correu o mesmo risco da criança e a salvou. Ele tinha as forças que ela jamais teria.

Quando falamos de vida e martírio de Jesus, falamos deste resgate. Desceu até nós, amarrou-nos a ele e nos içou para a liberdade e para a luz. Cada vez que pensarmos em Cristo, pensemos nestas histórias. Fazem parte dos dogmas católicos: a oração salva, Cristo vem até nós quando não temos capacidade de ir até ele. Utopia? Fé? Realidade? Pensem de nós o que quiserem. É assim que vemos Jesus.

Parte VIII

Morreu por nós

O amor de Cristo nos impele, considerando que um só morreu
por todos e, portanto, todos morreram. De fato, Cristo morreu
por todos, para que os que vivem já não vivam para si mesmos,
mas para aquele que por eles morreu e ressuscitou.
Assim, doravante, não conhecemos ninguém à maneira humana.
E se, outrora, conhecemos Cristo à maneira humana,
agora já não o conhecemos assim. Portanto, se alguém está
em Cristo, é criatura nova. O que era antigo passou,
agora tudo é novo. Ora, tudo vem de Deus, que, por Cristo,
nos reconciliou consigo e nos confiou o ministério da reconciliação.
Sim, foi o próprio Deus que, em Cristo, reconciliou o mundo
consigo, não levando em conta os delitos da humanidade,
e foi ele que pôs em nós a palavra da reconciliação.

(2Cor 5,14-19)

73. A morte de Jesus

Craig Venter, um dos cientistas que mapeou o genoma humano e chegou a sintetizar uma forma de vida em laboratório, disse que é impossível para um verdadeiro cientista crer em Deus. Disse que o cientista pararia de perguntar, e sem perguntas não há ciência (Revista *Veja* n. 2173, de 14.07.2010). Francis Collins, geneticista também responsável pelo mapeamento do genoma humano, crê em Deus e até escreveu um livro sobre sua fé. Isso não o tornou menos cientista. Parou de fazer algumas perguntas, mas fez outras muito mais intrigantes... No fundo, o que ateus e crentes discutem é a magna questão da vida aqui e do seu depois. Querem desvendar seus mistérios e alguns ousadamente garantem que tudo acaba na cova. E há os que mergulham numa outra ciência. Querem saber se há vida depois. São duas ousadias. Há mistérios aqui e depois. Negar esse depois sem provas é tão ousado quanto afirmá-lo sem argumentos. Não há nenhum alguém além do homem? Ou Alguém maior fez tudo isso? Que sentido faz afirmar que este Alguém maior que tudo criou esteve aqui?...

Vinda e vida controvertidas

Objeto de controvérsias, o nascimento e a morte de Jesus suscitam debates acalorados. Foi um humano que se passou por Deus ou foi declarado Deus. Mas Deus não existe! É o que sustentam alguns, achando ter provas de sua não existência. Outros sustentam tê-las. Fica-se com quem? Com o culto professor e cientista, que diz que Deus não é possível e que nem vive nem morre porque não existe? Ou fica-se com o professor também doutor que afirma que Deus é possível, existe, deu sinais e esteve entre nós? A quem dos dois o aluno dará crédito, já que os dois têm teses de doutorado? E a tese de doutorado dá a alguém o

264 **Pe. Zezinho, scj**

direito de declarar não cientista um colega que crê? Não poderia este colega que crê declará-lo não cientista porque decide parar na morte do ser humano?

Por trinta anos falando no rádio e recebendo e-mails, telefonemas e interpelações de irmãos ateus ou crentes, tive que responder, sempre com serenidade, às questões referentes ao modo como Jesus nasceu, como e por que morreu e ao porquê de sua morte. Para ser redentor teve ele que nascer daquela forma? Teve que morrer daquele jeito? A vida e a morte foram escolhas de Jesus, ou ele não as procurou? Foi para a morte ou apenas não fugiu dela? Se sabia que morreria, por que provocou as autoridades? Deu sentido redentor à cruz, ou deram tal sentido a ela em vista da morte dele?

Os textos que se referem à morte de Jesus parecem claros. Ele sabia que morreria; o que não significa que desejou morrer e provocou o seu martírio. Luther King e Mahatma Gandhi procuraram a morte? Mandela quis aqueles anos de prisão? Teriam como fugir? Não fugiram por quê? Não se crucificou, mas não fugiu da cruz.

O leitor encontrará com muito maior profundidade a reflexão sobre o tema nos livros indicados no fim deste volume. Mas passeie seus pensamentos sobre os textos que seguem.

> Eis que vamos para Jerusalém, e o Filho do homem será entregue aos príncipes dos sacerdotes, e aos escribas, e condená-lo-ão à morte (Mt 20,18).

> "Que vos parece?" E eles, respondendo, disseram: "É réu de morte" (Mt 26,66).

> Por isto o Pai me ama, porque dou a minha vida para tornar a tomá-la (Jo 10,17).

> Ninguém ma tira de mim, mas eu de mim mesmo a dou; tenho poder para a dar, e poder para tornar a tomá-la. Este mandamento recebi de meu Pai (Jo 10,18).

um rosto para JESUS CRISTO 265

Mas Deus prova o seu amor para conosco, em que Cristo morreu por nós, sendo nós ainda pecadores (Rm 5,8).

E, achado na forma de homem, humilhou-se a si mesmo, sendo obediente até a morte, e morte de cruz (Fl 2,8).

Já estou crucificado com Cristo; e vivo, não mais eu, mas Cristo vive em mim; e a vida que agora vivo na carne, vivo-a na fé do Filho de Deus, o qual me amou, e se entregou a si mesmo por mim (Gl 2,20).

Ressoe em nossos ouvidos os textos de Paulo sobre a morte e a ressurreição do seu mestre.

Também os documentos da Igreja no Concílio Vaticano II (1965) e em Aparecida (2007, n. 229).

Posso discordar fortemente da pregação de irmãos da nossa e de outras igrejas, e às vezes o faço, mas isso não me dá o direito de achar que estou certo e eles errados.

74. A certeza da esperança

> Não compreendeis ainda, nem vos lembrais dos cinco pães para cinco mil homens, e de quantos cestos levantastes? (Mt 16,9).

Não é que não devamos ter certezas. O que não podemos nem devemos é arrotar certezas absolutas. Paulo pregou muitas certezas, mas acentuou o mais que podia as virtudes da fé, do amor e da esperança, virtudes que levavam a muitas certezas, mas não a certezas absolutas. A procura continuava!

> Porque o nosso evangelho não foi a vós somente em palavras, mas também em poder, e no Espírito Santo, e em muita certeza, como bem sabeis quais fomos entre vós, por amor de vós (1Ts 1,5).

> Porquanto tem determinado um dia em que com justiça há de julgar o mundo, por meio do homem que destinou; e disso deu certeza a todos, ressuscitando-o dentre os mortos (At 17,31).

Entre a esperança e a certeza

Jesus não disse que ele era "uma das verdades". Disse que era "A verdade". Não disse que era um dos caminhos. Disse que era "O caminho". Não disse que era uma vida. Disse que era "A vida". Pregou certeza!

Esses dias um irmão, que se afirma estudioso da história, de linguística, de Exegese Bíblica, lembrou-me que Jesus pode não ter dito isso dessa forma. Seria um ajuste posterior feito por uma comunidade certa e segura da sua fé. Perguntei-lhe, então, o que ele acha que Jesus teria dito. Disse que não sabia. Retruquei: "Você fala da sua incerteza, mas está certo de que Jesus não disse isto dessa forma e, na hora de dizer o que ele talvez tenha dito, você diz que não sabe? Sua atitude me lembra o sujeito que diz que, sobre o projeto original de um prédio, ele tem certeza de que não era este que agora se vê, mas não tem certeza sobre qual era. Como o prédio está aí, eu falo do prédio que vejo e não do que não era para ser, nem do que poderia ter sido. Eu tenho muitas certezas. Não tenho certezas absolutas. Sou um ser humano! As coisas podem não ser exatamente como eu as imagino. Mas para mim Jesus é 'o caminho, a verdade e a vida!'". "Opinião sua", disse ele! "Isso! Você continua dizendo que talvez Jesus não tenha dito isso dessa forma e eu continuarei pregando que ele é tudo isso! Aí você me arranja um adjetivo depreciativo e eu lhe arranjo outro. Jesus vai continuar a ser quem foi. Nós é que sairemos diminuídos deste debate. Só ele sabe o que realmente disse e quis dizer."

* * *

Ele deu um sorriso complacente de quem sabe mais. Eu também ri! Ultimamente, nós, cristãos, andamos muito complacentes, um achando que o outro ou não sabe ou não entende! A maioria dos que falam na mídia, pelo visto, acha que sabe! Ouve-se mais certeza do que fé e esperança. Eu acho que sei pouco e que sobre Jesus é mais o que não sabemos do que o que já sabemos. Nem fui em quem disse isso. Aprendi com Tomás de Aquino nas suas reflexões sobre Deus.

* * *

Se devemos e podemos discordar? Sim! O diálogo supõe isso. Mas quando alguém prega como certo o que não é tão certo e como duvidoso o que não é tão duvidoso, quando alguém de maneira flagrante faz e diz coisas que Jesus jamais diria, vale o debate.

Certos até certo ponto

Foi Jesus quem disse para discordarmos dos guias cegos que acham que sabem o caminho (cf. Mt 15,14), dos que transformam a fé em caminho turístico (cf. Mt 24,24-26): "É por aqui, ele está lá no deserto, ele está num cantinho, venha conosco!...". Busquemos certeza, mas desconfiemos dos absolutamente certos. A fé também precisa de bússolas e GPS. Convém consultar os mapas da fé antes de enveredar atrás de qualquer guia que acha que o caminho é por onde ele vai... Pese sempre as palavras de Jesus.

> Portanto, se vos disserem: "Eis que ele está no deserto", não saiais. "Eis que ele está no interior da casa"; não acrediteis (Mt 24,26).

> Deixai-os; são condutores cegos. Ora, se um cego guiar outro cego, ambos cairão na cova (Mt 15,14).

> Condutores cegos, que coais um mosquito e engolis um camelo! (Mt 23,24).

> E aqueles dos fariseus, que estavam com ele, ouvindo isto, disseram-lhe: "Também nós somos cegos?". Disse-lhes Jesus: "Se fôsseis cegos, não teríeis pecado; mas como agora dizeis: 'Vemos', por isso o vosso pecado permanece" (Jo 9,40-41).

É Jesus mostrando a diferença entre buscar e anunciar a verdade e arrotar certezas. Deve ser por isso que, na catequese das principais igrejas cristãs, entre as sete virtudes pedagogicamente listadas como fundamentais não se encontra a da certeza. As três teologais continuam a ser Fé, Esperança e Caridade!

A fé cristã se assenta sobre esta esperança:

> Vigiai, pois, porque não sabeis o dia nem a hora em que o Filho do homem há de vir (Mt 25,13).

> Mas nós, que somos do dia, sejamos sóbrios, vestindo-nos da couraça da fé e do amor, e tendo por capacete a esperança da salvação (1Ts 5,8).

> Tendo sido, pois, justificados pela fé, temos paz com Deus, por nosso Senhor Jesus Cristo; pelo qual também

temos entrada pela fé a esta graça, na qual estamos firmes, e nos gloriamos na esperança da glória de Deus. E não somente isto, mas também nos gloriamos nas tribulações; sabendo que a tribulação produz a paciência, e a paciência a experiência, e a experiência a esperança. E a esperança não confunde, porquanto o amor de Deus está derramado em nossos corações pelo Espírito Santo que nos foi dado (Rm 5,2-5).

Há um só corpo e um só Espírito, como também fostes chamados em uma só esperança da vossa vocação (Ef 4,4).

A única certeza que Paulo anuncia é a *certeza da esperança*! Assunto candente para uma tese de cunho filosófico e teológico (cf. Hb 6,11).

75. Jesus Cristo, e este crucificado

> A graça que há na cruz consiste não em tirar a cruz das pessoas, mas em tirar as pessoas da cruz (Pe. Zezinho, scj).

> Salvou os outros, e a si mesmo não pode salvar. Se é o Rei de Israel, desça agora da cruz, e crê-lo-emos (Mt 27,42).

A graça da cruz não está em carregar a cruz dos outros, mas em carregá-la com os outros. Poderá até acontecer que, quando o outro perder todas as forças, tenhamos que assumir a parte mais pesada. A mística da cruz consiste não em deixar que outros carreguem a nossa cruz, mas em concordar que a carreguem conosco. Toda cruz é suficientemente grande para que duas pessoas possam ajudar a carregá-la. Havia espaço na cruz de Cristo para ele e para Cireneu. Mas o Crucificado foi Jesus, que, depois, alguém tirou da cruz.

Cristão tem cruz para levar

Carreguemos, portanto, nossas cruzes e as cruzes dos outros. E, quando alguém se prontificar a ajudar-nos a carregar a nossa cruz, aceitemos ajuda. Ninguém tem forças para carregar sozinho até o último minuto a cruz que tem nos ombros. As religiões existem para isso: não para nos enganar dizendo que não haverá mais cruz e, sim, para lembrar-nos de que haverá mais gente ajudando-nos a levar as cruzes que certamente virão.

Não creia num Cristo sem cruz

Saia da igreja que lhe oferece um Cristo sem cruz, ou uma vida sem sofrimento. É marketing para caçar adeptos. Ninguém

um rosto para JESUS CRISTO

pode fazer tal promessa. Jesus não a fez. Prometeu aliviar, mas não eliminar nossas cruzes.

> E chamando a si a multidão, com os seus discípulos, disse--lhes: "Se alguém quiser vir após mim, negue-se a si mesmo, e tome a sua cruz, e siga-me" (Mc 8,34).

> Tomai sobre vós o meu jugo, e aprendei de mim, que sou manso e humilde de coração; e encontrareis descanso para as vossas almas (Mt 11,29).

Os pregadores de um Cristo sem cruz e de uma fé sem sofrimento vão pegar tudo o que puderem de você e, depois, quando você estiver sofrendo, vão dizer que não puderam libertá-lo, porque você não teve suficiente fé.

O cristianismo tem cruz e tem luz. O charlatanismo só tem luz. Mas o cristianismo tem Jesus e o charlatanismo não tem.

76. Não há Cristo sem cruz

> E quem não toma a sua cruz, e não segue após mim, não
> é digno de mim (Mt 10,38).

A iraniana Alma Sepehr escapou com vida do terremoto que assolou o Irã no fim de dezembro de 2003, mas perdeu 21 parentes, entre eles o marido, uma filha e vários irmãos. Sua perplexidade se resumiu no desabafo: "Eu fui uma boa islâmica, rezei para *Allah* todos os dias. Não sei a razão pela qual tudo isso me aconteceu".

Edir Macedo, fundador da Igreja Universal do Reino de Deus, quando um templo caiu sobre os fiéis que oravam em Osasco, exclamou diante das câmeras da sua televisão: "Por que, meu Deus, por quê? Eles estavam orando!...". O Papa Bento XVI, diante de um forno crematório na Polônia, também se perguntou por quê. Nossa teologia não poucas vezes nos levará a perguntas sem outra resposta senão a da fé. Não há crente, seja ele desta ou daquela religião, que não tenha suas perplexidades. Os salmistas as tinham, nós as temos. Não há Igreja que tenha todas as respostas. Se as tivesse, não precisaria de fé!

O salmista pergunta por que razão Deus o esqueceu (cf. Sl 22,1). Jesus, ao morrer na cruz, repete este salmo (cf. Mt 27,46). Ele conhecia a resposta (cf. Mt 26,2; Lc 24,7). Assim mesmo, diz o evangelista que ele fez aquela prece. Moisés, Davi, Maomé, todos os fundadores de religião e pregadores de todos os caminhos, provavelmente não terão respostas claras nem para Alma Sepehr, nem para Edir Macedo, nem para o Papa, nem para qualquer pessoa sofrida que vê seus parentes ou fiéis morrerem soterrados. Nós, cristãos, dizemos que Jesus as conhecia, mas judeus e muçulmanos discordam de nós. O assunto "dor" é universal e é delicado. Não tem respostas prontas. Quem diz as que tem, está indo mais longe do que Jesus foi.

77. Crucificado e ressuscitado

> Porque nada me propus saber entre vós, senão a Jesus Cristo, e este crucificado (1Cor 2,2).

No caso dos cristãos, a resposta para a dor humana é Jesus crucificado num dia e ressuscitado três dias depois! A morte é a mais exigente passagem da vida e nem sempre é passagem suave. Aí, então, nos perguntamos e perguntamos a Deus: "Eu orei tanto e eles também oraram. Não podiam ter sido poupados, ou ao menos ter morrido de maneira mais suave?".

Lembro-me da Veridiana, 23 anos, quando seu pai morreu de um doloroso câncer. Em lágrimas, logo após o passamento do calmo e bondoso pai, olhou-me nos olhos e disse: "Você continuará meu padre e meu amigo, mas não me fale mais de Deus. Eu nunca vou entender o que ele fez com meu pai. Se você diz que ele ama, ele não amou meu pai. Então eu vou lhe dar o troco".

Veridiana nunca mais foi a nenhuma igreja. A um pastor que tentou levá-la para uma Igreja onde há milagres, respondeu que não gostava de igrejas com respostas prontas. Casou-se apenas no civil, teve dois filhos, ficou cerca de vinte anos longe de qualquer prática religiosa, por conta da sua decepção. Mas uma vez falei a ela e ao marido *sobre a não resposta*. Expliquei que perguntar e espernear também pode ser fé. Ninguém fica de mal por nada. Se ela estava de mal com a Igreja que frequentara, mas abrira uma exceção para mim, poderia abrir uma para Jesus que morreu na cruz pedindo que o cálice de dor fosse afastado... Ela riu. O marido, com os olhos, perguntou: "E agora, Veri?".

Recentemente lhe dei de presente o livro de um pastor evangélico que relatou sua perda de fé por conta da dor humana. O livro é de Bart Ehrman, *O problema com Deus*. Ela o leu de um só fôlego. Telefonou-me para dizer que o caso dela não é igual. Ela ainda crê em Deus, mas não consegue mais lhe dizer coisas bonitas! Deus é seu ex-amigo, mas ela sabe que ele existe! É um Deus omisso que não fez o que poderia ter feito por seu pai; mas por uma dessas coisas misteriosas, ela ainda crê nele. Vai brigar com ele a vida toda até que encontre uma resposta que não seja mágica, nem interesseira. Não admite que alguém venha com respostas prontas e trechinhos de Bíblia. Disse-o com um riso irônico.

Falei-lhe de G. K. Chesterton, que no livro *Ortodoxia* disse: "O amor perdoa o imperdoável, senão, deixa de ser virtude. A esperança não desiste, mesmo em face do desespero, senão, deixa de ser virtude. E a fé acredita no inacreditável, senão, deixa de ser virtude". Como gosto de citar autores que ensinam coisas profundas, irônica ela revidou: "Já sei, andou lendo mais um livro! Já que não pode citar a Bíblia para resolver meu caso, cita algum filósofo. Mas vou pensar nesse seu Chesterton...".

Veridiana é uma das milhões de vítimas da dor que não se satisfazem com respostas fáceis e decoradas. Vai achar a pergunta certa na hora certa e vai aceitar a resposta certa do jeito certo. E não será o meu jeito. Será o dela e o de Deus, em quem ela ainda crê, mas com quem comprou uma briga que já dura vinte anos.

Jesus Cristo, que sofreu...

Para um cristão que sofre não há respostas senão a da fé cheia de perguntas. Nem sempre será uma resposta de resignação. Jesus não morreu de maneira suave. Morreu perguntando e perdoando. Não baliu como um cordeirinho. Se dizemos que ele é o Filho de Deus, então, a pergunta fica ainda mais gritante. Precisava ser daquele jeito? Jesus disse que precisava (cf. Lc 24,7) e repeliu a tentação de caminhos fáceis (cf. Mt 4,10). A Pedro, que o dissuadia dos riscos a correr, chamou de *tentador e satanás* (cf. Mt 16,23). A seguir, avisou que quem quisesse segui-lo deveria assumir a cruz e a dor.

um rosto para JESUS CRISTO 275

Nem os que pregam o fim do sofrimento e o fim dos problemas em seus programas de rádio e televisão sabem explicar a dor, a não ser à luz da fé. Na hora em que a dor nos atinge, fazemos o que fez Jesus: perguntamos por quê. Não há nada de errado em querer saber o porquê de algo. Mostra que estamos vivos e raciocinando. Jesus queria isso dos apóstolos (cf. Jo 16,17; 16,23) e diz que chegará o dia em que não pediremos nem perguntaremos, porque teremos entendido o Reino.

Não há cristianismo sem alguma dor

Não há cristianismo sem dor, nem Cristo sem cruz. Se quisermos anunciar um Cristo glorioso e vitorioso e semear a *teologia dos vencedores em Cristo*, convém não iludir os fiéis. A dor não acabará em nossa casa, só porque oramos para Alá ou porque aceitamos o Cristo. Nem ele escapou da dor universal. Uma coisa é ensinar a carregar a cruz; outra é dizer que lá na nova Igreja não haverá cruz. Isso, Jesus nunca prometeu, nem as igrejas podem prometer. Se o fizerem, será marketing capcioso desenhado para conseguir mais adeptos que, depois, descobrirão a verdade. Valer a pena, vale, mas Jesus nunca disse que seria fácil!

78. Vede onde ele esteve

Ele não está aqui, porque já ressuscitou, como havia dito.
Vinde, vede o lugar onde o Senhor jazia (Mt 28,6).

O mundo está repleto de crentes e de não crentes. Os crentes
de algumas religiões imediatistas, os ateus e os materialistas, de
certo modo podem justificar seu desespero diante da morte. Os
cristãos, em tese, não deveriam. A fé na ressurreição de Jesus
deveria enchê-los de esperanças.

Quando um cristão se desespera diante da morte e age como
quem não crê numa vida além do último suspiro, ou esqueceu,
ou nunca entendeu a vida e a morte de seu mestre Jesus. O cristianismo nasceu do desafio que Jesus lançou à morte. Ao contrário do que muitos pensam, não foi o Natal e, sim, a Páscoa, que
deu sentido e origem ao cristianismo. Portanto, a razão de ser de
nossa fé não está centrada no nascimento de Jesus, mas sim na
sua ressurreição.

> São Paulo afirma que de nada adiantaria e nada faria sen-
> tido no cristianismo, se Jesus tivesse morrido para sem-
> pre. Se Jesus não tivesse ressuscitado, seríamos os mais
> ingênuos e mais tolos crentes do planeta (cf. 1Ts 4,14;
> 1Cor 15,2-14). É a ressurreição de Jesus que torna toda a
> sua doutrina digna de crédito.

Somos cristãos porque acreditamos e afirmamos que aquele
pregador judeu, chamado Jesus de Nazaré, mais do que carpinteiro e depois pregador e profeta, era o Filho eterno. Ele sempre
existiu. Isto: Jesus era Deus! Podem rir de nós, mas é isso o que
afirmamos. Aquele moço era Deus. Era o ungido que os hebreus
esperavam. Muitos cristãos deixaram de crer nessa verdade e

um rosto para JESUS CRISTO

abandonaram o cristianismo. Vários crentes não cristãos a aceitaram. É verdade que a alguns atrai e que a outros afasta.

Afirmamos que ele veio ao mundo mostrar que o ser humano tem conserto. Morreu para provar que a morte não é o ponto final. Por isso, ressuscitou. Mostrou que a vida é eterna e que o homem não foi criado para desaparecer.

Depois da vida, a morte é a maior realidade que nos cerca. Todos os que viveram, morreram. Todos os que vivem, morrerão. Mas o cristianismo acrescenta outra verdade a estas duas: os que morreram e os que morrerem em Cristo ressuscitarão em Cristo e com Cristo (cf. 1Ts 4,16-18). É verdade que nos consola. Ninguém volta ao nada. A vida continua depois da morte.

Porque Jesus ressuscitou, nós, cristãos, não temos outra escolha, senão proclamar que o mundo tem conserto, que a morte é uma passagem para o eterno, onde não há mais espaço, nem tempo, nem limite algum, porque então teremos atingido nosso ponto definitivo de hominização, segundo dizia Teilhard de Chardin.

Temos de ser otimistas e crer que, um dia, neste planeta, viverá uma geração feliz, completa e capaz de conviver no amor. Já não estaremos entre os vivos, como outros bilhões de homens também já não estão. Mas aquela geração viverá por nós, aqui, em vida, o Reino que nós perseguimos, em parte para nós, em parte para eles.

Porque Jesus ressuscitou, acreditamos que o amor, a paz e a justiça um dia mandarão na terra. Enquanto isso não acontece, não temos medo nem da vida nem da morte. Uma só realidade nos amedronta: o pecado. Porque este sim pode condenar o homem à morte eterna.

**

Há dois mil anos, numa obscura cidadezinha de Judá, nascia Jesus, filho de Maria e, segundo a lei, filho de José, trabalhador, artesão e carpinteiro.

278   Pe. Zezinho, scj

Não houve imprensa falada nem escrita para noticiar o seu nascimento. Nasceu como nascem as crianças pobres. Incomodou como incomodam as vidas que questionam. Cresceu como crescem aqueles que se preparam para libertar seu povo. E gritou, gritou com seu silêncio de trinta anos, que as grandes soluções da humanidade repousam no coração de quem espera e teima em acreditar.

Quando ele se fez adulto, saiu tranquilo mas inquieto pelas cercanias de sua cidade, pelas praias, aldeias, montanhas e cidades, anunciando que uma nova ordem, um novo Reino, estava para começar.

> Sua palavra candente,
> seu jeito simples de se expressar,
> seu modo puro e meigo de perdoar,
> seu carinho infinito pelos pobres e oprimidos,
> sua coragem de denunciar as injustiças,
> seu jeito de orar
> e seu modo apaixonado de falar do seu Pai que o enviara,
> eram qualquer coisa de incrível e de inaudito.

Passou como um corisco pelo céu da História e pelo mapa da esperança, às vezes perseguido, caluniado e agredido abertamente, contestado, criticado, humilhado e desprezado por alguns, odiado profundamente por outros, que não podiam admitir uma nova ordem de coisas; amado com imensa ternura por aqueles que viram, ouviram e acreditaram o suficiente para sentir que Deus ainda gostava dos homens, e gostara tanto a ponto de nascer de mulher.

Nós, cristãos, cremos que Deus é um só ser, mas é três pessoas: Pai, Filho e Espírito. Como explicar isso? Segundo os cristãos, Jesus de Nazaré era ninguém menos que o Filho encarnado. É por isso que bilhões de crentes pautaram sua vida na certeza de que Deus esteve aqui e se tornou um de nós.

Deus ainda gosta dos homens e nunca se cansará da humanidade. Ele não sabe não amar! Jesus é a prova definitiva desse amor!

79. Sepultado por três dias

E nós esperávamos que fosse ele o redentor de Israel; mas, agora, é já o terceiro dia desde que essas coisas aconteceram (Lc 24,21).

Não foi fácil crer

Se não é fácil para nós hoje crermos na ressurreição, menos fácil ainda o foi para quem o viu morrer e ser levado ao túmulo na rocha. Não imaginemos que os discípulos aceitaram de imediato e de maneira superficial a notícia da ressurreição. Quando a notícia correu, os primeiros a duvidar foram eles. Jesus provavelmente não tinha o mesmo aspecto. Havia algo nele que o tornava diferente. Morto ele não estava, fantasma não era, mas não foi facilmente reconhecido.

A liderança descartou a visão das mulheres por entender que estavam emocionadas. Era coisa de mulher (cf. Lc 24,22-24; Mt 28,6-11). Pedro e João correram ao sepulcro para ver se era verdade (cf. Lc 24,1-11; Jo 20,2-8). Os dois de Emaús não reconheceram o ressuscitado que caminhou com eles (cf. Lc 24,13ss). Madalena pensou que ele fosse o jardineiro (cf. Jo 20,15; 21,4).

Tomé não acreditou

Tomé duvidou (cf. Jo 20,27). As portas estavam fechadas e Jesus entrou (cf. Jo 20,26). Deixou-se tocar (cf. Jo 20,27). Comeu peixe com os discípulos que pescavam (cf. Lc 24,41-43). Veio na direção deles e tiveram medo, pois pensavam que fosse Jesus, mas tiveram medo de perguntar (cf. Mt 28,17; Lc 24,37).

Paulo diz que Jesus apareceu a muitos. Fala de quinhentas pessoas que o viram. Mas quinhentas pessoas não inventam nem guardam um segredo assim tão grande. Algo de extraordinário

280   Pe. Zezinho, scj

acontecera para Paulo escrever sobre isso trinta anos depois e com riqueza de detalhes. Um contou para o outro, pois Paulo não estava lá. Ele só viu Jesus muito mais tarde.

> Porque primeiramente vos entreguei o que também recebi: que Cristo morreu por nossos pecados, segundo as Escrituras. E que foi sepultado, e que ressuscitou ao terceiro dia, segundo as Escrituras. E que foi visto por Cefas, e depois pelos doze. Depois foi visto, uma vez, por mais de quinhentos irmãos, dos quais vive ainda a maior parte, mas alguns já dormem também. Depois foi visto por Tiago, depois por todos os apóstolos. E por derradeiro de todos me apareceu também a mim, como a um abortivo (1Cor 15,3-8).

Forjaram?

Fica difícil imaginar que a ressurreição foi inventada e que os discípulos roubaram o corpo do defunto e combinaram a mentira, como relata Mateus (cf. 28,13). As autoridades mandaram os guardas mentirem.

Assim, tomaram vulto três versões:

- foi histeria coletiva: queriam tanto ver, que viram;
- foi sequestro e ocultação de cadáver e embuste dos discípulos que inventaram que ele voltara à vida;
- foi verdade.

Ainda hoje se pode ler livros em defesa da ressurreição e contra ela. Será sempre um tema controvertido. O fato é que os cristãos desenvolveram sua teologia a partir desta convicção. Paulo afirma que de nada adiantaria anunciar um morto. Seríamos os crentes mais dignos de lástima, se Jesus não tivesse dado provas de que tinha vencido a morte (cf. 1Cor 15,17).

Por isso os cristãos são filhos da ressurreição. Se a negarem, terão negado o poder e a divindade de Jesus. Os relatos dos últimos dias de Jesus são intrigantes e questionadores. Ele que, com poder sobre a enfermidade, devolveu, na quinta à noite, a orelha decepada a Malco (cf. Lc 22,51), o servo do sumo sacerdote, não moveu uma palha em favor de si mesmo na mesma noite nem na sexta-feira, porém, na manhã depois do sábado, devolveu-se à vida. Poderia não ter morrido? Por que a morte? Por que a ressurreição?

Notícia que desinstala

Teríamos que conjeturar, e é o que fazem os escritores e pregadores. Só ele poderia responder por quê. O fato é que os discípulos acordaram na manhã posterior ao sábado com uma notícia que os alegrou e desnorteou por primeiro. Aos poucos foram achando o seu norte. A certeza de que algo extraordinário acontecera formou sua convicção. Jesus estava vivo! Praticamente todos morreram por sustentar esta verdade! E foi ela que mudou radicalmente suas vidas. Ou foram fanatizados ou estavam lúcidos a ponto de exporem a vida para testemunhar algo sobre o qual não poderiam nunca mais calar.

Dogma que provoca

Duvidar da ressurreição de Cristo é pular fora do cristianismo. Ou aceitamos esta verdade, ou teremos que duvidar de tudo o que ele disse. O desafio de Paulo persiste. Ou Jesus está vivo ou não está! Se não está, nós adoramos um morto e um messias que fracassou. Se está, somos nós a lançar um desafio ao mundo. Mas teremos que provar com nossa vida que ele age ainda hoje. Pregações bombásticas, histéricas, intempestivas e agressivas não provam nada. Mas vidas serenas, fortes, cheias de conteúdo podem fazer a diferença. Talvez a maior prova de que Jesus está vivo é a paz e a maturidade de quem vive e anuncia esta verdade!

80. Não o procurem no túmulo!

> Não está aqui, porque já ressuscitou, como havia dito.
> Vinde, vede o lugar onde o Senhor jazia (Mt 28,6).

Um túmulo vazio e as versões em torno do fato dividiram e dividem milhões de crentes nestes últimos vinte séculos: "Ressuscitou... Não ressuscitou, esconderam o corpo, o sepultado foi outro, ele não morreu na cruz, foi farsa, ninguém ressuscita!... Um Deus que é Deus não morre numa cruz!... É um absurdo! Pessoas com um mínimo de inteligência não podem aceitar uma versão dessas! Sim, Jesus foi alguém especial, mas criaram um fato para transformá-lo em Deus!". Sim, Jesus ressuscitou e, tanto naqueles dias como hoje, nos provoca com este fato.

Invenção? Coisa de mago? Coisa de fanáticos? Fato real? Eis as versões e os confrontos. Milhares de livros tocam no assunto e a cada dia se acirra o debate. Um fato permanece: Jesus repercute até hoje. É um morto que nos questiona ou é um ressuscitado que nos desafia. Nem mesmo os agnósticos e ateus ficam indiferentes ao fato. Afinal, dois bilhões de humanos dizem crer que ele está vivo! "E está?", perguntam os agnósticos. A fé afirma que sim! Os descrentes garantem que não. Você acredita no quê?

***

Não está aqui. Vejam o túmulo vazio (Mt 28,6; Lc 24,6)

Lembro-me de, aos 22 anos, estudante de teologia, ter assistido a uma peça com este título: *O túmulo vazio*. Por noventa minutos, quatro mulheres e dois homens conversam, diante de um túmulo vazio e de um lençol, sobre o que poderia ter acontecido com aquele cadáver. A peça era intrigante.

De reflexão em reflexão, os seus personagens debatiam a possibilidade e a impossibilidade da ressurreição. Os que se opunham à ideia diziam que alguém roubara o corpo, talvez o Arimateia. Jesus, na verdade, não morrera, sofrera morte aparente diante dos sofrimentos na cruz. Ou tinha sido embuste: o sepultado não era o mesmo que morreu na cruz; truque dos discípulos...

Uma das mulheres e um dos homens na peça, Geruza e Tema, apostavam que se pode viver de novo e que Jesus tinha tal poder. A morte não é o fim de tudo. A mente não morre! E ela pode dar vida a um corpo. Em três atos, a peça enchia de questionamento a plateia. Quem duvidava, saía repensando, e quem acreditava de maneira superficial também saía se questionando. Foi uma experiência marcante na minha vida de rapaz.

Paulo, o questionador

São Paulo primeiro combateu, mas depois acreditou, não sem espernear. A última coisa que ele queria era aceitar Jesus... Convertido, magistralmente analisa a morte de Jesus como prefiguração da nossa: um dia, também nós ressuscitaremos (cf. 1Cor 6,14). Que o túmulo não nos assuste! Um dia entenderemos tudo isso, com clara visão e sem véu, porque agora vemos tudo obnubilado, por espelhos embaçados. É tudo obscuro, mas um dia entenderemos (cf. 1Cor 13,12).

E afirma com ternura poética: "Não quero que vocês fiquem tristes, como quem não sabe" (cf. 1Ts 4,13), lamentando-se pela morte. Somos chamados a uma vida eterna. Da ressurreição de Jesus derivamos a nossa. Da passagem de Jesus derivamos as nossas passagens. Transcenderemos à morte.

Sem medo de morrer

São Francisco a chamava de irmã. Não se deve procurá-la, mas como ela certamente vem, o certo é estarmos de prontidão. Seguros de que não cairemos num nirvana ou no esquecimento, cremos no encontro com quem nos criou, a quem veremos pela primeira vez e em quem viveremos para sempre.

O Filho morto e ressuscitado nos levará ao mistério do Pai, no mesmo Espírito. Não cairemos no nada, até porque não viemos do nada: foi dele que viemos. Antes de sermos realidade, já éramos pensados por quem nos fez.

Desafio

O túmulo vazio é o nosso grande desafio. Primeiro para os cristãos. Pode falar por nós ou contra nós. Afinal, Jesus está ou não está vivo? Seria triste se nossos adversários, depois de convencerem o mundo de que o túmulo vazio foi um embuste, ainda vendessem a ideia de que Jesus foi uma fraude. Dan Brown tentou. Vendeu milhões de livros. Outros, bem que tentam!

Se tantos fazem de tudo para provar que não houve ressurreição, é porque, vivo ou morto, Jesus os incomoda. Se não ressuscitou, afirma São Paulo que os cristãos estão "em maus lençóis". Mas, se aquele túmulo vazio aponta para a ressurreição, terá havido no mundo um fato novo. Aí, será a vez dos descrentes se curvarem e a ciência ter que admitir outros crivos e parâmetros e aceitar que nem tudo o que morre se acaba ou se transforma.

Parte IX

As dúvidas de sempre

A origem de Jesus Cristo foi assim: Maria, sua mãe,
estava prometida em casamento a José, e, antes de viverem juntos,
ela ficou grávida pela ação do Espírito Santo. José, seu marido,
era justo e, não querendo denunciá-la, resolveu abandonar
Maria em segredo. Enquanto José pensava nisso,
eis que o anjo do Senhor apareceu-lhe, em sonho, e lhe disse:
"José, Filho de Davi, não tenhas medo de receber Maria
como tua esposa, porque ela concebeu pela ação do Espírito Santo.
Ela dará à luz um filho, e tu lhe darás o nome de Jesus,
pois ele vai salvar o seu povo dos seus pecados". Tudo isso aconteceu
para se cumprir o que o Senhor havia dito pelo profeta:
"Eis que a virgem conceberá e dará à luz um filho. Ele será chamado
pelo nome de Emanuel, que significa: Deus está conosco".

(Mt 1,18-23)

81. Jesus e o demônio

E os demônios rogaram-lhe, dizendo: "Se nos expulsas, permite-nos que entremos naquela manada de porcos" (Mt 8,31).

Se a Bíblia diz que o demônio existe e que há demônios, ou rasgamos nossas bíblias ou admitimos que existe, sim, um mistério com o qual não se brinca e que não se deve aceitá-lo sem nenhum questionamento, nem negá-lo sem fundamento algum. "Não existe, porque não consigo crer", ou "Não existe, porque não quero crer" não são argumentos serenos. Não somos o centro referencial da verdade.

Se os evangelhos falam com clareza de Jesus enfrentando o demônio ou demônios, cabe a nós ouvir os estudiosos que certamente sabem mais do que nós e que explicam até onde é possível essa realidade do mal na história e na vida das pessoas.

Existe? Não existe? É tudo ilusão e imaginação? É realidade, mas nem sempre é do jeito que os pregadores anunciam e combatem? Um estudo mais aprofundado de como Jesus enfrentou o demônio ou demônios nos mostrará alguns fatos que claramente traduzem um modo de pensar daqueles dias. Mas há fatos que desafiam a cultura atual. Se é possível detectar falcatruas, falsos diagnósticos e falsas revelações e exorcismos fictícios, também há situações que deixam perplexo o cientista, o teólogo e o estudioso. Nem tudo é pau-pau, pedra-pedra.

> O mal no mundo merece mais estudos, da mesma forma que a graça de Deus merece nossa redobrada atenção, para que não deturpemos o que não entendemos.

288   Pe. Zezinho, scj

Na Igreja Católica, através dos tempos, diversos documentos abordaram o tema. Hoje a Igreja pede prudência com respeito a essa doutrina. Citemos algumas passagens:

> Jesus respondeu: "Eu não tenho demônio, antes honro a meu Pai, e vós me desonrais" (Jo 8,49).

> E pregava nas sinagogas deles, por toda a Galileia, e expulsava os demônios (Mc 1,39).

> Muitos me dirão naquele dia: "Senhor, Senhor, não profetizamos nós em teu nome? E em teu nome não expulsamos demônios? E em teu nome não fizemos muitas maravilhas?" (Mt 7,22).

> E os demônios rogaram-lhe, dizendo: "Se nos expulsas, permite-nos que entremos naquela manada de porcos" (Mt 8,31).

> E, expulso o demônio, falou o mudo; e a multidão se maravilhou, dizendo: "Nunca tal se viu em Israel" (Mt 9,33).

> Mas os fariseus diziam: "Ele expulsa os demônios pelo príncipe dos demônios" (Mt 9,34).

> Curai os enfermos, limpai os leprosos, ressuscitai os mortos, expulsai os demônios; de graça recebestes, de graça dai (Mt 10,8).

> Mas os fariseus, ouvindo isto, diziam: "Este não expulsa os demônios senão por Belzebu, príncipe dos demônios" (Mt 12,24).

> E, se eu expulso os demônios por Belzebu, por quem os expulsam então vossos filhos? Portanto, eles mesmos serão os vossos juízes (Mt 12,27).

> Mas esta casta de demônios não se expulsa senão pela oração e pelo jejum (Mt 17,21).

> E esta mulher era grega, siro-fenícia de nação, e rogava--lhe que expulsasse de sua filha o demônio (Mc 7,26).

um rosto para JESUS CRISTO

> E estes sinais seguirão aos que crerem: em meu nome expulsarão os demônios; falarão novas línguas (Mc 16,17).
>
> E estava na sinagoga um homem que tinha o espírito de um demônio imundo, e exclamou em alta voz (Lc 4,33).
>
> E também de muitos saíam demônios, clamando e dizendo: "Tu és o Cristo, o Filho de Deus!". E ele, repreendendo-os, não os deixava falar, pois sabiam que ele era o Cristo (Lc 4,41).
>
> E, tendo saído os demônios do homem, entraram nos porcos, e a manada precipitou-se de um despenhadeiro no lago, e afogou-se (Lc 8,33).
>
> Diziam outros: "Estas palavras não são de endemoninhado. Pode, porventura, um demônio abrir os olhos aos cegos?" (Jo 10,21).
>
> Mas o Espírito expressamente diz que nos últimos tempos apostatarão alguns da fé, dando ouvidos a espíritos enganadores, e a doutrinas de demônios (1Tm 4,1).
>
> Mas, se eu expulso os demônios pelo dedo de Deus, certamente a vós é chegado o Reino de Deus (Lc 11,20).

Baseados nestas e em outras passagens que o leitor encontrará facilmente em suas pesquisas, pregadores de todos os tempos ou viram demônios demais ou de menos. Para a Igreja, o demônio é uma realidade, mas não é exatamente como muitos o descrevem. Exorcismo é uma prática muito séria que não pode ser deixada a qualquer crente. Falar do demônio também não é para qualquer um. Na maioria dos casos, os que dizem lidar com o demônio lidam com um demônio artificial e imaginário, que parece seguir o *script* do pregador. Funciona mais como teatro do absurdo.

Não é invencionice

Nem por isso temos o direito de afirmar que tudo é invenção. É melhor que ouçamos os especialistas, que falem os teólogos, os psiquiatras e psicólogos e os estudiosos de comportamento humano. Se errarem, errarão menos. Os dois grandes perigos da fé são um exagerar o poder e a força do mal e outro não perceber a gravidade do mal que nos cerca. Em resumo: ver demônios demais ou vê-los de menos.

Jesus distinguia

Jesus sabia distinguir. Mas se os discípulos dizem que ele os enfrentou, então convém refletir sobre esta verdade. Teria Jesus se enganado? Teriam os discípulos colocado palavras na boca de Jesus? Ou trata-se de uma verdade que desafiou Jesus e desafia pregadores e cientistas de todos os tempos?

Há igrejas e movimentos acentuando demais o demônio. Devem ser questionados. Há outros negando tudo: também devem ser questionados. Não é mistério fácil de se afirmar nem de se negar. E também não se deve ficar em cima do muro. O jeito é estudar um pouco mais o assunto e não se impressionar com exorcistas de plantão no rádio e na televisão. Demônio de mídia e de porta de templo pode não ser o demônio do qual a Bíblia fala. Demônio que se cura com uma aspirina é apenas dor e mal-estar, não necessariamente o diabo. Por isso, questione o demônio da unha encravada, da diarreia, da urina solta, da dor de cabeça, do dente supurado. Não confunda dor difícil de vencer com demônio. Trate a cruz como cruz, a dor como dor, a dificuldade como dificuldade, a doença como doença. Talvez, aquele que veja demônio em tudo, o tenha na retina e na imaginação.

O fato de ele existir não quer dizer que existe do jeito anunciado pelo pregador, que depois o expulsa! Se ainda não leu, leia os Atos dos Apóstolos 19,11-17. Brincaram de exorcistas e saíram de cena em petição de miséria. Jesus e os apóstolos não brincavam. Ou era ou não era!

A existência e a ação do demônio são temas difíceis de abordar. É melhor que não se brinque com o mal. Ele fere povo e pregadores!

82. Jesus e satanás

Diziam outros: "Estas palavras não são de endemoninhado. Pode, porventura, um demônio abrir os olhos aos cegos?" (Jo 10,21).

Sobre o demônio ou os demônios foram escritas milhares de obras. Sobre Jesus, inúmeras vezes mais. Sobre Jesus e os demônios menos, mas existem. É que os pregadores da fé em Jesus se dividem entre quem destaca e combate o poder do demônio sobre seus fiéis e os que preferem acentuar o Cristo que venceu o mundo e disse para não temermos (cf. Jo 16,33). Dão pouco espaço ao demônio em suas pregações, pouco se referem a ele. Os combatentes afirmam que um dos truques do demônio é convencer os pregadores a ignorá-lo e a nunca falar dele. Os outros lembram que truque do demônio também é levar pregadores a falarem constantemente dele e até o entrevistarem ao microfone; assim ele acaba mais lembrado do que Jesus...

Inúmeros demônios

Houve quem chegasse a dar o número exato de demônios... Houve quem descrevesse em detalhes o lugar onde eles vivem, no centro da terra... Houve quem dissesse que se pode contrair um demônio pelo ar contaminado. Houve quem o situasse abaixo de algum vulcão. E há quem diga que existe o demônio da diarreia, da unha encravada e o demônio da tontura... Não ficará claro enquanto não definirem o que é que entendem por demônio ou demônios... Tem chifre? Tem garfos e tridente? Tem cara horrorosa? Tem rabo? Ou se disfarça de uma linda moça? Livros, romances, novelas de terror fantasiam todas as possíveis feições dele. O fiel terá que saber o que é literatura e imaginação e o que é doutrina e reflexão cristã.

Existem ou não existem?

É fácil encontrar livros que os negam e livros que provam que eles existem. Da mesma forma que o rosto de Jesus varia com a imaginação do pregador, a forma e o rosto do demônio, na maioria dos casos, depende da imaginação dos pregadores ou da Igreja que o expulsa. A prática do pregador que entrevistava o demônio parou, mas você já deve ter visto a cena em cultos transmitidos pela televisão. Passe diante de alguns templos e verá uma lista dos demônios que ali são expulsos... Creia, se quiser!

Doutrina controvertida

Questionada em todas as religiões, a existência e a ação do demônio são ainda mais controvertidas entre os cristãos. Se a Jesus foi dado todo poder no céu e na terra (cf. Mt 28,18); se Jesus disse para não termos medo, porque ele venceu o mundo (cf. Jo 16,33); se ele é o Senhor (cf. Fl 2,11), como explicar a exagerada ênfase no poder e na ação do demônio que tomou conta das primeiras comunidades cristãs; mais tarde, de milhões de cristãos católicos e ortodoxos na Idade Média; e finalmente, de milhões de evangélicos e pentecostais? Por que ainda hoje se pode ver a luta contra ele nos templos, estádios e canais de televisão? Ele realmente tem todo esse poder? Os pregadores que usam o nome de Jesus têm realmente algum poder sobre eles? Ou são demônios criados, e por isso mesmo fáceis de ser dominados por quem os criou?

Se Cristo tem poder e se os cristãos creem que ele salva, por que atribuir ao demônio tamanha capacidade? Se por um lado há quem negue e minimize o poder do demônio, não haverá do outro lado quem o exagere?

O "coisa ruim"

O povo o chama de "coisa ruim"! Isto resume o que se pensa dele. *Daimon, demônio, diabo, satanás, inimigo, lúcifer, anjo* das trevas, *pessoa ou encarnação do mal*, o demônio ocupa o ideário de milhões de cristãos e a ele se atribuem todos os males. Mas a ideia vem de longe. Estava e está em praticamente todas as religiões. É sempre *algo* ou *alguém* ruim, mesmo que pareça bonito e atraente. É o outro lado do bem.

Pandora, Adão e Eva

Os gregos falavam de *Pandora*, a mulher curiosa que, mesmo proibida, abriu o recipiente dos males e inundou o mundo com sua desobediência. O livro do Gênesis fala de Eva (cf. Gn 3,1-5), a mulher também curiosa que não resistiu à proibição de colher o fruto que não podia ser colhido. Um demônio em forma de serpente levou o casal à desobediência. Desde então o mal está no mundo e a serpente tenta pegar no pé, morder o calcanhar dos humanos (cf. Gn 3,15). E a mulher é acusada de causar o pecado. A maior culpa das tentações recai sobre ela.

O mal encarnado

Assim como cremos no Filho de Deus encarnado, há quem creia que o demônio não se encarnou, mas que ele encarna o mal. A tentativa de explicar os males da pessoa e do mundo está em todas as culturas e todas elas os personificam no demônio. Ele não é coisa: é pessoa do mal, assim como Deus é pessoa do bem. Para estas culturas, então, existe a pessoa ou existem as pessoas divinas boas, que ou é um só Deus em três pessoas, ou são os deuses bons. Existe também a pessoa humana boa ou má, influenciada pelo demônio, e o demônio ou os demônios, que são pessoas sobrenaturais e más.

Ideia que vem de longe

Nas tradições dos povos mediterrâneos e orientais e entre os persas, havia o deus do bem e o deus do mal, os deuses do bem e os demônios. Os hebreus exilados incorporaram estas narrativas e as fundiram, ensinando que o demônio, o tentador, o inimigo do homem, primeiro foi inimigo de Javé. Uma tradição ensinava que ele foi um anjo de luz e depois, pelo orgulho, se transformou em anjo das trevas, quando perdeu a batalha para São Miguel, o anjo do bem, levando consigo para o inferno os anjos maus, que se transformaram em demônios. O lúcifer virou o chefe dos demônios.

Mito ou realidade?

Não podemos jogar a Bíblia fora. Judeus, cristãos e muçulmanos estariam desperdiçando suas doutrinas, se negassem a existência do mal e agissem como se o demônio fosse história da carochinha, brincadeira ou invencionice do tipo Branca de Neve ou Chapeuzinho Vermelho. Foi real para aquelas comunidades, marcou suas vidas e ainda hoje mexe com a cabeça de bilhões de pessoas. Quem se ri desta interpretação vai ter que explicar de outro jeito a existência do mal e a força dele sobre as pessoas. Não é certo que o conseguirá a contento, porque lidamos com algo difícil de definir. Mas se quer mesmo falar do mal no mundo, comece explicando os bilhões de dólares, euros e rublos gastos em armas e os milhares de bombas atômicas estocadas por nações cheias de cientistas e homens de vastíssima cultura! Foi gente inteligente e esperta que as criou! Tanta violência acumulada é ficção ou é realidade? Quem a estocou eram pessoas livres ou não?

Quem nega a existência do demônio apenas lhe dá um outro nome, mas estará falando da realidade poderosa, envolvente e até irresistível que é o mal e da qual as pessoas raramente conseguem se furtar, sem uma ajuda de alguém mais forte. Os inteligentíssimos cientistas de 1945 poderiam ter se recusado a criar a bomba atômica. Cederam à tentação de criar algo que não sabiam no que daria!

Negar o demônio...

O cristão que negasse a existência do demônio estaria agindo por conta própria e criando a sua catequese sem demônios e sem anjos. Estaria anunciando que o mal é uma coisa, apenas uma coisa, nada mais do que uma coisa! Talvez uma soma de atitudes e acontecimentos... Talvez algo escondido no mais profundo da natureza humana... Não há nada que não possa ser explicado com outras palavras e outros personagens e com foro de ciência ou de religião. Mas estamos todos diante de uma realidade: o mal existe!

Jesus o encarou como demônio (coisa ruim), diabo (o separador), satanás (o tentador). O povo assim pensava. Como negar sua existência, se o povo compreendia esta linguagem? Fingiu que expulsava ou realmente expulsava demônios? Na doutrina dos judeus e dos cristãos, o demônio existe. Na doutrina de Jesus, existia ou não? Como agiu e como enfrentou o mal?

Fez como os que, através dos tempos, montaram um palco e transformaram o exorcismo em espetáculo de poder do pregador? Brincou com o assunto ou levou a sério a dor, a perplexidade, o terror, o medo, a tortura do corpo e da alma? Chamou o mal de demônio? Distinguiu entre morte e sono, depressão e demônio? Houve algum momento em que deixou claro que aquele mal não era ação do demônio? E houve algum em que disse com clareza que se tratava de demônios? Percorra sua Bíblia!

Endemoninhado?

Quando o acusaram de ter o demônio, como reagiu? Acusou seus adversários de estarem dominados por algum demônio? Foi tudo fruto das palavras de Jesus, ou os narradores puseram na sua boca algo que ele não disse nem diria dessa forma? Se o demônio não existisse e não agisse, Jesus teria ou não teria dito isso aos seus discípulos? Afinal, os discípulos tinham ou não tinham poder para expulsar demônios?

Exorcistas de televisão

E os pregadores e pregadoras de agora, que nos círculos católicos, evangélicos e pentecostais expulsam demônio diante das câmeras? Agem com seriedade? Podem provar que de fato expulsaram algum demônio? É teatro, empulhação, ou é realidade? Como se vê, o tema gera controvérsias. Não é tão fácil negar, nem é tão prudente sair por aí filmando a expulsão de mais um demônio... O leitor ou leitora releia as passagens e tire suas conclusões. Demônios existem? Jesus os expulsava? Os pregadores de hoje os expulsam? Há demônios falsos e falsos exorcistas agindo na praça? Há gente séria lidando com esta realidade?

> Responderam, pois, os judeus, e disseram-lhe: "Não dizemos nós bem que és samaritano, e que tens demônio?". Jesus respondeu: "Eu não tenho demônio, antes honro a meu Pai, e vós me desonrais" (Jo 8,48-49).

> Muitos deles diziam: "Tem demônio, e está fora de si; por que o ouvis?". Outros diziam: "Estas palavras não são de endemoninhado. Pode, porventura, um demônio abrir os olhos aos cegos?" (Jo 10,20-21).

> Mas, dormindo os homens, veio o seu inimigo, e semeou joio no meio do trigo, e retirou-se (Mt 13,25).

> O inimigo, que o semeou, é o diabo; e a ceifa é o fim do mundo; e os ceifeiros são os anjos (Mt 13,39).

> Então foi Jesus conduzido pelo Espírito ao deserto, para ser tentado pelo diabo (Mt 4,1).

> O diabo o transportou à cidade santa, e colocou-o sobre o pináculo do templo (Mt 4,5).

> E, se eu expulso os demônios por Belzebu, por quem os expulsam então vossos filhos? Portanto, eles mesmos serão os vossos juízes (Mt 12,27).

um rosto para JESUS CRISTO 297

Curai os enfermos, limpai os leprosos, ressuscitai os mortos, expulsai os demônios; de graça recebestes, de graça dai (Mt 10,8).

Jesus repreendeu o demônio, que saiu dele, e desde aquela hora o menino sarou (Mt 17,18).

E curou muitos que se achavam enfermos de diversas enfermidades, e expulsou muitos demônios, porém não deixava falar os demônios, porque o conheciam (Mc 1,34).

Fantasia, realidade, debates e narrativas criados depois de Jesus para mostrar o seu poder sobre a dor e o sofrimento? Todos eles? E isso mostraria que o demônio não existe?

Quando desceu para terra, saiu-lhe ao encontro, vindo da cidade, um homem que desde muito tempo estava possesso de demônios, e não andava vestido, nem habitava em qualquer casa, mas nos sepulcros (Lc 8,27).

Estava ele expulsando um demônio mudo. E aconteceu que, saindo o demônio, o mudo falou; e maravilhou-se a multidão (Lc 11,14).

Vós tendes por pai o diabo, e quereis satisfazer os desejos de vosso pai. Ele foi homicida desde o princípio, e não se firmou na verdade, porque não há verdade nele. Quando ele profere mentira, fala do que lhe é próprio, porque é mentiroso, e pai da mentira (Jo 8,44).

Então, dirá também aos que estiverem à sua esquerda: "Apartai-vos de mim, malditos, para o fogo eterno, preparado para o diabo e seus anjos" (Mt 25,41).

Não deis lugar ao diabo (Ef 4,27).

Essa não é a sabedoria que vem do alto, mas é terrena, animal e diabólica (Tg 3,15).

Sede sóbrios; vigiai; porque o diabo, vosso adversário, anda em derredor, bramando como leão, buscando a quem possa tragar (1Pd 5,8).

298   Pe. Zezinho, scj

Quem comete o pecado é do diabo; porque o diabo peca desde o princípio. Para isto, o Filho de Deus se manifestou: para desfazer as obras do diabo (1Jo 3,8).

Nisto são manifestos os filhos de Deus, e os filhos do diabo. Qualquer que não pratica a justiça, e não ama a seu irmão, não é de Deus (1Jo 3,10).

O Espírito expressamente diz que nos últimos tempos apostatarão alguns da fé, dando ouvidos a espíritos enganadores, e a doutrinas de demônios (1Tm 4,1).

Agora que leu, tire suas conclusões. Demônios demais? Demônios de menos? Nenhum demônio? Os outros não podem decidir por você. Que nome você dá ao mal que nos envolve? É tudo demônio? Faz sentido alguém ver demônio em tudo o que não sabe explicar? Faz sentido falar em demônio da mudez, da diarreia, da tontura, da dor geral, dos tumores? As doenças vêm do demônio ou têm outra origem? Jesus falou dele e o expulsou? Ou tudo o que se refere ao demônio nos evangelhos foi acréscimo posterior? Já tem opinião formada?

É honesto criar um novo demônio a cada encontro e uma nova cura a cada nova sessão, depois de haver lido alguma bula de remédio para parecer culto e informado? É visível esta prática por parte de alguns pregadores.

Numa sessão de exorcismo pela televisão um jovem pregador anunciava, naquele dia, a cura de 49 doenças. Curou, pela televisão, doenças cardiovasculares, cefaleias, casos de toxicidade hepática, problemas neurológicos de parestesia, tireoide, diabetes, psoríases, broncoespasmos respiratórios, problemas hematológicos, insuficiência renal, arritmias cardíacas... Um médico católico que viu a sessão, com um sorriso triste de quem percebeu o truque, comentou: "Isto se acha em bulas de remédios. Ele deve ter lido uma delas em algum fármaco receitado para quem sofre de pressão alta...". Usou do conhecimento dos médicos para

um rosto para JESUS CRISTO

299

> ostentar o seu poder de cura. Trouxe uma dessas bulas e lá estavam metade das doenças, supostamente curadas à distância! A conclusão a se tirar não é a de que todos os que expulsam demônios agem de má-fé, mas alguns certamente agem e não têm o menor receio de ser desmascarados. Os fiéis ficarão ao lado dele e contra os médicos que desvendarem o embuste! Estamos no terreno do convencimento!

Já que se trata de cultura de cunho popular às vezes supersimplificada, pode-se ler num folheto anônimo, distribuído, anos atrás, à porta de um templo onde ainda hoje se praticam exorcismos:

> Jeová, aquele que é quem é, faz de tudo para sermos quem realmente devemos ser; mas o demônio, aquele que não é mais quem deveria ter sido, faz de tudo para que deixemos ou nunca cheguemos a ser as pessoas que devemos ser.

O texto parece copiado de algum livro ou revista. Um teólogo de qualquer Igreja, doutorado em dogmática, concordaria com a simplicidade da frase, que, contudo, exige melhor explicação porque supõe conhecimento de Bíblia e Tradição. Nas entrelinhas, fala de Lúcifer e da queda dos anjos do céu e sua precipitação no inferno. Aborda, também, o conceito de pecado e tentação. É, porém, na hora da especificação que começam os exageros, como o de afirmar que uma fiel foi envenenada pelo demônio do caramujo, escondido numa hortaliça que ela comeu! Lembra a bula transformada em valioso subsídio para uma sessão de exorcismos, por um pregador que nada entendia de medicina ou de farmacologia, mas quis dar a entender que o Espírito Santos lhe ditava os nomes daquelas doenças...

Outra vez, há os sérios e há os charlatões!

83. Clarificando e esclarecendo

Clarificar não é tornar tudo claro. É iluminar um pouco mais. Esclarecer não é deixar tudo respondido, mas chegar um pouco mais perto da resposta. Respostas breves para perguntas que exigem estudo e tempo nem sempre esclarecem. Mas respondamos como Jesus o fazia, levando o questionador a, ele mesmo, pensar no que perguntara. E disse-lhes: "'Quando vos mandei sem bolsa, alforje, ou sandálias, faltou-vos porventura alguma coisa?'. Eles responderam: 'Nada'" (Lc 22,35). "'Mostrai-me a moeda do tributo'. E eles lhe apresentaram um dinheiro. E ele diz-lhes: 'De quem é esta efígie e esta inscrição?'" (Mt 22,19-20).

Jesus sempre existiu?

Se você o vê como Deus, então ele sempre existiu e antecedeu a História. "Em verdade, em verdade vos digo que antes que Abraão existisse, eu sou" (Jo 8,58). Se o considera apenas um homem, então já sabe que ele tem apenas vinte séculos de História.

Quem e como ele era antes de nascer aqui?

Se o vemos como Deus, não sabemos. Não sabemos como Deus é, apenas sabemos que ele é.

Quando nasceu e quando morreu?

Deus nunca nasceu, mas o Filho Eterno, ao encarnar-se, segundo dizem os evangelistas, nasceu em Belém, quando o idumeu Herodes, intitulado "O Grande", era rei em Israel e o imperador de Roma era César Augusto. Seus últimos anos de vida foram "no ano quinze do império de Tibério César, sendo Pôncio Pilatos governador da Judeia, e Herodes tetrarca da Galileia, e seu irmão

Filipe tetrarca da Itureia e da província de Traconites, e Lisânias tetrarca de Abilene, sendo Aanás e Caifás sumos sacerdotes" (Lc 3,1-2). Os evangelistas dão data, época e nomes dos governantes. Os cálculos se situam entre os anos 4 a 1 antes da Era Cristã. Segundo alguns estudiosos, ele nasceu cerca de quatro anos antes do ano 1 e morreu no ano 30 da nossa era (a.C.).

Por que o condenaram?

Certamente não foi porque ensinou a orar e a amar. Raramente matam quem apenas ora e canta hinos, mas não se mete em questões sociais nem desafia o poder vigente. Mataram-no porque, segundo está retratado nos evangelhos, ao ensinar a adorar a Deus e amar o próximo, questionou as estruturas do Império Romano, não aceitou a autoridade absoluta do imperador (cf. Jo 19,11), chamou Herodes de raposa (cf. Lc 13,32), questionou o uso que se fazia do Templo (cf. Mt 21,12) e usou de palavras que davam a entender que o Templo era secundário (cf. Mt 26,61), declarando-se maior do que o Templo (cf. Mt 12,6); admitiu que era o Cristo (cf. Mt 26,63-64) e, embora com a devida explicação, afirmou que era rei e para isso viera ao mundo (cf. Jo 18,33-37). Seus atos, gestos e sua pregação de um *novo Reino*, além do fato de que o povo o seguia em massa (cf. Mt 21,23-46), mais a acusação de blasfêmia (cf. Mc 14,64), foram suficientes para desafiar o poder religioso e o arranjo espúrio entre Roma, Jerusalém e o Templo, que se tornara um centro arrecadador de impostos para o dominador romano. Os religiosos no poder deram um jeito de levar o governador a matá-lo por sedição contra o império, mesmo tendo o governador admitido que não via culpa suficiente nele para crucificá-lo (cf. Lc 23,22).

Morreu em nosso lugar?

Segundo o evangelho de João, ele deu a entender que morria pela humanidade (cf. Jo 10,15-17), mas poucos anos depois já era convicção da comunidade cristã que sua morte fora vicária, isto é: no lugar de alguém. Desenvolveram a teologia do cordeiro imolado em lugar do povo (cf. Jo 1,36), como acontecia nos cultos de Israel (cf. At 8,32; Is 53,7). Ele era o cordeiro de Deus que viera tirar o pecado do mundo (cf. 1Pd 1,19). No século passado, na perseguição nazista, um sacerdote católico polonês, Maximiliano Kolbe, hoje canonizado, também se ofereceu para morrer no lugar de um pai de família. Jesus, para nós, é o modelo de quem dá a vida pelos outros. Foram muitos os que assim agiram em seu nome. Morreram para que um outro vivesse.

Jesus quis ou aceitou morrer?

Uma coisa é querer morrer e procurar a morte. Outra é não fugir da morte, quando fugir seria covardia. Uma coisa é aceitar morrer por alguém e outra, matar-se por alguém. Jesus aceitou morrer. Se não o tivessem matado, ainda assim ele salvaria o mundo com sua vida. Sua palavra também salvava (cf. Lc 5,24). Ele até orou ao Pai que, se possível, afastasse o cálice da dor. Mas aceitou a morte e a ofereceu até mesmo pelos seus inimigos (cf. Mt 26,42).

O homem Jesus está no céu, ou não há mais o homem Jesus?

Não há como separar as duas naturezas que há na pessoa de Jesus. É doutrina das igrejas cristãs que Jesus ressuscitou e subiu para o Pai. Vale dizer: voltou para o seio da Trindade com seu corpo glorificado. Não deixou aqui o seu corpo. Dera um exemplo de como isto é possível, ao transfigurar-se no Tabor (cf. Mt 17,2) e ao atravessar as portas, estando elas fechadas (cf. Jo 20,26). As narrativas dos evangelhos mostram esta fé aceita e vivida pelos primeiros cristãos. Paulo toca no assunto, ao falar de como será nosso corpo ressuscitado e glorioso: "Transformará o nosso corpo abatido, para ser conforme o seu corpo glorioso, segundo o seu eficaz poder de sujeitar também a si todas as coisas" (Fl 3,21). O Filho de Deus, que não era homem antes de nascer aqui, não deixou de ser homem ao voltar ao seio da Trindade. Mas seu corpo está glorificado. Ele mesmo deu amostras disso ao comer e deixar que o tocassem (cf. Jo 20,27) e, ao mesmo tempo, ao atravessar portas fechadas (cf. Jo 20,26). Os teólogos explicam o sentido desses textos, sem negar que é possível falar em corpo. Deus não tem corpo, mas o corpo glorificado do Filho, depois da ressurreição, não é mais como o nosso. A ciência sempre questionará nossa fé.

Por outro lado, também questionaremos a ciência, que nem sempre acerta em tudo e nem sempre conclui tudo de maneira cabal. Os cientistas não sabiam, até os anos 1950-1960, que o ser humano nasce da união do óvulo e do espermatozoide. Foi um monge cientista que desvendou muito do que hoje sabemos sobre genética. A astronomia dos antigos, junto com a religião, ensinou por séculos que o planeta Terra era quadrado e que ele era o centro do universo. Foram religiosos que descobriram que é a Terra que gira ao redor do sol. Um sacerdote e um leigo. Foram religiosos e cientistas também que os combateram naqueles dias. Como se vê, há obscurantismos de ambos os lados. Questionar é um direito do ser humano. Afirmar, também! Nem a religião nem a ciência têm todas as respostas sobre o antes e o depois da vida.

Era carpinteiro ou apenas José o foi?

Mateus 13,55 o dá como filho do carpinteiro. Mais não sabemos, apenas deduzimos que ele trabalhasse com José.

Tinha ou não tinha irmãos e irmãs?

O leitor se reporte aos capítulos 47 a 49 e 52 deste.

Era Deus ou foi proclamado Deus?

Foi proclamado Deus depois que se firmou a fé dos discípulos. Mas isso não significa que não era! Para eles, que viram a crucificação e a derrota de Jesus, foi bem mais difícil do que para nós acreditar que Jesus era Deus. Viram um homem morrer! Mas o viram também ressuscitar! O que eles viram e testemunharam

304 **Pe. Zezinho, scj**

pesou na sua proclamação. Certamente viram e se maravilharam, ou se assustaram mais do que nós a cada novo milagre ou demonstração de poder.

Tiveram, mais do que nós, razões para crer e para duvidar do que viam. Muitos abandonaram Jesus por duvidarem de suas atitudes e afirmações (cf. Jo 6,54-67). Os que ficaram, foram tirando suas conclusões, principalmente depois de o terem visto ressuscitado. Se chegaram a ponto de dar a vida pelo que viram, então viram algo que nós não vimos.

Hoje, de longe, dois mil anos após o acontecimento, podemos tecer conjunturas, crer ou duvidar de maneira apressada e superficial, ou retórica e acadêmica. Não estávamos lá! Se eles foram enganados, o que diremos de nós, que não o vimos em ação, nem morto nem ressuscitado? Diremos apenas que não é possível? Isso eles também acharam! Sabemos mais do que eles? Todos os seus relatos foram mentirosos? Eram eles um bando de fanáticos e ignorantes, e nós não somos? Por que seríamos mais lógicos e mais lúcidos do que eles? Deus não poderia jamais se encarnar? Deus não pode jamais ser três Pessoas num único ser? E o motivo é que isso não cabe na lógica humana? Mas não foi a lógica humana que decidiu produzir uma bomba atômica antes que outros a produzissem? Não é em nome desta lógica que povos que estocam bombas e não pensam em destruir seu arsenal, lutam juntos para que outros povos não tenham o que eles têm? Somos positiva ou seletivamente lógicos?

Quando ele disse que era Deus?

Quando, referindo-se ao Pai, disse que ele e o Pai eram um só (Jo 10,30). Quando disse que, antes que Abraão existisse, ele já existia (Jo 8,58). Quando disse que era maior do que o templo (Mt 12,6). O que deixou claro para os ouvintes que ele se proclamava mais do que um homem, foi o fato de o terem julgado e condenado por blasfêmia!

Por isso, pois, os judeus ainda mais procuravam matá-lo, porque não só quebrantava o sábado, mas também dizia que Deus era seu próprio Pai, fazendo-se igual a Deus (Jo 5,18).

Quando ele disse que não era Deus?

Os textos deixam alguma perplexidade, dando a entender que Jesus não se proclamou Deus. Uma delas foi quando se declarou Filho do Homem e, entre os judeus, "Filho do Homem" não era necessariamente filho de Deus. Outras, foi quando, em muitas de suas afirmações, transparece a ideia de que o Pai é maior do que ele (cf. Jo 5,20-36). Mas houve outras afirmações que dão a entender que ele era Deus. Hoje os teólogos interpretam as possíveis contradições à luz do conceito de filiação e de união hipostática. Mas não é um tema de fácil explicação. Jesus não escreveu os evangelhos. Pregou-o, e outros o escreveram depois dele. Inspirados ou não, eram humanos, e quem interpretou os escritos nem sempre o fez com a mesma inspiração. Muitas das passagens que nos parecem contraditórias têm a ver com as leituras feitas pelas comunidades. Não fazem a mesma coisa os pregadores de hoje que, em nome dos evangelhos, ensinam e aceitam comportamentos opostos? Não há quem permita divórcio e quem o proíba? Não tem havido igrejas que ordenam, e outras que não ordenam mulheres? E não tem havido algumas que permitem casamento entre pessoas do mesmo sexo, com as consequentes cisões e rupturas entre seus fiéis? Há quem defenda a teologia da prosperidade e quem defenda que um cristão não pode afirmar que Deus nos quer ricos. Há sempre alguém interpretando Jesus do seu jeito.

Quando ele afirmou que era o Cristo?

Em Mt 26,63-65, diz o texto que ele foi desafiado pelo sumo sacerdote a dizer se era ou não era o Cristo. Ele disse que era e o sumo sacerdote rasgou suas vestes diante do que considerava blasfêmia. Em Mateus 16,20, ele sugeriu cautela e pediu aos discípulos que não espalhassem que ele era o Cristo. Não o proclamou de qualquer jeito e em qualquer lugar.

Jesus desceu do céu?

Depende do que se entende por desceu. O céu não fica lá em cima. A expressão subentende que Deus é mais e está acima de tudo. Nós somos menos e estamos abaixo do excelso Deus. Nesse sentido, por crermos que Jesus é o próprio Deus, que na segunda pessoa da Trindade veio a nós, dizemos que ele desceu. Fez *kenosis*. Por amor, o maior se fez menor! Teologia difícil de aceitar e também difícil de pregar. Não é qualquer mente que aceita uma afirmação dessas.

Jesus desceu aos infernos?

O sentido é o mesmo. *Inferi* seriam as regiões inferiores. Como não cremos que o inferno fica embaixo da terra e afirmamos que não é fogo físico, então a descida aos infernos nem significa descida ao inferno nem a regiões inferiores, e, sim, ao repouso da morte. Esteve morto. Não se trata de Jesus ter ido por alguns dias ao inferno de fogo, mas, sim, de ter experimentado a morte por algumas horas. Por isso, alguns, negando a ressurreição, discutem, dizendo que foi morte aparente. Mas a pergunta é: se foi transpassado pela lança e seu coração verteu sangue e água, e, depois das torturas que sofreu, teria ele sobrevivido e se recuperado completamente em apenas 36 horas? Só isso já não seria um milagre para a ciência? Ou descartamos qualquer relato sobre a morte de Jesus, declarando-o suspeito na origem? E quem descarta qualquer narrativa também não é suspeito na origem de sua fala?

Jesus subiu ao céu?

Subir ao céu é expressão simbólica. É que o céu não fica lá em cima, atrás das nuvens. O gesto quis colocar simbolicamente Jesus de volta ao seio da Trindade, agora, com o corpo glorioso que atravessava portas, mas era tocável (cf. Jo 20,25-27) e visível (cf. Jo 21,5).

Jesus se elevou por entre as nuvens?

Se o fato aconteceu como narrado ou se foi apenas simbolismo adotado pelo mesmo autor em Lucas 9,35 e Atos 1,9, o sentido, até os dias de hoje, parece claro. Nuvens estão acima de nós e ocultam parte da luz. No primeiro caso, de uma nuvem, a voz de alguém oculto falou em seu favor. No segundo texto, sua ida para o céu significava que ele se elevou para o plano mais alto de onde viera. Voltara para o seio da Trindade e, um dia, no futuro, voltaria para nos levar com ele (cf. Jo 14,3)! Era o jeito de ensinar daqueles dias. Jesus mesmo recorria a parábolas. Se, hoje, há pessoas que tomam tudo ao pé da letra, também as havia naqueles dias. Mas havia os que entendiam as entrelinhas das histórias.

Está sentado à direita?

Sentar-se à direita ou à esquerda do rei era sinal de sucessão primeira ou secundária ao trono. Foi isso que a mãe dos dois discípulos postulou pelos filhos, caso Jesus desse o golpe de Estado... Ambiciosa, aquela esposa do Zebedeu (cf. Mt 20,21-23)! O simbolismo, outra vez, é o do Reino dos Céus. Deus não tem nem esquerda nem direita, nem está sentado em trono físico. É linguagem figurada para mostrar que Jesus é o Filho, e se o Reino é do Pai e se tudo é do Pai (cf. Lc 10,22), então Jesus é o herdeiro do Pai. Paulo expressa bem isso na carta aos Gálatas: "Assim que já não és mais servo, mas filho; e, se és filho, és também herdeiro de Deus por Cristo" (Gl 4,7).

Jesus é menor do que o Pai?

Algumas passagens dos evangelhos poderiam dar a entender isso. Outras, porém, celebram a absoluta igualdade de Pai e Filho. O sentido básico é o de que não há subalternidade na Trindade

Santa. O *Creio* expressa esta fé, ao falar da distinção de pessoas, mas da absoluta unidade entre elas, de tal forma que não há uma sem a outra. Trata-se do mesmo e único Deus. Um amigo judeu, que muito me ensinou sobre judaísmo, assim me dizia: "Respeito Jesus, que foi um judeu acima do comum. Era carregado de espiritualidade e de alteridade. Talvez nenhum outro tenha sido tão cheio de virtudes como ele, mas ele não é Javé. Javé é *El*, é *Elohim*, é apenas uma pessoa. Não posso aceitar que Deus seja três pessoas, e que Jesus seja a segunda. Nisso jamais entraremos em acordo. Ele é menos do que Javé. Deus é Pai, mas não há um Filho em Deus". Os cristãos afirmam exatamente isso: Deus é três Pessoas e Jesus é o Filho. A fé pode ser explicável, mas o mistério não é. Posso crer, mas não sei explicar a Santíssima Trindade.

Jesus é menor do que o Espírito Santo?

Teólogos católicos e evangélicos, e documentos oficiais dessas igrejas cristãs, deixam claro que é impossível anunciar Jesus dissociado do Espírito que agia com ele e nele (cf. Mt 3,11-16; 4,1; 12,28; Jo 7,39). Cerca de cem passagens do Novo Testamento falam do Espírito Santo. Pelo menos 350 usam a palavra Espírito e mostram Jesus conduzido, levado, inundado pelo Espírito que o enviava. Ele, por sua vez, enviava e dava o Espírito Santo. Não é possível imaginar Jesus sem esta intimidade profunda com o Pai e com o Espírito Santo. Não há submissão nem subalternidade. O que ele diz de o Pai e ele serem um só (Mt 10,33 e Jo 10,30), o diz sobre o Espírito Santo (Mt 10,20 e Jo 15,26). Estamos diante do mesmo Deus em três pessoas. É a fé vivida pelos cristãos e expressa no *Creio* proclamação, que resume a fé que vem dos apóstolos.

Quem morreu? O homem ou Deus?

A pergunta é quase a mesma sobre se o homem Jesus está no céu. Não se trata de duas pessoas. É simples dizer que Jesus morreu e que ele era o Filho. Mas é difícil de explicar. Deus não morre. Por isso, os teólogos usam a expressão: *Deus morreu no homem Jesus*, ou ainda, *Deus morreu em Jesus Cristo*. Sendo Jesus verdadeiro Deus e verdadeiro homem, sempre segundo creem os cristãos, embora pareça que as pessoas Pai Santo e Espírito Santo silenciassem na hora da cruz, estava ali a Trindade Santa no Filho Santo, cujo corpo humano morria.

O corpo parava de respirar, mas Jesus entregava seu espírito ao Pai e voltaria ao mesmo corpo em três dias. Jesus não deixou de ser Deus enquanto morria. Nem ficou mais Deus quando ressuscitou. Experimentou em tudo a condição humana, menos o pecado, diz Paulo. Morreu para nos ensinar o verdadeiro sentido da vida e da morte: "O qual por nossos pecados foi entregue, e ressuscitou para nossa justificação" (Rm 4,25). O leitor reveja a carta de Paulo aos romanos. Nela, ele trata longamente sobre a vida e morte de Cristo por nós. Mas é questão de crer e de querer crer.

Jesus poderia ter pecado?

Paulo diz que não. Em Romanos 5,1-21 ele aborda a morte e a expiação do justo Jesus, mas não pelos seus pecados, porque ele não os cometia, e, sim, pelos nossos. Deus não peca. Sendo Jesus quem era, Deus e homem, uma só pessoa e duas naturezas, é impensável que ele pudesse escolher o pecado.

Jesus falou de sexo?

Falou da união entre homem e mulher. Não teria como fazê--lo sem falar de sexualidade, de unidade da carne e do sentido unitivo temporal e eterno do amor conjugal. Falou do parto, da dignidade e das dores da mãe que gera, do casal fiel, da licença que Moisés deu pró-divórcio, mas restaurou a ideia da unidade e da exclusividade desse amor até o fim. Combateu a infidelidade e acentuou a ideia de uma só carne com total comprometimento. Se isso não é falar de sexo, então Jesus não falou de sexo... Só não usou a palavra "sexo". Mas não poderia deixar de tocar no assunto. Todo mundo nasceu dele e com ele!

Jesus aceitava os homossexuais?

A questão é atualíssima, porque invadiu e pervaga a mídia. O assunto entrou em evidência gritante nos últimos anos. Não há como fugir ao debate. Os homossexuais existem, são milhões, querem um espaço, contestam, protestam e reagem contra o que consideram desrespeitoso à sua opção. Não aceitam mais ser um grupo oprimido e ridicularizado pelos heterossexuais. Era questão de tempo que o assunto chegasse à religião, que, em geral, sempre combateu as relações íntimas entre pessoas do mesmo sexo.

Quanto à questão sobre se Jesus os teria incluído entre os do seu grupo, embora hoje se ouça de alguns pregadores e escritores que ele o fez, não consta. Teríamos que forçar algumas passagens para concluir que se tratasse de afeto de natureza homossexual. Ele não toca no assunto da forma como alguns escritores de agora abordam. Nem condena nem aprova. Simplesmente não aborda o tema. Mas acentua a fidelidade do amor heterossexual. Fala de homem e mulher que, desde o princípio, Deus queria que fossem uma só carne (cf. Mt 19,5).

Como entre os judeus do tempo de Jesus o assunto não estava em pauta, embora estivesse entre os romanos, era natural não se tocar no tema. Numa sociedade como a nossa, em que, no mundo inteiro, milhões de gays e lésbicas saem às ruas para reivindicar respeito aos seus sentimentos, ele talvez falasse. Se naquele tempo ele abordou o divórcio, que existia por lei, e se posicionou contra, hoje ele falaria. A opinião da maioria dos estudiosos de Jesus é que ele não aprovaria tais uniões, mas não perderia o respeito. Insistiria com eles para que deixasse tais relações? Tudo indica que sim, pois foi o que fez com outras relações não aceitas no seu tempo. Foi ainda mais severo do que Moisés na questão do divórcio. Pelo modo como Paulo aborda o tema em Romanos 1,16-32, a doutrina daqueles dias não era em nada favorável a tais uniões.

Jesus aceitava a prostituição?

Não, o que não significa que maltratasse as prostitutas. Ele sabia discordar sem deixar de amar. Defendeu a mulher surpreendida em adultério, mas pediu que ela parasse de pecar (cf. Jo 8,3-11). Aceitou as lágrimas da pecadora pública (cf. Lc 7,44), mas condenou a traição (Mt 5,27-32). Não elogiou a meretrizes, mas disse que algumas delas entrariam no céu antes de certos santarrões do seu tempo (cf. Mt 21,31).

Jesus mandou matar?

Não consta. Seria um contrassenso. Mandou Pedro guardar a espada na bainha e disse que, quem vive da espada, acaba morrendo sob os seus golpes (cf. Mt 26,52).

Jesus foi violento?

O uso do chicote no templo não o faz um homem violento. Não consta que tivesse ferido alguém. Mas o seu ato lhe custou a decisão dos inimigos de matá-lo.

Jesus fundou uma Igreja?

Não deu o nome de Igreja Católica, nem Ortodoxa, nem Evangélica, nem Pentecostal. Não houve nada disso naqueles dias. E também não deu o nome de cristianismo ao seu movimento em direção do Reino de Deus. Mas fica a pergunta: quem semeia uma semente, semeou apenas uma semente ou semeou a árvore futura? E, se esta árvore se subdivide ou aceita enxertos, ela ainda é fruto daquela semente ou não? Quem semeou uma semente de abacateiro, queria ou não queria um abacateiro no seu quintal? Ou teria Jesus semeado sem saber o que semeava? Ele sabia ou não sabia do risco que é jogar uma semente na terra e dela nascer uma árvore ferida pelos ventos e pelas tempestades? O cristianismo é esta árvore ferida por ventos, dissensões e crises dentro e fora dele. Deus é perfeito, mas os crentes não são!

Jesus acreditava em demônios?

Mais do que isso, sabia falar deles e lidar com eles. Os textos são inúmeros. Jesus sabia distinguir entre o que era e o que não era! E agia de acordo.

Jesus condenava a riqueza?

No "ai de vós" do capítulo 23,13-36 de Mateus e em Marcos 10,24-25, bem como em parábolas sobre o rico que se vestia de púrpura e linho finíssimo e se banqueteava todos os dias (cf. Lc 16,19), Jesus fala da riqueza injusta e insensível. Ricos sem misericórdia receberam sua condenação. Na parábola, ele os pôs no inferno. Mas tinha amizade com Arimateia, que não era pobre. E esteve na casa de Simão, que também não era sem recursos. Sobre a riqueza caridosa ele fala de maneira positiva (cf. Lc 16,9). Mas valorizou a pobreza e o desprendimento (cf. Mt 5,3; Lc 6,20). Não pregou Igreja de resultados e de sucesso financeiro. Negou-se a intermediar uma briga de irmãos pela herança familiar e teve pena do moço rico que não conseguia ser pobre para segui-lo. Ele mesmo disse não ter um lugar para reclinar a cabeça. Declarou-se pobre (cf. Mt 8,20)!

Jesus voltará no fim dos tempos?

João, Mateus e Marcos põem na boca de Jesus as seguintes sentenças:

> E quando eu for, e vos preparar lugar, virei outra vez, e vos levarei para mim mesmo, para que onde eu estiver estejais vós também (Jo 14,3).

> E Jesus disse-lhe: "Eu o sou, e vereis o Filho do Homem assentado à direita do poder de Deus, e vindo sobre as nuvens do céu" (Mc 14,62).

> Então aparecerá no céu o sinal do Filho do Homem; e todas as tribos da terra se lamentarão, e verão o Filho do Homem, vindo sobre as nuvens do céu, com poder e grande glória (Mt 24,30).

> E irão estes para o tormento eterno, mas os justos para a vida eterna (Mt 25,46).

um rosto para JESUS CRISTO
313

Paulo afirma:

> Porque o mesmo Senhor descerá do céu com enorme rumor, e com voz de arcanjo, e com a trombeta de Deus; e os que morreram em Cristo ressuscitarão primeiro. Depois nós, os que ficarmos vivos, seremos arrebatados juntamente com eles nas nuvens, a encontrar o Senhor nos ares, e assim estaremos sempre com o Senhor. Portanto, consolai-vos uns aos outros com estas palavra (1Ts 4,16-17).

O céu ainda não se abriu?

Ao dizer que os mortos dormem, na Carta aos Coríntios e em Tessalonicenses, e que ressuscitarão primeiro, Paulo deixou as raízes de um magno debate entre católicos e ortodoxos, de um lado, e evangélicos pentecostais de outro. As portas do céu só se abrirão no dia final e, até lá, todos dormem o sono dos justos? Não há nenhum santo no céu? Todos os cristãos que nos precederam estão dormindo à espera do último dia da humanidade? O sangue de Jesus tem poder, mas este poder só funciona aqui para nos converter e, depois da morte, dormiremos por séculos, porque só funcionará para os mortos no último dia? Ou não é bem isso que se ensina?

O ladrão por ele resgatado na cruz está dormindo e não foi ao paraíso? Então Jesus mentiu? Ou paraíso não é céu? Não caímos em sofismas, quando discutimos sobre estes temas e, para não perder alguém, damos um jeito de dizer que esta ou aquela passagem não quis dizer isso mais aquilo? Jesus foi para o Reino dos Céus e deixou aquele ladrão convertido dormindo, apesar de ter dito que naquele mesmo dia o ladrão estaria no paraíso? Então como é que fica? Aceitamos algumas sentenças do evangelho e descartamos as outras?

Não seria o caso de interpretá-las à luz da misericórdia? Ele é salvador apenas para este mundo, mas ainda não salvou em definitivo ninguém que já morreu, porque só fará isso no último dia? Enquanto isso, dormiremos? Mas o Pai não deu a ele todo poder? (cf. Mt 28,18). Ou a frase é apenas simbólica? Deus só deu a Jesus um poder parcial? Quem ressuscitou e teve poder

314   Pe. Zezinho, scj

para devolver a vida a três pessoas, não tem poder para levar um fiel para o céu? Não tem força para tirá-lo do sono da longa espera? Quem podia devolver a vida não tem o poder de levar ninguém para o céu, porque este milagre tem data? Ficamos com Paulo aos coríntios e tessalonicenses e não ficamos com Lucas?

É que um ensina que Jesus leva quem morre para o paraíso e o outro diz que há de se esperar o toque da trombeta final. O ladrão convertido está esperando o último dia, ou Jesus já o levou para o céu?

> Depois nós, os que ficarmos vivos, seremos arrebatados juntamente com eles nas nuvens, a encontrar o Senhor nos ares, e assim estaremos sempre com o Senhor (1Ts 4,17).
>
> E disse-lhe Jesus: "Em verdade te digo que hoje estarás comigo no Paraíso" (Lc 23,43).

Chamaremos de ignorantes os que ousam crer no "hoje mesmo" de Lucas ou os que ousam crer na longa espera? Decidimos que há ou que não há santos no céu? Quando ele voltar no fim dos tempos, trará com ele a multidão dos santos que já levou para o céu (cf. Ap 7,9; 19,1), posto que lavaram suas vestes no sangue do cordeiro? (cf. Ap 7,14). Que passagens acharemos para explicar que a entrada no céu tem data fixa? São perguntas que todos nos devemos fazer, quem crê em dormir até o fim dos tempos e quem não crê que dormir signifique isso. Ele virá e levará todos de uma vez, ou virá e levará cada um de nós, no dia de nossa morte? "Na casa de meu Pai há muitas moradas; se não fosse assim, eu vo-lo teria dito. Vou preparar-vos lugar. E quando eu for, e vos preparar lugar, virei outra vez, e vos levarei para mim mesmo, para que onde eu estiver estejais vós também" (Jo 14,2-3). Quem de nós está mais perto da verdade sobre o depois da morte?

Quando será o fim dos tempos?

Jesus diz que ninguém sabe! "Mas daquele dia e hora ninguém sabe, nem os anjos do céu, mas unicamente meu Pai" (Mt 24,36).

Será que Jesus não sabia? (cf. Mc 13,32). Ele não sabe tudo? (cf. Jo 15,15; 16,30).

Qual a verdadeira Igreja de Jesus?

O debate vem durando e vai durar séculos. Ninguém admite ter sido batizado numa Igreja errada, ou ter deixado uma Igreja certa para entrar numa Igreja errada. Deus não lhe permitira errar tanto! Não ele ou ela, que foi batizado(a) no Espírito Santo! Então sua conclusão só pode ser a de que Igreja onde ele(a) congrega é para ele(a) a verdadeira Igreja de Cristo. Jesus não erra, nem ele(a)! As outras igrejas ou estão totalmente erradas, ou têm alguma imperfeição. É o velho discurso proselitista do eleito, melhor, mais santo e mais fiel. Dito isso, ele achará passagens e argumentos que corroborem sua afirmação. A Igreja que ele escolheu é a única certa. As outras estão total ou parcialmente erradas! E a dele? Não pode ter alguns erros e desvios? Não! Isso, nunca! Só porque Jesus é perfeito, não podem nossas igrejas ser imperfeitas? Por acaso nossas igrejas são feitas de anjos e, quando aderimos a elas, nos tornamos anjos?

Como Deus conhece os fatos e os corações, só ele sabe quem é honesto e verdadeiro e qual a Igreja mais próxima de ser a verdadeira. Por mais santa que seja, uma Igreja é feita de pessoas que nem sempre entendem direito o que ouvem e o que leem. Se estou na Igreja onde congrego, certamente é porque acho que ela tem mais verdade do que as outras. Mas isso não me dá o direito de dizer que as outras são todas mentirosas. Eu não deixaria minha Igreja por uma outra, como não deixaria minha mãe por outra. Mas outras mães também têm seus valores. Eu certamente não iria embora de minha mãe! Se alguém me provasse que minha mãe errou, teria que me provar que a mãe dele não erra!...

Jesus e os que o anunciam

Jesus está ou não está com os pregadores que o anunciam? Jesus afirma que pelos frutos os conheceremos (cf. Mt 7,20). Sobre isso convém ler Mateus 7,15; 24,11-24; 2 Pedro 2,1; 2 Timóteo 4,1-5; Marcos 12,38-40; Jeremias 14,14 e todo o capítulo 23, e igualmente todo o capítulo 23 de Mateus. Alertam-nos contra os que usam da religião por interesses pessoais, pregam bem e mentem ainda melhor! É a Bíblia que diz que existem pregadores mal-intencionados e mentirosos que devoram as casas das viúvas (Mc 12,40) e abusam da boa-fé dos fiéis (Mt 24,24-28). Jesus manda tomar cuidado com eles e os chama de abutres!

Jesus ainda aparece e fala?

Há irmãos e irmãs em todas as igrejas cristãs que dizem que, sim, Jesus lhes fala e eles interiormente ouvem sua voz, que os conduz. Há os sinceros e os manipuladores. Contra os manipuladores Jesus alerta em Mateus 7,15; 24,24-28. Quanto aos bons, o tempo se encarrega de mostrar que, de fato, foram agraciados com alguns sinais incomuns dados a eles e não a nós. A Igreja pede cuidado com os videntes. Nem todos são mal-intencionados, mas eles precisam provar que, de fato, algo especial aconteceu na sua vida. Alguns sofreram muito por isso! E há os que, pelo seu comportamento e pelas coisas que dizem ter ouvido, só podem estar enganados. O que dizem vai contra os evangelhos. Para segui-los, teríamos que mudar de religião, porque suas revelações não combinam com o cristianismo.

Prudência

Fique a lição da prudência. Seguir um pregador não é o mesmo que seguir Jesus. Os crentes que, nos anos 1960, seguiram o pastor Jim Jones à cidade que tinha seu nome, Jonestown, nas Guianas, pensavam estar seguindo a verdadeira doutrina de Jesus. O tresloucado pregador os obrigava a orar e a ouvi-lo 24 horas por dia de um alto-falante; ninguém mais podia sair de lá. Quando veio um grupo do Congresso dos Estados Unidos para investigar o que acontecia com aqueles cidadãos americanos, ele mandou matar os investigadores e, a seguir, envenenou mais de 800 fiéis da sua Igreja. Haviam seguido incondicionalmente o pregador errado que, no começo, parecia santo e lúcido...

Parte X

Um rosto para Jesus Cristo

O desígnio salvífico universal do Pai

O eterno Pai, por decisão inteiramente livre
e insondável da sua bondade e sabedoria, criou o universo,
decretou elevar os homens à participação da sua vida divina,
e não os abandonou quando pecaram em Adão; antes,
proporcionou-lhes sempre os auxílios necessários para se
salvarem, na perspectiva de Cristo Redentor, que "é a Imagem
do Deus invisível, o Primogênito de toda criatura" (Cl 1,15).
A todos os eleitos o Pai, "que de antemão ele conheceu, esses
também predestinou a serem conformes à imagem de seu Filho,
a fim de ser ele o primogênito entre muitos irmãos" (Rm 8,29).

(*Lumen gentium* 2)

84. Foi dele o primeiro passo

O Filho do Homem não veio para ser servido, mas para servir, e para dar a sua vida em resgate de muitos (Mt 20,28).

A Bíblia diz que Deus faz isso. Dá o primeiro passo. Vem a quem não sabe ir a ele! Não apenas joga a corda; desce e vem nos tirar de nossa impotência, do buraco do existir. *Marana-thá.* Deus vem! Compadeceu-se de Israel porque ouviu os seus clamores (cf. Ex 3,7). Defendeu os indefesos, os *Go'el* (cf. Ex 22,22; Sl 103,6). Enviou-nos seu Filho, quando não o pedíamos (cf. Jo 5,24; 6,39). O Filho, quando veio, foi ao povo e teve pena dele (cf. Mt 14,14).

Camelos e elefantes se abaixam para levantar seus passageiros. Alguns ônibus se rebaixam para que crianças e pessoas feridas entrem nele. Deus faz melhor, porque desce do infinito e nos eleva até ele!

> Curvar-se é um verbo eminentemente gentil. É como dizer: "Se você não consegue subir onde estou, eu desço e busco você!". Feliz o crente que entendeu esta verdade. Jesus fez isso! É dessa forma que um católico deveria ver a vida e a obra de Jesus de Nazaré.

É isso que nos faz vê-lo como o Messias. Assumiu nossas dores. Humilhou-se a esse ponto. É belíssima a passagem de Paulo aos Filipenses 2,3-8. Gosto de assim interpretá-la nos meus encontros com o povo.

Não façam nada por ambição, nem por vaidade; mas, com humildade, considerem-se menos do que os outros. Ninguém busque apenas o próprio interesse. Todos e cada um procure fazer o que é bom para os outros.

Tenham dentro de si o mesmo sentir de Jesus, que, sendo de condição divina, não estaria usurpando nada ao se considerar igual a Deus com quem era um.

No entanto o que fez? Esvaziou-se, assumiu a condição de servo, assumiu a aparência de um ser humano, que de fato ele foi, porque se manifestou e identificou-se com o homem. Rebaixou-se a este ponto e foi obediente até a morte, aceitando uma das formas mais humilhantes de morrer: morte de cruz.

Por isso o Pai o levou acima de tudo e deu a ele um nome que está cima de todo nome.

Que ao nome de Jesus se dobrem todos os joelhos, dos seres do céu, da terra e dos debaixo da terra. Humilhem-se todos como ele se humilhou e toda a língua proclame: Sim, Jesus Cristo é o Senhor para a glória de Deus Pai.

85. A pedra sobre a pedra

> E beberam todos de uma mesma bebida espiritual, porque bebiam da pedra espiritual que os seguia; e a pedra era Cristo (1Cor 10,4).

Em duas das minhas viagens pelo estado brasileiro cujo nome é dedicado ao Espírito Santo, encantei-me com uma pequena pedra pousada em posição precária sobre uma enorme pedra, como se estivesse para cair a qualquer momento. Mas está lá, equilibrando-se há séculos. Até agora ninguém a derrubou. Um dia, algum vândalo o fará! Infelizmente! Já sabemos que eles existem e adoram demolir, pichar e implodir. É sua marca registrada: passam destruindo e emporcalhando o que podem e como podem!

Mas, mesmo que seja derrubada, o mero fato de aquela pedra ter estado lá há tanto tempo, enfrentando a ação do vento e os tremores de terra, já terá sido uma catequese. Ruim será para o vândalo que a derrubar. Terá derrubado um monumento e não sei se haverá mérito ou justificativa para tamanho desequilíbrio.

A cúpula

Das mais de quinze vezes que passei por Roma, pelo menos nove delas me levaram à Basílica de São Pedro. Filmei, fotografei e meditei diante da *Colunata de Bernini* e daquela cúpula. As colunas externas ao templo parecem dois braços abertos a acolher o povo católico e quem mais vier orar com o papa. Sobre elas repousam as imagens de inúmeros santos, como a dizer que os santos de cima nos abraçam e acolhem com a Igreja Católica, a nós que tentamos ser santos aqui embaixo.

Mas o que filmei e olhei diversas vezes foi a inscrição com letras de 1,80 m que dão a volta na base da cúpula. *Tu es Petrus et super hanc petram aedificabo ecclesiam meam et dabo tibi claves regni caelorum*: "Tu és Pedro e sobre esta pedra edificarei a minha Igreja e dar-te-ei as chaves do Reino dos Céus" (cf. Mt 16,18-19). Sendo católico militante, é claro que acredito e dou valor ao significado daquela inscrição. Respeito outros militantes de outras igrejas, assim como espero ser respeitado na minha visão de católico.

Que pedra, que nada!

Alguns questionam e outros aceitam que a Basílica está construída sobre o túmulo de Pedro. Também há irmãos que questionam o papel do papa e da Igreja Católica como pedras erguidas sobre a pedra fundamental que é Jesus. Mas para mim, que sou católico, esta é a leitura! Simão, filho de Jonas, Pedro, rocha, pedra, repousa, equilibrando-se sobre a rocha forte que é Jesus (cf. Mc 14,72). A base não é Pedro, nem é a Igreja, é Jesus:

> E assim para vós, crentes, é preciosa, mas para os rebeldes ela é a pedra que os edificadores reprovaram. Mas foi a pedra angular e pedra de tropeço e rocha de escândalo, para aqueles que tropeçam na palavra (1Pd 2,7-8).

> Nunca lestes nas Escrituras: "A pedra, que os edificadores rejeitaram, essa foi escolhida como pedra fundamental; pelo Senhor foi feito isto. E é maravilhoso aos nossos olhos"? (Mt 21,42).

> E beberam todos de uma mesma bebida espiritual, porque bebiam da pedra espiritual que os seguia; e a pedra era Cristo (1Cor 10,4).

> Edificados sobre o fundamento dos apóstolos e dos profetas, de que Jesus Cristo é a principal pedra da esquina (Ef 2,20).

Como católico, leio e vejo que, na Basílica de São Pedro, o importante não é o possível túmulo debaixo dela, mas o sacrário, no lugar central. É lá que os católicos se reúnem, outras vezes, dado o grande número de fiéis, à frente da Basílica. Mas o centro não é o túmulo; é o altar, onde quer que ele esteja!

Jesus é a rocha firme

Mas, na Basílica, o simbolismo é claro: sobre Cristo ergueu-se a Igreja que nele se equilibra fragilmente, há séculos. Somos humanos e em todas as missas pedimos no *Kyrie* e no *Cordeiro de Deus* a piedade do Senhor. Para nós, o homem chamado Simão e apelidado Pedro teve que fazer isso. Errou, mas achou sua força e seu equilíbrio em Cristo e por ele deu a vida. Segundo reza a Tradição, morreu crucificado de cabeça para baixo, por entender que não mereceria morrer de cabeça erguida como seu Senhor!

É desse Jesus, pedra angular do Reino de Deus (cf. Ef 2,20; 1Cor 3,12), rocha sólida e sobre o qual se equilibram precariamente as comunidades de fé, que se ocupa a cristologia católica. Não é bom que balancemos ao sabor do vento sobre o Cristo que nos sustenta, porque, como no caso da pedra sobre a pedra, corremos o risco de rolar colina abaixo.

Outros conceitos

Outras igrejas têm suas interpretações. Não seriam outras igrejas, se não as tivessem. Para elas, Pedro não é pedra e os católicos não se assentam sobre a pedra Jesus. Eles, sim! O discurso é de confronto! Para muitas, nós, católicos, já rolamos ladeira abaixo. Mal sabem elas que cada nova Igreja nasce portadora desse frágil equilíbrio e que, se não sossegar o facho e não achar seu ponto de equilíbrio em Jesus, vai rolar mais depressa do que nós. A história do cristianismo é inconteste.

Milhares de novas pedras não conseguiram ficar muito tempo sobre a rocha Cristo... Isto porque, naquela Igreja ou naquele movimento "sistólico", fechado e açambarcador de Igreja, valeram mais o carisma e a palavra de algum ousado fundador do que Jesus, o fundamento!

Teologia da pedra viva

A teologia da Pedra Viva e das pedras sobre a pedra viva passa pelo ecumenismo. Se não o fizer, acabará rolando para alguma fenda da História. A palavra é solidariedade, que vem de solidez: sólidos em grupos, solidários em Cristo!

86. Queremos ver Jesus

> Disse-lhe Filipe: "Senhor, mostra-nos o Pai, o que nos basta" (Jo 14,8).

> Ora, havia alguns gregos, entre os que tinham subido a adorar no dia da festa. Estes, pois, se dirigiram a Filipe, que era de Betsaida da Galileia, e rogaram-lhe, dizendo: "Senhor, queríamos ver a Jesus" (Jo 12,20-21).

Entre o ver e o ouvir

A Igreja sempre valorizou o ver e o ouvir. Aprendeu com o Antigo Testamento. A mensagem do profeta vinha principalmente pelo falar, pelo ver e pelo ouvir. Como o povo não sabia ler, os gestos e os sinais do Templo e da sinagoga contribuíam para o aumento da fé. Também as esculturas e todos os trabalhos de ornamentação dos templos serviam a essa didática. É de lá que herdamos a *nossa catequese de parede*, coisa característica dos templos católicos. Nós lemos Cristo duas ou três vezes por missa e o tempo todo pelos sinais e pinturas de parede.

Catequese de parede

Entra-se num templo católico e lá estão as esculturas, as pinturas, os afrescos e os vitrais, contando histórias de Jesus, dos seus santos e de várias passagens bíblicas. Só na catedral de Taubaté, cidade na qual cresci, morei e depois lecionei por três décadas, contei mais de trezentos temas. Daria um ano inteiro de catequese, se quiséssemos nos ater àquelas catequeses de parede. É assim em milhares de outros templos católicos do Brasil. É uma das nossas maneiras de "ver" Jesus. Quem as combate não sabe do seu porquê. A coisa mais fácil do mundo é combater as ideias e os gestos dos outros, sem saber dos seus porquês. Aliás, é o que mais acontece no mundo religioso. Não tendo um conceito claro, vivemos de preconceitos obscurantistas!

Mudar sem implodir

O advento do cristianismo não foi de demolição e de destruição, mas assumiu este aspecto na fúria dos iconoclastas, que parecem ter discípulos ainda hoje naqueles que chutam ou quebram imagens de Maria, a mãe de Jesus... Não quebram, porém, as pombas que pretendem simbolizar sua Igreja... No passado, as estátuas pagãs ficaram em muitos lugares, preservadas pela Igreja que chegara ao poder. Mas, nos templos, foram substituídas por imagens de heróis da fé. Os templos foram, com o tempo, enchendo-se de símbolos bíblicos, em vez de símbolos mitológicos gregos ou latinos. Zeus, Afrodite, Adônis, Hermes, Vesta, Perseu foram aos poucos sendo substituídos por heróis e santos católicos.

De certa forma, os novos símbolos, desenhos, pinturas, imagens, frases coladas ao longo das paredes dos templos e nos telhados foram, para milhões de católicos que não sabiam ler, a sua maneira de ver Jesus. Por meio desses símbolos, falava o Livro Santo. Era toda uma Igreja educada para o visual e para o auditivo, tal qual o eram os antigos pagãos, ante suas imagens, que também eles, ao contrário do que se generaliza, nem sempre adoravam. Eles distinguiam entre o Olimpo e os templos. Entendiam de representação e de simbolismo. Poetas como Hesíodo e Homero deixaram textos bem claros a respeito dos deuses e suas imagens. A imagem não era o deus que ela representava, até porque havia muitas representações de Zeus, de Hera ou de Gaia.

Depois do alfabeto

O advento da alfabetização em massa, que só ocorreu nos últimos séculos, e a disseminação da escola tornaram possível a leitura dos livros santos e, com ela, o hábito de *ler Jesus*. Agora, os cristãos não apenas viam Jesus por meio dos símbolos, pinturas e imagens, mas liam a Palavra de Deus pessoalmente, enquanto

um rosto para JESUS CRISTO   327

também ouviam a sua explicação, já que viviam a experiência de ver, ler e ouvir.

Sou católico convicto e sei elogiar outras igrejas. Não posso, portanto, negar que, nesse particular, os evangélicos prestaram uma grande contribuição à causa do cristianismo, ao valorizar, desde Lutero, a disseminação da Bíblia. Desde Gutemberg com a invenção da imprensa, ficou mais fácil ler Jesus.

Depois da internet

Hoje, o advento da internet permite que os cristãos possam ler, ouvir, ver e interagir. O pecado passeia pela internet, mas a Palavra de Deus também está lá. Com o advento do telefone fixo, da telefonia móvel, da televisão e do *twitter*, o fiel pode participar da Palavra e torná-la uma experiência do cotidiano. Vem aí o videofone e virão outras maravilhas da técnica: terão sua utilidade catequético-pastoral! Todo fiel pode, hoje, se tornar um evangelizador em grande escala, se souber utilizar a internet. Mesmo que não lhe seja dado acesso à televisão, pode sempre ter seu acesso pessoal com o seu site ou seu *twitter* na internet.

Haverá sempre os deformadores de rosto... Eu mesmo tenho apenas um site oficial (www.padrezezinhoscj.com), e textos na Catolicanet e no site da Editora Paulinas (www.paulinas.org.br). Mas há vários sites que pretendem me representar, com textos e frases que eu nunca disse. Alguém que foi longe demais na sua admiração decidiu personificar o Padre Zezinho e se passar por detentor do meu site oficial. Põe palavras na minha boca e reproduz mensagens minhas, não exatamente como eu as fiz no original. Experimento o que Jesus e os apóstolos experimentaram. Alguém que pretende ser eu escreve coisas que eu jamais escreveria. Se é problema que me afeta, posso imaginar o que se faz com o rosto de Cristo...

Os riscos da mídia

Se, por um lado, isso facilita a evangelização, por outro, a nova oportunidade a submete a riscos ainda maiores do que no tempo dos hereges e heresiarcas dos séculos III, IV, V. Aqueles desafiavam a formulação de um código de doutrinas católico. Imagino que, se Montano, Ário, Nestório, Donato e centenas de outros disseminadores de doutrinas pessoais e personalistas tivessem acesso, como hoje, à internet, à televisão e ao rádio, praticamente não teríamos tido o desenrolar do cristianismo. Seria um Cristo visto de maneira ariana, nestoriana, montanista ou donatista.

***

Pseudocristologias

Aqui e acolá teimosamente subsistem os resquícios dessas doutrinas pseudocristológicas, infiltrados nas igrejas através de novos profetas e novos revelados, que de certa forma repetem as suas teses e as suas ideias. Querem ver Jesus, mas do jeito deles. Mudarão de igrejas ou de grupos de fé tantas vezes quantas for preciso, uma vez que a fidelidade não anda em alta nos nossos dias. Mudarão de Igreja até conseguirem ver Jesus do jeito que o imaginam. Levam à mente o esboço do Jesus que desejam ver e, se o que ouvirem e virem não bater com o Jesus que procuram, irão embora tão depressa quanto vieram.

Um Cristo do nosso jeito é heresia disfarçada, mas não deixa de ser heresia! Muitas práticas de algumas igrejas que se afirmam cristãs trazem sinais claros de neopaganismo e magia. Algumas correntes de fé estão mais perto da magia do que da teologia. *Amarração de demônios* da maneira que é feita e com as palavras que se usa é algo mais pagão do que cristão.

Circumcelliones

Estamos repletos de cátaros e de *circumcelliones*, heresia que por alguns séculos interpretou Jesus de maneira radical a ponto de, pela pureza da doutrina, usar de violência contra outros grupos. Eram e são cristãos que se proclamam mais puros e se creem chamados a renovar a Igreja de Cristo, enquanto se mostram intolerantes no diálogo, incapazes de voltar atrás e seguros de que Deus está dizendo toda a verdade apenas para sua pequena Igreja ou para seu pequeno grupo de Igreja. São exclusivistas, invasores, excludentes e, o que é pior, acham que estão vendo mais e vivendo Jesus mais do que os outros. Apresentam-se como sendo hoje o que a Igreja será amanhã... Não lhes ocorre que talvez outros irmãos, com outras místicas, e não eles, sejam hoje o que a Igreja será amanhã.

***

Disciplina

Quando a Igreja propõe que os fiéis vivam o "queremos ver Jesus", está propondo uma linguagem transversal e ampla, porque ver Jesus é mais do que ouvi-lo e ouvir sobre ele. Detectar a presença dele no mundo, sobretudo nos outros, é fundamental para se viver a fé cristã. Se não sou capaz de ler nas entrelinhas, nem de interpretar os sinais do Céu e do mundo (cf. Mt 16,2); se não sou capaz de ver a graça de Jesus agindo no outro, certamente não sou capaz de ver Jesus em ação. E, sendo incapaz de ver a ação de Jesus nos outros, dificilmente verei Jesus no meu coração ou na minha mente. A isto se chama *sectarismo*!

Jesus Cristo, e este: crucificado!

Paulo falava desta visão fundamental. O Cristo glorioso só faz sentido depois do Cristo sofredor.

> Nada me propus saber entre vós, senão a Jesus Cristo, e este crucificado (1Cor 2,2).

Queremos ver Jesus é sempre um chamado à ascese, à solidariedade e à importância de conviver com o outro, em quem Jesus se manifesta. Não o teremos encontrado, se não o encontrarmos nos pequeninos ou apequenados, nos pobres ou empobrecidos.

> Então lhes responderá, dizendo: "Em verdade vos digo que, quando a um destes pequeninos não o fizestes, não o fizestes a mim" (Mt 25,45).

Seus sinais estão por toda parte e, se eu rejeitar seu rosto que está nos pobres, nos ricos misericordiosos, nos pecadores, nos irmãos que pensam diferente, estarei rejeitando a ele mesmo, que deixou claro em Mateus 7,21-28 que não reconheceria como seus os que não fossem capazes de ler e praticar estes sinais da sua presença.

Que Jesus queremos ver? O Jesus que desenhamos previamente ou o Jesus que é quem sempre foi?

Parte XI

As ênfases de sempre

O Espírito santificador da Igreja

Consumada a obra que o Pai confiara ao Filho, para que ele a realizasse na terra (cf. Jo 17,4), no dia de Pentecostes foi enviado o Espírito Santo para santificar continuamente a Igreja e assim dar aos crentes acesso ao Pai, por Cristo, num só Espírito (cf. Ef 2,18). Este é o Espírito que dá a vida, a fonte da água que jorra para a vida eterna (cf. Jo 4,14; 7,38-39); por ele, o Pai dá vida aos homens mortos pelo pecado, até que um dia ressuscitem para Cristo os seus corpos mortais (cf. Rm 8,10-11). O Espírito habita na Igreja e nos corações dos fiéis, como num templo (cf. 1Cor 3,16; 6,19); neles ora e dá testemunho de que são filhos adotivos (cf. Gl 4,6; Rm 8,15-16.26). Leva a Igreja ao conhecimento da verdade total (Jo 16,13), unifica-a na comunhão e no ministério, dota-a com diversos dons hierárquicos e carismáticos, com os quais a dirige e embeleza (cf. Ef 4,11-12; 1Cor 12,4; Gl 5,22). Com a força do Evangelho, faz ainda rejuvenescer a Igreja, renova-a continuamente e eleva-a à união consumada com o seu Esposo. Pois o Espírito e a Esposa dizem ao Senhor Jesus: "Vem" (cf. Ap 22,17)!

Assim a Igreja universal[1] aparece como o "povo congregado na unidade do Pai e do Filho e do Espírito Santo".

(*Lumen gentium* 4).

---

[1] Quando a Igreja Católica emitiu este documento, ainda não existia a Igreja Universal do Reino de Deus, a IURD. Quem usava este termo Universal éramos nós, e ainda o usamos. O católico, portanto, saiba que estamos falando de catolicismo, porque *catholicós*, em grego, significa "abrangente, para todos, universal".

87. A Cristo, pela Igreja

> Assim, pois, as igrejas em toda a Judeia, Galileia e Samaria tinham paz, e, com a ajuda do Espírito Santo, se fortaleciam; cresciam em número de pessoas e mostravam grande apreço pelo Senhor Jesus (At 9,31).

> Deus não é Deus de confusão, senão de paz, como em todas as igrejas dos santos (1Cor 14,33).

Desde o começo, quem pertencia ao Caminho optou por intitular-se membro da Igreja do Senhor. Apenas o evangelho de Mateus usa a palavra Igreja (Mt 16,18; 18,17). Os apóstolos porém, a usam com mais frequência, nos Atos e nas Epístolas. Lá se fala abundantemente da **ecclesia**. Era a assembleia dos chamados **ekkalein**. Os discípulos que tinham formado comunidade com e em Jesus entendiam da força e da fraqueza das comunidades de fé. Eles mesmos experimentaram na carne as dissensões, os conflitos e as controvérsias de estar e viver junto. Igrejas não são para anjos. Nas igrejas há pecados, alguns deles graves. Em pouco tempo, os templos cheios de gente e de dinheiro geram divisões, em geral por conta dos números... Começa a valer mais a quantidade e a arrecadação do que a qualidade e a coerência. Crescer, sempre doeu nas igrejas. Toda vez que uma delas cresceu depressa demais, descobriu que o traje nupcial lhe ficou pequeno... É um dos efeitos danosos do marketing da fé. Agrega sem congregar (cf. Mt 22,11-12)!

Foi o caso do rapaz que vivia maritalmente com a madrasta. Literalmente roubara a mulher do seu pai. E a comunidade nada fizera contra ele.

> Ouve-se dizer por aí que há entre vós fornicação, e fornicação tal, que nem ainda entre os gentios se nomeia, como é haver quem abuse da mulher de seu pai (1Cor 5,1).

334 Pe. Zezinho, scj

Desde o começo os apóstolos perceberam a necessidade da oração, da disciplina e do auxílio mútuo, para que as igrejas não falhassem. No Apocalipse há uma série de reptos contra as igrejas daqueles dias.

> Quem tem ouvidos, ouça o que o Espírito diz às igrejas (Ap 2,29).

Mas havia também as igrejas bem administradas, que iam bem e primavam pela caridade. Estavam em boas mãos.

> De maneira que nós mesmos nos gloriamos de vós nas igrejas de Deus por causa da vossa paciência e fé, e em todas as vossas perseguições e aflições que suportais (2Ts 1,4).

O que se lê nos Atos e nas epístolas é que as igrejas levavam ao Cristo e, apesar dos desvios e pecados, valia a pena pertencer a uma comunidade de fé. Paulo descreve o que é uma Igreja de Cristo:

> Segundo a graça de Deus que me foi dada, pus eu, como sábio arquiteto, o fundamento, e outro edifica sobre ele; mas veja cada um como edifica sobre ele. Porque ninguém pode pôr outro fundamento além do que já está posto, o qual é Jesus Cristo. E, se alguém sobre este fundamento formar um edifício de ouro, prata, pedras preciosas, madeira, feno, palha, a obra de cada um se manifestará; na verdade o dia a declarará, porque pelo fogo será descoberta; e o fogo provará qual seja a obra de cada um (1Cor 3,10).

Era Paulo falando dos que confundem Igreja com empresa, com arrecadação, com templos e obras majestosas, com culto da personalidade. Uma Igreja se mede pela espiritualidade e caridade que suscita.

> Ninguém se iluda. Se alguém dentre vós se tem por sábio neste mundo, faça-se louco para ser sábio. Porque a

um rosto para JESUS CRISTO

sabedoria deste mundo é loucura diante de Deus; pois está escrito: "Ele apanha os sábios na sua própria astúcia". Seja Paulo, seja Apolo, seja Cefas, seja o mundo, seja a vida, seja a morte, seja o presente, seja o futuro; tudo é vosso, e vós de Cristo, e Cristo de Deus (1Cor 3,18-19.22-23).

Opção por uma Igreja pobre

Paulo se apresenta como alguém que não aufere lucro pessoal da pregação. Não enriquece com o Evangelho. Sua conta nos bancos daqueles dias não aumentou. Descreveu os apóstolos de verdade como: *contristados, mas sempre alegres; pobres, mas enriquecendo a muitos; nada tendo, e possuindo tudo* (cf. 2Cor 6,10). Colocou-se por último, "porque tenho para mim que Deus, a nós, apóstolos, nos pôs por últimos, como condenados à morte; pois somos feitos espetáculo ao mundo, aos anjos e aos homens" (1Cor 4,9). Por ter perseguido a Igreja, não se via como venerável, mas queria respeito, porque se convertera. "Porque eu sou o menor dos apóstolos, que não sou digno de ser chamado apóstolo, uma vez que persegui a Igreja de Deus" (1Cor 15,9). Mas a graça de Deus, dada à Igreja, foi proveitosa para ele.

Mas pela graça de Deus sou o que sou; e a sua graça para comigo não foi vã, antes trabalhei muito mais do que todos eles; todavia, não eu, mas a graça de Deus, que está comigo (1Cor 15,10).

O lucro dele seria morrer por Cristo. Porque para mim o viver é Cristo, e o morrer é ganho (Fl 1,21).

Optei pelo catolicismo

Fiz a minha opção, meus irmãos e amigos fizeram a deles. Se eu não tivesse conhecido a Igreja Católica e não tivesse recebido as catequeses que recebi na infância e na adolescência, e ainda hoje recebo, teria dificuldade em aceitar que o Messias anunciado na Bíblia é Jesus de Nazaré.

Outros dizem que chegaram a esta conclusão ao entrar numa outra Igreja. Bom para mim, bom para eles! Se estão felizes e acreditam ter encontrado Jesus num outro templo e num outro púlpito, não me compete duvidar. Jesus falou que tem outras ovelhas e que, um dia, seremos um só rebanho e ele será o pastor (cf. Jo 10,16). Nunca discuti nem discutirei sobre qual Igreja dará o nome ao rebanho unificado. Nunca discuti religião com meus tios, primos e sobrinhos que mudaram de Igreja. No céu saberemos quem acertou na escolha! Respeito a consciência deles. Mas dou testemunho de que sempre fui respeitado. Nunca deixaram de me ver como sacerdote católico a serviço de Cristo.

O que eu vivo eles não vivem e o que eles vivem eu não vivo. Recebemos a mesma luz, mas como nossas janelas e cortinas não são as mesmas, haverá tons diferentes e mais ou menos luz em algumas de nossas almas. Só Jesus pode nos julgar! Nós não podemos (cf. Mt 7,1-2). Então é melhor que aprendamos da catequese das nossas igrejas o capítulo da fraternidade e da solidariedade: sem ele não se chega ao Cristo (cf. Mt 25,40).

A Igreja Católica me mostrou Jesus

Da minha parte, sou grato à Igreja Católica por ter me apresentado a Jesus de Nazaré. E ela o fez muito bem. Ainda hoje, quando entro num templo católico, salta-me aos olhos a nossa catequese de parede. Outros templos não as utilizam, mas, como já ficou dito em capítulo anterior, nós nos valemos até das paredes, vitrais e colunas para contar histórias da nossa fé. Lá na frente há o sacrário e, um pouco ao lado, uma Bíblia aberta. Mas assim que entramos, começam as linguagens claras da Igreja a nos dizer que ali se recorda Jesus Cristo e seu Evangelho.

Quando visito alguma catedral cheia de recados, fico olhando as pinturas, os vitrais, os símbolos, a Bíblia, o sacrário, o altar, e revejo minha cristologia de menino que, evidentemente, evoluiu. Hoje, não leio aquelas imagens como as lia no tempo de criança. Algumas foram retocadas por pintores, como foi retocada a minha fé por meus professores. Sei, hoje, bem mais do que sabia sobre Jesus. Mas o essencial ficou: Jesus se importou conosco a ponto de morrer pela humanidade. Sua vida e sua morte mostraram o caminho da solidariedade. Deus sabe se a pratico ou não. Isto me foi dito nas primeiras catequeses e esta convicção permanece.

A catequese me ajudou

Os livros que li, os estudos que fiz, os testemunhos que vi e ouvi, me mantêm católico. Respeito quem partiu para outros bancos de igreja a ouvir outros púlpitos. Eu fico! O Jesus que a Igreja Católica me mostrou é forte! É forte e é sereno!

88. As muitas ênfases dos devotos

Alguém pode acentuar um aspecto de Jesus, adorá-lo apenas, ou também por isso. Se ficar no apenas e desconhecer os outros fatos e as outras reflexões da sua Igreja, é ênfase errônea. A verdade é que nem todos os devotos de Cristo conhecem o Cristo. São inúmeras as ênfases devocionais: *Bom Jesus, Cristo Redentor, Cristo Libertador, Santíssimo Sacramento, Jesus Sacramentado, Preciosas Chagas, Preciosíssimo Sangue, Sagrado Coração, Cristo Comunicador... Espírito Santo, Pentecostes, Maria e os santos que Jesus fez.* Compreendidas, fazem bem. Mal explicadas, deixam a desejar.

89. Negar o Jesus dos outros

Se, porém, eu negasse que Jesus ouve os outros, negaria Jesus. Se negasse as suas ênfases, negaria a liberdade que Jesus nos dá. Se ensinasse que outros não podem chegar a Jesus porque são de outra Igreja ou de outro movimento, negaria a fraternidade e o ecumenismo. Mas, se negasse que minha Igreja é sustentada pela graça de Jesus, negaria meu chamado. Fui e sou chamado a ser cristão católico. Isto significa que fui chamado a dialogar e a perdoar! Creio nisso! Que bom para meus amigos de outras igrejas que também acham que Jesus os chamou para testemunhá-los lá! Tenho sempre em mente o caso daquele rapaz liberto de demônios que se propôs seguir Jesus com o grupo. Jesus o mandou ficar lá na própria região e na própria família. "Chamou-o para ficar lá mesmo!" (Lc 8,38-39). Muitas vezes, segui-lo é ficar, convertidos, onde estávamos (cf. 1Cor 7,17). Nem sempre ir com Jesus é largar tudo. Que os casais com filhos e netos entendam o seu chamado!

90. Esculpido com limites

Chamado a fazer um busto do seu governador, o escultor levou uma semana, mas o fez. O busto não lembrava nem um pouco as feições do governador. O artista alegou que fizera uma imagem interpretativa. Um outro, chamado a executar a mesma tarefa, levou quatro meses. Comparou, fez aos poucos, tomou distância, assumiu perspectivas. Mas qualquer um que via elogiava a obra: era fiel ao governante. Perguntado, explicou que era assim que via o governador e queria que a posteridade se lembrasse do retratado como ele era.

Cinquenta anos depois, todos os que passavam pela praça sabiam como tinha sido o político que marcou o estado e o país. Seu rosto não fora deformado pela interpretação do artista. Os que passavam pela galeria não reconheciam o rosto interpretado pelo outro escultor. A escultura tinha que ser explicada. Há obras de arte que refletem a realidade. Há outras que refletem apenas a imaginação do autor.

Refletir a realidade

Com Jesus aconteceu o mesmo. Milhares criaram um rosto que não se parece com o Jesus dos evangelhos; outros estão bem perto daquelas narrativas. Jesus foi pintado em quadros por pintores, esculpido em mármore por escultores, interpretado no palco por artistas e esculpido em palavras por pregadores. Nem todos foram fiéis aos primeiros relatos sobre ele. As interpretações às vezes fugiram do Jesus real, do Jesus histórico, do Jesus teológico e do Jesus da fé.

Já nos referimos ao fato. Deram-lhe tantos retoques que, no fim, já não era mais o Jesus real. Lembram a experiência dos trinta pintores a quem foi pedido que renovassem um antigo mural com um fac-símile da Monalisa, sem, porém, descaracterizá-la. Não conseguiram. Cada qual insistiu em dar o seu toque pessoal. Ao fim e ao cabo já não se percebia mais qual tinha sido a pintura original. Alguns afrescos, depois de tantas pinturas sobre pinturas, precisaram ser restaurados para voltarem à primeira concepção. Não eram mais reconhecíveis... Fizeram isso com Jesus! Voltaremos a tocar no assunto! É o magno problema dos nossos dias de transições febris de uma para outra Igreja...

91. Entenda os cristãos e seus enfoques

Há autores que preferem falar de *Denominações Cristãs* em vez de igrejas. É que nem todas as igrejas consideram a outra uma Igreja de Cristo. Lembram a menina prodígio de 7 anos, pregadora, que na televisão, acompanhada pelo pai, mostrava conhecer bem os versículos da Bíblia, coisa rara para uma criança. Perguntada sobre o Livro Santo, ela disse que havia uma Bíblia dos cristãos (e citou a da sua Igreja) e a dos católicos, a quem não considerava cristãos...

Sendo nós cristãos desde pelo menos quinze séculos antes da sua Igreja, ela simplesmente recitou o que ouvira dos seus pregadores: eles eram cristãos e nós tínhamos deixado de ser, mesmo sendo nós 1,2 bilhão de fiéis. Nós não seríamos Igreja de Cristo, eles sim. Nossa Bíblia não seria cristã, a deles sim! Aos 7 anos, ela não saberia isso, se não lhe tivessem ensinado desta forma!

Da nossa parte, haverá católicos a garantir que só nós somos Igreja. Escandalizam-se quando o papa se refere a outros grupos como igrejas cristãs. Há outros que vieram depois, frutos do dissenso e que se organizam de forma diferente de uma Igreja. Neste caso são denominações, mas não igrejas. E todos têm textos para provar suas afirmações. O diálogo fica difícil quando, para se credenciar alguém, se descredencia o outro.

Ferida aberta no cristianismo

Começa por aí a enorme fenda. Nem mesmo quanto aos nomes os cristãos se entendem. Há quem se considere de Cristo, quem ache que o outro grupo tem o demônio, há quem chame o outro de apóstata ou de herege. Pequenas igrejas chamam de

um rosto para JESUS CRISTO

seita os católicos com seu mais de 1,2 bilhão de fiéis, como se o catolicismo tivesse se separado do cristianismo. Os católicos chamam de seitas estas pequenas igrejas que se separaram de outras, e de outras, e de outras.

Divididos e setorizados

Divididos, setorizados e sectarizados, os que afirmam crer em Cristo não conseguem ter uma cristologia que os una. Um grupo chamou-se *Católico* (que abrange todos); outro se denominou *Ortodoxo* (fiel às origens); outro optou pelo protesto em favor de Cristo e da Palavra como ela era (Protestantes); outros se declararam *Evangélicos* (fiéis à Boa-Nova); outros se dizem *Pentecostais* (testemunhas de um novo Pentecostes).

As diferenças são de hierarquia, de unidade, de governo e de doutrina. Há estudiosos profundos em algumas igrejas. Outras buscam a vivência com maior intensidade. *Pensar* Jesus e *viver* Jesus deveria ser a mesma realidade, mas é esta prática que os distingue! A ideia da eleição os separa. Quem se sente eleito duvida da eleição do outro...

Os que estudam os cristãos falam em *divisões históricas*, grupos ocidentais e grupos orientais, *movimentos messiânicos, cristianismo esotérico, cristãos não categorizados.*

O leitor que se aprofundar na História do cristianismo prestará atenção ao Concílio de Éfeso (431), ao de Calcedônia (451), ao Cisma Ortodoxo do século XI e à Reforma Protestante do século XVI. Guardará os nomes de cada época e saberá por onde foram os cristãos e a quem seguiram; que grupo gerou qual Igreja e que Igreja deu origem a outra. Somos, hoje, o resultado daquelas divisões e dissensos continuados, daquelas interpretações e rupturas de cunho mais político do que teológico, mas, com o tempo, também de cunho teológico.

O que era, o que poderia ter sido, o que não podia ser, o que poderia vir a ser, marcaram estes debates que deram origem aos milhares de igrejas ou denominações e aos milhares de pregadores de agora.

> Jesus tem milhões de seguidores que falam muito com ele, mas têm enorme dificuldade de falar entre si.

Uma Igreja dá origem a outra, um movimento, a outro; as pequenas diferenças se tornam grandes diferenças; os irmãos de rupturas mais recentes jamais se encontram, e os mais antigos tentam diálogos; e, enquanto alguns cheios de esperança procuram o ecumenismo, outros se afastam dele de maneira estudada e até mesmo intencional. Igrejas em formação raramente aceitam dialogar com igrejas históricas. Entendem que o novo não pode se misturar ao vinho velho... E o novo de Deus são eles! É o que afirmam.

92. A ênfase no coração

Há os de índole amorosa e compassiva (cf. Ef 4,2). Acentuam o coração e a misericórdia. Raramente mencionam ou destacam o demônio. Uma vez ou outra apontam contra ele, mas gastam mais tempo apontando para quem liberta e perdoa. Pelo discurso se sabe qual a ênfase de uma Igreja ou de um movimento de Igreja. Se em todo culto o pregador se refere ao demônio, talvez o combate a ele tenha se tornado a sua ênfase!

93. A ênfase na cruz

Há os trágicos. Acentuam a morte e a cruz. Jesus passou por elas, mas não nos remiu apenas por meio delas. Remiu-nos por sua vida. Fazem parte da cristologia os mistérios gozosos, os luminosos e os gloriosos, além dos dolorosos. Uma coisa é levar a própria cruz e a cruz do outro; outra, é de tal maneira acentuar a cruz que a ressurreição, só por ter vindo depois, fica para depois. Cruz e ressurreição estão no cerne da redenção.

94. A ênfase nas águas

> Jesus respondeu, e lhe disse: "Quem beber desta água tornará a ter sede; mas quem beber da água que eu lhe der nunca terá sede, porque a água que eu lhe der se tornará nele fonte de água que jorra para a vida eterna" (Jo 4,13-14).

Chamado a falar sobre Jesus a um grupo de casais que voltava de Foz do Iguaçu, comecei pelas águas que eles tinham visto e fotografado. Quiseram trazer para casa a lembrança do que viram, ainda que parcialmente e apenas do nosso ângulo... Expliquei.

> "Vocês viram apenas parte daquelas águas e já voltaram maravilhados; imaginem se, além do nosso lado, tivessem visto de perto, de baixo, de cima, do lado argentino e do lado paraguaio... Embora se trate sempre das mesmas águas, a visão de vocês mudaria a cada duzentos metros. Como podem perceber, vocês trouxeram as lembranças da sua visão, e não da cachoeira. Aquelas águas são muito mais do que as águas que vocês viram."

***

Falei então de *Teologia, Jesulogia, Cristologia, Exegese*, de Jesus, visto sob os mais diversos ângulos. Jesus é o mesmo, mas não é visto do mesmo jeito pelos ateus, pelos crentes cristãos das mais diversas igrejas. Mesmo dentro da nossa Igreja, há tantas descrições e concepções de Jesus e de sua missão e poder que, por isso mesmo, existe a Jesulogia e a Cristologia.

Fui mais longe. Falei do *Cristo Sanador, Cristo Apologeta, Cristo Urgente, Cristo Taumaturgo, Cristo Quiliástico, Cristo Pantocrator, Cristo Redentor, Cristo Cósmico, Cristo Vencedor,*

Cristo Sofredor, Cristo da Parusia, Cristo Eucarístico. São visões e ângulos de visão do mesmo Cristo.

Fui mais longe. Falei de *Messianismo, Missiologia, Igreja Triunfante, Igreja Militante, Igreja Padecente,* da teologia messiânica dos judeus, das diferenças e semelhanças entre a visão deles e a nossa. Aproveitei as três conversas daquele dia para falar de Jesus Cristo visto pelos católicos, pelos evangélicos, pela teologia da libertação, pela teologia da esperança, pela teologia dos pentecostais. Falei do Cristo politizado por reis e imperadores, por militantes políticos hoje, pelos pobres feridos na alma e por certa elite que não aceita um Cristo que proponha mudanças sociais. Deixei no ar a pergunta sobre se é possível conciliar todas estas visões do Cristo.

***

A conversa esquentou. Voltei a falar da *Esperança Messiânica* registrada já no primeiro livro da Bíblia, após a narrativa dos pecados e rebeldias do ser humano e após as muitas punições com a promessa de que Deus jamais aniquilaria a raça humana. Deus fez aliança; aliança que é descrita no livro do Êxodo e em subsequentes livros do Pentateuco.

O mundo teria solução e uma pessoa especial traria esta solução. Seria o aproximador, o solucionador, não sem a cooperação do homem que, se era livre e inteligente para pecar, também o era para cooperar com o projeto de Deus. Mas haveria, um dia, um grande ungido, mais ungido do que todos os ungidos, um Filho do Homem, um Messias que, em grego, se traduziu pela palavra *Xristós*: Cristo!

Este ungido faria a diferença porque seria o protótipo do Novo Homem, não mais rebelde, não mais disputando o primeiro lugar em tudo. Ele viria de Deus e lhe seria obediente, mas todo o poder lhe seria dado. No entanto, por ser filho de um ventre humano ele sofreria muito. Mas triunfaria até sobre a morte, mostrando que o ser humano pode ser e será melhor do que é. Ele seria o homem de coração novo e formaria homens e mulheres de coração novo. Tudo isso pode ser encontrado na doutrina dos profetas.

Falei dos profetas, do conceito de unção, da paz messiânica, do *Ungido histórico, do Cristo histórico e do Cristo da fé*. Expliquei que uma coisa é conhecer o Jesus histórico e outra é entender e crer quem ele era e quem é, vivo e atuante ainda hoje. Falei do Cristo "ontem, hoje e sempre", que nós recordamos na missa, e do "por Cristo, com Cristo e em Cristo" das nossas celebrações. Se cremos em Jesus, como católicos, somos convidados, exatamente por sermos católicos, a crer que Jesus é Deus e é homem. Há nele duas naturezas: a divina e a humana. Afirmamos que só existe um Deus, mas que ele é Trindade e que a Segunda Pessoa da Trindade, o Filho, fez *kenosis* e tornou-se um de nós.

É claro que tive que explicar o que é *kenosis*. Falei do bombeiro que se amarrou numa corda e desceu sessenta metros ao fundo do poço, onde uma criança, incapaz até mesmo de agarrar a corda, gritava por ajuda. Ele amarrou-a a si e a trouxe para a luz. Isto foi *kenosis*. Deus fez isso na pessoa de Jesus... Aplaudiram minha história. Uma das senhoras disse que fora a primeira vez que entendera a palavra *kenosis*. Expliquei que *kenosis* era ainda muito mais. Pedi que imaginassem um criador de aves que, de tanto amor por elas, tornou-se ele mesmo uma ave e veio ensiná-las a voar direito! Aí, não! Acharam que era conto de fadas, desses filmes mágicos, que de vez em quando a televisão mostra; de heróis que se tornam águias e, cada vez que se veem em apuros, elas descem e se revelam homem... Toda comparação claudica, mas deixei claro que a encarnação é bem isso. *Quem não era humano e não precisaria ser, um dia se tornou humano, para sermos quem deveríamos ser...*

***

350   Pe. Zezinho, scj

Falei então de autores que eles deveriam ler: Christian Duquoc, Gerd Theissen, Jürgen Moltmann, Joseph Ratzinger, Gustavo Gutiérrez, Leonardo Boff, Roger Haight, Jack Miles, Karen Armstrong, Karl Rahner, Karl Barth, Bart Ehrmann, Teilhard de Chardin, Martin Buber. Um deles, Joseph Ratzinger, se tornou papa; outros eram evangélicos, outros deixaram a Igreja Católica, outros dialogaram serenamente com os católicos, outros até escreveram juntos sobre Jesus. E havia os judeus e os ortodoxos. Até ateus como Gerald Messadié e Ernst Bloch se ocuparam de Jesus.

Falei de *Teologia Primeira*, *Teologia da Libertação*, *Teologia dos Carismas*. Citei trechos desses autores, com páginas encantadoras e profundas sobre Jesus. Foram tomando gosto e querendo saber mais. Cristologia começou a fazer sentido para aqueles casais...

***

Depois de seis horas e três palestras entremeadas de canções cheias de Cristologia, comecei a ouvir suas impressões.

> A gente pensa só nas águas que vê e retrata, mas não se lembra das águas que correm há milênios por aquele leito! Águas sempre renovadas! Sempre antigas e sempre novas!... Resultado de águas que se juntaram antes e formaram um só caudal. É um rio feito de muitos rios.

***

> Foz de Iguaçu tem um antes, um durante e um depois. Sem o antes não seria Foz do Iguaçu! E nós só vimos uma parte. Do outro lado também se veem as mesmas águas. Agimos como se apenas do nosso lado é que elas fossem bonitas. Há beleza de todos os lados...

***

> Nunca pensei no antes, no durante e no depois do mundo. Também nunca pensei no antes, no durante do Cristo e no depois em Cristo.

***

> Eu mal conheço o Cristo histórico e vivo, que dirá o Cristo da fé? Fica difícil crer num Cristo que nunca li, não

um rosto para JESUS CRISTO 351

estudei e cujas palavras eu mal recordo. Acabo crendo no Cristo do movimento e do pregador, mas não no Cristo que eu procurei.

***

Nunca dei importância ao Cristo de carne e osso, ao Cristo histórico com suas repercussões no seu tempo. Eu nunca tive ideia da situação política em que ele viveu e por que realmente ele foi morto. Gostei da sua frase e vou usá-la, se me permitir "Certamente não mataram Jesus por causa de suas preces. Orar era permitido. O que não era permitido foi fazer o que ele fez: dizer que propunha um Novo Reino, com mudanças substanciais para o judaísmo e para a sociedade do seu tempo. Ele veio com um projeto de fé e de vida mais abrangente. Isso desafiou quem tinha feito arranjos que estavam dando certo. Jesus pôs em risco o poder religioso e político do seu tempo. Morreu porque propôs mudanças a quem não as queria".

***

Eu também nunca liguei as coisas. Pensava apenas nos fariseus e em Pilatos. Nunca entendi o jogo de forças daqueles dias.

***

Eu nunca soube distinguir entre o Cristo histórico e o Cristo da fé. Confesso que meu Cristo era e ainda é o Cristo "quebra-galho", imediatista, que me atenderá, se eu fechar os olhos e invocar com força e muita fé. Meu Cristo é meio mágico, urgente, como o que vejo anunciado na televisão e em programas de curas e de clamores. Nunca me foi dado o Cristo sereno como foi a introdução de hoje. Se é melhor, eu não sei, mas sua fala mexeu com a minha cabeça.

***

Eu confesso que, como o senhor disse, *meu coração é do tamanho de uma melancia e meu cérebro é menor do que um ovo de codorna.* Sei ler, mas confesso que nunca li por inteiro um livro sobre Jesus. Um amigo batista me ofereceu o dele, mas eu disse que, se eu não lia nem mesmo os livros católicos, que são muitos, os dele é que eu não iria ler. Pelo

352 Pe. Zezinho, scj

menos nisso fui coerente. Como vou aceitar estudar com os outros, se nem sequer estudei com a minha Igreja? Ouvir a mãe do outro sem primeiro ouvir a minha mãe?

***

Meu Jesus ainda é meu demais. Não parei para pensar que ele é mais dos outros do que meu. A ideia de cristologia, se bem entendi, é que Jesus é de todos! Nunca será só meu. Não posso querer *amar somente a ele*, como diz a canção que o senhor citou. Quero *abrangência*, uma palavra que nunca andou no meu dicionário de católico. Era eu, minha família, meu grupo. Esqueci a Igreja de todos os tempos e a Igreja do futuro, que é mais do que nós agora.

***

Nós dois, minha esposa e eu, vivemos isso que o Senhor disse: nosso Jesus é mais fruto de exclamações, ah e oh e ui, do que um Jesus fruto de interrogações. Terá sido assim? É assim? Como será? O que ele quer de nossa família? A gente praticamente tem medo de perguntar e agora vimos que Jesus mandava perguntar...

***

Quando o senhor falou de Aristóteles há cerca de 25 séculos, a citação falou de mim. Eu também sou dos crentes que preferem mais o *pathein*: "sentir e curtir", do que o *mathein*: "matutar e ir mais fundo". Minha cabeça é pragmática. Sou do tipo que pergunta o que esta doutrina tem para me oferecer. Estou na linha dos muitos crentes de televisão e dos que se agarram "com unhas e dentes" à subjetividade. Tem que caber na minha cabeça e no meu coração, senão eu vou embora. Isso quer dizer que não dei meu coração a ninguém. Não corro nenhum risco. Sou o cara do livro *Quem mexeu no meu queijo?*[1]

***

Como o colega que falou, fui seminarista e cursei até a teologia; hoje sou psicólogo, trabalho muito com o processo

---

[1] Trata-se de um *best-seller* do escritor Spencer Johnson (Rio de Janeiro: Record, 2002), que fala sobre a capacidade que o ser humano tem dentro de si de fazer mudanças incríveis na própria vida, e por isso é responsável pela suas escolhas, sucessos e insucessos.

um rosto para JESUS CRISTO 353

de reintegração e de aceitação da pessoa. A frase do autor alemão (Jürgen Moltmann) que você citou, sobre a virada do homem moderno, vai me fazer pensar muito. Pode ler de novo?

Li:

> É nessa virada da consciência da verdade que reside o fato de o homem moderno nada mais entender que não tenha significado para ele próprio. Seu conhecer não está mais voltado à participação no conhecido, nem está interessado na comunhão que ele estabelece, mas no proveito subjetivo: "Que significa isso para mim? Que proveito eu tiro disso?". Não pergunta o que é a ressurreição, mas que proveito ele tira da ressurreição de Cristo (*Der Weg Jesu Christi* [O caminho de Jesus Cristo]).

Forte esta passagem! Tem seu lado bom, mas cheira a um crasso individualismo, ao qual até religião, pátria e grupos se devem sujeitar. É o triunfo do indivíduo. Lembra pessoas demasiadamente centradas em si mesmas, incapazes de qualquer alteridade. Não deixa de ser o narcisismo levado às últimas consequências. Jesus era indivíduo centrado e aberto ao coletivo a ponto de dar a vida pelo seu povo e por quem mais viesse. Muitos fizeram isso, como Luther King, Mahatama Gandhi, Mandela, mas Jesus tem palavras mais questionadoras do que eles. Penso muito na frase do Pedro: "Só tu tens palavras de vida eterna!".

***

Os comentários foram fortes e adequados. Haviam entendido a introdução à moderna cristologia católica. Lembrei, ainda, que Jesus é como aquelas águas em catadupa, mas que vieram aos poucos. Aquelas quedas, mais do que quedas, são um salto e uma descida vigorosa. O rio não cai; ele se joga, pois descer faz parte do seu trajeto na direção do mar. Se lhe dermos um leito e não impedirmos sua passagem, vai deixar efeitos benéficos em nossos quintais. Mas seguirá em frente banhando outros espaços tão grandes ou maiores do que o nosso.

***

A conclusão foi unânime.

> Sabemos pouco, mas nossa fé nos abre espaço suficiente para Jesus crescer em nós e nós nele. Também nós precisamos crescer em sabedoria e graça diante de Deus e dos homens (cf. Lc 2,40). Se Jesus, que era quem era, aceitou este processo, muito mais nós devemos vivê-lo.
> Jesus é mais! Se temos pouco, talvez seja porque nos deram pouco ou nunca procuramos.

Lembrei-lhes de que eles o haviam pedido. Seria um encontro de casais com Cristo aprendendo uma nova cristologia: *Um novo jeito de pensar em Jesus Cristo.* Minha conclusão foi lembrar as palavras atribuídas a Javé: *ehyeh asher ehyeh* (cf. Ex 3,14), e outras, atribuídas a Jesus: "Eu sou o caminho. Ninguém vai ao Pai senão por mim" (Jo 14,6). A tradução, dada por alguns estudiosos, é: "Serei quem eu for sendo". Vale dizer: *você irá me descobrindo.* Jesus diz o mesmo. Ele é mais do que um momento. É um modo de viver, é um processo de vida.

Cantamos juntos:

Amar como Jesus amou
Sonhar como Jesus sonhou
Pensar como Jesus pensou
Viver como Jesus viveu
Sentir como Jesus sentia
Sorrir como Jesus sorria
E ao chegar ao fim do dia
Eu sei que dormiria muito mais feliz.

Um teólogo me disse que estas frases dariam um livro de cristologia. "De canção infantil ela não tem nada, embora fale de uma criança!" Concordei. Quando escrevi não pensei dessa forma, mas minhas leituras posteriores me levaram na mesma direção. Uma simples catequese, à medida que se aprofunda, pode dar em tratado de teologia!

Teofanias

Jesus é de tal maneira grandioso que, quando foi dado a três dentre os discípulos a chance de saber mais sobre ele, numa singular teofania, como Moisés no passado, eles não tiveram capacidade de olhar:

> Seis dias depois, tomou Jesus consigo a Pedro, e a Tiago, e a João, seu irmão, e os conduziu em particular a um alto monte, e transfigurou-se diante deles; e o seu rosto resplandeceu como o sol, e as suas vestes se tornaram brancas como a luz. E eis que lhes apareceram Moisés e Elias, falando com ele.
>
> E Pedro, tomando a palavra, disse a Jesus: "Senhor, bom é estarmos aqui; se queres, façamos aqui três tendas, uma para ti, uma para Moisés e uma para Elias". E, estando ele ainda a falar, eis que uma nuvem luminosa os cobriu. E da nuvem saiu uma voz que dizia: "Este é o meu amado Filho, em quem me comprazo; escutai-o".
>
> E os discípulos, ouvindo isto, caíram sobre os seus rostos, e tiveram grande medo. E, aproximando-se Jesus, tocou-lhes, e disse: "Levantai-vos, e não tenhais medo". E, erguendo eles os olhos, ninguém viram senão unicamente a Jesus (Mt 17,1-8).

Vislumbres

Também nós vivemos de vislumbres e, não poucas vezes, quando poderíamos ver mais, escondemos a cabeça na areia de nossa confortável teologia, da qual não desejamos sair. Basta-nos aquilo que já sabemos.

> A verdade é que alguns cristãos agem como deslumbrados: proclamam que viram o que de fato não viram e que era Jesus, quando não era ele. Mas como queriam que fosse ele, não hesitaram em dar testemunho de que Jesus lhes falou aos ouvidos. São os falsos videntes que têm visões várias vezes por semana. Nem sequer distinguem sonhos e enlevos de visão. E ai do irmão que os questiona! De imediato arranja um inimigo! Não se questiona um vidente!... Quem o questionador pensa que é? A resposta está em Mateus 7,15 e 24,11-26. Jesus mandou questionar!

Dão testemunhos dos seus enleios e enlevos e, sem ligar para Jeremias 14,14, vão para estádios, emissoras de rádio e televisão dizer que viram Jesus e que Jesus lhes soprou palavras ao ouvido. Soprou? Outra vez Ezequiel, Mateus, Pedro e Paulo nos lembram que não devemos dar crédito a tais visões indevidamente provadas e comprovadas.

Uma coisa é beber um copo de água e outra, beber um rio. Uma coisa é beber **do** rio e outra beber o rio. Uma coisa é nadar à margem e, outra, cruzar a correnteza! Mas quem dirá isso aos deslumbrados, que juram que Jesus lhes fala e que o viram? Ouvirão? Aceitarão repensar suas visões e audições celestes? Não ficarão irados com o irmão que ousa querer saber a verdade sobre o Cristo, que dizem ter ouvido e visto? Já viram algum vidente admitir que não viu? Já viram seus seguidores admitirem que ele possa estar enganado?

95. A ênfase no combate

Todos os dias, alguém combate e expulsa um demônio em nome de Jesus, ou liberta alguém da maldição do demônio. Que verdades há nisso? O que é doutrina e o que é invenção do pregador despreparado para seu ministério? Há documentos da Igreja a este respeito?

Verdade que deveria ser de todos conhecida, a Igreja Católica admite que o demônio existe. Negaria a Bíblia, se negasse tal doutrina. Mas a Igreja não vê o demônio em tudo e não acha que tudo o que é ruim vem dele. O catecismo dos católicos e os muitos documentos sobre o tema são claros sobre este assunto. Na *Celestis Pastor*, constituição de 20.11.1687 contra o diretor espiritual Miguel de Molinos, a Igreja se pronuncia condenando sua afirmação de que Deus "se serve dos demônios para fazer alguém santo, para que, humilhados pelo demônio, eles se anulem e se resignem em Deus". A Igreja admite que o diabo (o separador) perverte a atividade humana, que ele é o causador do pecado e da morte do gênero humano, e que através do pecado o demônio influencia as pessoas. Mas condena algumas interpretações sobre a onipresença dele no mundo. Em outras palavras, o mal está presente, mas não é onipresente e não tem poder absoluto sobre as almas. Por isso, ela condena os que afirmam:

> Que o demônio inspira sugestões por meio de conjugações de pedras e ervas (*Dignitatis Humanae* 736); que não se deve opor resistência às tentações e que alguém que está em contemplação não peca, porque é o diabo que age nele, e não ele (D.H. 2192); que o demônio está em alguns alimentos (D.H. 464); que o diabo influi na formação do corpo humano (D.H. 462); que Deus não pode impedir o mal (D.H.727); que o desejo sexual é coisa do demônio (D.H. 461); que Deus predestina alguém para o mal (D.H.

628); que o mundo é uma luta constante entre a luz e as trevas, o bem e o mal, mas o bem está prisioneiro e, por isso, precisa ser libertado da maldição (Maniqueísmo).

Nem Jesus nem a Igreja pensam assim. Muitos males vêm de nós mesmos (cf. Jo 2,25). O ser humano, que não é um demônio, é perfeitamente capaz de produzir maldades. Dizemos que tudo o que é bom vem do céu, mas há coisas boas que vêm daqui mesmo por graça do céu. Nem toda luz vem do sol. Algumas vêm dos fósforos que riscamos e das velas que acendemos... É capacidade que Deus nos deu, de criar pequenas luzes. Não é Deus quem faz e risca aqueles fósforos, nem quem acende aquelas velas... Temos em nós esta capacidade. Se não tivéssemos capacidade de escolha, não se poderia falar em pecado nem em inferno. É o preço altíssimo que pagamos por nossa liberdade de escolha. Por isso, está nos Livros:

> Vês aqui, hoje te tenho proposto a vida e o bem, e a morte e o mal (Dt 30,15).

> Os céus e a terra tomo hoje por testemunhas contra vós, de que te tenho proposto a vida e a morte, a bênção e a maldição; escolhe pois a vida, para que vivas, tu e a tua descendência (Dt 30,19).

Os humanos muitas vezes escolhem o mal, embora saibam de suas consequências. E não adianta jogar sempre a culpa no diabo; é coisa de humanos egoístas! A Bíblia e a Tradição dizem que os anjos escolheram; e Adão e Eva também, mas nenhum dos dois assumiu a culpa: Adão culpou Eva e Eva culpou o demônio.

Culpado por escolha

Nada mudou. Hoje, um partido culpa o outro, uma Igreja culpa a outra, um criminoso culpa o outro e pregadores e fiéis culpam o demônio. Assumir que escolheram errado, poucos assumem. Na missa, os católicos são chamados, há séculos, a pedir perdão no *confiteor*, recitando o *mea culpa*: "Foi culpa minha, tão somente culpa minha!". Passa pela noção de pecado, culpa, graça e perdão. É coisa de quem assume a responsabilidade, e não de quem aponta para os outros ou para o diabo cada vez que se vê encurralado pela besteira que praticou.

Escolher no que crer?

Escolher no que acreditar, ficar com apenas o que acha lógico na Bíblia, pode levar um cristão a crer em Deus e não crer em nenhum milagre; crer em Deus e não crer na existência de anjos ou demônios; crer em Jesus e não crer que ele tenha levado quem quer que seja para o céu. Quando escolhemos crer em algumas coisas e negamos outras, porque não nos convém crer nelas, é melhor que saibamos provar o que afirmamos, porque escolher uma passagem em nosso favor e ignorar a outra que nos questiona é desonestidade.

Sou catequista, sacerdote e comunicador da doutrina. Não distribuo fé. Ensino o que a Igreja pensa sobre determinado tema. O fiel decide se quer o que eu explico, ou se prefere o que outro sacerdote explica. É que, na Igreja, há o ponto de vista oficial e há as interpretações deste ou daquele pregador, deste ou daquele teólogo. Ambos merecem crédito, mas ambos devem fazer por merecê-lo.

Anjo bom e anjo mau

E aqui entramos no delicado tema anjo bom, anjo mau, demônios, diabo, satanás, exorcismo, exorcistas. No meu tempo de estudante de teologia, um professor, para ilustrar a delicada questão do pregador exorcista, acautelava-nos contra esta prática. Contava a história do monge extremamente vaidoso, que desejava encher seu mosteiro de fiéis e, por isso, de vez em quando exorcizava algum demônio; depois, gabava-se de seu feito, lembrando que Deus lhe dera este poder desde menino.

Um dia, um dos seus exorcismos não deu certo, porque dessa vez se tratava de demônio de verdade. As roupas do monge queimaram e ele saiu correndo nu do púlpito, enquanto uma voz horrível ria dele e da sua vaidade. Não era história comprovada, mas bastante verossímil a partir de Atos 19,13-17. Na passagem narra-se que o mesmo sucedeu aos vaidosos sete filhos de Ceva, que, não tendo recebido o dom, buscaram o espetáculo. Espetáculo foi! Triste espetáculo! Era a Igreja sinalizando, desde o começo, que não se brinca de ouvir e ver anjos, nem bons nem maus, e que a ninguém é permitido transformar a fé em show de milagres ou de exorcismos.

Jesus era discreto

Jesus foi discreto e moderado no uso do seu poder espiritual, mas alguns dos seus discípulos, ainda hoje, e até pela televisão, não resistem ao show dominical de mais uma expulsão de demônios; abusam de ouvir mensagens, de ver mensageiros e anjos e de curar até doenças inexistentes. Virou espetáculo. Jesus propunha moderação e jejuns. Chegava a proibir os discípulos de espalhar o que tinham visto. Não é o caso de muitos dos pregadores de agora. Querem notoriedade, porque assim suas igrejas crescem. É o caso de se perguntar, com Jean Baudrillard, se se trata de "crescimento ou excrescência" (*A transparência do mal*).

O "coisa ruim"

Daimon, "coisa ruim", satã, diabo são palavras que pretendem mostrar um conjunto de crenças na realidade do mal no mundo. Coisas ruins viram *demônios*, o *coisa ruim* é o chefe, *satanás* é o tentador e o *diabo* é o separador. E aí? Demônios existem? O diabo se apossa das pessoas? Existe um diabo chefe? Tudo o que dizem que é fruto do demônio veio dele? Tudo o que dizem que é de Deus veio de Deus? Pode um cristão negar que haja demônios e que o diabo exista? Pode o outro sair por aí

vendo demônios em cada esquina e debaixo de cada porão? Pode
o cristão classificar toda enfermidade ou situação difícil como
artes do demônio? Pode negar, afirmar ou distinguir na base do
"isto pode ser", "isto não é"? Que caminho escolheremos?

Doutrina que vem de longe

Documentos existem, orientações há. Há os que obedecem e
os que passam por cima da autoridade. Outras igrejas têm práticas ousadas, a ponto de termos visto na televisão pastores que
entrevistavam o demônio, aproximando dele o microfone. Com
santo ele não falava, mas com demônio, sim. Que triste escolha!
Depois, solenemente dominava o demônio de mídia. Que verdade
havia nisso? Mas também houve pregadores católicos, e ainda os
há, que, sem autorização e não poucas vezes sem conhecimento,
expulsam demônios da assembleia. Ou leram Atos 19 e sabem o
que fazem, ou não leram; ou, ainda, leram, mas não entenderam.

O demônio inventado

Inventar milagres que Deus não fez, detectar demônios onde
eles não estão, gabar-se de possuir o poder; tudo isso é algo extremamente perigoso e arriscado. Se de fato for o demônio, vai fazer
"gato e sapato" desse pregador, que não tem a graça para enfrentá-
-lo. Mais dia menos dia, o pseudoexorcista vai sair ferido e cha-
muscado. Se não era demônio, o entusiasmado pregador, quase
sempre vaidoso ao extremo, terá brincado com milhões de irmãos
e irmãs de coração mais simples, e fingido ser o eleito que não era.

Normas rígidas

Na nossa Igreja há normas rígidas para esta prática, até porque tempos houve em que se foi ao extremo. Qualquer um com
desejo de evidência fingia vidências que não tinha. Houve mortes,
crimes e ações abomináveis por parte de quem queria abominar

o demônio. Ainda hoje se lê que em certos grupos pentecostais o exagero levou alguns exorcistas a crimes que a lei precisou punir. A pessoa exorcizada morreu depois de apanhar muito...

Visão equilibrada

Entre os extremos e o equilíbrio está a fé serena. Se quem se proclama ou é visto como exorcista for pessoa comedida e serena em tudo, culta, humilde, desprendida, talvez prove, ao combater algum demônio, que, de fato, era dele que se tratava. Bons exorcistas sabem dizer quando é e quando não é possessão. Os outros que adoram um espetáculo encontrarão um jeito de achar um demônio para combater. Lembram Dom Quixote, que atacava moinhos de vento, pensando combater inimigos. Afinal, ele se tornara cavaleiro da "boa figura"! Dom Quixote e tais pregadores têm algo em comum: Não havendo inimigos para combater, criam-nos.

Preste atenção no seu vidente. Se gosta demais de holofotes e evidência, questione a sua vidência. E questione, também, os demônios que ele combate. Podem não ser os que a Igreja admite que haja... Se escolher a ele, saiba que o colocou acima da sua Igreja!

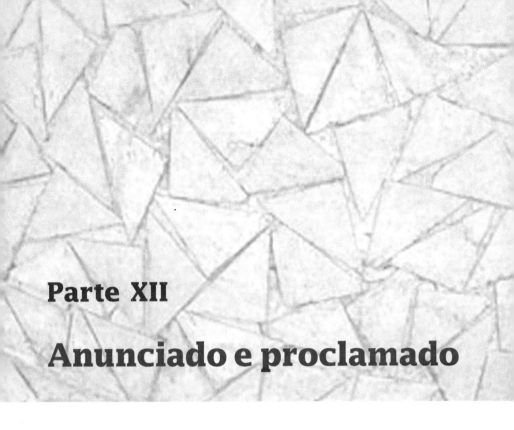

Parte XII
Anunciado e proclamado

Nada sabemos do governo de Deus,
a não ser o que Jesus nos deixa entrever.
Jesus não renega o Antigo Testamento,
ele o interpreta,
baseado numa ação que se diferencia
das atribuídas a Deus
pelos profetas que o precederam.

(Christian Duquoc, *O único Cristo*)

96. Proclamar-se cristão

Porque nada me propus saber entre vós, senão a Jesus
Cristo, e este crucificado (1Cor 2,2).

Christopher Hitchens, ateu militante, afirma no seu livro *Deus não é grande* que "as reuniões de crentes são um rastejar, um chafurdar na própria indignidade. Um ateu não precisa de padres, nem de qualquer hierarquia para policiar sua doutrina! Um ateu abomina sacrifícios e cerimônias, relíquias e adoração de imagens" (p. 19). Esqueceu-se dos imensos painéis e cartazes dos líderes comunistas ateus, das estátuas de vinte metros de Lênin e de Stalin, das ordens, da disciplina, das hierarquias comunistas, das liturgias dos encontros quase idolátricos com Stalin, Hitler, Fidel Castro. Depende de que crentes ou ateus se fala, porque disciplina, hierarquia e ritos também havia e há quando os ateus se encontram. Só não o fazem por Deus, mas silenciam e obedecem pelo Partido, pelo grupo, pelo Estado e pela ideologia, com medo de expurgos. Os crentes excomungavam e eles expurgavam!

***

Uma coisa é proclamar a fé e outra, achincalhar a fé dos outros. Sou um religioso com intenção manifesta de ser *cristão* e *católico*. Isto significa que minha fé em Deus passa pela fé em Jesus e minha fé em Jesus passa pelo meu catolicismo. Aceito o jeito de a Igreja Católica falar de Jesus, seus ritos e suas práticas. Eu não saberia fazê-lo sozinho. Não tenho nem cultura nem espiritualidade para isso. Impressiona-me quem diz que não precisa de uma Igreja. Eu preciso. O que é bom para ele não é bom para mim. Sem o Partido, num país comunista, ele não iria a lugar nenhum, como hoje, nas democracias ocidentais, ninguém se elege sem partido. Se precisam do partido para fazer política, não vejo nenhuma fraqueza em precisar da religião para viver a minha fé!

Livre!

Não me sinto obrigado. Faço-o, porque quero! Falo com o Pai em nome de Jesus e creio que Jesus é o Filho que me espera no Pai. Tenho consciência de que, quando falo, seja com o Pai, seja com o Filho, seja com o Espírito Santo, estou falando com o único Deus que existe. Minha cabeça é pequena demais para explicar este mistério, mas não para aceitá-lo; eu o aceito. Se discordasse, teria que fundar uma nova religião, ou entrar numa outra, ou ainda migrar para uma religião que creia num só Deus mais lógico para ela. Mas quem disse que este Deus que coubesse na lógica deles seria o verdadeiro Deus? E existe religião que se guie apenas pela lógica? Por acaso partidos e ideologias não têm seus dogmas? Pode qualquer um ensinar qualquer coisa em nome do seu partido?

E se estivermos errados?

Então vem a pergunta: "E se estivermos errados?". Ainda assim quero crer com os cristãos. E se os outros estiverem errados e Deus for um só, mas for Pai, Filho e Espírito Santo? Neste caso eles morrerão crendo errado, mas serão amados por Deus, tendo sido sinceros ou não. Nós sabemos não amar, mas para Deus deixar de amar iria contra a sua essência. Se ele existe, continuará existindo, mesmo que um bilhão de ateus o declare inexistente!

Não tenho o menor constrangimento em admitir que eu, talvez, creia errado. Mas, como não fui lá e não vi, e os outros também não foram e não viram, cada qual escolhe a fé que deseja seguir. Dia houve em que decidi continuar na fé que estava seguindo. Continuo não sabendo explicar Jesus, "O" Filho. Para mim Jesus é, antes de tudo, o próprio Deus. Mas, sendo Deus uma trindade e pessoas, ele é o Filho.

Difícil de crer? Eu também acho. Tolice? Não acho que seja! Não creio porque é fácil nem porque faz sentido. Creio porque aceito o que está nos evangelhos. Também não amo só porque faz sentido. Ninguém ama só porque faz sentido. A tendência é amar a quem nos agrada. E não poucas vezes amamos a quem não nos ama nem nos agradece. Nem o amor tem lógica, nem a fé. Foi o que Jesus disse a Tomé, que queria provas. Tomé seguiu a lógica. Jesus lhe disse que há um caminho mais completo. O daquele que não vê, mas assim mesmo aceita. Não disse que era fácil. Não o é para um ateu e não o é para um crente que pensa.

Também não sei explicar nem pilotar um avião a jato, mas viajo nele, esperando, sempre, que aquele avião não caia. Se confio nos engenheiros e no piloto que não vejo, mas sei que está lá, posso também ter fé no Cristo que não vejo e na minha Igreja da qual vejo apenas uma parte. Não estou na Igreja por questão de certeza absoluta. Estou nela por questão de fé. É o avião que escolhi para ir aonde espero chegar! Assim como nem toda fé merece o nome de fé, nem toda lógica merece o nome de lógica. Não, se nascer de premissas erradas!

97. Pensar como Jesus

> Mas Jesus, conhecendo os seus pensamentos, disse: "Por que pensais mal em vossos corações?" (Mt 9,4).

Gilbert Keith Chesterton, jornalista inglês, cristão anglicano, converteu-se ao catolicismo em 1922. Respeitado por sua fé cristã e por sua verve humorística e irreverente, escreveu intensamente sobre a capacidade de pensar, que, segundo ele, os comunicadores do seu tempo haviam jogado na sarjeta. Escreveu sobre Tomás de Aquino e Francisco de Assis do ponto de vista de um jornalista e filósofo que vê neles duas formas de pensar como Jesus pensou. Há um pensamento a ser aprofundado em Tomás de Aquino e outro em Francisco de Assis. Os dois fizeram a Igreja se repensar.

É dele também o clássico *Ortodoxia*, escrito em 1908, antes de optar pelo catolicismo. Cem anos depois, seu livro ainda repercute. Pois foi ele quem escreveu, no capítulo III do seu livro, sobre "O suicídio do pensamento":

> O mundo moderno está cheio de velhas virtudes cristãs enlouquecidas. As virtudes enlouqueceram porque foram isoladas uma da outra e estão circulando sozinhas...
> Há um pensamento que bloqueia o pensamento. Este é o único pensamento que deveria ser bloqueado.
> Pensar significa conectar coisas, e o pensar é bloqueado, se elas não puderem ser conectadas.

Relativismo

Chesterton lamentava o fato de que, de tanto relativizar as coisas, pessoas que se consideravam cultas haviam renunciado ao direito e ao dever de pensar. Se tudo é relativo, então por

um rosto para JESUS CRISTO

que nutrir convicções? Se posso sempre estar errado, então por que assumir qualquer pensamento ou atitude como caminho sem volta? Há ou não há ponto de vista inarredável? Ou tudo flutua à mercê dos maremotos?

Algo semelhante disse, nos anos 1940, o mártir Dietrich Bonhoeffer, em *Resistência e submissão: cartas e anotações escritas na prisão*. Vítima do nazismo, chamou de tolice e loucura abdicar do direito de pensar e limitar-se a repetir palavras de ordem. O repetidor de frases feitas dos outros, que estaciona e deixa de pensar para não ter problemas, aceitará qualquer ética e rapidamente se tornará antiético. Não é diferente hoje, época em que, pela avalanche de propagandas e milhões de informações vindas de todos os lados, número incontável de pessoas prefere não pensar. Vive-se de repetir o que se vê e se ouve, sem pensar no que viu ou ouviu.

Abdicar de pensar equivale a abdicar da própria humanidade. Jesus exigia que seus discípulos pensassem. Ele conectava as coisas e ensinava a conectá-las. Foi morto, não porque orava, mas porque, com o seu pensamento, desafiou o pensamento do seu tempo. E não foi outra a razão pela qual obrigaram Sócrates a beber cicuta. Há muito mais por detrás da pergunta de Jesus aos discípulos, que haviam parado de perguntar:

> E agora vou para aquele que me enviou; e nenhum de vós me pergunta: Para onde vais? (Jo 16,5).

É significativo o que João afirma em 4,27 e 16,23:

> E nisto vieram os seus discípulos e maravilharam-se de que estivesse falando com uma mulher; todavia, nenhum lhe disse: "Por que falas com ela?".
> E naquele dia nada me perguntareis. Na verdade, na verdade vos digo que tudo quanto pedirdes a meu Pai, em meu nome, ele vo-lo há de dar.

Por não raciocinarem, Jesus os recrimina:

> E Jesus, conhecendo isto, disse-lhes: "Para que arrazoais, que não tendes pão? Não considerastes, nem compreendestes ainda? Tendes ainda o vosso coração endurecido?" (Mc 8,17).

Considerar é sentar-se junto para refletir. Vem de *cum-sedere*, "sentar-se com alguém". Daí vem também a palavra "conselho": alguém se une a alguém para ponderar sobre algum assunto. Também a palavra "ponderar" vem de *pondus*, "peso". Pesa-se determinada situação e depois se decide.

Planejar a vida

O mesmo Jesus que disse para sermos como as aves do céu e como os lírios do campo (cf. Mt 6,25-26), e simples como as pombas, disse também que deveríamos ser prudentes como serpentes... (cf. Mt 10,16). Conta a parábola do homem que começou a construir sem ter pensado antes no que faria. A torre ficou pela metade, porque o construtor não ponderou antes (cf. Lc 14,28). E Jesus fala do general que foi à guerra sem ponderar sobre as forças que tinha diante do inimigo (cf. Lc 14,31). Lembra as virgens tolas que não ponderaram antes e não levaram azeite consigo. O noivo tardou... Otimistas demais, as tolas foram à festa sem pensar que algo poderia dar errado (cf. Mt 25,1-12).

O leitor saberá onde achar tais passagens. Enquanto lê os evangelhos por este ângulo de perguntas e respostas, verá a pastoral interrogante de Jesus. Ele respondia perguntas com perguntas e incentivava a perguntar, porque perguntar é raciocinar. E não deixava por menos. Discípulo seu teria que pensar antes para não chorar depois.

> Depois não digam que não avisei (Mt 24,25).

Queria o povo pensando

Ia mais longe ainda na sua pregação. Queria que o povo pensasse com ele e concluísse:

> E dizia também à multidão: "Quando vedes a nuvem que vem do ocidente, logo dizeis: 'Lá vem chuva'; e assim sucede. E, quando assopra o sul, dizeis: 'Haverá calma'; e assim sucede. Hipócritas, sabeis discernir a face da terra e do céu; como não sabeis então discernir este tempo?" (Lc 12,54-56).

> "Que pensais vós do Cristo? De quem é filho?" Eles disseram-lhe: "De Davi" (Mt 22,42).

Erra, pois, quem reduz a pessoa de Jesus a sentimentos, calafrios, calor no peito, suspiros e eflúvios. Ele não veio para emocionar. Veio fazer pensar e entender que os tempos teriam que mudar. Mas erra também quem usa apenas a razão e esquece que sentir pode ser um dos frutos do pensar.

Queria um povo emocionalmente controlado

O erro não está em sentir arroubos de emoção. Isso é bom! Jesus sentiu! O erro, sim, está em querer viver apenas disso e rejeitar o dever de pensar, e viver de sentir sem pensar. Faz isso a menina enfeitiçada pela paixão que, de tanto sentir, não pensa nos seus atos e acaba grávida. Faz isso o rapaz que se entrega ao sentimento e não raciocina; acaba pai solteiro, quando não joga no rosto da menina que o pai poderia ser um outro... Fez isso o casal que foi à televisão contar que não se amavam, mas que tinham três filhos de seus encontros casuais. Não conseguiam viver juntos, mas não resistiam ao desejo carnal. Faz isso o guerrilheiro, o terrorista, que matam para atingir seus objetivos, e o sujeito que não resiste à corrupção e enlouquece diante do dinheiro imediato.

Pensar antes

Querer vencer a qualquer custo, enriquecer a qualquer preço, viver da droga, sabendo que morrerá da droga, é uma forma de não pensar. Se pensasse, iria embora daqueles antros. Mas sair não lhe convém, porque aquela vida lhe dá lucro. O amanhã ainda não chegou, por isso vale o hoje intenso e arriscado! Um dia, porém, o amanhã chega em forma de abandono ou de paralisia por mais um ato de violência que ricocheteou... Finalmente ele começa a pensar.

A loucura de não pensar

É a essa loucura de não pensar e de não querer nem pensar a qual G. K. Chesterton se referiu no capítulo "O suicídio do pensamento". É a isso que se referira Jesus na sua parábola, antes citada, das cinco virgens que pensavam e das cinco imediatistas, que se guiavam pelo "Deus dará um jeito"... (cf. Mt 25,1-11); na história do general que foi à guerra sem saber o que tinha o inimigo (cf. Lc 14,31); e na do sujeito que começou sua torre sem saber se tinha como concluí-la (cf. Lc 14,28).

Confiança temerária

Resumindo. Aventureiros despreparados e sem nenhum estudo, que se atiram à missão de evangelizar imediatamente após a sua declarada conversão, deixando que o Espírito Santo faça o resto e lhes diga o que dizer, não passam de virgens tolas, de generais imprudentes e de construtores imaturos. Mantêm sua pasta vazia e depois esperam tirar dela pensamentos que ali não puseram. Confiam temerariamente no milagre dos pães e dos peixes, quando poderiam muito bem ter levado provisões pelo caminho. Esquecem que o Jesus que operou pelo povo o milagre dos pães e dos peixes e que propunha frugalidade, ensinou a viver do essencial. Mas planejava suas viagens, porque tinha uma equipe que levava provisões.

um rosto para JESUS CRISTO

Andava de aldeia em aldeia... Os doze iam com ele, mais algumas mulheres que haviam sido curadas de espíritos malignos e de enfermidades: Maria, chamada Madalena, da qual saíram sete demônios; e Joana, mulher de Cuza, procurador de Herodes, e Suzana, e muitas outras que o serviam com seus bens (Lc 8,1-3).

Não leveis bolsa, nem mochila nem calçado extra; e a ninguém saudeis pelo caminho (Lc 10,4).

Calçassem sandálias, mas não vestissem duas túnicas (Mc 6,9).

Ora, ele disse isto, não pelo cuidado que tivesse dos pobres, mas porque era ladrão e tinha a bolsa, e tirava o que ali se lançava (Jo 12,6).

A proposta de não levar bolsa pessoal era simbólica: falava de pobreza e desapego; mas fica evidente que Jesus mantinha a bolsa comunitária. Não era nenhum imprudente que vivesse ao deus-dará... Ensinava a pensar a vida além de confiá-la a Deus. Não era a favor de milagres desnecessários.

Dias contados

A linha dos pregadores ou fiéis que se negam a pensar de maneira abrangente tem seus dias contados. Nem tudo é como Elias e a viúva de Sarepta, nem tudo é "pede que Deus dá!". O dinheiro que escasseia no mundo pode escassear para as igrejas que hoje arrecadam fortunas. Jesus disse claramente que não veio repartir heranças (cf. Lc 12,13-14).

O Reino de Deus, para dar certo, precisa de um pensamento que enfrente o pensamento do mundo. Não basta sentir com a Igreja. Somos convidados a pensar com a Igreja. Não basta sentir com Jesus. Somos convidados a sentir e a pensar com ele. Não nos esqueçamos de que ele era e permanece alguém que fez o mundo pensar!

98. Jesus em um minuto

Por isso, quando ledes, podeis perceber a minha compreensão do mistério de Cristo (Ef 3,4).

Suponha que foram e sejam milhões os escritores que, em livros e artigos, já falaram sobre Jesus. Suponha que foram e sejam milhões os pregadores da fé que anunciaram e aclamaram Jesus. Suponha, ainda, que milhares, talvez milhões, de crentes de outras religiões e considerável número de ateus e agnósticos tenham lançado dúvidas sobre a pessoa de Jesus de Nazaré. Eles dizem que Jesus não foi quem dizem que ele era... Suas suposições não estarão longe da verdade.

Agora, suponha você que alguém, num programa de televisão para milhões de telespectadores, lhe perguntasse ao microfone: "Quem foi Jesus de Nazaré? Diga isso em sessenta segundos".

A pergunta foi feita num programa de televisão a três pregadores da fé que representavam três igrejas e três obras sociais. O vencedor levaria dois caminhões de alimentos. Dois responderam resumidamente, afirmando que, pelo que tinham lido, estudado e aprendido ao longo de quarenta anos de pregação, Jesus era o diálogo da humanidade com Deus e de Deus com a humanidade, e que ele foi o divino mais humano e o humano mais divino que já passou por este mundo! Arrancaram aplausos da multidão. Cada qual falou do seu jeito. Ambos encantaram a plateia.

O terceiro respirou fundo, fez um longo silêncio, olhou para os presentes que o miravam em silêncio, pediu desculpas e disse: "Infelizmente, em mais de trinta anos de leituras, não aprendi a responder com tanta pressa a uma pergunta tão grande como esta. Jesus não pode ser resumido numa frase de um minuto. Nenhuma pessoa pode ser resumida em 60 segundos. Estou levando

um rosto para JESUS CRISTO 375

uma vida para responder a esta pergunta. Não saberia resumir Jesus em um minuto. Considerem-me fora da competição".

O apresentador consultou a direção e esta reformulou a pergunta: "Diga-nos em um minuto o que você considera o mínimo que se espera de quem crê em Jesus!". Os outros dois explicaram suas respostas anteriores e deram razão ao colega: não se resume Jesus em 60 segundos. Entre outras qualidades do discípulo de Jesus acentuaram a fé, a solidariedade, o coração fraterno, o diálogo, o senso de justiça e a humildade.

O terceiro fechou os olhos, fez uma pausa de 15 segundos e disse: "Continuar aprendendo o que já sabe, tentar aprender o que não sabe sobre Jesus e ensinar o que já conseguiu assimilar".

Eram 20 perguntas. O primeiro, muito simpático e brincalhão, venceu. Mas o terceiro saiu de lá admirado pelos funcionários da emissora e, lá fora, pelos telespectadores. Haviam conhecido um pregador que, quando não tem certeza, não fala, e, quando fala, pensa em cada palavra que vai dizer!

99. O Cristo imaginado

Deus, concebido como o "Totalmente Diferente", abre o sistema do mundo fechado (Karl Barth).

Disse-lhes ele: "E vós, quem dizeis que eu sou?" (Mt 16,15).

Não tendo fotografias dele, eu só posso imaginar Jesus. Quando nele penso, a imagem que me vem à mente é a de homem cujo olhar e cujas palavras marcavam as pessoas. Naqueles dias, ninguém ousaria nem sequer imaginar que estava diante do Messias; hoje, também. Os que menos alarde fazem de ter encontrado o Cristo provavelmente são os que realmente o encontraram; e, se ainda não, estão bem mais perto de conhecê-lo.

Vale para todos nós o que os anjos disseram às mulheres que foram chorar no seu túmulo: "Não vos assusteis! Buscais a Jesus Nazareno, que foi crucificado? Já ressuscitou, não está aqui; eis o lugar onde o puseram" (Mc 16,6). Vale também o aviso de Jesus: "Vós me buscareis, e não me achareis; e onde eu estou, vós não podeis vir" (Jo 7,34). O alarde é inimigo da fé e da catequese. Arrebanha muitos adeptos, mas não gera cristãos serenos. Viverão de emoção em emoção. E quando ela faltar, procurarão novas emoções. Não é o que tem acontecido com igrejas que geram novas igrejas e pregadores que vão embora levando com eles boa parte dos fiéis? Trabalham com a imaginação. O mais imaginativo e eficaz leva mais fiéis. Estamos na era do marketing e do visual!

Fé a jato

Muitos cristãos parecem jatinhos executivos que, ao decolar, fazem mais barulho do que os outros; mas, apesar do barulho, levam pouca bagagem. Chegam antes, mas levam pouco. Há

um rosto para JESUS CRISTO

grandes aviões que levantam toneladas e são bem menos barulhentos! Depende do que esperamos de um avião: que vá mais depressa ou que leve mais gente!

Poucos dos ouvintes daqueles dias chegaram à conclusão de que Jesus não era daqui. Nem para os discípulos foi fácil concluir. Continua não sendo fácil crer em Jesus com profundidade. Com estardalhaço, de maneira superficial e espetacular, sim! É fácil falar "Jesus está me dizendo". São apenas quatro palavras... Muita gente as pronuncia.

> Falar de maneira serena e forte, administrando dúvidas, mas seguros de que se trata de Deus entre nós, e da misericórdia de Deus ao vivo, isso fica bem mais difícil. Como é que se diz em palavras claras que, um dia, Deus esteve aqui e morou na Judeia e na Palestina? Difícil de esclarecer, difícil de crer! Como os discípulos, teremos que pedir ajuda para conseguirmos crer (cf. Lc 17,5).

100. Porta-vozes de Jesus

E, respondendo João, disse: "Mestre, vimos um que em teu nome expulsava os demônios, e lho proibimos, porque não te segue conosco" (Lc 9,49).

Incontáveis porta-vozes

> O perigo do porta-voz é o de, ao invés de ir aos outros, criar um endereço e chamar os ouvintes para irem a ele. Perigo ainda maior é o de gritar a plenos pulmões que só ali se pode ouvir Jesus. Já não falam mais em melhor versão; falam em única versão...

Todos os dias, manhã, tarde, noite, semana após semana, ano após ano, estão lá os pregadores das mais diversas igrejas cristãs anunciando Jesus do jeito que sua Igreja o imagina; muitos deles a dizer que Jesus lhes falou na noite anterior e mandou que dissessem à assembleia o que estão a dizer. Oram, cantam, emocionam-se e pregam de outro jeito e em outros templos. São ou não são porta-vozes de Jesus?

E nós? Que tipo de porta-vozes somos? Duvidamos da pregação deles, mas temos certeza de que a nossa traduz o pensamento e o sentimento de Jesus? Em que sentido somos melhores do que eles? Não é Deus quem julga essas coisas? Nos começos do cristianismo, ao descobrirem que o nome de Jesus repercutia e dava lucro, incontáveis pregadores saíam por aldeias e cidades proclamando-se discípulos e apóstolos. Havia os sinceros, mas, como em tudo o que dá *status* e dinheiro, não foram poucos os aventureiros como Simão, o Mago (cf. At 8,9), e os filhos de Ceva (cf. At 19,14), só para citar dois casos dentre muitos, a dizer que tinham recebido o Espírito Santo. Virara moda dizer--se revelado... E era tamanho o estrago que esses pseudoprofetas causavam, que Paulo precisou, menos de trinta anos depois da morte de Jesus, avisar seu discípulo Timóteo que tomasse tento contra pregadores que diriam o que o povo queria ouvir (cf. 2Tm 4,1-5).

O apóstolo entristecido

Em 2 Coríntios 2,4, Paulo fala das lágrimas que essa gente o fizera derramar. Pedro alertava para os falsos doutores, que introduziriam em surdina heresias de perdição e negariam o Senhor que os resgatou, trazendo sobre si mesmos repentina perdição (cf. 2Pd 2,1). Jesus afirmava que se levantariam falsos ungidos e falsos profetas, e fariam sinais e prodígios para enganar, se possível, até os escolhidos (cf. Mc 13,22).

Falsos porta-vozes

Foi exatamente o que houve através dos tempos. A maioria dos pregadores passa aos ouvintes suas conclusões como se fossem as da sua comunidade de fé. Segundo tais irmãos e irmãs, Jesus falava, agia e pensava do jeito que eles hoje o anunciam. O processo de agora é o mesmo, mas com microfone, câmera e mídia. Convidam os fiéis para o seu jeito de ver Jesus e garantem que o seu jeito leva ao Cristo histórico e ao Cristo da fé. Leva ao Cristo ou ao templo onde o pregador o anuncia?

E não faltam os que garantem que foram revelados e que Jesus lhes diz coisas ao ouvido: "Jesus está me dizendo, o Espírito está me dizendo agora!". Como há quem creia e como ninguém protesta nem contesta, as revelações prosseguem diante de câmeras e microfones. São os novos porta-vozes de um Jesus que, evidentemente, tem o rosto daquela Igreja!

Todos os tipos em todas as mídias

Há pregadores e pregadoras de todos os ângulos e correntes. Alguns mostram ter lido muitos livros da sua e das outras igrejas, e até os livros de ateus e adversários da fé cristã. São os que Paulo considera instruídos (cf. 1Ts 4,9; Gl 6,6). Como Apolo de Alexandria, são estudiosos da fé (cf. At 18,24-26).

> E chegou a Éfeso certo judeu chamado Apolo, natural de Alexandria, homem eloquente e poderoso nas Escrituras. Este era instruído no caminho do Senhor e, fervoroso de espírito, falava e ensinava diligentemente as coisas do Senhor, conhecendo somente o batismo de João. Ele começou a falar ousadamente na sinagoga; e, quando o ouviram Priscila e Áquila, o levaram consigo e lhe declararam mais precisamente o caminho de Deus.

Os despreparados

Mas nem todos são um Paulo e um Apolo. Muitos, em cinco minutos de fala, traem a sua pouca leitura. O que Deus inspirou aos teólogos e estudiosos da sua Igreja, ou de outras, não interessa. Apesar de sua vasta cultura os teólogos, historiadores e antropólogos aceitos pelas igrejas não são lidos. Para eles, estão errados e são insuficientes. Mesmo se tivessem os livros, não os leriam. Acreditam nas luzes que recebem, e não nas que Deus dá aos estudiosos da sua fé. Não precisam da sabedoria deles. Apostam nas revelações que recebem!

Basta-lhes ler a Bíblia! Chegam a proclamar isso na televisão. Nunca ouviram falar da maioria dos teólogos, nem mesmo os da sua Igreja. Escolhem apenas falar da sua experiência pessoal, porque nem Bíblia costumam ler com isenção. Mas estão lá, pregando e dizendo coisas boas ou profetizando em nome de Jesus. Chegam a garantir milagres. Usam quase sempre o mesmo bordão, as mesmas frases e as mesmas motivações. Estão longe de ser um novo Estêvão, que falava do que sabia! (cf. At 6,5-9).

Dizem que sabem

Querem que Jesus seja conhecido como eles o conhecem e garantem que a Igreja deles sabe mais do que a outra da qual vieram. É fácil vê-los na televisão. Alguns são cultos e vale à pena ouvi-los. Aprende-se com eles. Mas há os outros. Citam o Livro Santo e, de passagem em passagem, garantem que aquele é o jeito de anunciar e amar Jesus. Milagres acontecem quando eles se reúnem. Se os médicos questionam ou contestam, pior para os médicos. Vale apenas a palavra de quem concorda. O fiel tem que dizer que foi curado naquela Igreja. Não vale dizer que foi numa outra.

> Seria bom se tais pregadores revelados admitissem que podem estar errados e que o livro é o certo, mas nem sempre a leitura é correta. Por acharem que nem o livro erra nem eles, garantem milagres, prometem riqueza e sucesso, aprovam ou condenam o culto e a doutrina dos outros, enquanto se proclamam eleitos e salvos. Os outros ainda não!

O livro e seus intérpretes

O Santo Livro é uma realidade de séculos. A interpretação dos pregadores pode ser imediatista, mercadológica, destinada mais a fazer adeptos do que a anunciar a verdade. Se anunciar Jesus fosse prioritário para eles, ficariam felizes com os outros cristãos que o anunciam. Mas, como fazer discípulos vem primeiro, desautorizam todo e qualquer outro anúncio do Cristo que não passe pela sua Igreja.

> Ecumenismo não é com eles. Parecem o vendedor que desautoriza toda e qualquer água mineral que não tenha sido engarrafada na sua firma.

***

Porta-vozes em conflito

Há os serenos e abertos ao diálogo. E há os absolutos e peremptórios. Alguns gritam, esmurram e choram diante das câmeras. Não aceitam nem sequer a ideia de que possa haver santos fora do grupo deles. O caminho que seguem é o único que salva e qualquer outro é desvio! Ouço-os, vejo-os anunciar o Jesus da sua Igreja e negar o das outras; gravo tudo para as minhas aulas de *Prática e crítica de comunicação* e continuo a me perguntar se nunca leram livros de História Universal. Desde o tempo dos cátaros, dos *circumcelliones*, dos montanistas e arianos, houve milhares de pregadores como eles. Já tocamos no assunto. Ganhavam as ruas anunciando o fim dos tempos ou a mais nova revelação. Tinha que ser do jeito deles. Era urgente! Que ninguém desperdiçasse a chance que vinha pela pregação deles, porque era a última... Eles morreram e o mundo continua girando como sempre, com gente exatamente igual a eles e a dizer a mesma coisa que disseram!

O mesmo filme

Os comportamentos se repetem, às vezes com as mesmas palavras! Antes as brigas eram por *teotokos* ou *teodokos, homoousious* ou *homo-i-ousios*; hoje, por uma vírgula. Não é que não tenham a sua importância. É que pregar ou impor a sua maneira de anunciar Jesus tornou-se mais importante do que ouvir os outros. Jesus ouvia!...

101. Teologia do irmão ao lado

> Em verdade vos digo que, quando o fizestes a um destes
> meus pequeninos irmãos, a mim o fizestes (Mt 25,40).

De Jesus se pode dizer que veio nos ensinar a olhar para o lado, para, só então, olharmos para o céu de maneira mais plena. Veio mostrar a alteridade. Dele se pode afirmar que pôs a adoração a Deus como o ato mais realizador e importante de uma vida, mas não o mais urgente. Em Mateus 5,23-24 e em mais de trinta passagens, sentenças e parábolas, ele delineia o caminho para o céu: passa pela construção da convivência. Se adorar a Deus é o maior mandamento, criar paz ao nosso redor é o mais urgente. Não se chega ao primeiro mandamento sem estabelecer a paz como prioridade. Alguém diria que, se adorarmos a Deus, descobriremos a paz. Não é o que afirma Jesus. Ele diz que adoraremos a Deus de maneira correta se procurarmos a paz e o diálogo com as pessoas que nos cercam. Sem diálogo com os daqui não haverá diálogo com o de lá! É este o teor de suas parábolas: a ovelha perdida, a moedinha reencontrada, o bom samaritano, o fariseu e o publicano, as duas túnicas, os mil passos a mais, o povo com fome, a misericórdia essencial, o perdão essencial são ensinamentos de Jesus que privilegiam o outro como caminho de salvação e de encontro com Deus.

O que fizermos a um dos apequenados, será feito a Deus (cf. Mt 25,40-45). O que não fizermos, é como se não o fizéssemos a Deus. Entrará no céu aquele que, mesmo não sabendo orar nem conhecendo Deus, tiver amado as pessoas ao seu redor e feito alguma coisa pelos sofredores. Por outro lado, muitos adoradores que não se importaram com o próximo, vale dizer, com seu semelhante, correrão o risco de não entrar no céu (cf. Mt 18,14; 7,15-23).

Achar um lugar para o outro em nossa vida equivale a encontrar a nós mesmos. Dar a vida pelo outro é o maior sinal de amor que se possa imaginar (cf. Jo 15,13). Os pecados da mulher de má vida foram perdoados porque ela mostrou amor penitente (cf. Lc 7,44-45). Só palavras e invocações piedosas, como "Senhor, Senhor", não tocam o céu (cf. Mt 7,22), mas gestos concretos em favor dos outros, sim (cf. Mt 25,34-36). É Jesus canonizando a alteridade praticada sem segundas intenções e a dizer que, até quem não sabia nada a respeito dele, ganhará o céu se tiver tratado o outro com misericórdia.

"Bem-aventurados os misericordiosos, porque eles alcançarão misericórdia" (Mt 5,7). "Se não perdoardes aos homens as suas ofensas, também vosso Pai vos não perdoará as vossas" (Mt 6,15). Há uma profunda teologia neste olhar de quem se importa! Jesus afirma que sem isso não haverá céu! Chamemos a estes gestos de teologia do irmão ao lado!

Pregadores estão nas lojas católicas e evangélicas com seus livros e discos anunciando Jesus. Alguns estão em aeroportos e em emissoras de grande alcance e em programas pagos a peso de ouro. Acham que vale a pena!

Cada qual sabe por que está ou não está lá. Cada qual sabe por que se expõe e por que não se expõe em nome de Jesus. Cada um sabe das dores de ir e anunciar e expor-se para expor. Cada um sabe também que rosto de Jesus ele deseja mostrar aos ouvintes, leitores e telespectadores. Aprenderam e concluíram assim, assim anunciam.

Só eles podem prestar contas a Jesus do que fazem. Podemos concordar ou discordar de quem vai ou não vai, mas, não conhecendo o que lhes vai na alma, só podemos analisar o que vemos e ouvimos. O coração, quem julga é o Senhor Deus. No seu "ide e pregai", Jesus não especificou como e quais instrumentos deveriam usar. Mas foi claro quanto à ética. É por ela que sabemos se o rosto anunciado por algum pregador é o de Jesus. Nós pregadores estamos todos sujeitos à crítica. Se nosso rosto aparecer mais do que o de Jesus, teremos explicações a dar. O povo, certamente, não veio buscar a nossa face!

102. Jesus e os novos pregadores

O Espírito do Senhor está sobre mim, pois que me ungiu para evangelizar os pobres. Enviou-me a curar os quebrantados do coração (Lc 4,18).

O texto de Mateus 6,1-39 joga uma luz sobre o que Jesus pensa da pregação conduzida por quem se afirma seu discípulo. Com outras passagens, já citadas, como Mateus 7,21-23; 24,11-26, e Marcos 12,40, o quadro se compõe e os textos dariam uma excelente aula de comunicação. Jesus é exigente e severo com os pregadores da fé. Espera mais de todos eles. Haverá severidade maior para um pregador faltoso! Aquele a quem mais se deu, dele se pede mais...

Atingem multidões

A verdade é que os pregadores de hoje falam a mais gente do que Jesus jamais falou. Jesus praticamente nunca reuniu mais de 20 mil pessoas, se é que chegou a tanto. Os que se proclamam seus discípulos e porta-vozes hoje, atrás de câmeras, microfones e teclados de internet, podem chegar a 50 ou 100 milhões de ouvintes ou telespectadores.

> Quantidade por quantidade, eles atingem mais fiéis do que Jesus e suas igrejas jamais imaginaram atingir. Um só desses pregadores modernos vai mais longe do que igrejas inteiras em décadas ou séculos de atuação. São religiosos poderosos; não há como negar!

Resta perguntar se possuem conhecimento, fé e preparo para anunciar Jesus a tanta gente sem cair no jogo de poder e

manipulação. E vem outra incômoda pergunta: o que ensinam?...
Alguns oram aos gritos, profetizam novos tempos; combatem satanás, falam com ele, o repreendem-no e o expulsam diante das câmeras; choram enquanto pedem uma graça; anunciam que o anticristo já está agindo no mundo e que eles foram escolhidos para deter a sua marcha; garantem milagres em grandes concentrações com dia e hora marcados; anunciam curas espetaculares de pernas, fígado, rins, coração, Aids, pulmão, caroços; mandam o povo jogar fora óculos, cadeiras de rodas, muletas e bengalas; tudo diante de estonteantes aplausos para Jesus, mas é claro que sempre sobra um pouquinho para o seu porta-voz. Não há pregador que não corra este risco...

Nova era de milagres

Livram das drogas, garantem emprego, anunciam melhores negócios e oferecem a certeza de que a era dos milagres voltou. O Espírito Santo está repetindo por meio deles os prodígios dos inícios da pregação cristã. Estão lá os anúncios do poder dessas igrejas e desses pregadores, em grandes cartazes na frente de seus templos, para quem quiser ver. Quem os observa, eles com as suas Bíblias abertas na mão, e o observador, também ele de Bíblia aberta, não têm como não entrar em confronto. Ou eles ou o irmão que também lê a Bíblia, um dos lados não está em sintonia com o que se lê naquelas páginas. Alguém está blefando.

O Deus que faz

O acento no que Deus pode fazer e faz pelo fiel que se entrega totalmente a ele tem um endereço: os novos templos "Venha cá", "Visite-nos", "Envie seu donativo", "Jesus quer que você nos ajude", "Deus está chamando você para ser um dos nossos". Há proselitismo ousado. Dão garantias e certezas. E se não acontecer, como de fato nem sempre acontece?

Mais certeza do que fé

Uma leitura do comportamento dos novos pregadores revela mais certeza do que fé, e, não poucas vezes, confronto com o que Jesus propôs aos seus discípulos, quando saíssem a pregar. Trombetas, marketing, esquinas, outdoors, canais de TV e de rádio, aplausos, elogios, recompensas, longas orações, teatralidade, luzes no pregador que chora e prega em lágrimas, luzes no pregador que dramaticamente expulsa mais um demônio; tudo isso nos reporta à ironia de Jesus ante os pregadores do seu tempo. Pelo menos cinco parábolas se dirigiam a eles. Jesus os questionou duramente e usou de palavras nada lisonjeiras: a seu modo, chamou-os de abutres e de sepulcros caiados (cf. Mt 24,28; Mt 23,27).

Há o famoso e dramático pregador jovem que diz estar sentindo o Espírito a lhe dizer que uma pessoa de roupa mais ou menos clara, pele mais ou menos escura, cabelo mais ou menos solto e estatura média, tem um grave problema com a família. É claro que, no meio de 20 mil pessoas, muita gente caberá na descrição. A pessoa humilde e cheia de fé levanta a mão. Ele, então, garante que ela pode voltar em paz para casa, porque o problema está resolvido. Ela se emociona e todos aplaudem o moço, sem verificar se o milagre realmente aconteceu. Se, três meses depois, o milagre não tiver acontecido, ela voltar à concentração e pedir o microfone para contar a verdade, será que a deixarão falar? Os discípulos de Jesus enfrentaram gente com semelhante comportamento. E foram duros com estes impostores. Jesus também o foi.

Aplauso e recompensa

"Se é aplauso e recompensa que vocês querem", diz ele aos pregadores sensacionalistas daqueles dias, "já conseguiram". Mas céu é outra coisa. Em Mateus 7,21-23, deixa claro que esse marketing da fé não o impressiona. Nem vai reconhecer tais pregadores!

Nós, que atuamos na mídia de agora, precisamos levar a sério estas recomendações de Jesus. Se não resistirmos à tentação de nos tornar os atores principais da pregação, estaremos incluídos entre os que Jesus condena como impostores. Onde há milagre e pregador demais haverá Jesus de menos. Assim foi, assim é e assim será! Quando o porta-voz fala demais, o povo acaba sem saber o que veio do porta-voz e o que veio do Rei. A mídia religiosa de agora aponta nessa direção.

103. Gritar em nome de Jesus

E exclamou em alta voz: "Bendita és tu entre as mulheres, e bendito o fruto do teu ventre" (Lc 1,42).

E, tendo dito isto, clamou em alta voz: "Lázaro, sai para fora" (Jo 11,43).

Passo pelas ruas do meu bairro, caminho por estreitas ruas de favelas. Passeio por algumas ruas do centro, no sábado e no domingo, e vejo pessoas orando silenciosas e calmas dentro de seus templos. É bonito! Orar junto é, também, um ato de cidadania.

Passo pelos mesmos lugares e não poucas vezes ouço vozes gritando o nome de Jesus. Alguns fazem com alarido, de maneira a incomodar dez ou vinte prédios vizinhos. Ouço alto-falantes ligados ao máximo e pessoas a gritar o santo nome de Jesus na cidade que nem sempre o acolhe. Não foram para um campo ou um lugar isolado: estão ali, no meio dos outros, de certa forma obrigando-os a ouvir os seus cultos. A cidade vai ter que ouvi-los na marra!

Aqueles que oram serenos em nome de Jesus fazem bem; também os que pregam serenos, a invocar o mesmo nome. Já os que gritam em nome de Jesus, não fazem o bem que pensam fazer. Na realidade, estão mais perto do fanatismo do que do cristianismo, por que o estão impondo, como foi o caso do moço que, no avião, obrigou todos os vizinhos a ouvir seu testemunho. Enfiou Jesus à força nos nossos ouvidos. Os que gritam Jesus em alta voz pela cidade que descansa ou dorme, agridem o direito alheio. Jesus, que em Marcos 9,38-39 mandou os discípulos respeitarem alguém que não era do seu grupo, certamente pediria a esses pregadores que respeitassem os seus vizinhos ou as pessoas que não são da sua Igreja. Ninguém é obrigado a ouvi-los. Se querem anunciar Jesus, comecem anunciando com respeito, diminuindo o som da sua Igreja, para que ele funcione apenas lá dentro.

Os aparelhos de som amplificado trouxeram enormes possibilidades para a comunicação humana, mas causaram também enormes problemas de cidadania e desrespeito aos enfermos, aos vizinhos, aos de outra religião que, às vezes, são obrigados a nos ouvir. Nem os enfermos eles respeitam! Para isso há leis e há estádios.

Ao nosso direito de pregar e anunciar Jesus corresponde o dever de fazê-lo com o devido respeito aos outros crentes de outros caminhos. Ninguém é obrigado a ouvir a nossa pregação e a engolir a nossa fé. Não temos o direito de empurrar a nossa religião pelos ouvidos alheios. Mas é o que tem acontecido no Brasil e no mundo de hoje, exceto nos países onde este abuso foi corrigido, porque chegou às raias do absurdo.

Dirão que Jesus gritou no templo. Isso mesmo: no templo e sem microfones. E quando gritou nas ruas, em geral foi para gente que foi lá ouvi-lo. Sou capaz de apostar que Jesus não sairia hoje, de carro de som no mais alto volume, a obrigar o povo a escutar a sua mensagem. Ele nunca forçou ninguém a ouvi-lo. Os fariseus vinham porque queriam e, em geral, com segundas intenções.

Há lugares onde é preciso pedir autorização e, mesmo concedida ao pregador, ele deve incomodar o menos possível os que não são da sua Igreja. Sou daqueles que afirmam, e disso estou plenamente convencido: "Quanto mais as igrejas gritarem, mais aumentará o número de ateus". Evangelização supõe um mínimo de boa educação. Quem impõe a sua fé nos outros, não é missionário. Jesus nunca propôs esse tipo de comportamento antiético! Deixava que os ouvintes escolhessem (cf. Jo 6,67).

104. Jesus romanceado

> A afirmação da historicidade de um acontecimento ainda
> não implica que a afirmação esteja garantida de tal modo
> que não se pudesse mais discutir sobre a sua facticidade...
> (W. Pannenberg, *Teologia sistemática*, p. 597).

Uma coisa é duvidar deles e outra é discutir os fatos a respeito de Jesus.

Não sabemos as feições nem a compleição de Maria.

Não sabemos o porte nem as feições de José.

Não sabemos em que casa moravam.

Não sabemos para que lugar do Egito fugiram.

Não sabemos com certeza as feições nem a compleição de Jesus.

Não sabemos exatamente quais roupas vestia.

Não sabemos que cores preferia.

Não sabemos a cor de seus cabelos.

Não sabemos a forma do seu rosto.

Não sabemos qual a cor de seus olhos e da sua pele.

Não sabemos tudo o que ele disse. Registraram apenas parte!

Não sabemos quantos discípulos e admiradores ele tinha.

Não sabemos se falava mais dialetos.

Não sabemos como sorria ou se era sempre sério.

Não sabemos o que fez depois dos 12 anos, até que começou a pregar o novo Reino: exceto que ele crescia em sabedoria e graça.

E isso é apenas uma pequena lista do que não sabemos sobre Jesus, porque os evangelistas se preocuparam em retratar seu conteúdo, e não sua aparência. Mesmo que os fatos sejam questionáveis e discutíveis, merecem reflexão exatamente porque não estivemos lá e quem os narrou estava mais perto deles do que nós.

Por isso, quando sei de livros piedosos que apontam Maria como a mais linda moça de Nazaré, falam da maciez da sua pele, da beleza profunda de seu rosto de mulher jovem, que falam de Jesus de olhos negros, verdes ou azuis, cabelos castanhos e do tom de sua voz, que soava a barítono, só posso concluir o que fica evidente: criamos um Jesus que se parecesse com o tipo de homem que nos cativaria, mas não um Jesus que seja realmente quem foi.

Na falta de maiores detalhes e de fotografias, mais do que imaginar, inventamos, ou mergulhamos nos escritos apócrifos que são pródigos nisso que os americanos chamam de *niceties*, coisinhas lindas e gostosas de ler!... O evangelho Pseudomateus da Infância é um dos mais pródigos em histórias mirabolantes, no estilo "não fui lá, mas deve ter sido um espetáculo depois do outro!".

É melhor não nos preocuparmos demais com as aparências de Jesus, para não acontecer que ele entre nos nossos esquemas e acabe exatamente como o imaginamos, em vez de sermos nós a nos ajustarmos a ele!

105. Teria Jesus encolhido?

Não temais, ó pequeno rebanho, porque a vosso Pai agradou dar-vos o Reino (Lc 12,32).

Pois também eu te digo que tu és Pedro, e sobre esta pedra edificarei a minha Igreja, e as portas do inferno não prevalecerão contra ela (Mt 16,18).

Sim, perdemos muitos irmãos

Não faz muito tempo um agnóstico, professor de religião comparada, num voo de São Paulo a Fortaleza, reconheceu-me, elogiou meu esforço de evangelizar os católicos por livros, rádio, televisão e canções, mas disse com um sorriso de quem sabe das coisas: "Sua Igreja encolheu! As portas do inferno estão prevalecendo contra ela!".

Sorri com a mesma serenidade e concordei. Disse-lhe que não era "minha Igreja", era de Cristo e de milhões de católicos dos quais eu era um esforçado divulgador. Falei do conceito de rebanho e de Igreja, das outras igrejas que também se consideram do Cristo e distingui entre pregadores e igrejas. Nos dias de hoje há semideuses da fé indo mais longe do que suas igrejas. Talvez eles estejam prevalecendo. E disse o que tenho dito em aulas há vários anos: "Talvez as portas vitoriosas não sejam nem as portas do inferno nem as do céu, mas as do marketing da fé...".

Há outros repercutindo mais

A voz desses poderosos pregadores repercute mais do que a voz das suas igrejas. Não são suas igrejas que atraem adeptos: são eles. E sua influência é tal que, se fundarem uma outra Igreja, os adeptos irão com eles. Aliás, é o que tem acontecido! A adesão tem sido mais à pessoa do pregador do que ao Jesus por ele anunciado. Não importa o que o pregador diga ou faça, ele está sempre certo! É a era não das ideias, mas do fascínio pessoal! A era do visual e o progresso do marketing os ajuda!

Foi o que eu disse para seu espanto e sorriso! Concordou. A começar de Platão, no *De Republica*, livro V, discorri sobre os perigos da palavra "meu"... que é a grande tentação dos nossos dias. Vai contra a ideia de cidadania. Platão chamava a atenção para o "meu" e o "não meu". Tomar posse é buscar o "não meu" que por adesão e mérito eu transformei em "meu". É até expressão incorporada ao vocabulário das novas igrejas, inclusive em alguns grupos da nossa. Atente-se para as palavras "tomar" e "posse". Traduzem *conquista e vitória*. Como praticar ecumenismo com pessoas mergulhadas nestes conceitos? Aceitarão perder alguma vez? E como conciliar tal atitude com os evangelhos que ensinam a perder de vez em quando e até na hora final, chamada cruz?

O velho binômio *pathein*/*mathein*

Interessou-se. Falamos de Platão, Aristóteles, ele sabendo mais do que eu de *pathein* e *mathein*, pois ele, sociólogo e historiador, entendia melhor desses conceitos. Admitiu que as igrejas do *pathein* e da *phrónesis* estão levando a melhor. O crasso pragmatismo individualista e imediatista do nosso tempo leva os fiéis na direção de quem lhes promete sucesso, solução dos seus mais urgentes problemas, respostas imediatas e claras, emprego e ascensão social, milagres e curas, toque poderoso do céu. Faz o mesmo o partido político no governo. O povo vai com quem garante que ele não sofrerá mais, que sua conta no banco aumentará, que Jesus dá casas e lojas, que riqueza é bênção, que o pedir tem poder...

E por que não fazemos o mesmo? Foi a sua pergunta. Respondi que alguns católicos seguem a mesma linha de pregação:

"Reze forte que Deus dará!". Se Jesus disse isso? Disse, mas é preciso também ler as outras coisas que ele disse sobre orar. Ele mesmo pediu acrescentando um "se possível", e o cálice de dor não foi afastado!

Jesus numa outra Igreja

Minha resposta sobre essa multidão que nos deixou foi simples e tranquila. Falo por mim, mas sei que há milhares de pregadores que fazem como eu. Não oferecemos certezas! Pregamos esperança! Não prometo o que não posso, nem devo prometer. O Jesus que anuncio propõe doutrinas que o mundo de hoje não aceita. Fala em partilha, que é mais do que esmola, e em justiça social. Questiona os pobres acomodados e os ricos refestelados.

A nós, pregadores católicos, é proibido favorecer ou aceitar indiferentes o divórcio e o segundo casamento: somos chamados a buscar a reconstrução daquela união até a exaustão. Não dando certo, não podemos oficializar a segunda união. Não posso ser tolerante com atos de aborto, não posso concordar com casamento entre pessoas do mesmo sexo, não posso permitir manipulação que mate o embrião vivo, não posso calar-me diante do comunismo, do capitalismo ou de qualquer sistema que tire a liberdade das pessoas, ou veja tudo pela ótica do sucesso financeiro. Há muitas outras coisas que como católico não posso pregar.

Nossas conclusões

Faço parte de uma Igreja que firmou posição sobre temas que o mundo hoje vê com maior liberdade. Nos dias de agora, ir contra o que todos aprovam é ser impopular. A impopularidade aumenta quando se sabe de sacerdotes que erram de maneira catastrófica. Acontece também em outras religiões e igrejas, mas isso não ameniza nossos erros.

Milhões foram embora

Milhões de católicos estão indo embora porque acharam uma pregação mais de acordo com suas convicções sobre *vida, morte, dinheiro, casamento, graça, milagre, demônio, culpa, castigo, pecado, reencarnação.* A maioria, enquanto estava no catolicismo, não recebeu suficiente doutrina. Não temos o direito de julgar esses irmãos. A Igreja não chegou ao seu cérebro. Por isso, quando uma outra chegou ao seu coração, eles não pensaram duas vezes. Alguém lhes dava respostas mais rápidas e mais satisfatórias. Passamos a ser conservadores e quem respondeu a contento é visto como progressista. São as chamadas igrejas de resultado!

Falei-lhe de Mateus (7,21-23; 23; 24,24-26; 25,31-46), de Paulo a Timóteo (2Tm 4,1-5), de Jeremias (capítulo 23) e de João (6,67). Ficou curioso e escrevi num pedaço de revista, para que ele lesse com calma. A conversa terminou em Fortaleza.

Dias depois recebi um telefonema seu a me dizer que lera os textos e entendia onde eu queria chegar. Entendera que é fácil responder. O difícil é ensinar a perguntar. Segundo ele, os textos que indiquei falavam de uma escolha penosa e sofrida de felicidade não para si mesmo, mas para os outros. Os textos vão contra o individualismo capitalista e religioso de nossos dias.

Eu lhe disse que vencera a corrente do "Eu sinto Jesus; fui tocado por Jesus" e "Vencedores em Cristo". Mas lembrava que um dia voltaria forte como nunca a corrente dos "Pensadores com Cristo" e dos "Crucificados e ressuscitados com Cristo". *Valeria mais a solidariedade dos ocultos do que o entusiasmo dos cultos* (citei Mt 6,3). Valeria Mateus 5,23-24: primeiro a paz, o diálogo e a concórdia, sem disputas por primeiros lugares, depois os cantos de louvor e as ofertas aos pés do altar. Um dia, o entusiasmo de ir aos pobres seria tão forte quanto o entusiasmo de ir aos templos. Lembrei Teresa de Calcutá e Francisco de Assis, que conjugaram com a mesma alegria as duas formas do verbo ir...

Pensar Jesus

Temos nos telefonado. Continuo achando que a era do "pensar Jesus" superará ou, ao menos, ombreará um dia com a era do "sentir Jesus". Hoje, uma quase que anulou a outra. E seria tão tranquilo que as duas se mesclassem. Fico com Paulo que orou por uma Igreja pensante e contemplativa em Éfeso:

> Por causa disso, ponho-me de joelhos perante o Pai de nosso Senhor Jesus Cristo, do qual toda a família nos céus e na terra toma o nome, para que, segundo as riquezas da sua glória, vos conceda que sejais corroborados com poder pelo seu Espírito no homem interior; para que Cristo habite pela fé nos vossos corações, a fim de, estando enraizados e fundados no amor, poderdes perfeitamente compreender, com todos os santos, qual seja a largura, e o comprimento, e a altura, e a profundidade, e conhecer o amor de Cristo, que excede todo o entendimento, para que sejais cheios de toda a plenitude de Deus (Ef 3,14-18).

Paulo falava da primazia do compreender sobre o apreender e do dimensionar sobre o sentir. Orou pela cabeça dos seus discípulos. Queria que eles dessem ao Cristo mais do que coração e sentimento: suplicou pelo mergulho deles na profundidade da mensagem cristã.

106. Um coração para amar

> Tomai sobre vós o meu jugo, e aprendei de mim, que sou manso e humilde de coração; e encontrareis descanso para as vossas almas (Mt 11,29).

Uma das respostas de Joseph Ratzinger, hoje Bento XVI, a Peter Seewald, no livro *Dio e Il Mondo*, ao falar da busca de mais sucesso, mais sexo, mais prestígio, mais dinheiro, e de como as pessoas gastam suas energias nesta busca, merece reflexão.

O contexto da resposta diz que: "Quem se deixa governar pela busca desenfreada de mais bens, acaba por perder a noção do Sumo Bem. Passa por ele e não percebe que ignorou um tesouro ainda mais rico do que aquilo que ele almejava". Enfim, nunca acha que chega e nunca admite que chegou. Continua seguindo sua seta imaginária, porque não percebeu a linha divisória entre o ter e o ser. O mesmo disseram Carl Sagan e Joseph Campbell, respectivamente, em seus livros *Variedades da experiência científica* e *O poder do mito: mito e transformação*. Falam de pessoas que perseguem a lâmpada e ignoram a luz que ela emite.

Sem reticências

Um coração que ama sem reticências é outro aspecto do Cristo que desce e que se curva: coração em *kenosis*. Muita gente ouviu falar no Coração de Jesus, mas não tem noção muito clara do que seja esta forma de se referir a Jesus. Padre João Carlos Almeida, o conhecido Padre Joãozinho, scj, e meu colega de reflexão, disse-o magistralmente num precioso e didático livro: *Conheço um coração*. Num dos capítulos, afirma ele que é questão de gratidão e gratuidade. Quando Jesus revelou que seu coração era manso e humilde, estava em atitude de louvor e o louvor é atitude gratuita e própria daqueles que se sentem filhos de Deus. Deus não é carente e não precisa de nossos elogios. Nós é que precisamos elogiá-lo, porque Deus nos encanta!

Tenho dito o mesmo: a devoção ao Coração de Jesus é o encantamento do discípulo e do amigo que vê Jesus se derramar em justiça e ternura a cada palavra, gesto e episódio de sua presença entre nós. Esta ternura, ao mesmo tempo exigente e suave, nos leva a acentuar Jesus com um coração amoroso em tudo o que diz e faz. Ele não conheceu o rancor.

Desde o início do cristianismo, buscava-se centralizar a pregação da fé no amor. O leitor encontrará tais referências no *Dicionário patrístico e de antiguidades cristãs*. Já nos séculos IV e V, havia padres escritores que deixavam claro que sem a catequese do amor não poderia haver catequese cristã. Misticamente, a devoção ao Coração de Jesus tomou grande vulto nos séculos XII, intensamente no século XVII e outra vez no século XIX.

Amar como Jesus amou

Inúmeros cristãos e cristãs criaram associações e congregações destinadas a contemplar o Coração do Cristo e a ensinar a amar, sonhar, pensar, viver, sentir e agir como Jesus.

Foram centenas de ordens, congregações e associações contemplativas e ativas criadas para divulgar o amor de Deus pela humanidade, manifestado em Jesus, o Filho! Seu coração transpassado deu tudo a ponto de não ter mais o que dar. A este ponto ele praticou a *kenosis:* entregou-se até a última gota pelo ser humano!

Sagrado Coração de Jesus

A devoção ao Coração de Jesus permeou o cristianismo e tomou formas muito concretas em comunidades e escritos que, ao se referirem a Jesus, referem-se ao homem do coração sagrado.

A prática das primeiras sextas-feiras dedicadas ao Coração de Jesus é atitude de quem se lembra de que foi numa sexta-feira santa que se deu Jesus ao extremo. Seu coração se fez fonte que jorra perdão e misericórdia.

Por isso, a prática das sextas-feiras é uma prática de contemplação e de gratidão ao coração que nada guardou para si: todo do céu e todo da terra. Os que pregam a devoção ao Coração de Jesus centralizam a sua pregação no amor que vai ao encontro: "Ninguém tem amor maior do que aquele que dá a vida pelos seus irmãos" (Jo 15,13). Fala de sensibilidade, alteridade e solidariedade. Sem isso não há céu.

> "Aprendam comigo, que tenho um coração manso e humilde" é uma proposta de renovação da humanidade, que pretende dar ao homem um coração mais humano e tirar dele o coração insensível de quem jamais pensa nos outros e nada faz gratuitamente. Se puder cobrar e extorquir ao máximo, ele o fará. De tal maneira se supervaloriza que põe o preço nas alturas. Se tiver que dar, para não ficar mal aos olhos da cidade, dá algumas migalhas e as dá com o coração pesaroso. Alguns nem isso dão! É o comportamento do rico que, na parábola do rico insensível, acabou no inferno (cf. Lc 16,20-24).

Coração perdoador

Profetas anunciaram essa forma de entrega total, ao anunciar o Messias exigente mas misericordioso. Jesus se anuncia como homem perdoador, que não veio para destruir, mas sim para salvar; porém, não deixa o mal sem combate e não se omite na pregação da justiça.

É misericórdia que salva, e não castigo, punição, ameaça e medo. Deus quer nossa mudança de vida por amor, e não por temor.

um rosto para JESUS CRISTO   401

> Por isso, o cristão que acentua o coração de Jesus gasta mais tempo falando de um Deus que merece nossa gratidão do que de um Deus que castiga e pode pôr alguém no inferno; gasta mais tempo falando do Jesus que resgata e redime, do que do demônio que nos tenta; ocupa muito mais o seu tempo na catequese da misericórdia e da bondade, do que na do castigo, da punição e da força do diabo... Acentua mais o batismo do que o exorcismo...

Acentuar a presença permanente de Deus no mundo produz mais resultados de maturidade do que ameaçar com o demônio. Os que anunciam o Coração de Jesus nunca falam com o demônio, nem mesmo para que vá embora. Falam com Jesus! Pedem ao Coração de Jesus que aja por nós, se achamos que algo é do demônio. Jesus em seu amor é a razão da nossa pregação, amor que liberta, que leva à justiça e à paz.

> Do nosso jeito, dizemos a Jesus: "Irmão e Senhor, ouve a nossa prece!". Eis os fundamentos do anúncio de Jesus. Não separamos o Jesus do seu coração. Não é que Jesus seja uma pessoa e seu coração uma coisa, ou outra pessoa. Às vezes os pais tratam seus filhos dessa forma: "Ei, coração, vem cá", "Oi, coração, um beijo!". Temos trato semelhante com Jesus. Só que bem mais adulto e muito mais maduro! É o que nos propomos!

107. Subiu porque havia descido

> Ninguém subiu ao céu, senão o que desceu do céu, o Filho do Homem, que está no céu (Jo 3,13).

Cristo fez espiritualmente o que Copérnico fez na astronomia. O céu cristão não está mais em oposição com a terra, pois a própria terra é "celestificada", "encelestiada". Tal é o sentido que a palavra *céu* tem nas escrituras (V. Gioberti, *Filosofia della Rivelazione*, 1856).

Vimos anteriormente que entre nós, cristãos, vigora a mística da *kenosis*. O de cima vai ao de baixo. O mestre é quem lava os pés do discípulo. Tem a ver com descida, esvaziamento, ir ao abismo com a vítima para trazê-la à superfície. Não é *descer uma corda* de lá de cima e puxá-la. É mais. *É descer com a corda*, amarrar a vítima ao próprio corpo, já que ela não tem forças, nem mesmo para agarrar a salvação. Fazem isso bombeiros, marinheiros e outros salva-vidas.

Para nós, cristãos, o verdadeiro Cristo é aquele que desceu para resgatar o pecador e subiu levando-o ao ombro, deixando lá embaixo o pecado que o prendia. O evangelho de João (3,13) e Paulo magistralmente ensinam isso. Dizia Paulo: "Achado na forma de homem, humilhou a si mesmo, sendo obediente até a morte, e morte de cruz" (Fl 2,8). Em Gálatas 3,13 ele torna a falar dessa descida, a ponto de Jesus aceitar uma situação de maldição para dar sentido às cruzes do cotidiano. Morrer pelos outros nunca é derrota. Matar é que é.

Por isso, também entre nós, só pode ser verdadeiro profeta aquele que primeiro desce e depois sobe levando os outros. O que desesperadamente sobe em busca de dinheiro, fama e notoriedade, como quis fazer Simão, o Mago, dificilmente desce. Pensa demais em si mesmo. Este é o falso apóstolo. O aviso não é para os outros: é para cada um de nós que precisamos saber o que fazer com riquezas, posição e fama, se vierem.

Profeta que mais coleta e acumula do que distribui está trilhando caminho tortuoso. Avisado ele foi. Se insiste, é porque arrecadar tornou-se para ele mais importante do que evangelizar. O pregador que guarda 90% para si e dá 10% para obras sociais, não dá, disfarça! E ele sabe disso! Quem quiser justificar riquezas, tronos, palacetes, recompensas e galardão, vai achar alguns textos. Mas se não ensinar também os textos que falam de pobreza, desprendimento, descidas, renúncias, perdas e cruzes, terá deturpado o Evangelho.

> E chamando a si a multidão, com os seus discípulos, disse-lhes: "Se alguém quiser vir após mim, negue-se a si mesmo, e tome a sua cruz, e siga-me" (Mc 8,34).

> Porque o Filho do Homem também não veio para ser servido, mas para servir e dar a sua vida em resgate de muitos (Mc 10,45).

Jesus teria helicóptero?

Não faz tempo, ouvi alguém a pregar que, se Jesus vivesse hoje, também teria aviões e helicópteros e moraria em condomínios, porque mereceria... Duvido! Tudo nele falava de *kenosis*. Foi ele quem disse que: "As raposas têm covis, e as aves do céu têm ninhos, mas o Filho do Homem não tem onde reclinar a cabeça" (Mt 8,20). Não tinha porque não arrecadava o suficiente, ou não tinha porque não queria?

O Mestre que lavou os pés dos discípulos (cf. Jo 13,12), o puro e sem pecado que se curvou diante da pecadora que permanecia em pé (cf. Jo 8,3-11), desceu até nós para nos elevar. Não jogou a corda. Desceu e amarrou-nos a ele. Registre-se esta forma de ascese!

108. Entre a cruz e a ressurreição

> Ponde estas palavras em vossos ouvidos, porque o Filho do Homem será entregue nas mãos dos homens (Lc 9,44).

Se o prendessem, ele morreria. Ele sabia disso! Muito antes do julgamento apressado daquela manhã de torturas haviam decidido que ele não escaparia. Para quem o condenou, ele era um subversivo que punha em perigo os laços entre a dominada Israel e Roma, a dominadora. A poderosa Roma sabia muito bem esmagar quem ousasse questionar sua autoridade. Naqueles dias, invadir um Templo e, com uma corda, expulsar os cambistas e vendedores; perdoar nas ruas, quando para isso havia um ritual; ensinar doutrinas contra a sacralidade do Templo, a duras penas reconstruído e que era o símbolo da aliança de Israel com Javé; gritar dentro do Templo que quem tivesse sede viesse a ele; questionar o imposto do Templo; tudo isso era subversão. Pior ainda quando esse alguém desse a entender que era o Messias, o Filho do Homem...

Impostos escorchantes

No tempo de Jesus, os colonos tinham se transformado em sem-terra, arrendatários ou meeiros, por conta dos impostos. Quem comprava as terras era da elite que morava principalmente em Jerusalém. Entre a elite, estava o clero de então. O Templo arrecadava fortunas, porque o dízimo total já subira a quase 60%. Não admira que tivessem surgido tantos libertadores do povo das duas opressões, a dos romanos e a do Templo. Aliás, foi essa a revolta do ano 66, quando os zelotas depuseram as autoridades do Templo, que coletava para si e para Roma. Os romanos, como bem sabiam fazer, vieram e arrasaram tudo. Jesus predissera isso. Do jeito que as coisas iam, não se previa outro desfecho. O

Templo tornara-se uma coletoria e um centro de arrecadação. As terras tinham se tornado latifúndio, e Israel vivia de produtos e de exportação. O leitor encontrará tudo isso no excelente livro *A última semana*, de Borg e Crossant.

Clamores por justiça

Quando João apareceu, propondo penitência e anunciando uma nova ordem de coisas, o profeta incomodou. E tanto incomodou que lhe cortaram a cabeça. Primeiro, por censurar o rei que vivia em concubinato com uma sobrinha, sobrinha que ele havia roubado do seu irmão. O outro motivo foi a pregação de João. Um novo reino? Israel já não tinha um bom rei e paz com os romanos?

Jesus retomou a pregação de João, dizendo não que o Reino estava por chegar, mas que já estava começando. Então era isso! O pregador galileu, com essa história de Reino de Deus, questionando o Templo, agindo como se fosse rabino, ele que nem sacerdote era, desligado de qualquer partido ou aliança e levando aquela multidão atrás dele, fora longe demais. Se a ideia do novo reino pegasse, os romanos, como rolo compressor, esmagariam Israel. Que os romanos nomeassem os sumos sacerdotes e interferissem no Templo, desde que Israel sobrevivesse! De destruição e exílios, Israel tinha experiência. A Babilônia era mestra em invadir Israel e escravizar seus filhos.

João decapitado

João foi decapitado e Jesus deveria ser contido. Judas o traiu, ele foi preso e em quatro sessões de três horas eles haviam vencido. Não era o primeiro nem seria o último libertador a perder para a elite que politicamente dominava Israel, sendo ela politicamente teleguiada por Roma.

A prisão ocorreu perto da madrugada. Ali mesmo começaram as torturas e a farsa do julgamento. Às *9 horas*, depois de um cortejo apressado, *eles o crucificaram*; às *12 horas* ele *entrou em agonia*. Morreu às *15 horas*. Foram mais três horas de procedimentos até que o desceram da cruz. Às *18 horas* saíram para enterrá-lo num túmulo escavado na rocha e cedido por José de Arimateia.

Assassinato religioso-político

É claro que foi um julgamento político e é claro que Jesus, mesmo não sendo de partidos, nem sedicioso, nem membro de guerrilha urbana, nem líder de sem-terra, com sua pregação, questionara a situação estranha vivida por Israel, que dizia servir a Javé, mas dependia do imperador romano. Diante de Pilatos e de Herodes, agiu como quem respeitava, mas não aceitava sua autoridade. Diante do rei dominado por Roma, não disse uma palavra. E diante do governador romano, disse que seu Reino não era deste mundo e que Pilatos não tinha nem culpa nem autoridade. Os religiosos o queriam morto e Pilatos não tinha força para mudar a situação. Desafiou-o.

Morreu porque disse o que pensava e porque fizera a cabeça do povo. O que as autoridades não imaginavam é que, depois da cruz e da morte, haveria um fenômeno que eles não conseguiriam controlar: a ressurreição. Espalham-se até hoje três versões. 1) Ele não morrera: retirado do túmulo, viveu secretamente. 2) Morrera, mas seus cúmplices roubaram o corpo e o esconderam num outro túmulo secreto. 3) Ressuscitou porque era o Filho de Deus e dera a vida pela humanidade.

Crer ou não crer

A escolha de crer ou não crer cabe a cada pessoa. Quem crê terá que viver como defensor da vida, do começo ao fim, contra a tortura e contra qualquer forma de violência. Jesus não faria por menos. Quem não crê terá que provar o que diz contra Jesus. Milhares de livros foram escritos contra e a favor, mas aquela cruz, aquele túmulo vazio e aquela ressurreição significaram a diferença. São dois gigantescos pontos de interrogação e de exclamação esculpidos naquela colina e naquela rocha. Jesus continua incômodo: não cabe na estratégia nem dos políticos nem dos religiosos...

109. Jesus e o sofrimento

Também Cristo padeceu uma vez pelos pecados, o justo pelos injustos, para levar-nos a Deus; mortificado, na verdade, na carne, mas vivificado pelo Espírito (1Pd 3,18).

Uma das minhas canções afirmava que *ninguém neste mundo sofreu mais do que Jesus*. Cantei-a algumas vezes, mas, em tempo, corrigi a letra. Não digo mais o mesmo. Crendo que ele é Deus que fez *kenosis*, afirmo que foi ele *o maior sofredor da História, mas não o que mais sofreu*. E não estou sozinho nisso. Milhares de cristãos conseguem fazer a mesma distinção.

> Para fazer o que fez Jesus, não precisava ser o mais sofrido dentre os homens e mulheres do mundo, mas ser o maior dentre os que sofreram.

É simples como "dois mais dois são quatro"! Suas dores duraram de quinta-feira à noite até três da tarde da sexta-feira; as de outros sofredores duraram anos e até mesmo décadas. Foi esmagado, vilipendiado, torturado, espezinhado, cancelado da sociedade para nunca mais ousar desafiar o Templo, a fé judaica e o poder romano. Estava em jogo tudo isso, desde que começara sua pregação do novo Reino. Explicasse como quisesse o novo Reino: que era de consciências ou que não era deste mundo. O mal já estava feito: ele arrastara multidões. E elas estavam indo para o lado dele.

Dezoito horas de dor

Então, dizem alguns estudiosos que, por dezoito horas, os torturadores cuspiram, coroaram de espinhos, açoitaram, esbofetearam, chutaram, julgaram, bateram sem dó nem piedade, torturaram-no, como só os romanos sabiam fazer. Não foi nem preciso quebrar-lhe o fêmur para que morresse mais depressa. Estava morto quando, num ato de limpeza, para que os corpos não ficassem expostos no dia de sábado, os soldados romanos quebraram os ossos dos dois ladrões que tinham sido crucificados ao seu lado. Lancetaram seu coração e a água que jorrou com o sangue mostrou que seu coração praticamente estourara (cf. Jo 19,34).

Outros sofredores

Mas houve quem sofresse mais e por mais tempo. Lembremos as câmaras de gás do nazismo, as torturas nos *gulags* russos, os que foram sistematicamente massacrados por semanas, meses e anos na China comunista, em regimes de direita e de esquerda, em masmorras fétidas de Cuba, ou dos tempos medievais. E antes que digam que só condenamos as esquerdas, não esqueçamos Hitler, Mussolini, as ditaduras da Espanha, da Argentina e do Brasil, nas quais os relatos de tortura inaudita bradam aos céus.

Ainda há amigos dessas ideologias implacáveis que defendem aquelas torturas, mas é consenso universal que eles atentaram contra a humanidade. Suas vítimas sofreram mais e por mais tempo. Através dos séculos, vítimas de judeus, muçulmanos, católicos, protestantes, comunistas, fascistas, nazistas pagaram preço altíssimo por pensarem diferente e por não aceitarem aquela fé ou aqueles regimes. Quem os torturou pensou ter vencido, mas a História ainda não acabou de ser escrita. Perderam e perderão! As vítimas sobreviverão e eles irão para o lixo da História. A história que eles reescreveram será reescrita, e alguém saberá quem eles eram. Torturadores de direita ou de esquerda ou de centro, religiosos que matam para defender seu credo, estão sempre fora dos eixos. E quem condena os torturadores do outro lado e perdoa os do seu lado é cúmplice!

O crucificado

Foi digna de respeito a morte de Eleazar, história que você encontrará na Bíblia católica, em 2 Macabeus 6,18-31. É um dos livros que os irmãos evangélicos não aceitam em sua bíblia, que têm 66 livros, enquanto nós aceitamos 73. Foi um grande sofredor que morreu com dignidade. Mas Jesus tornou-se modelo e símbolo de todos os sofredores, mesmo entre os não cristãos. Sua história é contada em toda parte, mesmo onde ainda não chegou a fé no Deus que se fez homem e morreu para nos capacitar para a eternidade. Creiam ou não creiam em Jesus, tenha ele sofrido mais ou menos do que outros, a mensagem dele pregado na cruz perpassa os tempos.

O perdedor que venceu

Pouco tempo depois de sua morte, os seus seguidores falavam do morto que ressuscitou, do perdedor que venceu, do crucificado que se elevou, do feito escravo que se mostrou senhor da vida e da morte. Em pouco tempo a cruz já não era mais motivo de execração e vergonha, mas de glória. Paulo, que perseguira seus discípulos e tornou-se um dos mais ardorosos defensores de sua doutrina, dizia, menos de vinte anos após sua morte:

> Mas nós pregamos a Cristo crucificado, que é escândalo para os judeus e loucura para os gregos (1Cor 1,23).

> Porque nada me propus saber entre vós, senão a Jesus Cristo, e este crucificado (1Cor 2,2).

> Já estou crucificado com Cristo; e vivo, não mais eu, mas Cristo vive em mim; e a vida que agora vivo na carne, vivo-a na fé do Filho de Deus, o qual me amou, e se entregou a si mesmo por mim (Gl 2,19b-20).

> Longe esteja de mim gloriar-me, a não ser na cruz de nosso Senhor Jesus Cristo, pela qual o mundo está crucificado para mim e eu para o mundo (Gl 6,14).

410   Pe. Zezinho, scj

> Porque para mim o viver é Cristo, e o morrer é lucro (Fl 1,21).

> Porque não me envergonho do evangelho de Cristo, pois é o poder de Deus para salvação de todo aquele que crê; primeiro do judeu, e também do grego (Rm 1,16).

> Portanto, não te envergonhes do testemunho de nosso Senhor, nem de mim, que sou prisioneiro seu; antes participa das aflições do evangelho segundo o poder de Deus (2Tm 1,8).

Ao menos para os cristãos, o crucificado vencera. Qualquer dor ou sofrimento agora tinha paradigma.

> E, achado na forma de homem, humilhou-se a si mesmo, sendo obediente até a morte, e morte de cruz (Fl 2,8).

> Semeia-se em ignomínia, ressuscitará em glória. Semeia-se em fraqueza, ressuscitará com vigor (1Cor 15,43).

> Sabendo que o que ressuscitou o Senhor Jesus nos ressuscitará também por Jesus, e nos apresentará convosco (2Cor 4,14).

Aos ouvidos de um cristão ressoa todos os dias, se ele quiser ouvir sua Igreja:

> Tenho-vos dito isto, para que em mim tenhais paz; no mundo tereis aflições, mas coragem, eu venci o mundo (Jo 16,33).

Discurso contestado

Não é discurso que todos entendam. Alguns grupos cristãos se recusam a usar um crucifixo em memória dele, dizendo que foi derrota. Não usam símbolo de derrota. Para os católicos é sinal de vitória sobre a morte. Quem esteve ali, venceu! Paulo dizia que a cruz é escândalo para os judeus e loucura para os gregos (cf. 1Cor 1,23). Ele não quer que a cruz de Cristo seja um acontecimento esvaziado (cf. 1Cor 1,17). Jesus nos salvou pela ressurreição, mas também pela dor da cruz! Não nos salvou apenas pela dor, mas não o fez sem a cruz! Não existe, pois, apenas o Cristo luminoso. Existiu também o dolorido e derrotado. É dele a mensagem mais do que clara:

> Se alguém quiser vir após mim, renuncie-se a si mesmo, tome sobre si a sua cruz, e siga-me (Mt 16,24).

O sinal da cruz

Negar-se a admitir o sinal do crucificado com o argumento de que isto é passado, é esquecer que a cruz é atual: o mundo continua crucificando milhões de filhos de Deus. E é exatamente a lembrança da cruz de Jesus que dá forças aos crucificados que vieram depois dele. Se, para os hebreus, olhar para uma serpente de bronze ajudava a pensar no Deus que salvava das mordidas de serpente (cf. Nm 21,9), para o cristão que entende de símbolos, olhar para uma cruz ou levá-la ao peito é um jeito de testemunhar e lembrar não onde ele está, mas onde esteve e de que maneira deu a sua vida pelo ser humano. Eu carrego a minha desde os 19 anos. Quero que seja vista. Não pretendo que o mundo esqueça o que fizeram com Jesus e o que ainda fazem com milhões de inocentes, todos os dias e em todos os cantos do mundo!

110. Livres em Cristo

Conhecereis a verdade, e a verdade vos libertará (Jo 8,32).

Hitler e Stalin, quando mataram e mandaram matar quem os desobedeceu, traíram sua consciência. Quando um líder de partido manda votar a favor de algo que o deputado em sã consciência não aceita, ele deve dizer não ao Partido, mesmo que seja expulso.

A Igreja Católica diz que somos livres em Cristo e comprometidos com ele, porque queremos. Pede aos formadores que eduquem a consciência dos católicos, para que saibam escolher direito. Religião tem que ser fruto de convicção. Fazer só porque somos obrigados, não é bom. Há remédios amargos que a gente não gosta de tomar, mas os sensatos tomam, porque entendem que precisam deles. A cruz é sofrimento. É melhor carregá-la sem resmungar e sabendo do seu porquê! Peçamos esta graça a quem soube carregar a cruz!

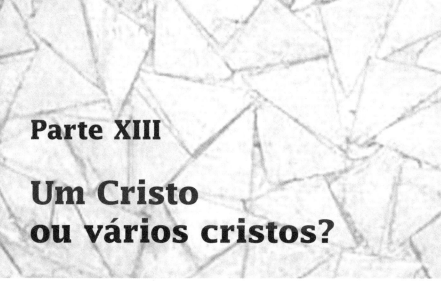

Parte XIII

Um Cristo ou vários cristos?

A palavra "eleito" para nós tem um sabor amargo, porque a interpretam como limitação, como expressão de superioridade. No sentido bíblico original se refere a um povo que foi escolhido para que assuma um compromisso que seja vantajoso também para os outros.

(Bento XVI, *Dio e Il Mondo*)

111. Um Cristo conveniente

> Uns, na verdade, anunciam a Cristo por competição, com segundas intenções; com isso pretendem acrescentar mais aflição às minhas prisões (Fl 1,17).
>
> Nem se deixem levar por fábulas ou por genealogias intermináveis (tipo quem é e quem é de quem). Elas mais produzem questões do que edificação de Deus, que consiste na fé; assim o faço agora (1Tm 1,4).
>
> E desviarão os ouvidos da verdade, à procura de fábulas (2Tm 4,4).

Rememorando

Na Igreja há os contadores de História da Salvação e os contadores de casos. Nas palavras, já referidas, do citado Padre Antônio Vieira (*Sermão da Sexagésima*), "há pregadores de palavras de Deus, mas não da Palavra de Deus!". Não a conhecem o suficiente para anunciá-la. Então, na falta de profundidade e leituras, contam histórias sobre si mesmos, sua mãe, seu pai, sua infância e seus amigos. Acham que o povo de Deus veio lá ouvi-los falar de suas aventuras religiosas e das maravilhas que Deus fez neles.

Até mesmo quando tiveram pais santos, o modo de falar deles trai o acento em si mesmos. Não dizem, mas é como se dissessem: "Me queiram bem. Sou esta maravilha de cristão, porque tive esse tipo de mãe!...". Um ou outro admite que deveria ser bem mais santo, considerada a família de onde veio... São os únicos que merecem crédito. Falam pouco de si mesmos e o fazem poucas vezes.

***

Um tanto quanto entristecido, ao ver alguns programas de televisão e ouvir quadros e programas de rádio nos quais Jesus

416   Pe. Zezinho, scj

era anunciado de maneira categórica e cabal por pregadores com claros sinais de pouco estudo da fé, afirmou o velho professor de cristologia: "Estão *enfatuados* de Jesus. O perigo é que acabem *enfastiados* tão depressa como ficaram enfatuados. Eles parecem saber mais sobre Jesus do que o próprio Jesus!".

Pensei comigo: "O velho mestre está certo! Gastou cinquenta anos estudando teologia, especialmente teologia dogmática, e mais de vinte a estudar exegese e cristologia. Nunca lhe foi pedida qualquer opinião, nem por emissoras de rádio nem de televisão. Mas meninos e meninas, padres e pastores novos de novas igrejas, em deslumbrados arroubos e êxtases, entusiasmados com um Jesus que não estudaram, podem falar horas e horas e cantar dezenas de canções sobre Jesus, com textos nunca revistos. É como pedir palestras sobre cardiologia a quem apenas aprendeu a medir pressão e a passar pomada nas feridas...".

***

Pensei mais...

Todo cristão tem o direito de crer em Jesus e entusiasmar-se com ele, até porque Jesus realmente encanta e entusiasma. Mas, se for o Jesus dos evangelhos e não o da imaginação do pregador, ele também obriga a pensar uma sociedade mais justa e a ser solidário. O direito que um pregador entusiasmado e em êxtase não tem é o de afirmar, perante milhões de ouvintes e telespectadores, coisas que não estão na Bíblia nem fazem parte da Tradição da Igreja.

Pensei ainda no livro de Jürgen Moltmann, *O caminho de Jesus Cristo: cristologia em dimensões messiânicas.* O autor e, com ele, inúmeros outros por ele citados deixam claro que a subjetivização da mensagem de Jesus tornou-se uma espécie de grife. Dizer-se de Cristo e anunciar-se convertido católico ou evangélico está virando grife. Repercute positivamente! Criou-se, na mídia e no marketing da fé, um Cristo que só diz o que o pregador deseja que ele diga e de cuja doutrina se tira apenas o que traz proveito ao grupo que o anuncia.

Veio para todos

Pelos testemunhos que se ouvem e se veem, o Cristo que salvou um indivíduo não se transforma no Cristo que veio salvar milhões e sacudir as estruturas do mundo. Pedem a Jesus, cantando, *que mexa com a estrutura pessoal do novo convertido que quer amar "somente a ele"*, mas raramente lhe pedem que nos ensine a mexer com as estruturas de um mundo que não aceita repartir nem incluir quem não é do clube dos eleitos e privilegiados. Andamos esquecidos de pedir ao Cristo que nos ensine a amar os outros, especialmente amar quem não concorda conosco e até nos questiona e silencia. Para estes, reservamos palavrões e cara feia. Não se aceita mais nenhuma correção fraterna. Criamos um exército de cristãos inquestionáveis, porque o Espírito Santo fala pela boca deles! Ligue a televisão e o rádio e veja se estou mentindo!

***

O Cristo de alguns não está falando

Ocultam ou silenciam o Cristo que, certamente, combateria a proliferação das armas nucleares, o empobrecimento das nações, a supremacia das potências econômicas e atômicas e a corrida às armas de conquista e de dissuasão; corrida que desvia trilhões de dólares, rublos, euros, ienes e reais para a produção de instrumentos de defesa ou de morte, enquanto o terrorismo, a fome e o desperdício grassam pelos cinco continentes.

O Cristo dos evangelhos questionaria os terroristas de 11.09.2001, os do metrô de Madri, os do metrô de Tóquio, mas também os traficantes de droga e de armas, os banqueiros gananciosos e os países ricos que empobrecem ainda mais os países pobres. Condenaria, sem dúvida alguma, assassinatos de crianças em escolas, abortos e todas as mortes e prisões injustas do nosso tempo. E certamente não seria brando com os ditadores. Não foi nada amistoso com Pilatos nem com Herodes!

**

O Cristo reivindicador

Desse Jesus não se ouve falar com tanta frequência: o reivindicador, o que manda vestir a camisa dos pequenos e oprimidos (cf. Mt 18,6-14; 25,40). Quem não fizer isso, não ouse gritar "Senhor, Senhor", porque não entrará no Reino dos Céus (cf. Mt 7,15-22). Orar é lindo, mas não funciona sem o verbo libertar... Do Jesus que salva o indivíduo e lhe dá paz interior e certeza de que será salvo, se orar todos os dias e se for bonzinho para com o seu vizinho, ouve-se falar o tempo todo. Canoniza-se o sujeito e o seu projeto pessoal e subjetivo, e ignora-se o projeto de justiça e paz que Jesus anunciou a vida inteira. Trocam o "mas ai de vós" (cf. Mt 23,13-39) pelo "bem-aventurados sereis" (Mt 5,1-11).

Um Jesus conveniente

O velho professor de cristologia lembrava que o *Jesus conveniente* tomou conta das pregações e os templos viraram lojas de arrecadação e de conveniência, tipo "pegue e pague": pegue o que lhe interessa e pague ao sair... Foi embora ajustando o boné e fiquei pensando em tudo o que ouvira do respeitável ancião. De fato, com esse discurso, pouquíssimos programas de rádio e de televisão o convidariam. Mas isso não torna os convidados sorridentes, alegres e suaves, mais certos do que ele. Paulo já previa isso em 2 Timóteo 4,1-5. O leitor faria bem se o relesse!

112. Cristologia fractal

> Repartem entre si as minhas vestes, e lançam sortes sobre
> a minha roupa (Sl 22,19).

Afirma Juan Arias, no seu livro *Jesus, esse grande desconhecido*, que do personagem histórico Jesus, de quem sabemos tão
pouco, nasceram milhares de outros cristos idealizados. Rupturas geraram rupturas, divisões geraram novas divisões.

> Nenhum outro personagem. Nem mesmo mítico, teve
> uma imagem tão multifacetada, tão contraditória, tão di-
> ferente através dos séculos. Nenhum personagem foi ao
> mesmo tempo tão amado e tão odiado. Por isso existem
> tantas imagens de Jesus quanto pessoas que o aceitaram
> ou rejeitaram. Também quem nunca acreditou em Jesus
> tem dele uma imagem bem concreta (p. 68).

Com tantas cabeças e tantas opiniões, Cristo acabaria sec-
cionado, fractal, parcializado, dividido e subdividido pelos seus
seguidores. E foi o que aconteceu. Ele mesmo previa isso na sua
prece pela unidade.

> Eu já não estou mais no mundo, mas eles estão no mundo,
> e eu vou para ti. Pai santo, guarda em teu nome aqueles que
> me deste, para que sejam um, assim como nós (Jo 17,11).

Eis uma verdade que poderia ser auspiciosa, mas não é. Jesus
está cada dia mais divulgado, mas seus pregadores, aos milhares,
pulverizaram o cristianismo com milhares de igrejas que ensinam
não tanto o que ele ensinou, mas o que seus pregadores acham
que deve ser ensinado. Eles, porém, retocaram de tal maneira as
feições do Cristo, que Jesus é, hoje, mais o cristo dos pregadores
do que o Cristo da maioria dos cristãos. A multidão ouve mais
seus pregadores do que seus mestres e teólogos. Ligue a televisão,

o rádio, e veja se são professores de teologia, história e filosofia que falam, ou pregadores com menos preparo... Constate e conclua. Não deveriam os doutores e teólogos estar atrás daqueles microfones que atingem milhões de ouvidos?

Cristo personalizado

Com tanta personalização, cada qual poderia escrever um livro com o título. "Meu Jesus tem este rosto. É assim que o imagino." É fato que a maioria nunca leu nada sobre o tema, não aceita ler e não aceita ouvir senão os seus pregadores que, em muitos casos, também não são muito de ler e ouvir os especialistas e os estudiosos.

Enquanto isso, já o dissemos, pregadores estudiosos, sérios e profundos pregam para pequenas congregações e para poucos ouvidos. Nos estádios, nas praças, na mídia, para milhões de olhos e ouvidos, com raras exceções, estão os que anunciam um Jesus do gosto do ouvinte: um Jesus para os entusiasmados, que cura, dá casa e carros e empregos; que responde às orações repetidas desta ou daquela forma; que, invocado do jeito certo, nunca deixa de atender.

Instrumentalizado

E há o Jesus político demais, o totalmente apolítico, o que permite quase tudo, o que proíbe quase tudo, o que responde mais de acordo com a oferta e com o dízimo, o que estrategicamente ressuscita mortos, com aviso prévio de uma ou duas semanas. Não sabe disso quem não estuda o que vai pelo rádio e pela mídia religiosa atual.

***

Ligue o rádio e a televisão e preste atenção nas pregações. Descubra se o Cristo anunciado pelo pregador ou pela pregadora é o que você conhece de ler a Bíblia e livros de autores especializados.

A quem o povo ouve? Ao pensador que estudou Jesus por cinquenta anos ou ao pregador mais sensacional e da hora, que toca e as pessoas caem a seus pés e que põe milhares em prantos?

***

Leve, pesado, provocador

Meu livro, na maioria dos temas com leveza e, em outros, bem incisivo, pretendeu até aqui levar você por este caminho da análise das cristologias de televisão e de rádio, não as das universidades. O ideal é que Jesus não tenha apenas o rosto pintado pelo seu pregador preferido, seja ele de qualquer Igreja cristã, seja santo como for! Ninguém é tão completo assim! Que nossa ideia de Jesus venha de uma Igreja cristã e, se possível, de vários cristãos reunidos em sérios estudos de exegese e de história. Desconfiemos do Cristo do seu *personal preacher* e da sua pregadora preferida. Também não aceite sem questionar o que está neste meu livro. Ao final, indicarei outros autores bem mais profundos do que eu.

Mosaicos

Lembra-se daquele joguinho de mosaicos que as crianças, hoje, tentam montar por computadores? As pedrinhas esparsas vão se ajustando e o que emerge dali é a pintura original. A pregação cristã de hoje são essas pedras preciosas esparsas. Algumas delas não caberão jamais no seu mosaico, porque não pertencem a ele. Algum pregador a inventou. Mas as corretas estão ali, para você colocá-las no lugar certo. Faça como os restauradores de imagens. Demora, mas eles libertam certas pinturas e afrescos famosos dos acréscimos que nada tinham a ver com eles. Fica-se então sabendo como era a verdadeira face daquele anjo ou daquele Cristo pintado em 1642...

***

Graves desvios

Lembra-se daquele pregador que disse que, quando você peca, prega mais um espinho na cabeça do Cristo? Ele inventou uma pedra que não cabe no quadro do verdadeiro Cristo. O que disse que Jesus atenderá sua prece, quando você completar exatamente 50 invocações por 13 dias seguidos, importou outra peça que não cabe na catequese católica. Jesus não depende desses números. A pregadora que garantiu que haveria uma ressurreição e muitas curas no domingo, dia 17, na grande concentração das 15h, blefou: Jesus não é obrigado a seguir nem o calendário nem o relógio dela. Desculpe, mas ela mentiu e jogou com a sua credulidade!

Subdividido

Dividido e subdividido, o rosto de Cristo lembra uma foto da qual cada um fez uma cópia, mas as cópias vieram com as cores que cada qual achou por bem acentuar. Às vezes é um rosto irreconhecível.

113. Um cristo "urgentizado"

> "Uma geração má e adúltera pede um sinal, e nenhum sinal lhe será dado, senão o sinal do profeta Jonas." E, deixando-os, retirou-se (Mt 16,4).

É perceptível, patente até, que a mídia religiosa moderna "urgentizou" o Cristo e encheu sua pregação de sinais que, supostamente, Jesus continua dando àqueles grupos. Essa urgência do "Cristo-agora-já, converta-se hoje mesmo, aceite Jesus agora, venha vivê-lo conosco", traduz proselitismo e vem dos templos e dos estádios onde pregadores entusiasmados e radicais priorizam a certeza e secundarizam a fé e a esperança. Não dão tempo ao fiel. Seduzem-no com testemunhos, promessas e urgências. "Está esperando o quê para aderir a Jesus?"

Vale dizer: "Não perca mais tempo. Cristo vem a qualquer momento". Vai na linha do marketing moderno, que usa da mesma urgência com relação ao novo produto na praça, a casa dos sonhos, as ofertas irrecusáveis e inadiáveis. O apelo funciona com os consumidores vorazes, mas não com quem faz as contas antes para não chorar depois.

Imediatismo

O imediatismo do capitalismo e das ideologias invadiu os templos e, hoje, há neles o desvelar urgente da imagem do Cristo, também ele urgente. Você não deve esperar nem refletir para aderir. É chamado a ir lá à frente e a entregar-se a Jesus naquela mesma tarde. Usa-se o texto de Atos 2,41. Num só dia batizaram-se quase 3 mil convertidos... Na verdade, muitos que assumiram o Cristo urgente de algum pregador voltaram atrás, mas nem por isso a urgência diminuiu. Contam quem aderiu no mesmo dia, mas não quem desistiu da adesão daquela tarde!...

E aí, se muitos voltaram atrás, os vinte que ficaram já fizeram a pregação urgente valer a pena!

"Já, hoje, agora" são palavras de ordem que entraram no vocabulário das novas igrejas, também elas urgentes. Mas, alternativamente ao Cristo urgente de alguns pregadores, há outros a oferecer o Cristo sereno, que vem aos poucos, bem pensado, muito refletido, fruto de uma catequese progressiva e retrospectiva. Ainda falaremos disso.

O valor e os perigos do entusiasmo

Uma das coisas bonitas do pentecostalismo e dos chamados *revivals* é o entusiasmo. É também uma das coisas negativas, a depender da sua dosagem. Não são poucos os que compram a nova casa e o novo carro num momento de entusiasmo e depois precisam devolver, porque não tinham como pagar. O imediatismo é um dos frutos imaturos do consumismo. O imediatismo e a certeza de que Deus dará um jeito são frutos imaturos de um cristianismo urgente. Nem todas as nossas preces serão atendidas. Nem faz sentido erguer obras para Deus pagar. Ele não assina embaixo de torres construídas sem planejamento (cf. Lc 14,28). Fiéis que deram carro e casa para o pregador e para a Igreja e quiseram reavê-los, passaram por verdadeiros calvários. É que o pregador era esperto e eles não eram! Os trâmites legais costumam levar anos e décadas!

Fé sem entusiasmo não dá, mas entusiasmo demais termina em fanatismo ou decepção. João 6,63-67 reflete esta verdade. Muitos dos que seguiram Jesus se afastaram, porque Jesus não era como lhes parecera ser. Qual foi a resposta de Jesus? Deixou que fossem e até propôs aos que ficaram que, se quisessem, poderiam, também eles, ir. Tomemos cuidado com os pregadores urgentes e com os convertidos urgentes. Pode dar certo, mas em geral não dá! Pensar é ainda um dos melhores antídotos contra o fanatismo!

114. Um Cristo para cada gosto

> Nós pregamos a Cristo crucificado, que é escândalo para os judeus, e loucura para os gregos (1Cor 1,23).

> Porque a sabedoria deste mundo é loucura diante de Deus; pois está escrito: "Ele apanha os sábios na sua própria astúcia" (1Cor 3,19).

Foi assim, assim prossegue. Entusiasmos, êxtases, orações, línguas estranhas, curas, sentimentos à flor da pele, hegemonias, projeto de converter o mundo; o nome de Jesus colado em carros, portas, peitos e carrocerias, como tentativa desesperada de voltar a um passado que não pode ser reeditado nem recuperado. Olhe ao redor e veja as vestimentas, as marchas, as procissões; ouça as palavras de ordem e veja quem voltou ao século XI, quem pretende estar no século XXII.

Há perplexidade por toda parte e em todas as igrejas; indiferença também. Ou se dá ao mundo a ideia concreta e serena de Jesus, ou se dá o Jesus dos pregadores histéricos, afobados, urgentes, açodados, irados até. Querem reconquistar o mundo para ele, mas tem que ser do jeito deles! *O Cristo histórico não serve aos pregadores histéricos! Alguns nem mesmo o conhecem. Há que ser o Cristo da fé, mas da fé como eles a sentem!*

Jesus adaptado

Jesus, como ele era, é o mesmo ontem, hoje e sempre, mas, como tem sido apresentado, muda a cada púlpito e com cada cabeça ou nova Igreja que se funda. Não fundariam mais uma, se não achassem que estão de posse de alguma revelação que faltou aos outros...

Se Jesus é o mesmo, seus seguidores não são nem devem pretender ser o que não são. O homem vive a mudar porque é um poço de contradições e de imperfeição. Acontece de sobejo. Quando aquele Jesus da Igreja na qual foram batizados deixa de concordar com eles, giram o botão ou apertam a tecla e procuram outros pregadores e outras pregações, até achar um Jesus que concorde com o seu modo de viver. O pregador garante que este Jesus "pirlimpimpim" existe. Se pagar o dízimo e se repetir determinadas vezes a mesma prece, Jesus lhe dará a graça que tanto almeja. Ligue sua televisão para ver se não há pregadores a dizer exatamente isso! Dê em abundância que Deus retribui em abundância! Inspiram-se em textos que parecem falar em seu favor:

> Porque àquele que tem, se dará, e terá em abundância; mas àquele que não tem, até aquilo que tem lhe será tirado (Mt 13,12).

> E digo isto: "Que o que semeia pouco, pouco também ceifará; e o que semeia em abundância, em abundância ceifará" (2Cor 9,6).

Omitem os textos que falam da soberania e da gratuidade. Deus não barganha. Antes, ele dá sua graça aos humildes e resiste aos soberbos (cf. Tg 4,6). O soberbo enche de condições o seu relacionamento com Deus. Mas os textos que mostram Deus livre para ouvir ou não ouvir, são claros. Ele costuma cumprir sua promessa, mas não tem que mantê-las, se aparece uma razão maior. Foi o caso de Jonas. Deus "voltou atrás" e Jonas não gostou. Foi engolido por uma baleia... O simbolismo é claro: ele não engoliu o que Deus fez e foi engolido por seu orgulho, maior do que uma baleia. Só voltou à realidade e à luz quando entendeu que profeta é apenas um porta-voz que não determina o que Deus deve fazer. Por isso, soa mal a expressão de alguns pregadores de agora: "Eu determino". Mesmo que o faça em nome de Jesus, ser humano algum tem o poder de determinar coisa alguma. Deus é livre!

um rosto para JESUS CRISTO

Terei misericórdia de quem eu tiver misericórdia, e me compadecerei de quem eu me compadecer (Ex 33,19).

O vento assopra onde quer, e ouves a sua voz, mas não sabes de onde vem, nem para onde vai; assim é todo aquele que é nascido do Espírito (Jo 3,8).

Juramos que é como achamos que foi

São assim os cristãos de agora: exatamente como os de ontem; porque achamos que é, juramos que assim o é! Como querer que o mundo creia em Jesus como nós cremos, se somos milhares de grupos e igrejas perplexos e inseguros? Fingimos uma certeza que não temos. Achamos sempre a resposta escondida em algum versículo estratégico e não temos nem mesmo a humildade de dizer que não sabemos certas coisas. Há sempre uma frase bíblica para acobertar nossa ignorância.

> Temos todas as respostas na ponta da língua, e talvez por isso mesmo não tenhamos as respostas certas.

Nem dar as mãos tem dado certo. Não, com milhares de pregadores. Muitos deles – e são milhares – não conseguem nem mesmo orar o Pai-Nosso com as mesmas palavras. Que Jesus? De qual pregador e de qual Igreja? Como crer nos cristãos, se seis igrejas na mesma rua nunca, jamais, se uniram, nem mesmo para um café coletivo? Criamos um Jesus do nosso jeito, ou criamos um lado e puxamos Jesus para ele.

> Este é o lado triste de hoje, porque criar um lado e puxar Jesus para ele é mais fácil do que sair do conforto de nossas doutrinas e ir juntos para o lado de Jesus.

> É por esta razão que os jornais de 20 de fevereiro de 2010, mais do que depressa, estamparam no mundo inteiro a declaração do roqueiro militante homossexual Elton John, de que Jesus era gay. Não conseguindo ser como Jesus, o cantor, sabidamente gay, declarou que Jesus era como ele. Puxou Jesus para o seu lado...

Nada a estranhar, porque milhões de cristãos fazem o mesmo: criam um Jesus revolucionário, guerrilheiro, conservador, progressista, fundamentalista, misógino ou misólogo, curandeiro, financista, irado, violento ou cheio de preconceitos, como eles. Em vez de conduzirem uma reflexão serena sobre Jesus, preconizam o que Jesus diria se estivesse aqui, agora, naquele templo, naquela rádio e naquela televisão. Aos gritos, e certos, certíssimos, porque se consideram profetas dos últimos tempos, concluem que Jesus diria e faria exatamente o que eles estão dizendo e fazendo.

Cristo manipulado

É o Cristo manipulado, repintado, reescrito e adaptado por todos. Enfim, um sanduíche religioso com as iguarias e os sabores que mais fregueses atraiam. Não admira que, em alguns lugares, haja até bebidas "Jesus" e sanduíches "Jesus". Pode não ter sido a intenção dos fabricantes, mas simbolicamente lembram um Jesus composto, adoçado e misturado ao gosto de cada freguês... O preço? A adesão!

Os pregadores cultos, lidos, estudiosos, serenos e abertos ao aprendizado perderam espaço! Não possuem um Jesus macdonaldizado, destes que, minutos depois do pedido e com os mais diversos sabores, se servem em questão de segundos, ao gosto de crentes apressados! Mas isso pode ser eficiência comercial, e não necessariamente catequese.

Procura-se o rosto original

Procura-se um rosto de Cristo que dê uma ideia do original. Os de agora foram de tal forma retocados que não passam de um nome. Nem sempre é o Jesus dos evangelhos e das epístolas.

Num tempo de crasso individualismo, de marketing da fé, de políticas e igrejas pragmáticas e de resultados, concluamos com Karen Armstrong, em *Breve história do mito*:

> Precisamos de mitos que nos ajudem a nos identificar com nossos semelhantes, e não apenas com quem pertence a nossa tribo étnica, nacional ou ideológica... que nos ajudem a valorizar a importância da compaixão que nem sempre é considerada suficientemente produtiva em nosso mundo racional e pragmático. Precisamos de mitos que nos ajudem a desenvolver uma atitude espiritual, para enxergar adiante das nossas necessidades imediatas, e nos permitam absorver um valor transcendente que desafia nosso egoísmo solipsista (p. 115).

115. Um Cristo para cada Igreja

A religião objetiva se transformou em religião da subjetividade... (Jürgen Motlmann).

Se há um Cristo para cada gosto, é porque também há um Cristo para cada Igreja. Ouve-se uma pregação e já se sabe de que Igreja é o pregador. Depende-se muito de frases feitas! Se hoje você girou de carro pela cidade, deve ter passado por pelo menos 50 templos dedicados a Jesus. Se observou os nomes, deve ter percebido a leitura que cada comunidade faz do Jesus que lhe foi anunciado e que ela, agora, anuncia.

> Igreja Católica Apostólica Romana, Igreja Apostólica, Igreja Pentecostal do Reino, Igreja Universal do Reino de Deus, Igreja Internacional da Graça de Deus, Igreja Mundial do Poder de Deus, Igreja de Jesus Nazareno Rei dos Judeus, Igreja do Evangelho Quadrangular, Igreja Bola de Neve, Igreja do Evangelho Pleno, Igreja da Redenção, Igreja da Plena Revelação...

Em algumas cidades há mais de trezentos nomes que revelam alguma doutrina ou alguma ênfase. Você verá muitas igrejas nacionais, internacionais, mundiais, universais, mas não verá nenhuma Igreja municipal ou estadual. É que todas têm o sonho de anunciar Jesus para o mundo inteiro, e não apenas para o bairro. Nenhum fundador de Igreja aceita um projeto pequeno. É isso que os faz missionários: Cristo para o mundo. Pode parecer errado, mas não é. Se, para ele, Jesus é Deus, está claro que, ao sentir-se chamado a anunciá-lo do jeito que ele acha o mais consentâneo com a revelação que recebeu, ele quer que o mundo o escute. Ele não tem algo a dizer somente aos vizinhos. Se, antes dele, milhares ouviram o *ide pelo mundo,* por que não ele? É por isso que não existem igrejas municipais da graça, ou do Cristo Senhor.

Revelados e rebelados

Nenhum pregador ou fundador de comunidades cristãs jamais admitirá que tirou isso da própria cabeça. Dirá que foi chamado por Deus. Se se rebelou e rompeu com sua outra comunidade cristã, se deixou sua ordem ou congregação, se criou este púlpito onde agora anuncia Jesus, é porque sua visão de Jesus e de vida em Jesus e com Jesus não combinava mais com o grupo que lhe ensinou o beabá sobre o Cristo. Ele queria mais e Deus lhe deu mais. Foi lá e fundou uma nova comunidade e/ou uma nova Igreja de Cristo.

Fundar uma nova Igreja

O que faz alguém sair por aí, fundar comunidades ou igrejas, para tornar Jesus conhecido do jeito que ele acha que o conhece? O que o faz buscar companheiros de fé para orarem, cantarem e lerem a Bíblia com ele e do jeito dele? O que leva um seguidor ou uma seguidora de Jesus a reunir pessoas e a dizer: "Jesus quer isso, é por aqui, o caminho para ele é este?". Foi Jesus quem lhes disse para anunciá-lo daquela forma, ou foram eles que, sentindo-se melhor num caminho que acharam ou abriram, decidiram oferecer a outras pessoas a sua visão pessoal de Jesus?

Novos templos para novos tempos

O fato, não sei se triste ou auspicioso, é que Jesus está sendo anunciado em milhares de templos, nunca da mesma maneira. Já o disse e analisou Juan Arias no seu *Jesus, esse grande desconhecido,* que, de mil maneiras e com mil enfoques, os pregadores andam dizendo que Jesus era assim, disse assim, é assim e diz assim ainda hoje. Mas é um Jesus compreendido apenas por aquela comunidade. Se uma outra disser que ele disse algo diferente, será imediatamente desqualificada. Jesus não diria aquilo daquele jeito, muito menos para um católico, muito menos para um luterano, muito menos para um batista!... Na falta de conceitos, armam-se de preconceitos!

Moral flexível

Por isso, você conhecerá igrejas que permitem o que outras proíbem e que proíbem o que outras permitem. Em algumas delas você pode se divorciar e casar de novo duas ou três vezes. Jesus não quer você infeliz! Em outras, você pode beber um chá que provoca leves alucinações. Em algumas não poderá doar nem receber sangue. Em outras, ainda, em casos extremos, até se permite aborto. E há aquelas que não permitem dançar nem se pintar. Outras são totalmente liberais. Há, ainda, o pregador que proíbe ver televisão, mas você pode ouvir o rádio; você também só poderá cantar hinos daquela Igreja. Algumas fazem exorcismo e libertam de maldições da árvore genealógica. Outras garantem curas até de Aids e de câncer. E já apareceram algumas que ressuscitam mortos diante da atônita assembleia. Na internet você encontrará igrejas para gays e lésbicas. Há pregadores que casam homossexuais e lésbicas e tem havido notícias de alguns pregadores gays que se casaram com alguém do mesmo sexo, fundamentando seu amor em textos bíblicos.

Há de tudo

Depois, há os óleos, os *sprays* da fé, as medalhas, os objetos que protegem, as velas, as garantias e os sinais infalíveis, os milagres de quarta-feira à noite ou de domingo às 15h. Garantem que Jesus estará lá, operando maravilhas pela boca e pelas mãos do

um rosto para JESUS CRISTO

seu mais novo pregador. Expulsam demônios de todos os tipos. Não os critique sem saber o que os leva a isso, mas constate para não ser desinformado.

Perguntas impertinentes?

O que pensar dessas cristologias? Jesus falaria daquele jeito? Prometeria tais milagres? Faria o que fazem? Teria aviões e helicópteros e moraria em ricos condomínios? Seria pobre ou seria rico? Arrecadaria como eles arrecadam? E onde aplicaria aquela fortuna arrecadada?

São perguntas impertinentes que temos que nos fazer, porque falam como seus porta-vozes. Os bens que acumulamos e aquilo que fizemos ou deixamos de fazer pelos pobres, as alianças que fazemos com partidos e ideologias, nosso compromisso ou nosso isolamento, nossa coragem de dizer o que deve ser dito, o tamanho de nossa conta no banco, mostrarão de onde veio a nossa mensagem. Entre os conluios dos cristãos da Idade Média e os conluios dos cristãos de hoje para chegarem ao poder ou desfrutarem das benesses do poder, a diferença é cada vez menor.

Ovelhas e cordeiros

O mundo que hoje segue como cordeiro, sem questionar seus profetas, padres ou pastores, começa a mudar de maneira radical. Os profetas terão que fazer mais do que milagres, curas e orações para provarem que é Deus quem os envia. Jesus mesmo questiona exorcismos, conversões e curas feitas em seu nome (cf. Mt 7,22-23). Disse que não reconhecerá os autores de tais proezas. Garantiu que falsos ungidos enganariam a muitos com suas curas e milagres (cf. Mt 24,24). Jeremias, Jesus e Paulo já falaram sobre isso. Guarde os capítulos por números e leia. *Jeremias, capítulos 14 e 23, e Mateus, capítulos 7 e 23.* São passagens fortíssimas contra quem se apossa da fé para conduzi-la do seu jeito pessoal. Jesus chega a dizer que os que sabem orar bonito e falar bonito não têm o céu garantido. Serão julgados pelo modo como viveram e pelo que fizeram a favor ou contra os pequenos. Omitir-se quando alguém tem fome é ir contra! Serão julgados pela sua ganância ou pelo seu desprendimento.

Em Mateus 7,15-23, ele deixa claro que ninguém se tornará automaticamente seu porta-voz. Ele não o reconhecerá, se este pregador não tiver praticado a justiça e feito a vontade do Pai. E a vontade do Pai é que não se perca nenhum dos apequenados da sociedade. A justiça será a medida (cf. Mt 5,6; 21,32). "Buscai primeiro o Reino de Deus e a sua justiça, e todas estas coisas vos serão acrescentadas" (Mt 6,33).

Igreja de resultado?

Que resultado? Se Jesus hoje teria dinheiro no banco, *holdings* e grandes investimentos, se andaria de helicóptero ou de avião particular com heliporto só dele, é uma questão a ser discutida. O que se sabe é que, envolvente e inteligente como era, ele teria sido capaz de arrecadar muito e ficar rico. Se não ficou rico, não é porque não era capaz e, sim, porque não o quis. As raposas tinham suas tocas e as aves os seus ninhos, mas ele não tinha um lugar para reclinar a cabeça (cf. Mt 8,20). Mateus quis dizer alguma coisa com este relato! E quando ele disse que não se pode servir a dois senhores, estava mostrando quem deve mandar no dinheiro (cf. Mt 6,24).

Um Jesus que leva ao sucesso?

Releia os capítulos antes indicados e tire suas conclusões. De que Jesus estão falando os pregadores naqueles templos: o deles ou o dos evangelhos? É pergunta que você deve se fazer e fazer a eles. Uma coisa é citar frases da Bíblia, e outra é citá-las dentro do contexto. Pelo sim pelo não, quando passar por algum desses templos, reflita sobre o Jesus histórico e o Jesus da fé. Às vezes o Jesus da fé não tem nada a ver com o Jesus descrito nos evangelhos e nas epístolas. Às vezes é coerente e não destoa. Vai depender do pregador e daquela assembleia.

O mundo que nos questiona

Habituados que fomos a questionar o mundo e seus pecados, é bom que o mundo também nos questione e aos nossos pecados. Quem sabe, de perguntas em perguntas, os ateus e os outros religiosos que hoje nos desafiam nos ajudem a ser mais coerentes. Alguns deles andam querendo saber por que, depois de dois mil anos, não conseguimos orar juntos e com as mesmas palavras, nem mesmo o Pai-Nosso, a oração da unidade... Desconfio que os pregadores tenham alguma culpa!... E eu sou um deles! Que tal se tomássemos um café juntos para ao menos saber o que cada qual realmente pensa de Jesus?

116. Os novos endereços de Jesus

> Então, se alguém vos disser: "Eis que o Cristo está aqui, ou ali, não lhe deis crédito" (Mt 24,23).

Ia bem aquela pregadora pentecostal, enquanto falava do Jesus que liberta e faz feliz. Começou a se desviar, quando insistiu que seu templo era o único endereço de Cristo, e a garantir que, quem não fosse lá, não encontraria Jesus. Piorou, quando tornou a insistir que todos os outros endereços eram falsos. Era lá naquela Igreja que Jesus agora estava se manifestando e só valia o batismo deles. Ridicularizando os católicos, disse que, na sua Igreja, o fiel mergulhava nas águas do Cristo e não recebia respingos de católico... Esqueceu o que Jesus disse a Pedro, quando este queria que Jesus, além dos pés, lhe lavasse também as mãos e a cabeça (cf. Jo 13,9). Disse que não era necessário: "Aquele que está lavado não necessita de lavar senão os pés, pois no mais todo está limpo. Ora vós estais limpos, mas não todos" (Jo 13,10). Respingo de católico tem suporte na Bíblia! Se não começaremos a discutir se imersão pode ser em piscina, em pia ou em rio, ou talvez apenas no Rio Jordão... Debate e ironia têm limite!

No caso dela, Deus viu e ouviu! Se, de acordo com a sua pregação, seu nome está registrado no livro da vida, também aquelas palavras foram registradas no livro da justiça! Não se sobe ao púlpito para manipular Jesus com tamanha desfaçatez...

O que poderia ser pregação cristã virou marketing mundano e mentiroso, daqueles que usam de superlativos e exorbitâncias para atrair fregueses. Ao se proclamar o único endereço do Cristo, proclamou que Jesus estava preso ao templo deles. A palavra único é excludente. Não é dirigida a Cristo. Visa aos outros cristãos. Ao garantir milagres, deu a entender que Jesus seguia o seu esquema. Ao proclamar-se única e diminuir as outras, fez como o sujeito que diz que o sol só brilha sobre o telhado de sua casa e que na casa do vizinho tudo é escuro. Católicos que fazem isso precisam reler a encíclica *Ut Unum Sint!* Nela, João Paulo II lista este comportamento como pecaminoso! O *Documento de Aparecida*, n. 228, afirma que: "O ecumenismo não se justifica apenas por uma exigência sociológica, mas por uma exigência evangélica, trinitária e batismal: expressa a comunhão real, ainda que imperfeita, que 'já existe entre os que foram regenerados pelo batismo' e o testemunho concreto de fraternidade". Mas no n. 229 manda responder aos que nos diminuem!

***

Ovelhas especialíssimas

Jesus é muito claro sobre os que atraem pessoas para seus templos e acampamentos com garantia absoluta de paz e de milagre, falando como se fossem os únicos a saber o seu endereço. Chamou-os de *falsos ungidos, falsos cristos*, e preveniu seus discípulos futuros contra eles. "Vede que eu vos avisei de antemão" (Mt 24,24-26). Disse que não devemos acreditar nessas pregações. Foi mais longe! Disse que eles agiam como abutres à procura de carniça. Declarou tais pregações como de gente que gosta de coisa podre, coisa que cheira mal. Apenas uma mente de urubu corre atrás delas. Estava falando da mentira dos que se passam por seus únicos porta-vozes, ou se apresentam como os únicos que podem levar a ele. Pelo jeito era comum naqueles tempos encontrar pregadores que se passavam por eleitos. Os apóstolos também os combatiam com veemência. O erro pode ser dos outros e também de católicos que rejeitam qualquer diálogo com pessoas de outras igrejas.

Outras ovelhas

Jesus age e pensa diferente. Disse que tinha outras ovelhas em outros apriscos. "Ainda tenho outras ovelhas que não são deste aprisco; também me convém agregar estas, e elas ouvirão a minha voz, e haverá um rebanho e um Pastor" (Jo 10,16). O verbo no futuro dá a entender que o Reino deve caminhar na direção de um só rebanho, mas que, no tempo dele, ainda lidava com a realidade de outras ovelhas e outros rebanhos. Como ele não deu data para a unidade plena, o Reino, que já existe em projeto e num contínuo realizar-se, caminha para a unidade que ainda não tem.

Dar, pois, o endereço de uma igreja, dizendo que tudo convergirá para ela, é um bonito sonho, mas é sonho. Todos teremos ainda que lidar com os limites de cada ovelha e de cada rebanho. É assim que diziam os católicos no Decreto *Unitatis Redintegratio* do Concílio Vaticano II (n. 20).

Esperança de unidade

Consideramos primeiramente aqueles cristãos que, para glória de Deus único, Pai e Filho e Espírito Santo, abertamente confessam Jesus Cristo como Deus e único mediador entre Deus e os homens. Sabemos existirem *não pequenas discrepâncias* em relação à doutrina da Igreja Católica, mesmo sobre Cristo, verbo de Deus encarnado, e sobre a obra da redenção e, por conseguinte, sobre o mistério e o ministério da Igreja, bem como sobre a função de Maria na obra da salvação.

Alegramo-nos, contudo, vendo que *os irmãos separados* tendem para o Cristo como fonte e centro da comunhão eclesiástica. Levados pelo desejo de união com Cristo, são mais e mais compelidos a buscar unidade, bem como a dar em toda parte e diante de todos os testemunhos da sua fé.

Para os católicos, já não deve mais existir o abismo. Existem caminhos paralelos, por enquanto separados, mas passíveis de unidade. A samaritana não entrou para o grupo de Jesus, mas anunciou-o em Samaria (cf. Jo 4,4-42). O homem libertado da legião de demônios quis frequentar o seu grupo, mas Jesus o quis testemunhando noutro lugar. Não o aceitou como missionário ao seu lado, mas nomeou-o missionário na sua própria parentela (cf. Lc 8,38-39). Aos discípulos, que mandaram calar-se um homem que expulsava demônios em nome de Jesus e não era do grupo, o próprio Jesus mandou que deixassem o homem em paz. Não tinha que ser do grupo especial para atuar em nome dele (cf. Mc 9,38-39). Deixou claro que era possível ser seu discípulo ou admirador, sem ser do seu grupo de 72 ou de 12. Atendeu a Cananeia, Nicodemos, o Centurião, e a nenhum obrigou a frequentar a sua reunião das nove horas, três vezes por semana, como condição de permanecer nele...

Vaidade

Apresentar-se como o único endereço de Cristo, além de presunção, é desprezo pelos outros irmãos, a quem Jesus ilumina e em quem age. Até porque ele mesmo disse que, onde dois ou três estivessem reunidos em seu nome, ali ele estaria (cf. Mt 18,20). Não deu o endereço! Nunca disse que seria só neste ou naquele templo, desta ou daquela Igreja. Disse como estaria com cada um deles. Pedro quis saber como ele estaria com João, e Jesus deixou claro para Pedro que o jeito de ele estar com os outros era assunto dele com os outros. Pedro que tirasse bom proveito do que lhe fora reservado (cf. Jo 21,21-23)... A frase é dura!

Falta de misericórdia

Por isso, afirmar que Jesus só está conosco e não está com os outros é diminuir o amor e a misericórdia dele. Existe um marketing que afasta as pessoas da verdade! É o mesmo que garante ao comprador que só achará aquele produto no supermercado que o anunciou... No fim das contas, o freguês poderia ter achado produto melhor e mais barato perto da sua casa. Cair no conto do "só aqui" quase sempre acaba mais caro. As suaves prestações, em geral, não são nada suaves...

Uma coisa é escolher uma Igreja e outra, desprezar as demais! Alguns cristãos não entendem a extensão do colo de Deus! Não é tudo a mesma coisa, mas não é tudo assim tão contraditório que não se possa caminhar junto em muitos momentos!

117. Buscar Jesus na outra Igreja

> Então disse Jesus aos doze: "Quereis vós também ir embora?" (Jo 6,67).

O tema é delicado! Machuca famílias inteiras! Quase não há mais famílias no Brasil que não tenham seus membros em duas ou mais igrejas. Quando a convivência é pacífica, os dois ou três lados mostram que sua cristologia vai bem. Mas quando o clima fica insustentável, porque um dos lados força a conversão do outro, é de se perguntar que pregador é o deles e que Jesus este pregador lhes impingiu!

Pelo que sabemos Jesus é o aproximador e o diabo é o separador! *Dia-bolus* quer dizer exatamente isso. Pregação que joga membros de uma família uns contra os outros, com proibição de visitas e aproximações, embora pareçam, não são de Cristo. Alguém poderá advogar a passagem de Mateus 10,34-42. Serve como luva para os proselitistas. O leitor abra sua Bíblia e confira! Pena que não sigam outra passagem: Marcos 9,38-39. E ainda a outra, em que Jesus põe Pedro no seu devido lugar: "Se eu quero que ele fique até que eu venha, que te importa? Segue-me tu" (Jo 21,22). Pedro queria se meter nos planos de Jesus para João!...

Mudar de religião

Nos meus quase 70 anos de vida e 35 de padre, já vi muita gente mudar de religião. Aconteceu na minha família. Não há por que pura e simplesmente condenar alguém que segue sua consciência. Julgar e condenar nunca é algo puro e simples (cf. Mt 7,1-2); traz consequências. Mas podemos analisar com serenidade e franqueza algumas dessas conversões ou mudanças a partir do seu resultado. Se público é, e se tal conversão atinge membros de nossa fé, publicamente se comente!

Há os sinceros, os interesseiros, os revoltados, os carreiristas, os vaidosos, os que buscam eminência, os confusos, os apaixonados, os que mudaram por busca honesta da verdade. Há os que mudaram por insistência da mulher ou do marido, caso contrário, a pessoa amada não se casaria ou, pasmem, iria embora! Há quem tenha mudado por revolta, ou desejo de subir na vida; outros, para levar vantagens. Já vi gente mudar de Igreja por uma faculdade no exterior, ou com promessa de liderar uma Igreja e uma região inteira. Já vi pregadores trocarem de Igreja por um bom salário! A conta no banco às vezes pesa mais do que a fidelidade ao grupo! É duro, mas é verdade!

Medem-se as conversões pelo que acontece depois delas. Se o sujeito se torna agressivo, fanático, dono da verdade, inoportuno, convertedor de gente, pronto para ensinar e nunca disposto a aprender e ouvir; se fala mal da sua ex-Igreja e se age como se a luz de Deus só brilhasse na sua nova Igreja, sabemos que aquela conversão não foi sincera nem verdadeira. Os que pioraram ao mudar, são como o náufrago que embarca no barco furado, mas insiste em levar os outros consigo. Não se anuncia Jesus dessa forma! Ou somos sinceros, abertos, convictos e capazes de diálogo, mesmo discordando, ou não anunciamos direito. Anunciá-lo como se todos os outros estivessem errados e nós fôssemos os únicos certos, é traí-lo. Uma coisa é a convicção de estar certo, outra a acusação de que o outro não tem Jesus!

118. O pseudojesus de agora

> Porque surgirão falsos cristos e falsos profetas, e farão tão grandes sinais e prodígios que, se possível fora, enganariam até os escolhidos (Mt 24,24).

> Deus não nos poupa do cansaço. A fé não é um instrumento milagroso capaz de operar sortilégios e magias. Ela nos dá a chave com a qual nós mesmos devemos apreender e com a qual podemos indagar e descobrir quem somos (Bento XVI, *Dio e Il Mondo*).

Prossigamos nossa reflexão

Quem leu os escritos apócrifos e pseudoepígrafos da Bíblia já deve ter percebido, naqueles livros, que seus escritores trabalharam mais com o "abracadabra" da fé do que com os fatos possíveis ou admissíveis. Para um não crente, por mais difícil que seja aceitar os Atos e os evangelhos, os relatos desses cinco livros são muito mais verossímeis do que, por exemplo, o *Evangelho Pseudomateus da Infância, o do Pseudotomé, o Evangelho Árabe da Infância, ou o Livro da Infância do Salvador*. Estes são um desfile de histórias mirabolantes que tentam provar que Jesus é um Deus brincalhão, que se diverte fazendo coisas raras...

O Cristo brincalhão

O Jesus daqueles escritos era um filhote de mágico, que se distraía brincando de pequeno criador, em competição com os meninos da sua idade. Flutuava, montava a cavalo nos raios do sol, pulava de uma montanha para a outra, quebrava bilhas jogando-as contra a rocha e as reconstituía. Quando os meninos tentavam o mesmo, se davam mal, feriam-se, quebravam as pernas e o pescoço. Maria e José ficavam irados com as brincadeiras de mau gosto de Jesus, que adorava brincar com os seus poderes. Lembram os desenhos animados da televisão em horário infantil.

Naqueles evangelhos, Jesus adulto descreve suas memórias de como viveu com José até a morte do pai. Afirmam que Jesus falou coisas profundas, assim que nasceu; nasceu falando. Os ladrões assaltaram a Sagrada Família e um exército do céu com cavalaria os expulsou dali. De peripécia em peripécia, o livro do Evangelho Árabe da Infância, como num conto das mil e uma noites, fala dos ladrões Tito e Dímaco. Um deles, para deixar ir em paz a comitiva da Sagrada Família aprisionada no deserto, deu ao outro como penhor e resgate 40 dracmas e o cinto. Não foram assaltados, e Maria orou pelo perdão do bom ladrão. Então, o pequeníssimo Jesus, que já falava como profeta, teria dito a Maria que com 30 anos ele seria crucificado em Jerusalém e os dois ladrões morreriam ao seu lado. Um deles seria Dímaco, ou seja, Dimas! Maria não concordou com a profecia e proibiu Jesus de falar essas coisas!... Os que falam em escritos apócrifos deveriam lê-los antes de diminuir os evangelhos. Se quiserem falar de absurdo, é lá que os acharão... Numa outra passagem o arteiro menino Jesus faz pássaros de barro e lhes sopra e dá vida. Noutra passagem, à maneira de menor infrator, pune com a morte um menino que dele discordou...

À margem da Bíblia

Achou engraçado? Vai achar muito mais, quando ler alguns dos quase cem pequenos e grandes relatos à margem da Bíblia, que tentam retratar Jesus de um jeito que não está nos evangelhos. Vai ficar chocado quando descobrir que algumas orações que se faz aos anjos, no rádio de agora, são calcadas no *Livro de Enoque, capítulo 69*. Algumas histórias sobre Nossa Senhora e Maria Madalena foram tiradas diretamente do *Livro da Assunção, do Evangelho da Infância, do Evangelho de Maria, do Protoevangelho de Tiago e do Evangelho de Maria Madalena*. Quem leu, sabe do que se trata. Não obstante, ouvem-se tais absurdos em emissoras cristãs, narrados por pregadores que as reproduzem sem saber de onde vieram.

Os pseudos de agora

Em julho de 2009, ouvi de um pregador uma narrativa do nascimento de Maria que, evidentemente, não está nos evangelhos. Ele praticamente repetiu o que está no *Protoevangelho de Tiago* sobre a natividade de Maria. Era um sacerdote católico. Ainda em 2010, outro sacerdote católico, com evidentes sinais de que não estuda nem exegese nem outras matérias da teologia, repetiu o que praticamente Lêucio e Karino testemunharam no livro apócrifo *Descida de Cristo aos Infernos*. Mostrou um Cristo que não está nem na Tradição cristã e católica nem nos evangelhos, ao dizer que Jesus tirou Adão e Eva do inferno, e que os santos de Deus "pediram a Jesus que deixasse lá nos infernos o sinal da vitória da cruz, para que nunca mais fosse para lá nenhum outro ser humano". Jesus, com a chave da cruz, teria trancado as portas do inferno e aberto as portas do céu... Confundiu parábola e simbologia com mistério.

Outro disse que Jesus sofre no céu a cada pecado que cometemos aqui. A Igreja já condenou essa doutrina, mas ela é repetida pelos novos pseudopregadores de pseudoevangelhos. Não é bonito dar esperança para o povo? Bonito é, mas não é ensinamento aceito pela Igreja, na qual se tornaram pregadores. E ensinaram tais erros para milhões de ouvintes. Traíram a Igreja! Sabem ler. Se não o fizeram, têm culpa!

Inventivos demais

Há em curso na nossa Igreja e em muitas igrejas evangélicas e pentecostais um tipo de pregação que não combina com a Bíblia. Se algumas décadas depois da morte de Jesus havia dezenas de pseudoevangelhos, vinte séculos depois, no rádio, na televisão e nos templos, aquelas pseudonarrações continuam. Quem lê, percebe os desvios. Quem não lê, acha que está ouvindo um trecho da Bíblia. Não está! Aquele Jesus não é o mesmo das igrejas mais sérias e comprometidas com a busca da verdade sobre Jesus.

119. Ouvir os teólogos

Nunca foi fácil e está cada dia mais difícil anunciar Jesus com profundidade. As informações e ilações a seu respeito são infindas. O depois de Jesus, melhor dizendo, a sequência e as consequências de sua presença neste mundo, é algo tão vasto, que ignorar o que já foi dito é tripudiar sobre o passado, e anunciá-lo sem nenhuma referência é brincar de futuro. Não há cristologia sem referências. Jesus não caiu de paraquedas na História. Houve um antes, um durante e há um depois de Jesus.

> Numa pregação, pode-se ignorar tudo isso, como, de fato, inúmeros pregadores o fazem. Jesus parece ter começado com eles e com sua novel Igreja ou com o seu novel movimento. Dão a impressão de que, antes deles, todo mundo dormia ou cochilava na fé, sem nada perceber. Depois deles, Jesus voltou a acontecer. Falam como se tivesse havido um enorme hiato desde os anos 1930 até a data da fundação de seu grupo. Ninguém sabia o suficiente sobre o Cristo. Agora se sabe e se vive o mistério do poderoso Jesus que opera maravilhas e cura, e salva, e inspira, e renova, e eleva, e transforma vidas. São os novos pentecostes e os novos dias de Jesus...

Com eles tudo é fácil e descomplicado. Nem é preciso cristologia. Não se estuda Jesus. Seu argumento é o de que você não precisa saber a composição da água que bebe, basta beber... Basta ler a Bíblia, aplicar tudo a Jesus, ouvir os pregadores daquele grupo e orar, que a vida melhora! É o anúncio de Jesus aqui, agora, já, à sua disposição, água eterna e cristalina. Pegue seu copo e beba! Não espere mais, não sofra mais, não adie sua conversão!

um rosto para JESUS CRISTO 447

Aí aparecem os teólogos e cristólogos. Eles garantem que não é assim tão fácil. Como amar um Jesus que não se conhece e nem sequer se situa no seu tempo? Pode haver um Cristo da fé sem haver um Cristo histórico? Combatem os pregadores que aceleram e "urgentizam" a história do Cristo.

Os pregadores urgentes argumentam que, como as vidas são curtas, é preciso urgência para que estas vidas conheçam Jesus. Fazem de tudo para que o fiel o aceite sem maiores questionamentos. Os teólogos e cristólogos o "desurgentizam"... Propõem que se caminhe com Jesus observando os detalhes dele e do mundo em que ele viveu, e os detalhes do mundo de hoje para o qual se pretende anunciá-lo. Fazem como o médico que não acha que se deve oferecer o mesmo remédio na mesma dose para todos os presentes, nem os mesmos óculos com o mesmo grau para todos os míopes. Cada pessoa precisará das informações que já se tem sobre Jesus e da própria capacidade de crer, sem abandonar as perguntas que todo crente deve fazer, se deseja oferecer Jesus como resposta. De resto, o próprio Jesus exigia dos seus discípulos que pensassem sobre o que estavam a ver e a ouvir.

> E, partindo eles, começou Jesus a dizer às turbas, a respeito de João: "Que fostes ver no deserto? Uma cana agitada pelo vento?" (Mt 11,7).

> Sim, que fostes ver? Um homem ricamente vestido? Os que trajam ricamente estão nas casas dos reis (Mt 11,8).

> Mas, então, que fostes ver? Um profeta? Sim, vos digo eu, e muito mais do que profeta (Mt 11,9).

> E Jesus, vendo que havia respondido sabiamente, disse-lhe: "Não estás longe do Reino de Deus". E já ninguém ousava perguntar-lhe mais nada (Mc 12,34).

> Então alguns dos seus discípulos disseram uns aos outros: "Que é isto que nos diz? Um pouco, e não me vereis; e outra vez um pouco, e ver-me-eis; e: 'Porquanto vou para o Pai'?" (Jo 16,17).

448   Pe. Zezinho, scj

> "Por isso lhes falo por parábolas; porque eles, vendo, não veem; e, ouvindo, não ouvem nem compreendem" (Mt 13,13).

Jesus suscitava perguntas e esperava que seus ouvintes pensassem. Puxou pela inteligência muito mais do que pela emoção. Era muito mais *mathein* (compreender) do que *pathein* (experimentar). Queria que compreendessem.

> Não compreendeis ainda, nem vos lembrais dos cinco pães para cinco mil homens, e de quantos cestos levantastes? (Mt 16,9).

Confunde-se facilmente conversão com urgência, entusiasmo, fanfarras; e misturam-se tambores com anúncio, foguetes com alegria, conversão com adesão, simplicidade com superficialidade, palavras difíceis e rebuscadas com profundidade.

Pouco entusiasmo

Há os eruditos sem qualquer entusiasmo. Nem todo autor erudito e rebuscado é necessariamente imparcial e isento ao falar de Jesus. Sua fala e seus escritos revelam seu universo de crente, ou de não crente. O Jesus que ele descreve ou analisa é um enorme ponto de interrogação. Sobram poucas exclamações a seu favor. São obras de fôlego, recheadas de *mas, porém* e *todavia*. Ajudam a pensar e a repensar Jesus, mas raramente incentivam a ouvi-lo e a amá-lo. De suas leituras se conclui que Jesus talvez tenha sido assim e nada mais do que isso! Param na análise. Não há exclamações. Aqui e acolá, algum elogio, mas suas análises não suscitam entusiasmo por Jesus.

Entusiasmo demais

Há o outro lado da moeda: o entusiasmado que não está nem aí para os estudos sobre Jesus. Ele o sente e é o que lhe basta. Jesus mudou sua vida e ele agora vive para mudar a dos outros que estavam onde ele estava, longe da paz e da luz. Dispensa ulteriores reflexões. Falta dizer a quem o segue, em busca de milagres e fortes emoções que acontecem perto dele, que nem todo autor ou pregador inculto e avesso a livros é tão iluminado que não se engane a respeito da pessoa, do pensamento e das consequências de Jesus.

Jesus descomplicado

O grande perigo do Jesus descomplicado é que ele complica. Os milhares de comunidades de fé, criadas pela pregação sem teologia desses pregadores emotivos, regem-se pela emoção e pelo fechamento excludente e exclusivista. Só eles têm a chave, só eles entendem, só eles foram eleitos. Não lhes entra na cabeça, esperneiam e reagem com dureza, quando alguém lhes cobra mais estudo da fé. Tomam isso como ofensa. Agem como o enfermeiro que passa por médico e se magoa quando alguém lhe pede as credenciais. No caso desses pregadores emotivos, ou o mundo pensa e ora como eles, ou perderá o trem da história, porque o novo trilho é o deles. Pura emoção! Não procure livros profundos nas suas estantes, porque não os há. Não faça perguntas, porque o chamarão de ateu ou inimigo deles e de Cristo. Criaram uma fé sem interrogações. Sua fé é totalmente exclamativa: "Jesus é lindo, Deus é lindo, a vida é linda, eles são lindos e o mundo, se quiser ser lindo, terá que se converter a Jesus, que tudo faz e tudo pode! Tudo é graça, tudo é milagre, tudo é Jesus! Peça que Jesus concede, mas peça com fé!". Quem nunca ouviu esse discurso?

Ante o exagero de quem parece nada sentir diante da grandeza de Jesus, eles oferecem o exagero de trazer o sentimento e a emoção à flor da pele. Não conseguem entender a fé serena de quem não sente o mesmo que eles, mas crê até com mais profundidade e conteúdo. O "meu Jesus" deles não aceita o "meu Jesus" dos outros.

Moderados

E há os moderados. Eles lembram comensais que sabem comer ao lado dos outros. Não fazem barulho ao beber e ao mastigar, não comem de boca aberta, não bebem demais, não arrotam, não mordem enormes bocados, não deixam migalhas ao redor. Aprenderam a comer e beber com leveza, gole por gole, sem sofreguidão. Não reagem com dureza ao espalhafato do vizinho. Não o obrigam a comer do seu prato nem a experimentar daquele frango ou daquela sobremesa especial. Simplesmente se alimentam. Se elogiam algum prato, não o impõem ao vizinho. Sentar-se à mesa com eles é uma lição de boa educação.

No caso dos crentes moderados, sua fé em Jesus não é sôfrega. Não engolem Jesus. Sorvem aos poucos de sua sabedoria, gole por gole, bocado pequeno por bocado. Engasgam menos, porque Jesus não lhes fica preso na garganta nem lhes foi enfiado por ela... Teólogos cristãos como os católicos Hans Küng, Edward Schillebeekcx, Karl Rahner, Roger Haight e os evangélicos Jürgen Moltmann, Karl Barth e Pannenberg costumam ir fundo e provocar o leitor com suas cristologias. Também é verdade que ateus como Richard Dawkins e Christopher Hitchens e ex-cristãos como Bart Ehrman pousam questões que balançam a fé dos menos convictos. No Ocidente e no Oriente, os pensadores que mergulham como crentes ou descrentes na história, nas palavras e nas leituras que as comunidades fizeram de Jesus, intencionalmente, provocam a nós, crentes, mas bem menos instruídos na fé. Não obstante, quem tem bases sólidas não deve simplesmente ignorá-los.

Fazem pensar

A profundidade e a instrução eram virtudes elogiáveis e desejáveis nos inícios da Igreja (cf. At 7,22; 18,25; 22,3, 1Tm 6,20; Ef 3,18). Paulo a propõe de maneira cabal. Queria que os fiéis

um rosto para JESUS CRISTO

pudessem compreender com perfeição, todos juntos, "a largura, e o comprimento, e a altura, e a profundidade do Cristo e do seu mistério" (Ef 3,18). Ele mesmo era homem culto, instruído nas ciências do mundo e na fé que veio de Moisés, aos pés do culto Gamaliel (cf. At 22,3), e mais tarde instruído em Cristo e diligentemente estudioso do Cristo. A mesma virtude ele esperava de Timóteo e de qualquer pregador (cf. 2Tm 2,23). Nada de frases bonitas e de pregação superficial. Que o pregador mergulhasse no Cristo e no seu imenso conteúdo.

> Ó profundidade das riquezas, tanto da sabedoria como da ciência de Deus! Quão insondáveis são os seus juízos, e quão inescrutáveis os seus caminhos! (Rm 11,33).

Sabedoria de Deus

Paulo pregava a sabedoria de Deus (cf. 1Cor 1,24), mas essa sabedoria lhe custara muito esforço e inúmeros cansaços. Não pregava com sublimidade de palavras nem com exibição de sabedoria (cf. 1Cor 2,1), mas culto ele era, a ponto de Pedro elogiar-lhe a sabedoria. Afirmava: "Ele trata disso também em todas as suas cartas, se bem que nelas se encontrem algumas coisas difíceis, que homens sem instrução e vacilantes deformam, para sua própria perdição. Aliás, é o que fazem também com as demais Escrituras" (2Pd 3,16).

Pregadores sem livros

Nos tempos de Paulo e de Pedro, estudar Jesus era virtude. Não tardou a aparecerem os pregadores que, não gostando de livros e do cansaço e da disciplina que as leituras e os estudos exigem, firmados em algumas frases do próprio Paulo sobre a verdadeira sabedoria (cf. 1Cor 1,19), espalharam que um grama de unção valia mais do que toneladas de inteligência e cultura;

que bastava ter fé em Jesus, porque a sabedoria do mundo é para a perdição (cf. 1Cor 1,19; 1Cor 15,19). A preguiça deles também...

Não foi o que Paulo quis dizer, logo ele que era estudioso e queria profundidade para os seus catequizandos e preferia falar cinco palavras compreensíveis do que falar dez mil que ninguém compreende.

> Todavia eu antes quero falar na igreja cinco palavras na minha própria inteligência, para que possa também instruir os outros, do que dez mil palavras em língua desconhecida (1Cor 14,19).

É desse conhecimento profundo que os teólogos e cristólogos se ocupam. Escritores e catequistas como eu, longe de lhes ombrearem, nem lhes chegam aos pés. Esses irmãos teólogos, instruídos e cultos, e, por isso, chamados de doutores, debruçaram-se por anos a fio nas leituras e nos estudos sobre Jesus *antes, durante e depois, ontem hoje e sempre*, e nos brindaram com obras de fôlego que nos sacodem e interrogam o tempo todo. É como se nos dissessem: "Não saiam por aí anunciando que Jesus é Deus e que devemos amá-lo e adorá-lo e servi-lo, sem, primeiro, perguntarem a si mesmos se sabem do que estão falando... O Jesus da Bíblia e da História é muito mais do que este que vocês anunciam, provocando a emoção dos seus ouvintes e incentivando-os a buscar cada dia mais prodígios e milagres. Jesus é mais do que prodigioso e maravilhoso. Ele é questionador!".

De fato, a maioria dos estudiosos de Jesus puxa mais pela inteligência do que pela emoção. Se é bonito emocionar os fiéis com a lembrança e a fé na presença do Cristo, talvez seja ainda mais bonito fazer o povo de Deus pensar na doutrina que segue e no anúncio que faz. Afinal, como explicar ao mundo que Deus

um rosto para JESUS CRISTO

se encarnou e que ao entrar naquela fila o recebemos todos os dias nas nossas mãos?

A preocupação de Jesus e dos apóstolos era a de levar os fiéis à busca por maior conhecimento; não qualquer conhecimento; não conhecimento parcial, mas um saber profundo e abrangente. Alertavam contra o conhecimento superficial e estéril, ou contra o conhecimento vaidoso e sem coerência.

> Porque em tudo fostes enriquecidos nele, em toda a palavra e em todo o conhecimento (1Cor 1,5).

> E graças a Deus, que sempre nos faz triunfar em Cristo, e por meio de nós manifesta em todo o lugar a fragrância do seu conhecimento (2Cor 2,14).

> Até que todos cheguemos à unidade da fé, e ao conhecimento do Filho de Deus, a homem perfeito, à medida da estatura completa de Cristo (Ef 4,13).

> E peço isto: que o vosso amor cresça mais e mais em ciência e em todo o conhecimento (Fl 1,9).

> Aprendem o tempo todo sempre, mas não conseguem jamais chegar ao conhecimento da verdade (2Tm 3,7).

> Porque, se em vós houver e abundarem estas coisas, não vos deixarão ociosos nem estéreis no conhecimento de nosso Senhor Jesus Cristo (2Pd 1,8).

120. Inimigos da cruz de Cristo

> Não adoramos a cruz. Adoramos o crucificado. Não adoramos um morto. Adoramos um ressuscitado. Mas levamos sua cruz ao peito porque somos agradecidos. Foi numa cruz que ele morreu (Pe. Zezinho, scj).

Contra o crucifixo

Estava errado, cruelmente errado, aquele muçulmano italiano que no mês de outubro de 2003, em nome de sua fé islâmica, quase conseguiu que um juiz eliminasse a cruz da escola onde seus dois filhos estudavam. O troco veio da França, quando uma lei proibiu que as moças muçulmanas usassem o véu no trabalho e na escola. Símbolo por símbolo, também aquele estava proibido, porque era símbolo de uma fé.

Ao passar por cima da fé de todos os outros e proibir seus sinais em nome da democracia, deu o mesmo direito aos outros de proibir a fé dele. Ora, a cruz e o catolicismo estão na Itália muito antes de a lua crescente estar no Oriente Médio! Agiu pior ainda, quando disse que o crucifixo era um minicadáver. Um cristão que dissesse tal coisa de Maomé num país mais radical seria morto. Mas ele fez isso num país cristão. Os cristãos o perdoaram. O debate, porém, continua porque outros querem tirar os símbolos do cristianismo de países que ainda ontem eram cristãos...

Bíblia *versus* cruz

Errou também o vereador evangélico nordestino que tentou tirar de sua cidade uma enorme cruz e, no lugar, propôs que se pusesse uma Bíblia. Não deve ter lido direito a Bíblia da sua Igreja, na qual Jesus dá sentido à cruz (cf. Mt 10,38) e diz que quem não encontra o sentido da cruz e não a assume não é digno dele. Paulo diz que se escandalizar da mensagem da cruz é loucura para quem está se perdendo. "Para quem se sente salvo, ela é poder de Deus" (1Cor 1,18). Será que o irmão vereador evangélico não leu estas passagens? Estava escandalizado com a cruz à entrada da sua cidade, que também era terra de maioria católica. O que Paulo diria dele?

Imagem inoportuna

Errou o grupo católico que, num encontro ecumênico, para o qual haviam sido convidados irmãos de todas as igrejas, com o aviso de que haveria uma pregação ecumênica de um padre e um pastor, ignorou a proposta de diálogo. Sem conversar com o pregador, saiu pelo campo de futebol com uma imagem de Maria num andor. O pregador enfrentou-os. Disse que levassem de volta a imagem, porque, se haviam convidado os outros, caberia aos católicos não insistir em atos que para eles não têm o mesmo significado. Um grupo fiel foi embora da celebração. A maioria ficou e ouviu o pastor elogiar Maria de maneira bonita e encantadora... Aquela imagem naquela hora prejudicaria o diálogo. Imagem tem hora e canções marianas também! Somos igrejas cristocêntricas. Nem eles podem impor a sua fé em nós, nem nós neles. Mas se eram eles os convidados, os católicos teriam que respeitá-los. Convidaram para provocar?

Gloriar-se na cruz

O mesmo Paulo diz que, se ele devia se gloriar de alguma coisa, seria da cruz de Cristo (cf. Gl 6,14). E sugeria que seus leitores não vivessem como inimigos da cruz... Aquele sangue que eles tanto honravam foi derramado numa cruz (cf. Cl 1,20).

Diminuir a cruz não faz sentido, se o próprio Jesus disse que era preciso abraçá-la. Mas superexaltar Maria, num encontro ecumênico, é desrespeito a ela e aos irmãos que cresceram com outras ênfases. Um dia, tudo isto terá outro significado, mas agora a hora é de não impor nossas ênfases e de trabalhar na *essencialização da fé*. A proposta é de Bento XVI, lembrando frase de Romano Guardini, no livro *Dio e Il Mondo!*

Parte XIV

O rosto retocado

A grande novidade que a Igreja anuncia ao mundo
é que Jesus Cristo, o Filho de Deus feito homem, a Palavra e a Vida,
veio ao mundo para nos fazer "participantes da natureza divina"
(2Pd 1,4), para que participemos da sua própria vida,
vida trinitária do Pai, do Filho e do Espírito Santo, vida eterna!

(*Documento de Aparecida* 348)

121. Cristianismo e igrejismo

> Gostar demais da própria Igreja a ponto de humilhar a do outro, mentir descaradamente para angariar mais adeptos, esconder os pecados da própria Igreja e escancarar os das outras em manchetes chamativas de jornal, é coisa de canalha. O editor que fizesse isso deveria ser expulso daquela Igreja, se é que ela pretende ser de Cristo!
> (Pe. Zezinho, scj)

Uma coisa é discordar de um grupo de Igreja e, depois de mostrar o seu lado positivo, apontar para o ponto de não concordância, que nem por isso precisa ser causa de discórdia. A fraternidade supõe correção fraterna, virtude que ultimamente, com tantos projetos pessoais à flor da pele, anda meio em baixa!

Outra coisa é sistematicamente apontar para erros das outras igrejas e jamais admitir os próprios. Igrejas também carregam pecados. Nem há como escondê-los. A mídia dá sempre um jeito de ressaltá-los, já que as igrejas pretendem moralizar o mundo. Pois que, então, primeiro se moralizem! É o tom das reportagens que desnudam os pecados das religiões. Mas há perguntas a serem feitas: "É Jesus que eles anunciam, ou é sua Igreja? Serão capazes de imaginar o Espírito Santo iluminando alguém de outra religião? Não há verdadeira busca e conhecimento de Jesus além daquela Igreja? Fora dela não pode haver salvação?".

As respostas dirão que rosto tem o Jesus que dizem seguir! Será um rosto iluminado ou retocado. Nem tudo é a mesma coisa, nem tudo é igual, mas nem tudo é assim tão radical. Jesus tem outras ovelhas que não são do seu rebanho e, quando as unir, não significa que passarão para um único cercado. Um grande fazendeiro no Mato Grosso tem dez mil cabeças de gado. São todas dele. Mas não estão todas no mesmo cercado. Se as unir todas, provavelmente as manterá em lotes e espaços diferentes. Nem

por isso deixarão de ser um só rebanho de um único dono!...
Negar que os outros cristãos amem Jesus e que Jesus os ame é
ir longe demais. Podemos questionar algumas doutrinas, mas só
Deus sabe o que se passa no coração do irmão de outra fé.

Por *cristianismo* entenda-se, como de fato a maioria entende,
o movimento religioso que afirma que Jesus é o Messias anunciado aos hebreus e esperado por eles. Os cristãos concluíram
que o Messias já veio. Creem que ele é Deus de Deus, luz da luz,
Verbo eterno, Filho eterno que esteve aqui e se tornou ser humano como nós. Era ele o esperado ungido – em hebraico *Mashiah*,
"Messias", em grego *Xristós*, "Cristo". Quem professa fé nele e
tenta viver como Jesus viveu, vive o cristianismo.

Por *igrejismo* entenda-se um desvio do cristianismo. Ao invés
de formar igrejas, formaram empresas fechadas. Igrejismo é a
excessiva afirmação das assembleias de crentes em Jesus, com
tal ênfase na Igreja, que o anúncio de Jesus como Cristo fica
eclipsado pelo anúncio daquele segmento. Isto acontece quando
fazer adeptos para aquele grupo torna-se mais importante do
que fazer discípulos para Jesus!

Desvio da fé

O igrejismo foi e é um dos maiores desvios da fé cristã. Igrejas
são necessárias e úteis no anúncio e na vivência da fé em Cristo,
mas, quando os seguidores se tornam mais fiéis ao pregador do
que a Jesus Cristo, mais ao mensageiro do que à mensagem, mais
à sua Igreja do que à verdade, quem perde é a mensagem cristã.

Cabe a cada um de nós nos perguntarmos se somos cristãos
ou igrejeiros. Uma coisa é amar a nossa Igreja, que é seta para o
Caminho, mas não é caminho em si mesma. Outra coisa é ido-
latrá-la e transformá-la em caminho paralelo ao Caminho. Pela
pregação desses fiéis percebe-se quem é o centro de suas aten-
ções: sua nova Igreja ou Jesus. A prática e o discurso os traem.

um rosto para JESUS CRISTO

Dever dos cristãos de ajudar a todos

Os cristãos cooperem de bom grado e de todo o coração na construção da ordem internacional, com verdadeiro respeito pelas liberdades legítimas e na amigável fraternidade de todos; e tanto mais quanto é verdade que a maior parte do mundo ainda sofre tanta necessidade, de maneira que, nos pobres, o próprio Cristo como que apela em alta voz para a caridade dos seus discípulos. Não se dê aos homens o escândalo de haver algumas nações, geralmente de maioria cristã, na abundância, enquanto outras não têm sequer o necessário para viver e são atormentadas pela fome, pela doença e por toda espécie de misérias. Pois o espírito de pobreza e de caridade são a glória e o testemunho da Igreja de Cristo.

São, por isso, de louvar e devem ser ajudados os cristãos, sobretudo jovens, que se oferecem espontaneamente para ir em ajuda dos outros homens e povos. Mais ainda: cabe a todo o povo de Deus, precedido pela palavra e exemplo dos bispos, aliviar, quanto lhe for possível, as misérias deste tempo; e isto, como era o antigo uso da Igreja, não somente com o supérfluo, mas também com o necessário.

(*Gaudium et spes* 88)

Relações entre irmãos separados e Igreja Católica

Nesta una e única Igreja de Deus já desde os primórdios surgiram algumas cisões, que o Apóstolo censura asperamente como condenáveis. Em séculos posteriores, porém, originaram-se dissensões mais amplas. Comunidades não pequenas separaram-se da plena comunhão da Igreja Católica, algumas vezes não sem culpa dos homens dum e doutro lado.

Aqueles, porém, que agora nascem em tais comunidades e são instruídos na fé de Cristo, não podem ser acusados do pecado da separação, e a Igreja Católica os abraça com fraterna reverência e amor. Pois aqueles que creem em Cristo e foram devidamente batizados, estão em certa comunhão, embora não perfeita, com a Igreja Católica. De fato, as discrepâncias que de vários modos existem entre eles e a Igreja Católica, quer em questões doutrinais e às vezes também disciplinares, quer acerca da estrutura da Igreja, criam não poucos obstáculos, por vezes muito graves, à plena comunhão eclesiástica.

O movimento ecumênico visa superar estes obstáculos. No entanto, justificados no batismo pela fé, eles são incorporados a Cristo e, por isso, com direito se honram com o nome de cristãos e justamente são reconhecidos pelos filhos da Igreja Católica como irmãos no Senhor.

(Unitatis redintegratio 3)

122. Cristianismos questionáveis

"O Cristo era assim!" "Não, não era!" "Era, sim! Só podia ser desse jeito!" "Não poderia!" "Só assim ele faz sentido!..." "Eu era católica e vivia nas trevas, agora aceitei Jesus e vivo na luz..." "Eu deixei o desvio protestante e agora voltei à luz do catolicismo." O modo de falar traz desamor. Jesus admite a diferença de pensamento, mas não a ofensa nem a presunção. Foi ele quem disse que muitos rezadores não entrarão no Reino de Deus (cf. Mt 7,15-22). Se faltar o essencial, não serão reconhecidos por ele. A fala cheia de certezas era e é o teor dos debates acalorados que deram origem a tantas igrejas e movimentos que se intitulam cristãos. Onde está o conceito mais aproximado do Cristo? Outra vez lembremos o dito de Hans Küng: "Se Deus existe, ele não atua no mundo à nossa maneira, mas à maneira dele!".

Depois da morte e ressurreição de Jesus, falsos cristianismos surgiram por toda a parte e em todos os tempos. Algumas pregações mais fortes e influentes se destacam nesse contexto de procura por Jesus:

- *Ebionismo*: Jesus era apenas homem (*nudus homo*).
- *Docetismo*: Jesus era totalmente divino. Sua carne era divina e não humana.
- *Arianismo*: O Filho não é divino. Foi criado pelo Pai, mas em seguida este Filho criou o universo. Era de natureza parecida e semelhante à do Pai, mas não era da mesma natureza e substância.
- *Apolinarismo*: O corpo de Jesus era humano, mas a alma era divina. Jesus não teria tido uma alma humana.
- *Nestorianismo*: Jesus era duas pessoas num só homem.
- *Monofisismo*: Jesus era uma só pessoa, mas tinha uma só natureza, a divina.

Modernos hereges

De várias maneiras ainda hoje se ensina o que eles ensinaram. E é triste, mas é verdade; até entre nós, alguns pregadores católicos falam de Jesus como se ele fosse subalterno a Deus-Pai. Tratam-no como Deus-filhote, mais do que Filho; mais como um pequeno deus, inferior ao Deus-Pai. Confundem *submisso e obediente* com *subjugado e subalterno*. A linguagem é a de quem vê Jesus Cristo como alguém menor do que Deus. Não se percebe no seu discurso a convicção de que Jesus é um com o Pai.

O Pai, por eles, é visto como Deus, mas, no seu discurso, Jesus é visto como o Filho que Deus assumiu... Ora, esta era a opinião de Teódoto de Bizâncio, que por volta do segundo século ensinava a doutrina conhecida como *adocionismo*. Na hora em que o Espírito Santo em forma de pomba desceu sobre ele, Jesus foi adotado pelo céu e virou o Cristo... Assim ensinavam. Para eles, Jesus não era divino. O Pai o divinizou... Preste atenção nas pregações de alguns desses irmãos de agora, inclusive alguns católicos, e perceba que nem sempre ao falar de Jesus é de Deus que eles falam.

Ouça rádio, leia algumas revistas e jornais das novas igrejas para perceber ainda hoje os resquícios da pregação de Ário, Apolinário, Nestório, Montano ou Donato. Eram sinceros no seu desejo de explicar Jesus, mas eram também afoitos. Assim, dos evangelhos, o que não servia, eles adaptavam ao seu modo de pensar, como fazem hoje muitos pregadores na mídia ou nos estádios.

No meio daquela multidão, quem vai levantar a mão e contestá-los? E, dos que ouvem, quantos estão a par do Catecismo e da Bíblia, para mostrar que as novas afirmações não combinam nem com o Cristo histórico nem com o Cristo da fé cristã?

123. As lentes do pregador

Outra vez e pela enésima vez, não confundamos pregador com porta-voz nem pregação com catequese. Nem todo pregador é porta-voz e nem toda pregação merece o nome de catequese, porque, simplesmente, não ecoa! Outra vez lembremos Antônio Vieira e seu *Sermão da Sexagésima*, que alerta para o fato de que muitas pregações são palavras sobre Deus, mas não eco da Palavra de Deus.

O pregador terá que provar, por sua coerência de vida, que era de fato porta-voz da Igreja. Isto leva tempo e supõe desprendimento e simplicidade. O tempo o dirá. Uma pregação só merece o nome de catequese se, de fato, repercutir a doutrina da Igreja. O tempo dirá se aquilo que o grupo ouviu do pregador era catecismo. É que as pessoas leem, crescem e amadurecem. Um pouco mais de teologia católica pode sacudir um movimento ou um grupo que, por conta do fechamento de seus mentores, a parcializara demais ao ponto da mesmice: *falam sempre os mesmos o tempo todo sobre as mesmas coisas, com praticamente as mesmas palavras.* Espírito Santo ou discurso decorado?

As lentes do seu amigo

A fé pode ser uma questão de ângulos e de lentes. Se, para a sua miopia, seu irmão ou seu melhor amigo lhe emprestasse as lentes dele, nem assim você deveria usá-las, porque uma coisa são a admiração e a amizade que tem por ele e, outra, são seus olhos. Essas coisas não se decidem com o coração, mas com a razão. É melhor você consultar um oculista, que de enxergar direito entende mais do que o seu amigo. Amizade não conta na hora de encomendar seus óculos.

Faça o mesmo com sua fé. Ir a uma igreja ou entrar num movimento porque seu amigo foi, não parece motivo suficiente. Podem continuar amigos, tendo cada qual a sua convicção religiosa. Dá-se o mesmo com marido e mulher. Mudar de religião para salvar um casamento é deixar um caminho de fé para seguir a trilha da pessoa amada. Alguém cedeu mais do que deveria... Talvez a troca até leve para o céu, mas você chegará truncado, porque jogou fora a raiz e a pia do seu batismo. Pode até parecer conversão para Deus, mas as chances são de que foi acomodação ao parceiro de leito...

Se a pessoa em questão só aceitaria o seu amor caso você traísse sua pia de batismo, ela exigiu que você traísse. Uma coisa é deixar um antigo namorado e outra é deixar a Igreja dos seus pais para aderir às dos pais da pessoa com quem você se casou. Se houve pressão, houve traição a Jesus. A pessoa exigente colocou-se acima de suas convicções e você cedeu. Não parece motivo suficiente para mudar de Igreja. Você não procurou Jesus. Acomodou-se ao Jesus da pessoa amada e do pregador dela.

Forçado a mudar de Igreja?

> Da mesma forma que você não colocaria os óculos da pessoa amada nos seus olhos, porque a miopia dela não é a sua, não troque de religião por causa de um pregador, de um amigo ou do cônjuge. Se ela ou ele fizer terrorismo, então é porque o casamento não tem solidez.

Nem sempre a mudança de religião resolve. Não lhe trará felicidade. Não sendo diálogo, de Deus é que não é! Obrigar o parceiro de casa e de leito a crer como você é desrespeitar o íntimo desta pessoa e considerá-la espiritualmente inferior. Quem disse que você tem mais Jesus do que ela? Não será influência de

um rosto para JESUS CRISTO 467

um pregador que deseja mais fiéis no templo dele? Se você ama uma pessoa de outra fé comece por respeitá-la. Caso, um dia, ela queria mudar, seja por seu bom exemplo e não por insistência descabida. Não parecer feliz porque a pessoa amada não aceitou Jesus do seu jeito é não entender Jesus.

Uma coisa é a sua visão, outra a do pregador. Uma coisa são as lentes do pregador e outra são as lentes das quais você realmente precisa. Guarde bem essa orientação: *Jesus pode ser visto por outras lentes além da lente do seu pregador. As igrejas são maiores do que seus pregadores e Jesus é maior do que todas as igrejas...*

124. Osíris, Odin e Jesus

> Todas as grandes catedrais da Europa foram construídas no século lunático de 1150 a 1250. O povo não tinha dinheiro suficiente para comprar duas vacas, quanto mais dois carros. Pelo que viviam? Não pensem nos escravos e feitores. Não foram eles que construíram as grandes catedrais. Foi um arrebatamento comunitário, um entusiasmo mítico! (Joseph Campbell, *Mito e transformação*).

Demonstrando algum conhecimento de mitologia, uma pessoa me trouxe recortes de uma revista esotérica que comparava Osíris, o senhor do submundo e da vida eterna, a Jesus, o Senhor dos mundos e da vida eterna. Segundo a mitologia egípcia, Osíris tornou-se importante depois que ressuscitou. Fazia par com a deusa Ísis, sua irmã e esposa. Nos dias de hoje, seria um incestuoso. Segundo o mito, todos os faraós se tornariam Osíris depois da morte. A superação de Osíris, que também foi esquartejado e remendado, inspirou os mortais a desejarem a vida eterna.

Deixou o texto e foi embora. Dois dias depois me telefonou para saber o que eu achava das semelhanças. Falei-lhe de outras semelhanças em todas as mitologias e disse que o texto em nada mudava minha convicção de que Jesus é Deus. Falei de Cronos, o deus tempo que engoliu os filhos, que mais tarde foram vomitados por interferência de Zeus ou Júpiter e de Métis, a deusa prudência. Falei de Vivasvat e Saranya, Vishnu e Shiva; de Odin, que sacrificou um olho em troca de sabedoria, porque toda sabedoria tem um preço.

Falei de Ometeotl, de Huracán, de Viracocha e Mama Cocha, de Tupã, de Tangaroa, de Thor, de Urano e de Hera, de Gaia, Poseidon, de Hades. Acentuei que cada povo tinha nomes e funções diferentes para seus deuses e deusas. Todos profundamente ligados à natureza e seus fenômenos e à busca do imanente e do transcendente. Lembrei que os povos contavam a história do universo endeusando o que viam, mas não compreendiam: chuva, tempestade, astros, ventos e luzes no céu. No caso dos gregos, o Deus Cronos (tempo) engoliu alguns valores (filhos), mas a deusa Prudência ou Métis e Zeus os devolveu à vida.

Falei-lhe de Prometeu, Epimeteu e Pandora, de Narciso, de Eco, de deuses vaidosos, vazios e superficiais que não percebiam o extremo grau de sua vaidade. Falei de Pandora e de Eva e da tentação de mexer nos segredos do infinito. Mostrei que também lia mitologia. Sabia das deusas, das ninfas e das musas, dos semideuses, dos gigantes e de como os gregos e latinos explicavam a vida, a dor, a alegria, a morte, as paixões, com histórias e atribuições aos deuses.

Ouviu-me e perguntou como eu, sabendo tudo isso, ainda afirmava que Jesus é diferente. Respondi que era porque Jesus é diferente!

Poderia escolher o caminho do sujeito que compara estradas e não viaja por nenhuma, compara computadores, mas escreve à mão, compara veículos, mas escolhe ir a pé. A fé supõe conhecimento, mas também supõe adesão. Mostrar cultura qualquer um pode. Eu mostrei alguma na resposta que lhe dera! Informar-se a respeito de tudo nos dias de hoje está ao alcance de qualquer um. Mas escolher e assumir é questão de atitude. O mundo tem muitos rios e estradas, mas, se decidi aonde quero ir, escolho os caminhos que me deixariam lá, ou o mais perto possível de onde quero ir. Eu escolhi não ficar apenas nas comparações. Escolhi continuar crendo em Jesus, mesmo sabendo que antes dele houve histórias um pouco semelhantes às dele.

Conclui dizendo que sabia distinguir entre mito e realidade, entre símbolo e mistério e entre crença e fé. Indiquei-lhe Joseph Campbell e Karen Armstrong. Semanas depois veio falar comigo

470   **Pe. Zezinho, scj**

e quis saber mais sobre cristologia. Indiquei cinco livros de católicos e dois de evangélicos que poderiam ajudá-la. Mas decidir, só ela poderia!

Pelo que sei, está lendo e comparando. Um dia desses, essa pessoa decidirá se fica apenas no conhecimento ou se adere... Se aderir, será por convicção dela. Enquanto não achar Jesus diferente dos mitos que ela conhece, não há por que insistir. Não puxo ninguém para Jesus. Tenho sérias restrições ao marketing da fé. Deixo que a pessoa se informe e decida. O que decidir estará bom para mim. *Não me tornei padre católico para encher os bancos dos nossos templos e arrastar milhões de almas para o Cristo, e, sim, para revelar da melhor forma que conheço o rosto de Jesus Cristo.* Tento seguir o jeito de Paulo:

> Porque convosco falo e, enquanto for apóstolo dos gentios, exalto o meu ministério, para ver se de alguma maneira posso incitar à emulação os da minha carne e salvar alguns deles (Rm 11,13-14).

> Fiz-me como fraco para os fracos, para ganhar os fracos. Fiz-me tudo para todos, para por todos os meios chegar a salvar alguns (1Cor 9,22).

Não quero que ninguém me siga. Mas se alguém quiser caminhar comigo, iremos juntos. E não faço questão de ser madrinha de tropa ou de ir à frente, segurando a seta. Descobri a importância das palavras *outro* e *juntos*. Para ser ouvido, não preciso estar acima do meu povo. Às vezes, um barco bastava para Jesus.

Posso até levar a Jesus, mas, na maioria dos casos, sei que bastará apontar. Eles já o procuram há muito tempo. Até porque, Jesus mandou duvidar dos que se dispõem a levar até ele, agindo como quem sabe o caminho (cf. Mt 24,24-26). Pregador não é aeronave: é seta. E se for piloto, terá que obedecer às rotas e aos limites da viagem! Fui claro?

Quando ligo o rádio ou a televisão e ouço ou vejo alguém falar de Jesus com ternura e convicção, fico lá, admirando-o. Pregador ou pregadora, Jesus tocou este coração. No primeiro momento em que, movido pelo orgulho de achar que crê mais e mais certo, o mesmo coração ridiculariza ou menospreza outra religião, eu mudo de canal. Aí, vejo que estava enganado. Era só aparência. Deus não o tocou. Quem fala daquele jeito não merece ser ouvido. Não está anunciando Jesus, e, sim, seu jeito de crer nele. Eu não quero o jeito dele, quero o de Jesus.

125. Não o meu Cristo!

E João lhe respondeu, dizendo: "Mestre, vimos um que, em teu nome, expulsava demônios, mas ele não é dos nossos; e nós lho proibimos, porque não nos segue" (Mc 9,38).

Em cristologia e ascese há um comportamento que precisa ficar claro. Se quero que conheçam o Cristo da fé cristã e da fé católica, é melhor que não seja o meu Cristo, mas o da Igreja cuja visão é maior do que a minha. Sou limitado demais para querer que meus ouvintes fiquem com a minha pintura do Cristo, quando há tantas outras bem mais aproximadas do que ele foi e é. Mas sei que muita gente, ao me ouvir, vai querer ter a visão que eu tenho. Então, que, no mínimo, ela não destoe da visão da Igreja que a cada dia se aperfeiçoa, à medida que crescem as pesquisas bíblicas e o aprofundamento teológico.

Do jeito de Paulo

Foi São Paulo quem disse que esperava que os seus ouvintes e leitores de Éfeso fossem capazes de tocar, com todos os santos, parte desse mistério do amor de Cristo, na sua profundidade, largura, comprimento e altura (cf. Ef 3,18). Enfim, que chegassem a conhecer um amor que ultrapassa todo e qualquer conhecimento humano. Deus pode nos dar um amor e um conhecimento maior do que imaginamos ser possível alcançar. Não está nos livros, mas eles ajudam!

126. A grande novidade

A grande novidade que a Igreja anuncia ao mundo é que Jesus Cristo, o Filho de Deus feito homem, a Palavra e a Vida, veio ao mundo para nos fazer "participantes da natureza divina" (2Pd 1,4), para que participemos da sua própria vida, vida trinitária do Pai, do Filho e do Espírito Santo, vida eterna!

Tomar consciência

Sua missão é manifestar o imenso amor do Pai, o qual quer que sejamos seus filhos. O anúncio do querigma convida a tomar consciência desse amor vivificador de Deus que nos é oferecido em Cristo morto e ressuscitado.

Verdade primeira

Isso é o que por primeiro necessitamos anunciar e também escutar, porque a graça tem primado absoluto na vida cristã e em toda a atividade evangelizadora da Igreja. "Pela graça de Deus sou o que sou" (1Cor 15,10).

(Documento de Aparecida 348)

127. O Cristo e o anticristo

> Filhinhos, é já a última hora; e já ouvistes que o anticristo vem, mas já agora, também agora muitos se têm feito anticristos. Por eles conhecemos que já é a última hora (1Jo 2,18).

Cristo, grafado em inicial maiúscula, e anticristo, em minúscula, para dar as verdadeiras dimensões dos fatos... Deus tem o seu *Ungido* e, segundo pregações da Bíblia e das comunidades cristãs primitivas até hoje, existe um *antiungido*. Ele seria o oposto, o inimigo número um de Jesus Cristo, dos cristãos e dos bons. Trata-se de uma série de circunstâncias ou de uma pessoa?

Nas duas epístolas de João se lê o que a comunidade joanina pensava dele. É descrito como pessoa. É para ser mais do que uma pessoa. É uma grande incógnita (cf. 1Jo 2,18-22; 4,3; 2Jo 1,7). Não está lá no inferno. Está no mundo e age contra o Cristo e contra todos os que o servem. É um tipo de demônio, mas é uma mistura de pessoa humana e de diabo.

Nunca foi clara a ideia do anticristo. Por isso, tantos pregadores o minimizam ou maximizam.

> Da mesma forma que imaginam o Cristo, também imaginam seu oposto: o anticristo. Com enorme facilidade se acusa de anticristo a qualquer um que discorde do seu grupo. Virou arma de defesa dos grupos fechados, exclusivistas e excludentes.

Os livros de história do cristianismo estão cheios de denunciadores da sua presença. Não apenas o anunciam para data iminente, como garantem que estamos molhados da sua chuva. Não cabe a eles o ônus de provar onde está e quem é o anticristo.

um rosto para JESUS CRISTO

Deixam aos outros a culpa e o ônus de colaborar com ele. O simples ato de duvidar deles já é visto como promoção do anticristo.

Para nós, católicos, vale o anúncio do Cristo. Não é práxis nem prática dos irmãos em autoridade acentuá-lo. O mal existe, é personificado de muitas maneiras. Como afirma São João (cf. 2Jo 1,7), anticristo é quem vai contra o Cristo. Como há muitas maneiras de ir contra o Cristo, há muitas maneiras de ser anticristo. Toda forma de infidelidade e de combate ao Cristo é uma forma de anticristo.

Você encontrará pregadores que garantem saber quem ele é. O direito de crer ou duvidar deles é seu. Saiba, porém, que a maioria que disse conhecê-lo e saber quem ele era caiu no ridículo. Morreram todos sem poder provar o que diziam!

128. O Anticristo no poder?

Filhinhos, já chegou a última hora. Vocês não ouviram dizer que o anticristo devia chegar? Pois vejam quantos anticristos já vieram! Daí reconhecemos que a última hora já chegou. Esses anticristos saíram do meio de nós, mas não eram dos nossos. Se tivessem sido dos nossos, teriam permanecido conosco. Mas era preciso que ficasse claro que nem todos eram dos nossos (1Jo 2,18).

Quem é o mentiroso? É quem nega que Jesus é o Messias. Esse tal é o anticristo, aquele que nega o Pai e o Filho. Todo aquele que nega o Filho, também nega o Pai. Quem reconhece o Filho, também reconhece o Pai. Agora, portanto, filhinhos, permaneçam com Jesus; assim, quando ele se manifestar, nos sentiremos seguros, e não fracassados por estarmos longe dele no dia da sua vinda (1Jo 2,22-23.28).

Saber discernir

Todo aquele que não reconhece a Jesus, não fala da parte de Deus. Esse tal é o espírito do anticristo; vocês ouviram dizer que ele vinha, mas ele já está no mundo. Filhinhos, vocês são de Deus e já venceram os anticristos, pois aquele que está com vocês é maior do que aquele que está com o mundo. Eles pertencem ao mundo; por isso falam a linguagem do mundo e o mundo os ouve. Nós, porém, somos de Deus. Por isso, quem conhece a Deus, nos ouve; e quem não é de Deus, não nos ouve. Com isso podemos distinguir o espírito da Verdade do espírito do erro (1Jo 4,3-6).

Os novos milenaristas

O discurso de cristãos urgentes e milenaristas como Joaquim di Fiore (1135-1202) sempre passa pelo anúncio do Cristo e do anticristo. E sempre sugere que eles, os milenaristas, são do Cristo. Segundo eles, quem não pensa como eles, ou prega diferente, ainda não viu a verdade. A Igreja, sabendo dos exageros dessa pregação, condenou muitas heresias que anunciavam o fim do mundo para breve. São pregações catastrofistas, embora ofereçam aos seus ouvintes a certeza de que eles escaparão ao castigo.

> Na pregação de muitos deles percebe-se um dualismo. Como no passado havia religiões que anunciavam um deus do bem e um deus do mal, eles anunciam um cristo do bem e um cristo do mal.

O cristo do mal, segundo eles, está disfarçado no mundo e leva o mundo a pecar, mas os crentes não percebem que ele está agindo. Só os iluminados sabem quem é ele. Naturalmente, os iluminados nunca estão na outra Igreja nem em outro grupo da Igreja.

> Como usam o Cristo, também usam o anticristo para se promover como os únicos que o viram e os únicos que sabem.

Catastrofismo

Não deixa de ser uma forma de segurar ou de atrair novos adeptos. Não admitem, nem o percebem, mas o seu comportamento também é o de anticristos! Puxam tudo para si, dizendo que o fazem para Jesus! Se puderem esmagar a concorrência, esmagam. Têm enorme dificuldade de se misturar ou de dialogar. Sentem-se vencedores e não admitem perder para quem quer que seja. Usam de qualquer estratagema, se percebem que estão perdendo. Se vencem e arrastam multidões, atribuem isso à sua eleição: Deus quis! Se perdem, posam de vítimas do anticristo: o diabo atrapalhou!

Eles também não sabem

Tomemos cuidado com o anticristo e também com quem diz que sabe onde ele está. Da mesma forma que ensinam que só eles sabem onde está o Cristo (cf. Mt 24,24-25), dão a entender que só no meio deles alguém se protege contra o anticristo. São igrejas e movimentos do tipo "Arca de Noé". Quem vai com eles, está salvo! Quem discorda, é porque está a serviço do anticristo! Olhe ao redor, ligue o rádio e veja se não é verdade.

Parte XV

Ele está no meio de nós

Cristo é a cabeça deste corpo. Ele é a imagem do Deus invisível,
e nele foram criadas todas as coisas. Ele existe antes de todos,
e tudo subsiste nele. Ele é a cabeça do corpo que é a Igreja.
Ele é o princípio, o primogênito de entre os mortos,
de modo que em tudo ele tem a primazia (cf. Cl 1,15-18).
Com a grandeza do seu poder domina o céu e a terra,
e com a sua eminente perfeição e com seu agir enche todo o corpo
das riquezas da sua glória (cf. Ef 1,18-23).

(*Lumen gentium* 6)

129. Baixou sem se rebaixar

> E, achado na forma de homem, humilhou-se a si mesmo, sendo obediente até a morte, e morte de cruz (Fl 2,8).

Afirmamos que, em Jesus Cristo, Deus desceu a quem não poderia subir até ele. Porque desceu, há quem pense que ele diminuiu. O bombeiro que desce ao poço para salvar uma criança não diminui, embora viva a mesma situação dela, até que ela ganhe confiança para sair de lá com ele. Descer não é inferiorizar-se.

Viveu como nós e era verdadeiramente humano, mas nunca deixou de ser divino. Não foi o povo judeu quem o matou, mataram-no os romanos pressionados por alguns religiosos daqueles dias, que detinham aliança com o poder político. Pensaram matar um blasfemo, um pecador que desacreditava seu Deus e sua fé. Mas, para os seguidores de Jesus, eles praticaram deicídio! Era a última coisa que aqueles religiosos fariam. *Jesus até os perdoou porque não sabiam a dimensão do crime que praticavam.* A verdade é que, quando decidimos eliminar alguém, nunca sabemos de fato quem era a nossa vítima. Ninguém mata por vinte razões: mata por uma ou duas! E elas podem não ser suficientes! Nunca são!

Deus morreu?

E Deus pode morrer? E Deus se deixa matar? Como é possível que o Deus humanado aceite a morte? Crer nisso não é uma forma de loucura? Os cristãos afirmam que Deus aceitou sofrer, por ser maior do que o sofrimento, e morrer por ser maior do que a morte; ressuscitou, está vivo e no céu por ser maior que o túmulo, mas disse que onde dois, ou três, ou mais se reunissem invocando o seu nome, ele estaria no meio daquele grupo.

Estão rindo de nós

Há quem ria dessa doutrina. Há quem tenha sérias dúvidas. E há os que acreditam, sem jamais refletir sobre o que estão anunciando. Finalmente há os que pensaram muito sobre o que se disse sobre Jesus e conseguiram crer que ele era e é mais do que apenas um ser humano.

Deus agiu e age

Tais crentes afirmam que Deus esteve entre nós, está entre nós e se importa conosco. Garantem que Jesus é o Messias, o ungido, o Cristo anunciado na Bíblia, e conseguem crer que ele é Deus com o Pai e com o Espírito Santo.

> Repetindo! Entre os cristãos há esta certeza. Não é nem nunca foi fácil anunciar o Cristo e ser cristão. Falar é fácil. Viver dói mais! Não esperemos que os outros acreditem nas nossas convicções. Bilhões não acreditam. E muitos que dizem crer, nunca pararam para de fato pensar no que dizem. Ou cremos, ou negamos, ou entramos em crise!

130. O Cristo que se curva

> Isto diziam eles, tentando-o, para que tivessem de que o acusar. Mas Jesus, inclinando-se, escrevia com o dedo na terra. E, tornando a inclinar-se, escrevia na terra (Jo 8,6.8).

> Creio que Deus tem um notável senso de humor, e o humor é um componente da serenidade da criação (Bento XVI, *Dio e Il Mondo*, pp. 14-15).

Prossigamos no tema. Para um cristão, Jesus é Deus que se curvou e nos visitou. Vimos que é crença dos cristãos que o Filho eterno, que é um com Pai, veio, viveu aqui, voltou para lá de onde veio e um dia retornará e nos levará a todos para onde ele sempre está: no seio da Trindade. Ele é a segunda pessoa do ser essencial: o Deus que é três pessoas. Não saberia explicar minha fé, mas creio na unicidade absoluta de Deus e na Trindade que ele é. Bilhões de católicos acreditaram nisso e eu também acredito.

E há, como sinalizei, os que balançam a cabeça e riem desta fé. Como eu não rio do que ateus, indianos e chineses dizem, ouço e tento entender como se formaram aquelas crenças. Não me acho acima. Acho-me rio correndo paralelo com água de outras fontes.

Ao falar do encontro de Jesus com a mulher surpreendida em adultério (cf. Jo 8,1-11), o evangelista João nos dá um detalhe que a mim impressiona: *a pecadora ficou em pé e Jesus agachou-se, escrevendo na areia*. Não seria mais natural que ela se ajoelhasse ou se curvasse, e ele, o puro e santo, em pé, lhe desse uma ajuda e uma lição? Não é assim que fazemos quando o pobre, sentado à nossa porta, pede comida e lhe damos, de cima para baixo, a marmita ou o potinho com o alimento?

Também na última ceia (cf. Jo 13,14), quem se curvou foi ele, não os discípulos. Apesar do protesto de Pedro (cf. Jo 13,9), Jesus insistiu em lavar-lhes os pés. Por aí tenho configurado a imagem do Jesus que desejo que meus ouvintes conheçam. Alguém que não veio para ser servido, mas para servir; que não veio explorar nem dominar, nem era seu intuito tirar a vida ou a liberdade de quem quer que fosse. Veio e deu a sua própria vida. Sabia que seria morto. Amou a este ponto (cf. Mt 20,28)! Não há cristologia sem este conceito! Tem a ver com a ideia de *kenosis*!

131. Jesus e a sexualidade

Em Jesus e para Jesus a sexualidade é sagrada. É mais do que funcional. Vai além de perpetuar a espécie. É opção ligada ao outro e aos seus direitos, à entrega e à fidelidade. É um sim que não pode depender dos humores da pessoa, e sim do seu amor-compromisso. Por isso ele confronta sua doutrina com a de Moisés.

> Disse-lhes ele: "Moisés, por causa da dureza dos vossos corações, vos permitiu repudiar vossas mulheres; mas ao princípio não foi assim" (Mt 19,8).

> E serão os dois uma só carne; e assim já não serão dois, mas uma só carne (Mc 10,8).

A Bíblia fala de circuncisão do pênis com entrega do prepúcio, de circuncisão do coração com entrega da vontade. Fala também de eunucos no físico e no coração (cf. Dt 10,16; Jr 4,4; Rm 2,25-29). Se não entendermos os costumes dos primeiros hebreus e dos judeus que vieram séculos depois, não entenderemos os costumes de hoje. Hoje, como ontem, o sexo e a capacidade de gerar é uma escolha espiritual e, por isso mesmo, vital. Marca profundamente a vida de um homem, de uma mulher e de sua descendência. Fertilidade, esterilidade, virilidade, feminilidade, frigidez, desejo, desempenho são palavras corriqueiras que nem por isso deixam de ser tabus. Há cobranças que atingem o homem e cobranças que atingem a mulher. Não há sexo verdadeiro sem cobrança de fidelidade. Aquela troca de vida só faz sentido entre pessoas que vivem uma pela outra. É mais do que toque e carícia: é intercâmbio de vida. Vai muito além da superfície dos corpos.

Fidelidade e utilidade

Na esteira das cobranças cobra-se, também, a virgindade, e a data de perdê-la; cobra-se o celibato até aquele dia e vivem-se os questionamentos que casamento e celibato provocam no indivíduo e na sociedade. Não poderia ser diferente: cobra-se a fidelidade do casal e cobra-se a fidelidade do celibatário. Mas num mundo de tanta exacerbação da libido é difícil manter a palavra dada. Talvez seja por isso que milhões não consigam ser fiéis nem ao matrimônio nem ao celibato. Usar ou abster-se do sexo supõe escolha, ascese, intenção, pessoa e clã. De certa forma, em algumas famílias ricas os filhos ainda são dados em casamento... Permanece tabu um filho rico casar com a mocinha pobre ou a moça rica se apaixonar pelo motorista da família. O pacote tem destinatário...

Abstinência e uso moderado

Nem no judaísmo nem no cristianismo se dá licença para fazer sexo. Consagram-se corpos. Isso não dá a nenhum dos dois o direito de usar a outra pessoa. Há que ser um consenso permanente e, da mesma forma que não faz sentido alimentar-se de qualquer jeito, beber de qualquer jeito e em qualquer quantidade, também as relações afetivas dependem do querer e do sentir que só dá certo se existe a ascese. Outra vez Jesus alerta para o projeto original da sexualidade. No princípio o sexo era um encontro unitivo: uma só carne... (cf. Mt 19,5). Mas seriam uma só carne, porque os dois seriam um só casal, como ele e o Pai eram um só Deus (cf. Jo 10,30).

O ser humano nem sempre entendeu o sexo como um ato de espiritualidade. Na maioria das vezes a carne atrapalhou. Maior dificuldade tem e teve de entender a abstinência. Por isso encontra tanta dificuldade em viver o casamento ou celibato. E talvez não entenda nunca! Serão sempre assuntos apaixonantes. Celibato e casamento precisam de estímulos espirituais e eles nem sempre acontecem.

Na era tribal e agropastoril, ter mulher ou mulheres, algumas concubinas e muitos filhos era mais do que uma questão de prazer: era dever e podia ser sobrevivência. Os tempos eram de pouca comida, pouca produção e colheitas incertas. Ter filhos poderia ser a única chance de chegar ao futuro. Não se brincava de sexo: ele era instrumento de vida mais do que de prazer. Aí, sim, o sexo era utilitário. Mesmo assim supunha respeito. Abusos eram punidos pelo clã. Os que geram vidas cuidam um do outro e das vidas que geraram.

Uma leitura atenta dos livros Gênesis, Êxodo e Juízes mostra uma cultura de sobrevivência na qual o sexo não tinha a dimensão que hoje tem. Fazia mais parte do *éthos* produção e trabalho do que do *éthos* consumo e divertimento. Quando, hoje, um homem e sua esposa decidem interferir no seu aparelho reprodutor, a escolha é a de não mais ou nunca procriar. Seu matrimônio, se matrimônio existe, é desfrute e deleite, mais do que dever social. Ficarão juntos enquanto se quiserem e terão filhos se quiserem. Se ela engravidar em hora imprópria, há médicos, remédios e hospitais... O sexo está mais funcional do que nunca, mas não para gerar filhos, e sim para gerar conforto. Ter filhos não é mais questão de sobrevivência. Entrou para o rol das conveniências. Não é o caso de todos, mas é o de milhões de casais que se proclamam modernos. Não estão mais à mercê da reprodução. Em troca, o prazer está à mercê deles ou, melhor dizendo, eles à mercê do prazer.

Priorizou-se o secundário

Priorizaram-se o sentimento, a convivência, o afeto, e secundarizaram-se a justiça e a procriação. O argumento é que o mundo já tem gente em quantidade suficiente. A China, desde a ascensão do comunismo, vem limitando o número de filhos de um casal a um por matrimônio. Em sociedades afluentes, os casais decidem ter, no máximo, dois; de preferência, um. E não faltam os que preferem um animalzinho de estimação. Poderiam gerar um filho, mas preferem não tê-lo. Pesados os prós e os contras, optaram pelo animal a quem tratam como filho, intitulando-se papai e mamãe dele. Vemos isso nas ruas...

Rejeição implícita

Em alguns casos esconde-se a rejeição aos humanos. É chocante, mas com frequência nos chegam notícias de milionários que deixam fortunas para seus cães. Num dos casos, um animal chamado Gunther IV herdou 372 milhões de dólares. Às vezes, o Estado interfere, destinando o dinheiro a instituições de caridade para humanos... Numa sociedade como essa, um casal que escolhe ter mais de três filhos, o homem que escolhe não ter esposa, a mulher solteira que opta por não ter marido, incomodam. Incomodam ainda mais aqueles que se abstêm do sexo por motivações religiosas.

Sexo consagrado

Quando o varão hebreu deixava cortar parte da pele do seu pênis, ele, que precisava ter filhos e gerar uma família, estava se submetendo ao autor da vida. Era submissão da sua virilidade a alguém que dá ou tira os filhos. Quando apareceram os primeiros celibatários livres, não por medo do sexo nem porque os patrões lhes cortavam a virilidade, mas por submissão ao dono da vida e do prazer, o mundo não aceitou, rejeitou, puniu, depois venerou e, por fim, superestimou. Nunca foi natural abster-se do sexo e optar por não ter filhos. Continua não sendo, porque a quase totalidade dos humanos mais cedo ou mais tarde faz sexo, quer alguém no seu leito, quer os carinhos exclusivos de uma pessoa especial e quer uma descendência.

Como entender aquele ou aquela que controla seu instinto? Alguém que não vai além de determinados afetos, dosa o prazer, não ultrapassa nem a própria concupiscência, determina que vai só até o abraço, o afago ou o beijo? Como entender quem nem

um rosto para JESUS CRISTO

sequer chega perto do corpo de outra pessoa, quando a maioria absoluta quer se dar e quer receber?

Fronteiras do sagrado

O celibato tem fronteiras, assim como as tem o casamento. Quem as ultrapassa corre o risco de perder o amor que vem com estas escolhas, porque as duas escolhas são de submissão livre e consciente a Deus e a uma outra pessoa. Casar não é *querer e ter poder* sobre o outro nem *ter que querer* o outro. É querer e saber que há limites. O celibato também não é querer e não poder: é poder, mas não querer. Num caso, o marido ou a mulher, a partir da porta para fora, vive a condição de eunuco por amor ao outro; e no outro, o celibatário escolhe a condição de eunuco por amor ao Deus que ele deseja levar como celibatário. O casal, todo um do outro, leva Deus com o seu matrimônio sereno e forte. O celibatário, todo de Deus e do seu povo, o leva com o seu celibato sereno e forte.

Há quem o consiga por toda a vida. Há quem não o consiga. Há o casado que busca outros carinhos e torna a entregar-se; há o celibatário que busca alguém e pede desculpas a Deus por não conseguir viver sua promessa. Em alguns casos a Igreja libera, em outros não! Entra-se no terreno das intenções e da pureza da escolha. Nem a religião nem o mundo têm respostas prontas e cabais para o mistério do casamento, do celibato ou da vida eunuca. *Não fazer, não querer, não viver sem, com quem, em que idade, quanto, até que ponto, como, por que, para quem, para quê* são perguntas que o indivíduo tem que responder a contento, se quiser ser feliz, porque se trata de entrega que determinará o depois de cada entrega.

Tomaram o sexo de volta

O sexo hoje, para milhões de casais, não tem nada a ver com Deus. Não lhes parece um dom. Para milhões de jovens solteiros, não tem nada a ver com o céu. É coisa daqui mesmo! O corpo é deles e farão o que acham que devem fazer, com quem acham que convém, na hora que convém. Não aceitam oferecer nem submeter seus sentimentos e desejos à orientação de religião nenhuma e a deus nenhum. E se acreditam em Deus, determinam que Deus não se meta nesses assuntos... Então, o pregador que se cale, até porque muitos pregadores também não se seguram!

Em outras matérias, sim, mas nesta não ouvirão o céu! O que fazem com seu aparelho genital e reprodutor é assunto pessoal, no qual não admitem interferência. Ao médico cabe ajudá-los a exercê-lo bem, mas a eles e só a eles cabe usar ou não usar, com quem melhor lhes parecer conveniente naquela hora e naqueles dias.

O amor secularizado

Faz tempo que o sexo secularizou-se. Foi tirado da esfera do sagrado e não tem mais relação com a vida. Pode ter, mas não tem que ter.

> Agora, existem a pílula e inúmeros dispositivos que separam o ato sexual do ato vital. Os humanos não estão livres do instinto e da paixão, mas estão livres da procriação. Deus não manda mais no pênis e na vagina, nem no útero, nem no esperma, nem nos óvulos. Também não manda mais no coração humano. Acabou a consagração do pênis, do ventre ou do prepúcio. Se naquele ventre se formar alguma vida, dá-se a ela o nome de zigoto, embrião ou feto, mas não de filho. E se não for conveniente encubá-la, extraem com a bênção do Estado. As igrejas que se calem ou sejam estrategicamente licenciadas com o apelido de ultrapassadas e conservadoras. Moderno é ter o controle da vida, da própria e da que por qualquer razão começar num ventre feminino...

Separa-se para Deus não mais o prepúcio em sinal de submissão, e, sim, algumas dádivas ou um cheque, mas não a pessoa. Ainda há admiração por algumas coisas que Deus faz, mas mandar na vontade humana, Deus não manda mais: nem ele nem a religião. A vontade humana soberanizou-se. Mas isto já foi cantado no Salmo 2:

> Por que se amotinam os gentios, e os povos imaginam vaidades? Os reis da terra se levantam e os governos consultam juntamente contra o Senhor e contra o seu Ungido, dizendo: *"Desfaçamos seus nós, e sacudamos de nós as suas cordas"*. Aquele que habita nos céus se rirá; o Senhor zombará deles. Então lhes falará na sua ira, e no seu furor os turbará.

Dessacralização

À dessublimação sugerida por Marcuse, em resposta à superssublimação do corpo, dessacralizou-se o sexo. As igrejas buscam hoje superar seus próprios excessos e ressublimar o que foi dessublimado. Motivo: a dessacralização do corpo dessacralizou a vida, o sexo e, com ele, a procriação. Filho concebido não é mais visto como sagrado. Filho nascido, sim! E às vezes nem o filho nascido é amado como dom de Deus, porque é gigantesco o número de pais que rejeitam os filhos gerados: vão embora deles ou os deixam com quem os queira. *Fazê-los foi bem mais fácil do que querê-los, da mesma forma que fazer sexo com alguém é mais fácil do que querer este alguém*; isto, quando o sexo não serve de isca e cilada para se conseguir dinheiro ou algum resultado interessante. Não são poucas as mulheres famosas que se despem e provocam a libido dos homens e vive-versa, em troca de muito dinheiro para um novo apartamento. Expor-se, provocar libidos, tornou-se atividade lucrativa. Não se guarda mais o corpo para a pessoa amada. Não é mais moderno. Despir-se, tornou-se conquista e virou indústria.

Perdida a sacralidade, vão-se a liberdade e a integridade do afeto. Ama-se ou gosta-se de parte da pessoa, e não da pessoa. Doa-se parte, e não a própria pessoa, ao outro humano e a Deus. Do imenso mosaico que somos, tiramos algumas pedrinhas e as empenhamos por alguns momentos. Depois as queremos de volta, porque doar para sempre não é coisa moderna. O poeta Vinicius de Morais até o cantou em verso e prosa, repetidos à exaustão nos meios sofisticados: *Que seja infinito enquanto dure!* É a canonização do efêmero. Mas a sexualidade que não sai do efêmero deixa de ser sadia. É visita ao corpo alheio, mas não é encontro de almas.

> A palavra é espiritualidade. Sem ela ninguém entende nem a si mesmo nem o outro; nem entende o casamento nem o celibato. Onde Deus não entra, o homem costuma entalar...

Ressublimação

Onde entra Jesus em tudo isso? O que tem a ver sexologia com cristologia? Ele liga amor com vida, carinho com palavra dada e com fidelidade e vida de eunuco com total consagração. Para Jesus o sexo é bonito, é unitivo, é dom, é entrega e é definidor. Ou se dá a alma ou não faz sentido dar o corpo. Nenhuma relação sexual é conquista, se da parte de ambos não for o carinhoso cuidado pela pessoa que Deus lhes deu como dom do céu.

Utopia? Se o mundo tem os seus Shangri-las, seus Eldorados e suas Mil e Uma Noites, por que não podem os discípulos de Jesus cultivar a utopia de uma família que só a morte pode separar, ou de uma sexualidade que deságua na eternidade?

> Do coração procedem os maus pensamentos, mortes, adultérios, prostituição, furtos, falsos testemunhos e blasfêmias (Mt 15,19).

um rosto para JESUS CRISTO

Bem-aventurados os limpos de coração, porque eles verão a Deus (Mt 5,8).

Que proveito tira o homem em ganhar o mundo inteiro, se perder a sua alma? Ou que dará o homem em troca de sua alma? (Mt 16,26)

Não são mais dois, mas uma só carne. O que Deus uniu, homem algum o separe (Mt 19,6).

Ninguém tem maior amor do que este: dar a vida por seus amigos (Jo 15,13).

132. De Babel a Pentecostes

> Mas aquele Consolador, o Espírito Santo, que o Pai envia-
> rá em meu nome, esse vos ensinará todas as coisas, e vos
> fará lembrar de tudo quanto vos tenho dito (Jo 14,26).

Para entender Jesus e o Espírito que ele enviou do Pai, entendamos primeiro *Babel*, de onde vem o termo *Babilônia*; e para
compreender *Pentecostes*, passemos pelo conceito de tecnologia,
ciência e rebelião, confusão, divisão insanável, e de aproxima-
ção, diálogo, *Rûah Jahwe*. Parecem termos difíceis de destrin-
char, mas para quem lê a Bíblia com atenção fica bem mais fácil
compreender o que o antigo Israel e os cristãos quiseram dizer
sobre a ação de Deus no mundo.

Babel, para um hebreu, era mais do que uma cidade e uma torre. Babilônia era mais do que uma nação que os oprimira (cf. 2Cr
36,20; Jr 27,8) e que mandara no mundo, escravizando outros
povos. Babel era o orgulho humano derrotado. Babel foi descrita
como uma cidade com tecnologia de ponta. Nela seus habitantes
ergueram uma enorme torre, símbolo de seu poder. A torre os
uniria de tal forma que ninguém jamais os derrotaria, nem Deus!
Foi castigada com a incapacidade de se comunicar e tornou-se
não o símbolo da unidade, mas da confusão e da desunião.

> E disseram: "Gente! Edifiquemos para nós uma cidade e
> uma torre cujo cocoruto toque nos céus, e criemos para
> nós um nome de respeito, para que não sejamos espalha-
> dos sobre a face de toda a terra" (Gn 11,4).

> Então desceu o Senhor para ver a cidade e a torre que os
> filhos dos homens edificavam (Gn 11,5).

> Por isso se chamou Babel, porque ali o Senhor confundiu
> a língua de toda a terra, e dali mesmo o Senhor os espa-
> lhou sobre a face de toda a terra (Gn 11,9).

um rosto para JESUS CRISTO 495

A história pretendia ter começo, meio e fim. Hoje, que vimos pela televisão e mal deciframos as consequências políticas do ódio que levou grupos religiosos, em 11.09.2001, à destruição da Torre de Nova York, o WTC, símbolo do capitalismo mundial, podemos ter um vislumbre do que para os hebreus daqueles dias era essa história do povo que perdeu o espírito de unidade por causa do seu orgulho desmedido. Os terrores e temores daqueles dias apontavam para a falta do diálogo e do Espírito de unidade.

A resposta estava na *Rûah Jahwe*: *o poder criador e unificador de Deus*. Era ele a força vital, o Espírito que une, aproxima, ensina, refaz e reeduca o ser humano.

A ideia de *Pentecostes*, festa judaica ligada às colheitas, que entre os cristãos se tornou mais do que a festa dos cinquenta dias, entra de cheio no tema da unidade perdida e reconquistada em Jesus. A Babel que dividiu os povos, e a tecnologia que pretendeu desafiar Deus, foi derrotada naquele dia em que o vento impetuoso do Espírito Santo uniu todos os povos ali presentes e os fez falar em muitas línguas; mas, milagrosamente, todos entendiam o que se falava. *Foi o oposto de Babel, em que todos falavam e ninguém mais se entendia.*

Paulo afirma categoricamente:

> Portanto, vos quero fazer compreender que ninguém que fala pelo Espírito de Deus diz: "Jesus é anátema", e ninguém pode dizer que "Jesus é o Senhor", senão pelo Espírito Santo (1Cor 12,3).

Para os cristãos, é impossível separar Jesus do Pai e do Espírito Santo. Numa Igreja cristã não pode haver ressurreição sem Pentecostes. Alguns fatos, como a pomba que pairou sobre Jesus no batismo, o Espírito que inspirava os profetas, o vento que soprou em Pentecostes, as línguas que todos sabiam interpretar, o Espírito que os apóstolos diziam ter e que muitos que diziam ter não tinham, tudo aquilo significava a ação unificadora e aproximadora do Espírito Santo. Mas nem o conheceriam sem Jesus nem se aprofundariam nas dimensões mais diversas do Cristo que é Jesus, se não acolhessem o Espírito que ele prometeu que enviaria do Pai e que disse que era dele e do Pai.

O Espírito Santo era presença permanente em Jesus e o seria nos seus discípulos. Separadores, exploradores, espertalhões, os teimosos no seu pecado não teriam como acolher o Espírito Santo. Os caridosos, os humildes, os acolhedores, os de boa vontade o receberiam. Seriam batizados no Espírito Santo.

> João certamente batizou com água; mas vós sereis batizados com o Espírito Santo (At 11,16).

> E disse-lhes Pedro: "Arrependei-vos, e cada um de vós seja batizado em nome de Jesus Cristo, para perdão dos pecados; e recebereis o dom do Espírito Santo" (At 2,38).

Para aqueles fiéis, tais fatos e ações foram momentos impressionantes, mas ocasionais. Jesus vivia em união total na Trindade. Ele era o Filho, e ele e o Pai eram um (cf. Jo 10,30). Não trazia o Espírito em separado. Formava unidade tal que, do Pai, ele nos enviaria o Espírito que era dele e do Pai. E Jesus quis que nós também o conhecêssemos e vivêssemos.

> Mas aquele Consolador, o Espírito Santo, que o Pai enviará em meu nome, esse vos ensinará todas as coisas, e vos fará lembrar de tudo quanto vos tenho dito (Jo 14,26).

Todas as passagens que falam de Jesus e do Espírito Santo apontam para esta doutrina. Repassemos algumas delas.

> Deus ungiu a Jesus de Nazaré com o Espírito Santo e com virtude; o qual andou fazendo bem, e curando a todos os oprimidos do diabo, porque Deus era com ele (At 10,38).

> Porque derramarei água sobre o sedento, e rios sobre a terra seca; derramarei o meu Espírito sobre a tua posteridade, e a minha bênção sobre os teus descendentes (Is 44,3).

um rosto para JESUS CRISTO

Então o Espírito me levantou, e me levou; e eu me fui amargurado, na indignação do meu espírito; porém, a mão do Senhor era forte sobre mim (Ez 3,14).

E o Espírito Santo desceu sobre ele em forma corpórea, como pomba; e ouviu-se uma voz do céu, que dizia: "Tu és o meu Filho amado, em ti me comprazo" (Lc 3,22).

"E nos últimos dias acontecerá", diz Deus, "que do meu Espírito derramarei sobre toda a carne; e os vossos filhos e as vossas filhas profetizarão, os vossos jovens terão visões, e os vossos velhos terão sonhos" (At 2,17).

E Jesus, cheio do Espírito Santo, voltou do Jordão e foi levado pelo Espírito ao deserto (Lc 4,1).

E, se qualquer um disser alguma palavra contra o Filho do Homem, ser-lhe-á perdoado; mas, se alguém falar contra o Espírito Santo, não lhe será perdoado, nem neste século nem no futuro (Mt 12,32).

Todavia, digo-vos a verdade, que vos convém que eu vá; porque, se eu não for, o Consolador não virá a vós; mas, quando eu for, vo-lo enviarei (Jo 16,7).

E, havendo dito isto, assoprou sobre eles e disse-lhes: "Recebei o Espírito Santo" (Jo 20,22).

Portanto, ide, fazei discípulos de todas as nações, batizando-os em nome do Pai, e do Filho, e do Espírito Santo (Mt 28,19).

Digo, porém: andai em Espírito, e não cumprireis a concupiscência da carne (Gl 5,16).

E, sem dúvida alguma, grande é o mistério da piedade: Deus se manifestou em carne, foi justificado no Espírito, visto dos anjos, pregado aos gentios, crido no mundo, recebido acima na glória (1Tm 3,16).

Porque também Cristo padeceu uma vez pelos pecados, o justo pelos injustos, para levar-nos a Deus; mortificado, na verdade, na carne, mas vivificado pelo Espírito (1Pd 3,18).

A *Rûah Jahweh* para os cristãos passou também a significar a *Rûah Ieshuah*, a paz de Jesus, o Espírito de Jesus. Paulo propunha aos efésios que procurassem "guardar a unidade do Espírito pelo vínculo da paz" (Ef 4,3).

> A minha palavra, e a minha pregação, não consistiram em palavras persuasivas de sabedoria humana, mas em demonstração de Espírito e de poder (1Cor 2,4).

> As quais também falamos, não com palavras de sabedoria humana, mas com as que o Espírito Santo ensina, comparando as coisas espirituais com as espirituais (1Cor 2,13).

> Porque a um pelo Espírito é dada a palavra da sabedoria; e a outro, pelo mesmo Espírito, a palavra da ciência (1Cor 12,8).

> Será, porém, mais bem-aventurada se ficar assim, segundo o meu parecer, e também eu cuido que tenho o Espírito de Deus (1Cor 7,40).

> Então lhes impuseram as mãos, e receberam o Espírito Santo (At 8,17).

> E os fiéis que eram da circuncisão, todos quantos tinham vindo com Pedro, maravilharam-se de que o dom do Espírito Santo se derramasse também sobre os gentios (At 10,45).

A catequese de Pentecostes merece maior estudo dos que pregam e ensinam a fé. Não haja omissão nem exagero.

133. O Cristo que nos vem aos poucos

> Mas aquele Consolador, o Espírito Santo, que o Pai envia-rá em meu nome, esse vos ensinará todas as coisas, e vos fará lembrar de tudo quanto vos tenho dito (Jo 14,26).

A ressurreição não foi o último ato do céu na terra. A fé cristã ensina que Jesus enviou o Espírito dele e do Pai para aprofundar o que fora ensinado. Tudo estava consumado, mas não assimila-do! Falta a muitos cristãos essa moderação com relação a Jesus. Fazem como o apreciador de bebidas que perde o limite e bebe duas garrafas de vinho ou cinco de cerveja. Para não parecer que bebeu demais, oferece aos amigos uma cervejinha. Quanto mais cerveja bebe, mais a chama de cervejinha. No fundo, é porque já se deu conta de que bebeu mais do que devia e eufemisticamen-te a diminui em termos, mas não em quantidade. Encharca-se daquilo que mais gosta e perde a lucidez. Um dia, o corpo não aguenta tanto prazer e reage. Mas, aí, já é tarde. O bebedor não controla mais a garrafa.

Ébrios do Espírito

Caminho semelhante percorre o religioso que sorve Jesus aos borbotões e de uma só vez. Como no caso do bebedor, ele nunca admite que passou dos limites e fica ofendido quando alguém lhe diz que seu Jesus o está embriagando. Luz demais, ao invés de mostrar o caminho, cega! Jesus demais, ao invés de ser caminho, vira desvio. A isso chamamos de fanatismo: é Jesus que vem todo de uma só vez, Jesus sem moderação, Jesus demais!

Pode haver bebida demais, comida demais, açúcar demais, chocolate demais, ginástica demais. Pode, também, haver religião e Jesus demais. Sabedoria é descobrir a dose certa de bebida, de remédio e de comida que faça bem. É uso inteligente. É sabedoria saber que Jesus vem aos poucos. O Deus que nos vem, às vezes, torna-se o Deus que nos convém, ou o Deus que não nos convém, porque vem em doses que nossa mente não tem como assimilar.

Jesus demais

Chamei, uma vez, a atenção de uma equipe que assumira uma emissora de rádio em substituição a outros católicos. Não teria falado se não perguntassem. Mas perguntaram. Queriam saber o que eu achava da nova programação. Pedi um tempo e por três dias deixei o rádio ligado na dita emissora. Voltei e reuni os quatro responsáveis. Disse com toda clareza: "É Jesus demais! Vocês estão a fazer como o sujeito que gosta de vinho e o oferece 24 horas por dia, um cálice depois do outro, aos seus ouvintes. É música religiosa demais, testemunhos demais, frases piedosas demais, mensagens demais, Jesus demais. Dosem isto! Acabarão bêbados e embebedarão seus ouvintes. Deem notícias, leiam e comentem o jornal do dia. Ponham canções não religiosas, mas de boa mensagem, na programação. Leiam trechos das encíclicas mais recentes, dos documentos mais recentes da Igreja, diversifiquem. Toquem música clássica, música estrangeira de boa qualidade, cultura africana, grega, italiana, norte-americana e alemã. Deem cultura aos católicos".

Overdose de religião

Um deles, que tinha mais poder do que os outros, me agradeceu e disse que discordava totalmente de mim. Disse-me que por ser há quase trinta anos professor de catequese e comunicação, deveria ser o primeiro a ficar feliz que, finalmente, alguém estava falando de Jesus 24 horas por dia... Nada foi mudado na emissora. Adivinhem se ganhou ou se perdeu audiência! O líder que me repreendeu por eu achar que havia Jesus demais naquela emissora, três anos depois deixou o movimento. Meu diagnóstico: overdose de religião!

A reflexão que vem do Papa Bento XVI, no já mencionado livro *Dio e Il Mondo*, merece atenção especial. Ele fala de catequese progressiva, de um Jesus que vamos assimilando aos poucos. Ninguém está pronto para beber uma garrafa inteira de vinho sem perder a lucidez. Ninguém é capaz de respirar Jesus 24 horas por dia sem perder a lucidez. Vinho não embriaga ninguém. Nem Jesus. O que embriaga é o excesso. Orar demais é tão errado como nunca orar ou orar de menos. A doutrina chamada *ascese* existe para que encontremos Jesus do jeito certo e na dose certa! Mas diga a um bebedor inveterado que ele está passando do limite! Mesmo caindo de bêbado, ele reagirá dizendo que nunca exagerou!

Descoberta progressiva

O mesmo Papa lembra que nos evangelhos está uma descoberta progressiva de Jesus. Marcos, Lucas Mateus afirmam, respectivamente: "És o Cristo", "És o Cristo de Deus" e "És o Cristo, Filho do Deus vivo". Ele chama a esta catequese de lenta evolução de aprendizado.

> Nossa cristologia de hoje não começou no século passado e não vai se cristalizar. Jesus é como ouro: quem procura mais, quase sempre acha mais. Quem não procura, talvez veja o que um outro achou, mas nem sempre lhe dará o devido valor. Quem desesperadamente sai por aí garantindo que seu grupo achou mais do que todos os outros, acaba vendendo ganga como se ouro fosse! Ouça os pregadores, mas cuidado com os que dizem que Jesus lhes revela tudo. Não revela! Leia Mateus 24,24-26.

Parte XVI

Um amanhã em Jesus

E quando eu for, e vos preparar lugar, virei outra vez, e vos levarei para mim mesmo, para que onde eu estiver estejais vós também.

(Jo 14,3)

134. Um nome a ser lembrado

Guarde este nome: *Calcedônia*. No século V, ano 451, nesta cidade da Ásia Menor, antiga *Bithinia*, conhecida como *Khalkêdôn*, realizou-se o quarto concílio ecumênico dos cristãos. Foi um concílio cristológico. Reuniram-se para definir quem era Jesus para os cristãos. Depois de tantas teorias, o tema teria que ser definido. O concílio condenou os monofisitas. Motivo? Os monofisitas sustentavam que *Jesus era divino e tinha apenas uma natureza*. Apolinário, Ário, Nestório e outros ensinaram doutrinas que davam a entender que Jesus ou não era humano ou não era divino.

O Concílio declarou que Jesus era:

a) perfeito em sua divindade;

b) perfeito em sua humanidade;

c) realmente Deus;

d) realmente humano;

e) com um corpo e alma racionais.

O Concílio anuncia e confessa sua fé no Senhor Jesus Cristo em quem há:

f) uma só pessoa e um único ser subsistente;

g) duas naturezas: a divina e a humana;

h) ausência de confusão;

i) ausência de mudança;

j) ausência de separação.

O Concílio não explica, professa! No século XX, em 1965, o Concílio Vaticano II, na *Lumen gentium* (n. 1) e na *Dei Verbum* (n. 2), afirma que Jesus é a luz das nações e a medida de toda revelação.

Pe. Zezinho, scj

Na Carta aos Hebreus (Hb 1,1-4), Paulo arremata:

> Havendo Deus antigamente falado muitas vezes, e de muitas maneiras, aos pais, pelos profetas, a nós falou-nos nestes últimos dias pelo Filho, a quem constituiu herdeiro de tudo, por quem fez também o mundo. O qual, sendo o resplendor da sua glória, e a expressa imagem da sua pessoa, e sustentando todas as coisas pela palavra do seu poder, havendo feito por si mesmo a purificação dos nossos pecados, assentou-se à destra da majestade nas alturas; feito tanto mais excelente do que os anjos, quanto herdou mais excelente nome do que eles.

135. O Cristo cósmico

> Descobrindo-nos o mistério da sua vontade, segundo o seu beneplácito, que propusera em si mesmo: Tornar a congregar em Cristo todas as coisas, na dispensação da plenitude dos tempos, tanto as que estão nos céus como as que estão na terra (Ef 1,9-10).

> E sujeitou todas as coisas a seus pés, e sobre todas as coisas o constituiu como cabeça da Igreja (Ef 1,22).

> Transformará o nosso corpo abatido, para ser conforme o seu corpo glorioso, segundo o seu eficaz poder de sujeitar também a si todas as coisas (Fl 3,21).

Antes de concluir nossas reflexões, convém falar dessa visão do Cristo que se encontra nos escritos de muitos teólogos, entre eles os já citados Teilhard de Chardin, Karl Rahner e Jürgen Moltmann, os dois primeiros católicos e o último, evangélico; eles e outros, sérios no que dizem e acentuam. Tem a ver com a Criação, a evolução e o processo criador que continua, aqui e em qualquer parte do universo.

Seria Jesus redentor apenas da Terra ou de todas as coisas? Paulo diz que: "Ele é antes de todas as coisas, e todas as coisas subsistem por ele" (Cl 1,17). João põe na boca de Jesus a afirmação: "Em verdade, em verdade vos digo que antes que Abraão existisse, eu sou" (Jo 8,58).

Trata-se de uma discussão ecumênica recente que tem a ver com o progresso da astronomia e das ciências da vida. A ciência está vendo mais. Também a religião deve dar este passo. Convém lembrar que os cristãos e muçulmanos tiveram grande participação na ciência em séculos passados. Muito do que se soube de astronomia, matemática e genética passou pela cultura religiosa. Nem sempre existiu o divórcio entre ciência e religião. A religião já foi vanguarda. Universidades e hospitais nasceram à sombra da Igreja. Os cientistas hoje estão à frente de muitas descobertas, alguns deles afirmando que não é possível ser cientista e crer em Deus, no que são contestados por seus pares, tão cientistas e inteligentes quanto eles. Mas é verdade que a religião também se divide entre os estudiosos e os outros: os que parecem não precisar da ciência. A noção do Cristo cósmico. Cristo para o Universo busca este diálogo.

Perguntas e desafios

O mundo tem suas perguntas e respostas e, no mundo, um grupo de crentes em Jesus ousa perguntar se Jesus sempre esteve relacionado a tudo isso que agora vemos melhor e com incrível precisão antes jamais imaginada. A doutrina que emerge é a de que estamos apenas no começo. A era digital ensaia seus primeiros passos. Veremos o inimaginável.

Sofisticados telescópios e microscópios, uma sempre mais eficaz e sofisticada nanotecnologia, fotografias nítidas de estrelas em explosão expandiram os olhos da humanidade para dentro e para fora de nós. Os não crentes às vezes acham aí as suas respostas: não há um Criador. Os crentes examinando as mesmas fotos também acham as suas. Sim, o Criador fez e faz tudo isso, uma inteligência ordenou tudo. Há um processo e um projeto. Outros respondem que não há: é tudo caótico. Parece preciso, mas não é.

Karl Barth, teólogo evangélico de renome, pede cautela com relação a expressões *pantocrator, sujeito oculto da natureza, senhorio universal.* O Cristo que sempre existiu, existe e existirá desafia nossa fé e nosso conhecimento. Se ele não é Deus, tudo começa em Belém e termina ali mesmo naquela cruz. O resto seriam memórias. Se ele é Deus, então houve um antes, um durante, haverá um depois e estamos incluídos no seu projeto. Então, o hino de Paulo faz sentido:

Para que o Deus de nosso Senhor Jesus Cristo, o Pai da glória, vos dê em seu conhecimento o espírito de sabedoria e de revelação; tendo iluminados os olhos do vosso entendimento, para que saibais qual seja a esperança da sua vocação, e quais as riquezas da glória da sua herança nos santos e qual a supereminente grandeza do seu poder sobre nós, os que cremos, segundo a operação da força do seu poder.

Que manifestou em Cristo, ressuscitando-o dentre os mortos, e pondo-o à sua direita nos céus.

Acima de todo o principado, e poder, e potestade, e domínio, e de todo o nome que se nomeia, não só neste século, mas também no vindouro e sujeitou todas as coisas a seus pés, e sobre todas as coisas o constituiu como cabeça da Igreja.

Por causa disto me ponho de joelhos perante o Pai de nosso Senhor Jesus Cristo, do qual toda a família nos céus e na terra toma o nome, para que, segundo as riquezas da sua glória, vos conceda que sejais corroborados com poder pelo seu Espírito no homem interior; para que Cristo habite pela fé nos vossos corações; a fim de, estando arraigados e fundados em amor, poderdes perfeitamente compreender, com todos os santos, qual seja a largura, e o comprimento, e a altura, e a profundidade, e conhecer o amor de Cristo, que excede todo o entendimento, para que sejais cheios de toda a plenitude de Deus.

Ora, àquele que é poderoso para fazer tudo muito mais abundantemente além daquilo que pedimos ou pensamos, segundo o poder que em nós opera, a esse, glória na Igreja, por Jesus Cristo, em todas as gerações, para todo o sempre. Amém (Ef 1,17-22; 3,14-21).

Jesus além da Terra

Que Cristo é o nosso? Ontem, hoje e sempre; antes, durante, agora e depois, pelos séculos sem fim? Se houver algum outro planeta como o nosso, será ele redentor e senhor também lá? Como agirá lá caso precisem de redenção? Somos a única obra viva de Deus ou a descoberta do universo nos reserva surpresas, nas quais os religiosos de hoje nem sequer ousam pensar? Jesus é prisioneiro da Terra ou é maior do que o Universo? Nossa fé terá que achar a resposta. Os ateus já acharam a deles! Eles julgam ter as suas provas. Nós julgamos ter as nossas. Eles estão descobrindo e concluindo. Nós também! Vale outra vez o que dizia Chesterton, há cem anos, no seu admirável livro *Ortodoxia*.

> Se este livro é uma brincadeira, ele é uma brincadeira contra mim mesmo. Eu sou o homem que, com a máxima ousadia, descobriu o que já fora descoberto antes...

Em tempos de ecologia, faz sentido aprofundar uma teologia cósmica e falar de um Cristo cósmico. Não um Cristo lá longe no cosmos, mas um Cristo para o cosmos. É bem assim que a Bíblia começa:

> No princípio criou Deus os céus e a terra. E a terra era sem forma e vazia; e havia trevas sobre a face do abismo; e o Espírito de Deus se movia sobre a face das águas (Gn 1,1-2).

É assim que João prossegue:

> No princípio era o Verbo, e o Verbo estava com Deus, e o Verbo era Deus. Ele estava no princípio com Deus. Todas as coisas foram feitas por ele, e sem ele nada do que foi feito se fez (Jo 1,1-3).

Assim poetiza o Apocalipse:

> Eu sou o Alfa e o Ômega, o primeiro e o derradeiro; e o que vês, escreve-o num livro, e envia-o às sete igrejas que estão na Ásia: a Éfeso, e a Esmirna, e a Pérgamo, e a Tiatira, e a Sardes, e a Filadélfia, e a Laodiceia (Ap 1,11).

Assim sentencia Paulo:

> Porque sabemos que toda a criação geme e até agora sofre as dores de parto (Rm 8,22).

um rosto para JESUS CRISTO 511

Porque as suas coisas invisíveis, desde a criação do mundo, tanto o seu eterno poder, como a sua divindade, se entendem, e claramente se veem pelas coisas que estão criadas, para que eles fiquem inescusáveis (Rm 1,20).

Seria o Cristo apenas daqui e para aqui, ou admitimos que é possível ir fundo nele para descobrirmos a largura, o comprimento, a altura e profundidade do mistério de Jesus? (cf. Ef 3,18). Ele é mais do que de Belém de Nazaré, dos cristãos e do planeta Terra? Existiu antes? Existirá por toda a eternidade? E nós, como estaremos nele após o nosso último suspiro?

Pergunte-se e, talvez, avance um pouco mais no conhecimento de Jesus.

136. O Cristo vencedor

Tenho-vos dito isto, para que em mim tenhais paz; no mundo tereis aflições, mas levantem os ânimos, eu venci o mundo (Jo 16,33).

Uma coisa é crer no Cristo vencedor e, outra, endeusar um vencedor em Cristo. Todo vencedor em Cristo tem que, primeiro, aprender a perder por Cristo ainda que não "com" Cristo. É impensável o Cristo vitorioso do começo ao fim. Jesus deixa claro que não veio ensinar uma fé triunfalista, que vence de ponta a ponta e jamais perde (cf. Mt 10,39). Quem prega só vitória e recompensa monetária, casas e sucesso na carreira, não está pregando a doutrina de Jesus e, sim, um neocapitalismo religioso: "Dê mais a Deus que Deus lhe dará mais". Sucesso espiritual seguido de sucesso financeiro funciona como marketing da fé, mas está longe de ser teologia bíblica. A Bíblia nem sempre casa dois sucessos.

Fé compensatória, pragmática e premiadora é doutrina da premiação e não da redenção. Não existe uma "Fórmula 1" celeste. Aqui na terra, três sobem ao pódio na "Fórmula 1". No céu, quem chegou ao fim e fez uma boa corrida, mesmo não chegando entre os primeiros, também sobe ao pódio. Paulo afirma isso em 2 Timóteo 4,7. A doutrina não é: "Invista e deposite, que Deus lhe dará os primeiros lugares!". Não é o que se lê em Mateus 23,2-11. O Reino dos Céus não é um glorioso tilintar de moedas. Jesus queria dizer muito mais do que disse ao afirmar aos fariseus: "A Deus o que é de Deus, e a César o que é de César" (Mt 22,21).

É que haviam lhe armado uma cilada, mostrando uma moeda romana que era usada em Israel, junto à moeda do Templo. Se Jesus dissesse que poderiam usá-la, perderia perante os piedosos

um rosto para JESUS CRISTO   513

judeus que odiavam aquela moeda pagã imiscuída aos negócios do Templo. Se dissesse que não a usassem, seria entregue aos guardas romanos, por sedição. Trama bem urdida... Acabou dando certo de outra maneira, mas não deixava de ser uma tentativa via imposto! Jesus pediu para ver uma moeda. Mostraram a de César. Ora, se eles, piedosos como eram, tinham uma para mostrar, é sinal que a usavam. Então, usassem o que é de César e pagassem ao dominador o que achavam que deviam pagar! Mas há um tributo a Deus que não passa por Roma...

***

Foi isso! Jesus não estava dizendo que se pode praticar religião e, ao mesmo tempo, viver um capitalismo entreguista e egocêntrico. Quem o fazia, arcasse com as consequências. Ele pagaria o tributo ao Templo, como, aliás, o fez no episódio da moeda na boca do peixe.

> Mas, para que não os escandalizemos, vai ao mar, lança o anzol, tira o primeiro peixe que subir, e abrindo-lhe a boca, encontrarás um estáter; toma-o, e dá-o por mim e por ti (Mt 17,27).

Por mais que discordasse, não desautorizou o Templo e, sim, quem o comandava naquele tempo. Capitalista ou anarquista, Jesus não era e não seria.

***

Discípulos pobres

A religião não deu lucro para os apóstolos como dava para certos fariseus do tempo de Jesus. Muitos compravam as terras dos camponeses que não conseguiam mais pagar os quase 60% de impostos que deviam. Eram os novos latifundiários. Os discípulos não se tornaram empresários bem-sucedidos, e não consta que tivessem jardins suspensos nem fortuna pessoal; não consta que cobrassem os preços que alguns pregadores de hoje cobram, além do que, praticamente todos eles, morreram de morte violenta. O cêntuplo que Jesus oferece não cai na conta bancária de nenhum cristão. Entra na paz e na caridade que ele passa a viver...

Sem cruz não há vitória

Sem cruz não há Jesus. Não faz sentido uma cruz sem Cristo. Ninguém em sã consciência pede para sofrer e carregar a cruz. Jesus não pediu (cf. Mt 26,39), mas aceitou. Simão Cireneu também não a pediu. Mas, chamado, ainda que forçado, a levar a de outro que era o próprio Jesus, Simão a levou (cf. Mt 27,32). Deve ter entendido e se convertido, porque Marcos cita seus dois filhos, conhecidos dos cristãos, Alexandre e Rufo (cf. Mc 15,21).

Algumas religiões cristãs, entre elas o catolicismo, usam a cruz como sinal de gratidão. Nos dedos, no peito, nas roupas, na casa, no nome das cidades, nas igrejas.

> A cruz de Cristo nos lembra não onde Jesus está, mas onde ele esteve e de que jeito ele nos salvou. Somos uma Igreja que cultiva a fé com gratidão. Não é porque ele foi para o Pai que jogaremos fora o sinal de seu amor por nós.

Jesus rima com luz, mas também rima com cruz. Para nós, a cruz lembra martírio, altruísmo, coragem de morrer pelos outros, entrega total e vitória sobre o sofrimento, porque não cremos em dor sem resposta e nem em morte sem ressurreição. Achamos-lhe um sentido porque aprendemos com o maior de todos os crucificados.

"Quando eu for elevado da terra, atrairei todos a mim", disse Jesus (Jo 12,32).

um rosto para JESUS CRISTO   515

Jesus sempre deixou claro que a dor, a derrota, o sofrimento não devem assustar quem o segue. Sua ênfase na ressurreição e na superação é que dá origem às nossas igrejas. Cremos que o derrotado se recuperará, o crucificado ressuscitará, o perdedor inocente terá mais a dizer do que aqueles que o martirizaram.

> Ninguém mais se lembra daqueles que mataram Jesus. Quando são lembrados, não somam. Jesus e todos os que, com ele, carregaram sua própria cruz ou a cruz dos outros, fizeram e fazem a diferença no mundo.

Não teríamos tido Vicente de Paulo, Camilo de Lellis, Madre Teresa, Irmã Dulce, Dom Helder, Zilda Arns e milhões de servidores em hospitais, creches, asilos e orfanatos, se eles não tivessem entendido a própria cruz e a cruz dos outros. *Até porque, quanto maior a cruz, mais alto se eleva o crucificado.* Para nós, um hospital é mais importante do que uma emissora de rádio. Erraria quem, para ter mais adeptos, fechasse um hospital para construir uma emissora. Ganharia agora, mas perderia em longo prazo.

> Sem a caridade de quem cuida e assume a dor do outro, a Palavra de Deus se esvazia. A boca de quem anuncia não pode ser maior do que seu colo e seu ombro.

Nós, católicos, como Paulo, não confundimos as coisas. Cruz para nós não é derrota nem morte. É o túnel que leva para paisagem ainda mais bonita. Não tenhamos vergonha de nossas cruzes. *Não despreze a moldura que segura o retrato do irmão que o salvou. Ela sustenta uma lembrança!*

137. Vencedores em Cristo

> Mas em todas estas coisas, naquele que nos amou, somos mais do que vencedores (Rm 8,37).

O que teria Paulo querido dizer com a expressão "mais que vencedores"? Você já viu e ouviu, e eu também. Há um desafio no ar que muitos pais, leigos sacerdotes e até bispos das mais diversas igrejas ainda não perceberam: é o desafio dos vencedores em Cristo. Há irmãos nossos proclamando-se corretamente vencedores em Cristo. É teologia saudável, porque sabem explicar o que entendem por esta expressão. Mas há os outros, os visivelmente fanatizados. Estão aí para derrotar as outras igrejas. E não escondem que é isso que pretendem.

Corretamente vencedores com Cristo

Há muitos que se proclamam vencedores em Cristo e com Cristo. Diga-se de passagem que a maioria é gente sincera. Não pensam em vitórias sobre os outros, mas em vitória sobre o pecado e sobre si mesmos. Vivem respeitosamente em diálogo com todas as outras igrejas e com o mundo. Já os outros, os combatentes por Cristo que lembram os donatistas e *circumcelliones* do século IV, ao se proclamarem vencedores em Cristo, na verdade estão querendo dizer que são vencedores na luta contra o demônio que está no mundo e nas igrejas que ousam discordar deles. Proclamaram-se vitoriosos e não querem nada menos do que a derrota do demônio e de todas as outras religiões; por conseguinte, a vitória da sua.

Pensam que a sua maneira de ver e seguir Cristo é única e não admitem nenhuma outra como possivelmente correta. Se eles estão certos, então todos os outros estão errados; se eles são iluminados, então os outros não são... Pretendem-se vencedores de ponta a ponta! Neste caso seriam mais do que Jesus, porque ele não venceu de ponta a ponta!

A falsa mística do vencedor em tudo

Paulo usa dessa expressão: "Mais do que vencedores" (Rm 8,37). Pelo contexto não queria dizer que somos vencedores em tudo, e sim, *mais do que simples vencedores*. A diferença é abissal. Não é preciso nem estudar filosofia ou filologia para perceber que ele se referia ao adjetivo "vencedor", e não a todas as coisas. Para alguém ser vencedor tem que fazer mais do que vencer algumas ou todas as competições. Falava de vitória sobre si mesmo, martírio, vitória sobre a carne, sofrimento e morte. Não falava de primeiro lugar, nem de dinheiro no banco, nem de sucesso financeiro. Também ao falar das conversões que sonhava operar para Jesus, usou duas vezes a palavra "alguns", e não "todos". Não trabalhou para salvar a todos, mas para ao menos salvar alguns... (Rm 11,14; 1Cor 9,22).

Marketing perigoso

Pregadores de agora, ao apresentarem um Cristo vitorioso, resolvem as coisas com extrema e espantosa simplicidade. Para que haja um vencedor tem que haver um perdedor. E o perdedor é o pecado, o demônio e todos os que seguem o pecado e o demônio. Isto inclui todas as outras religiões e os pregadores que ousam discordar deles. Jogam seus fiéis contra o pregador que os desafia. Já não é mais religião, porque virou combate!

Um só rebanho

Eles sonham que, um dia, haverá um só rebanho e um só pastor, mas, evidentemente, o rebanho vai balir, dançar, orar e cantar como eles cantam, porque os escolhidos são eles. É do jeito deles que Deus imaginou a felicidade e a fé. Se você prestar atenção no rádio, na televisão, nos escritos de muitos desses irmãos, vai ver o triunfalismo em ação. Eles se acham o máximo, a última resposta, a última palavra, os últimos santos, os mais santos dentre os santos que já passaram por este planeta. A verdade agora está em boas mãos e todos os que vieram antes deles estavam errados. Agora, sim, a revelação tem arautos dignos dela. Eles!

Tais indivíduos, ao se proclamarem vencedores em Cristo, na verdade, estão declarando uma guerra espiritual, um *Armagedon* todo peculiar, batalha final na qual não pode haver nenhum outro vencedor, senão eles em Cristo, porque Cristo está do lado deles.

O Cristo que perdeu

Há uma vitória em Cristo que é serena e humilde. E há esta outra que é falsa, excludente, prevalecida e presunçosa. Que os verdadeiros crentes não caiam nessa tentação! Perder também faz parte do Reino dos Céus. Jesus morreu na cruz! Só venceu bem mais tarde e, ainda hoje, muitos dos seus seguidores o denigrem ao pôr na sua boca palavras que ele nunca disse! Até para Jesus continua difícil mudar este mundo. Alguns de seus porta-vozes fazem de tudo para atrapalhar o seu projeto!

138. Se Jesus me aparecesse

Se Jesus voltasse do céu antes da parusia e me aparecesse em caráter particular, eu acho que teria mais medo do que os três apóstolos que, mesmo convivendo com ele, esconderam o rosto diante do seu brilho (cf. Mt 17,2).

Ele sabe das minhas incertezas e do quanto não me sinto digno disso. Por isso, como aos discípulos de Emaús (cf. Lc 24,13), que, certamente, eram melhores do que eu, e como a Tomé (cf. Jo 20,27), que o amava mais do que eu o amo, ele teria que me provar ser ele e não uma ilusão minha. Eu apostaria na ilusão da minha parte, porque milhares se iludiram. Duvidaria como os discípulos duvidaram do que viam.

Mas se, de fato, Jesus me quisesse dizer alguma coisa e me aparecesse, eu pediria licença para consultar meus superiores. Oriento-me melhor pela sabedoria deles. Já vi o que acontece com videntes que não se deixam orientar por ninguém e com iluminados que consultam os outros, mas depois fazem exatamente o que querem.

Se Jesus me aparecesse, talvez eu lhe pedisse um tempo para pensar. Mas imagino que ele saberia explicar por que fez isso com um pecador! Os que dizem que Jesus lhes apareceu têm uma enorme responsabilidade pela frente. Imagino que saibam o que estão dizendo! Se for verdade, Deus seja louvado por mais este vidente! Se não for, Deus o perdoe por usar Jesus e seu santo nome!

Como Jesus nunca me apareceu até agora, nem nunca falou comigo, eu vivo da catequese, da teologia e da ascese que aprendi. Aceito as conclusões da Igreja na qual fui batizado, dos teólogos e estudiosos da fé que certamente sabem mais do que eu. Sou um dos 99,99% de cristãos que nunca viram nem receberam visita ou aviso de ninguém do céu. Vivo de crer sem ver! Sobre isto Jesus afirma que é um bom caminho! (Jo 20,29).

139. A esperada parusia

> E quando eu for, e vos preparar lugar, virei outra vez, e vos levarei para mim mesmo, para que onde eu estiver estejais vós também (Jo 14,3).

"Bonita ênfase a da sua Igreja!", disse eu ao adventista sereno e gentil. "Vocês anunciam, onde podem, que Jesus um dia voltará e, por isso, propõem que o crente viva atento, sem se conformar com este mundo". Retribuiu-me dizendo que achava bonito nos católicos a ênfase do "ele está no meio de nós", que vivemos na Eucaristia. Vi beleza na espera dele e ele viu beleza na nossa certeza de sua presença. São ênfases cristãs e uma não nega a outra. Tanto eles sentem Cristo já presente em seus encontros profundos com a Palavra, como nós o sentimos também na espera pela parusia. Enfoques não precisam nos distanciar. Mas isto, quando os cristãos dialogam e conseguem ver luz uns nos outros.

Afirma Pannenberg: "O sofrimento sem sentido de tantas criaturas opõe-se de modo real à fé em um Criador todo-poderoso e, ao mesmo tempo, bondoso e sábio. Se é que esta contradição pode ser resolvida de algum modo, então, o será somente por superação real dos males e sofrimentos, tal como a cristologia cristã a espera por meio da fé na ressurreição" (W. Pannenberg, *Teologia sistemática*, p. 243).

Um amanhã em Jesus

No momento em que escrevo, tenho cinco pessoas de minha família na eternidade. Pai, mãe, duas irmãs e um irmão. Com quase 70 anos de vida, meu tempo de vê-las se avizinha. Não me imagino ultrapassando os 80! Por enquanto, nenhuma apreensão; apenas realismo! Tudo que é vivo, nasceu e cresceu, um dia morrerá. Poucos dentre nós chegam aos 80... Meus familiares, um após o outro, já partiram para o definitivo. Não sei como estão, porque nenhum deles me apareceu. Outros crentes afirmam ter recebido mensagens psicografadas de seus entes queridos. Eu não recebo nem procuro! Eles duvidam de minhas preces aos santos e, eu, de suas conversas com seus mortos. Mas conseguimos nos respeitar na maioria das outras afirmações, porque passou o tempo de as pessoas se rejeitarem e se matarem por não pensarem do mesmo jeito em todas as coisas!

O céu existe!

Minha fé me diz que o céu existe e minha esperança me afirma que Jesus, na sua misericórdia, salvou meus familiares, irmãos e cunhados. Eles agora conhecem o Jesus de quem ouviram falar nos templos que frequentaram. Nele, com ele e por ele habitam, agora, no seio criador da Santíssima Trindade. É o que aprendi na catequese. Como é isso, só eles sabem. Eu apenas creio; não posso provar! Estou com Paulo de Tarso quando afirmava, sobre a experiência de morrer em Cristo, que Jesus veio ao mundo para nos ensinar a viver, a conviver e a morrer:

> Porque para mim o viver é Cristo, e o morrer é lucro (Fl 1,21).

Fazia eco a Mateus, que registra dos lábios de Jesus a promessa:

> E quando eu for, e vos preparar lugar, virei outra vez, e vos levarei para mim mesmo, para que onde eu estiver estejais vós também (Jo 14,3).

Paulo via com naturalidade a sua partida próxima, porque sabia para quem iria.

> Porque eu já estou sendo oferecido por aspersão de sacrifício, e o tempo da minha partida está próximo. Combati o bom combate, acabei a carreira, guardei a fé (2Tm 4,6-7).

O mesmo Paulo falava de salvação e de céu como recompensa após a morte:

> Desde agora, a coroa da justiça me está guardada, a qual o Senhor, justo juiz, me dará naquele dia; e não somente a mim, mas também a todos os que amarem a sua vinda (2Tm 4,8).

"Naquele dia" para Paulo, segundo dizem alguns crentes, significava o final da humanidade. Mas poderia significar o dia da sua partida (cf. 2Tm 4,6-8). Ele iria para o céu antes do fim dos tempos. Parece que Paulo acreditava em estar com Jesus no céu no dia da sua morte. Era o mesmo Paulo que também falava do fim da criação e de quem estiver vivo naqueles dias:

> Num momento, num abrir e fechar de olhos, ante a última trombeta; porque a trombeta soará, e os mortos ressuscitarão incorruptíveis, e nós seremos transformados (1Cor 15,52).

Fazia eco também ao que se ensina em Mateus 25,19-36, que diz que será um dia final assustador, e sobre o qual ninguém sabe, mas que com ele terá final feliz. É deste final pessoal que se ocupa a *escatologia*. É do final feliz da humanidade que se ocupa a *parusia*! Todo aquele que anuncia que Jesus voltará está pregando as duas doutrinas.

1. Ele virá buscar quem morreu: *"E quando eu for, e vos preparar lugar, virei outra vez, e vos levarei para mim mesmo, para que onde eu estiver estejais vós também"* (Jo 14,3).
2. Ele virá julgar a humanidade: *"E então verão vir o Filho do Homem numa nuvem, com poder e grande glória"* (Lc 21,27).

Tendo recebido formação católica assentada na misericórdia e no poder salvífico da cruz e do sangue de Jesus, creio que ele veio e buscou meus parentes, virá e, na sua misericórdia, me levará a um julgamento particular, julgamento no qual terei que responder por todos os meus atos e confiar na compaixão dele. Sendo católico, diferente da cristologia dos meus irmãos evangélicos e dos católicos que se tornaram evangélicos, eu acentuo que o céu está repleto dos frutos da misericórdia de Jesus e apinhado de santos, alguns dos quais a Igreja canonizou como exemplos de vida em Cristo, na certeza de que estão lá, intercedendo por nós. Outros, ela não declara santos, mas assim mesmo espera que estejam salvos.

Não foram beatificados

É o caso da minha mãe, do meu pai, que sofreram muito neste mundo e que a Igreja não canonizou nem canonizará como modelos, mas que a meu ver levaram vida santa. Por isso, eles não me aparecem nem me falam, mas eu falo com eles e peço sua prece. Mesmo que não a pedisse, sei que oram por mim, pois, lá, continuam meus pais. Isso inclui meus irmãos. Eles sabem dos meus limites. Quando Jesus vier me buscar (cf. Jo 14,3) e eu for ao encontro deles, teremos muito que conversar e, eles, muito que me perdoar! Minha irmã Maria, que se tornou evangélica para casar com meu cunhado, dois dias antes de morrer disse acreditar que iria para o céu ver nossa mãe e que Jesus a viria buscar. Morreu dizendo o que nossa Igreja Católica ensina há séculos e o que Paulo dizia na sua epístola:

> Desde agora, a coroa da justiça me está guardada, a qual o Senhor, justo juiz, me dará naquele dia; e não somente a mim, mas também a todos os que amarem a sua vinda (2Tm 4,8).

Temos todos a tendência de ajustar o Evangelho e a notícia do céu à nossa fé, ao invés de ajustar a nossa fé à notícia do céu. Na base de "o céu será assim". Esquecemos de mencionar que "a compaixão do Senhor é assim!"... Ele é rico em misericórdia (cf. Ef 2,4).

Escatologia

A doutrina que se ocupa do fim último das pessoas e das coisas chama-se escatologia. Ao estudar Jesus Cristo, o fiel é conduzido a esta reflexão. Há um depois e não sabemos como ele é. Os textos que podem nos iluminar são muitos. Mas esse depois para toda a humanidade virá depois do depois de bilhões que já morreram e já enfrentaram seu julgamento particular, no qual Jesus foi seu advogado.

> Meus filhinhos, estas coisas vos escrevo, para que não pequeis; e, se alguém pecar, temos um advogado para com o Pai, Jesus Cristo, o justo (1Jo 2,1).

> Quem é que condena? Pois é Cristo quem morreu, ou melhor dizendo, quem ressuscitou dentre os mortos, o qual está à direita de Deus, e também intercede por nós (Rm 8,34).

> Virei outra vez, e vos levarei para mim mesmo, para que onde eu estiver estejais vós também (Jo 14,3).

> Portanto, qualquer que me confessar diante dos homens, eu o confessarei diante de meu Pai, que está nos céus (Mt 10,32).

Espero que eles tenham ido com ele e espero também ir com Jesus, sem ter que esperar milhões de anos até o fim do mundo para conhecer o Pai! Não foi para tamanha demora que Jesus morreu! Sustento isso em qualquer pregação. Que me desculpem os irmãos de algumas igrejas que dizem que não há ninguém no céu e que todos dormem o sono dos justos. Eu creio em santos acordados que conversam com Jesus, como Moisés e Elias que já estavam mortos, mas falavam com Jesus (cf. Mt 17,3-4). Se foi apenas visão ou alegoria, foi muito bonita e eu a prefiro aos que dizem que os que morreram na esperança de céu ainda dormem...

Alfa e Ômega

Jesus é o nosso Alfa e Ômega. As coisas começaram nele e terminarão nele. Para nós, o Cristo Cósmico tem essa dimensão:

nele, por ele e com ele as coisas se realizarão. Dizemos isso por crermos que ele é o próprio Deus que se comunicou conosco há dois mil anos e nos disse que, um dia, viria o fim. Propôs que estivéssemos preparados, porque ninguém sabe nem o dia nem a hora, e ele, o Filho, não revelaria (cf. Mt 11,27; 24,36). Salientou que não deveríamos acreditar em quem diz que sabe.

Parusia

Por "parusia" (em grego *parousía*), a Igreja entende, também, ao estudar Jesus Cristo, uma forma final de *epifania* e de *teofania*. É promessa dele de que, antes que tudo acabasse, ele voltaria, de outra maneira, mas voltaria. Não haveria mais o que houve na sua primeira vinda, nem os debates, as perseguições, a cruz, a morte e a ressurreição. Ele voltará glorioso *para julgar os vivos e os mortos*, como dizemos no *Creio* da missa. Assim, enquanto ele não vem, quem morre, morre no Senhor e na esperança.

> E fora-lhe revelado, pelo Espírito Santo, que ele não morreria antes de ter visto o Cristo do Senhor (Lc 2,26).

> Porque, se vivemos, para o Senhor vivemos; se morremos, para o Senhor morremos. De sorte que, ou vivamos ou morramos, somos do Senhor (Rm 14,8).

Mortos em repouso?

Outros cristãos ensinam que os mortos estão no *sheol*, no repouso não eterno, mas de tempo indefinido, à espera desse dia. Tais mortos estariam como que numa hibernação espiritual à espera da parusia, nem que dure dez milhões de anos. Com se vê e se ouve nas suas pregações, para eles, ninguém da terra está no céu. *Pregam o ainda não!* Por isso, não falam com os santos e não pedem sua intercessão. Preferem as preces dos seus pastores vivos. Não acham que os mortos estão vivos e acordados. Se achassem, pediriam a intercessão deles, como pedem a de seus pregadores aqui na terra.

Salvos em Cristo

O conceito de salvação, de misericórdia e justiça, para eles, não é o mesmo que para nós. Apostam suas fichas no último dia, no dia do julgamento. Nós as apostamos no dia da salvação, que, para nós, não é o mesmo. O repouso dos mortos, para eles, ainda não é a beatitude eterna, ainda não é o gozo eterno. Segundo alguns deles, nem todos os mortos em Jesus já entraram no definitivo...

Estes irmãos têm o nosso respeito, como esperamos o respeito deles por nossa doutrina de céu antes do dia final. Nossa Igreja desenvolveu sua fé na outra vida de maneira bem diversa. Entendemos que a narrativa da cruz e a promessa do "hoje mesmo no paraíso" a um malfeitor arrependido, que morria ao seu lado, serve para nós.

> E disse-lhe Jesus: "Em verdade te digo que hoje estarás comigo no Paraíso" (Lc 23,43).

Jesus não tem prazo para salvar uma alma. Até porque foi ele quem disse:

> Pai, aqueles que me deste quero que, onde eu estiver, também eles estejam comigo, para que vejam a minha glória que me deste; porque tu me amaste antes da fundação do mundo (Jo 17,24).

> Assim como o Pai me conhece a mim, também eu conheço o Pai, e dou a minha vida pelas ovelhas (Jo 10,15).

Cremos nesta promessa. Para nós, Jesus Cristo realmente salva e não teremos que esperar o último dia para entrar no céu. Entraremos no gozo do Senhor muito antes daquele dia "do último soar da trombeta da eternidade". Seria o fim dos tempos e o começo do não tempo... Nós cremos que antes daquele "toque final", excelente alegoria de Paulo (cf. 1Cor 15,52), agem a compaixão e a misericórdia do nosso Deus, que, se usa de justiça, também é rico de perdão (cf. Ef 2,4). Naturalmente, cada pregador terá seus enfoques e seus acentos. O fiel que escolha a quem seguir!

Fim próximo?

Conheço e conheci pregadores católicos e pentecostais que anunciavam e anunciam o fim próximo. Mas próximo quer dizer dez anos, trinta ou mil anos? As notícias de terremotos devastadores, enchentes e *tsunamis* que tudo arrasam, as milhares de mortes por catástrofes da natureza ou por maldade humana, que sempre suscitaram, em milhares de púlpitos, novos anúncios de fim de mundo, a nós não assustam. Não nos tiram a certeza de que Deus sabe o que fazer com a vida, com a dor, com a morte e com as consequências das maldades humanas.

A visão humana é de curto alcance. Onde não vemos perspectivas, entra a nossa fé em Jesus Cristo, que nos trouxe o descortino e a certeza de que ele estaria conosco, não importa o que nos acontecesse.

> Eis que eu estou convosco todos os dias, até a consumação dos séculos. Amém (Mt 28,20).

Escolhemos este modo otimista de olhar para o futuro.

Nem sempre ele intervém

Em muitos casos, ao contrário do que muitos pregadores cristãos anunciam, Jesus não muda os fatos, nem cura, nem nos livra dos acontecimentos: ele nos ensina a dar sentido às coisas. Ele mesmo não mudou a cruz; morreu nela, mas deu-lhe um sentido.

Sou da convicção de que Jesus não veio ao mundo para dar espetáculos de poder sobre o demônio, ou de curas e de milagres. Fez isso com o menor alarde possível.

Então mandou aos seus discípulos que a ninguém dissessem que ele era Jesus, o Cristo (Mt 16,20).

E os olhos se lhes abriram. E Jesus ameaçou-os, dizendo: "Olhai que ninguém o saiba" (Mt 9,30).

"Uma geração má e adúltera pede um sinal, e nenhum sinal lhe será dado, senão o sinal do profeta Jonas". E, deixando-os, retirou-se (Mt 16,4).

O que ele veio fazer, e o fez magistralmente, foi ensinar-nos a não perder o foco, a não esquecer o passado, a não desperdiçar o presente e a não perder a esperança do amanhã.

Parte da cristologia

A *escatologia* e a *parusia*, para nós, fazem parte da *cristologia*. O Filho eterno veio nos dizer que não devemos temer nem o nosso passado nem o futuro. Ele passou por aqui e mostrou, com sua vinda e vida, que, apesar dos pesares, o ser humano pode e vai dar certo!

Na sua segunda vinda, que, para nós, será sua volta gloriosa e triunfal, o Reino dos Céus será bem mais compreendido. Terá valido a pena viver por ele, o que, em última instância, se traduz em *viver como Jesus viveu*! Não foi isso que ele veio ensinar?

140. Catequese do passo a mais

> Disse-lhe a mulher: "Senhor, tu não tens com que a tirar, e o poço é fundo; onde, pois, tens a água viva? És tu maior do que o nosso pai Jacó, que nos deu o poço, bebendo ele próprio dele, e os seus filhos, e o seu gado?" (Jo 4,11-12).

Não é discurso. É realidade verificável. Para milhões de fiéis, Jesus é apenas Jesus. Ainda não "caiu a ficha". Não entenderam ainda o que significa crer nele. Foram batizados no seu nome, mas não deram o passo decisivo: aceitar que, mais do que *Ieshuah* de Nazaré e mais do que "um cristo", ele é "O Cristo"; mais do que "um ungido", ele é "O Ungido"; mais do que "um esperado", ele é "O Esperado"! Ele é o Deus distante que se fez presente. Aproximou-se. A pessoa divina tornou-se pessoa humana. Teve suas razões que, por mais que desejemos entender, jamais compreenderemos. Não cabe na nossa cabeça que Deus possa cometer tamanho ato de *kenosis*. Amou-nos a esse ponto?

***

Lembro como se fosse hoje. Era eu ainda um jovem sacerdote, quando uma simpática senhora, pintora e professora de arte, com um forte sotaque espanhol, que misturava português e castelhano, elogiou Jesus como profeta coerente e concluiu com esta frase cheia de sotaque, mas tão sábia quanto honesta, e seguramente sábia porque honesta: "Para mi Jesús é tan solo Jesús! O más que humano. Además no di el paso que voces dieron. No lo veo como el ungido que el mundo esperaba, ni como Díos. Mas, si un día, algún ser humano pudiera llegar perto deste ideal de un Díos humano, este seria Jesús".

Fez mais teologia do que imaginava! Recentemente, ao concluir a leitura do livro de um ateu, Gerald Messadié, pensei nela. À página 564 do seu livro *História geral de Deus*, ele, que se confessa ateu, conclui dizendo que viver sem religião expõe à desordem; as seitas engolem tal pessoa. *A única voz que não se extinguiu e que não é niilista, nem cínica, nem enfastiada é a de Jesus. Ele é o único que pode evitar o desespero e a loucura.*

Que os cristãos mais conscientes viagem até Belém, e depois para Cafarnaum e, finalmente, por cidades e aldeias, ouvindo-o. *Descobrirão que, mais do que de Nazaré, Jesus é do alto. Acrescentem ao nome Jesus um adjetivo: Cristo!* Confessar que Jesus era um profeta já é um bom começo. Mas a graça que devemos pedir, mesmo que nos seja difícil crer, é a de concluir que, se um dia a humanidade esperou por um homem ungido e libertador, este alguém foi ele.

Proclamar que Jesus é o Cristo não é uma brincadeira, ainda mais quando somos tão incoerentes e pecadores. Mas muitos o fizeram e fazem. A vida e o gesto dessas pessoas revelarão se encontraram ou não o Cristo da história e o Cristo da fé. Serve para os outros, serve para nós!

141. Outra vez crucificado

> Este é o discípulo que testifica destas coisas e as escreveu; e sabemos que o seu testemunho é verdadeiro. Há, porém, ainda muitas outras coisas que Jesus fez; e se cada uma delas fosse escrita, penso que ainda assim o mundo não seria capaz de assimilar os livros que falassem a seu respeito (Jo 21,24-25).

Torno a falar como alguém que foi introduzido ao conhecimento do Cristo e, como desejava Paulo, teve mil chances de conhecer "a largura, o comprimento, a altura, e a profundidade deste mistério" (Ef 3,18). Tive e tenho as minhas culpas. É bem mais fácil buscar e anunciar um Cristo imaginado, que não tem que ser estudado. Fica-se com o básico. Mas conhecer Jesus supõe correr os riscos de mergulhar em águas profundas.

Repenso nas tantas vezes em que me expus como cristão, diante de um mundo que tem nas mãos envolvente e massacrante poder de comunicação, aliado ao poder do dinheiro e outros poderes temporais. Sofisticados instrumentos de mentalização estão, hoje, nas mãos de milhares de religiosos, mas também nas de milhões de não religiosos. O debate era inevitável. Saiu dos templos e das ruas e chegou à mídia. Grita-se, escreve-se, teatraliza-se a favor e contra Jesus. E ai do religioso que não faz média com a mídia! Não terá espaço fora do seu círculo.

Perda de poder

O poder já esteve, não está mais, com os seguidores de Jesus. Quando está, a divisão é tanta que não falam a mesma língua nem conseguem tomar, juntos, um café no bar da esquina. Cada qual quer mais discípulos. Falam o mais que podem e ouvem-se uns aos outros o menos possível. É diálogo de surdos. O jornalista que, diante das câmeras de uma TV evangélica, ao falar dos padres pedófilos, humilhou os padres em geral, esqueceu-se de lembrar que na Igreja dele também há pedófilos, pregadores sob suspeita de assassinatos, corruptos e gente de ficha suja, bem como no Congresso...

Igrejas poderosas, ainda que menos numerosas, angariaram poder a partir do poder da mídia. Seus templos vieram depois de sua mídia. Os hoje ultrassofisticados veículos de comunicação conseguem mais dividir do que somar, mais confundem, pulverizam e ramificam do que unem, mais incomunicam do que comunicam. A Jesus certamente desagradaria esta forma de massificar. Diria aos comunicadores de agora o que disse aos pregadores daqueles dias em Marcos 12,40: para quem explora os pobres ou carentes haverá um castigo maior.

Esvaziamento

Ele não suportaria o esvaziamento a que são submetidos os ouvintes e espectadores de agora, como não aceitou a superficialidade de ontem. Alucinações e fugas coletivas para sexo, drogas, superexposição da pessoa e da sua sexualidade, erotismo agressivo não contribuem para a liberdade humana. Nem a massificação da fé. Jesus não se teria calado e acharia alguns adjetivos do tipo "sepulcros caiados" para quem enfeita o pecado com cores cada dia mais atraentes.

Tiram ou põem Deus em cena e inventam rostos para Cristo, mas não acham nada nem ninguém melhor do que o Cristo de ontem e de sempre. E este era pobre e fez *kenosis*. Somos um mundo de sanguessugas morais, esvaziadores, parasitas do infinito. Há um tipo de mídia que ri de Deus e do demônio, mas enche o mundo de novos semideuses e de novos demônios. Endeusa a quem ela quer e demoniza a quem ela bem entende.

O incômodo

Jesus de Nazaré prossegue incomodando os poderosos. Incomoda também os que o anunciam nadando em luxo e conforto.

um rosto para JESUS CRISTO

Não são todos, mas não admira que certa mídia pantagruélica transformada em indústria poderosa de diversão faça de tudo para desacreditar quem insiste em valores morais que a ela não interessa manter. O pecado lhe dá mais lucro! São trilhões os lucros das indústrias de entretenimento e de drogas. Jesus seria morto mais uma vez, se ousasse bater de frente com eles que não aceitam limites nem correções de rumo. Foi este o embate entre Jesus e os poderosos do seu tempo. E não foi outra a razão pela qual mataram Mahatma Gandhi, hindu, Luther King, pastor evangélico, Padre Josimo Tavares e Dom Romero, católicos, e Irmã Dorothy Stang, católica, estrategicamente lembrada na mídia apenas como missionária norte-americana... Os mártires nem sempre são identificados com a Igreja que os formou; os pecadores, sim! São as crucificações de agora!

Jesus é questionado

Um mundo que o acha ultrapassado e defasado não aceita mais o seu discurso. Por isso, a moça que se separou duas vezes e, agora, tem um namorado que também se separou outras três, declara-se cristã. Na sua vida pessoal, sua Igreja não entra. O que ela faz no templo é da sua Igreja, mas o que faz da porta da casa para dentro é assunto dela! É divórcio estabelecido também com o templo... Estamos diante de um tipo de crente que pega o que lhe serve e joga fora ou ridiculariza o que o confronta. Parcializou-se Jesus.

Milhões de cidadãos riem desse Jesus que diz que, quem o segue, não anda em trevas (cf. Jo 8,12), que ele é a videira e nós os seus ramos e que sem ele nada poderemos fazer (cf. Jo 15,5). Acontece que eles acham que podem e fazem! Basta visitar as clínicas de aborto nos países que o permitem, as fábricas e lojas de armas e os pontos de tráfico.

Esse pregador de Nazaré sem diploma nem ministério algum se mete a corrigir estruturas que deram certo por centenas de anos! O que ele entende de economia? O que entendem seus papas, bispos e pastores? Que pobreza é essa que ele ensina? Que é isso de dizer que ele é a porta e que, quem não entra por ela, é um assaltante? Quem ele acha que é, proclamando-se caminho, verdade e vida? Que o diga para colonos sem nenhuma formação, mas não para eles que, com grau superior de conhecimento, já sabem como tem marchado a História e como o culto a ele se desenvolveu!... Não aceitam nem suas perguntas nem suas respostas. Não as consideram válidas nem filosóficas, nem suas teorias caberiam num sistema político mundial. Fracassariam. Que paz é a dele? Aonde ele quer chegar com seu antissocialismo e anticapitalismo de primeira hora? O que ele oferece no lugar de um sistema de produção e trabalho, de consumo e divertimento?

Adjetivado

Jesus anda cada dia mais deturpado, caluniado, vilipendiado, contestado, ridicularizado, em livros com destaque nas livrarias do mundo. Dizem que ele nunca foi quem dizem que ele era. Arranjam-lhe até Madalena como amante ou esposa e lhe dão filhos em filmes e em romances iconoclastas.

Cordeiro tranquilo que morre sem protestar e sem balir? E isso leva aonde? E aquela ira no templo? Deu no quê? Liderou o quê? Libertou quem? Não acabou numa cruz? Seus discípulos falaram em ressurreição, mas quando cresceram e chegaram ao poder, que reinos criaram? Justos? Fraternos? Sem preconceitos, prisões e mortes? Não usaram despudoradamente seu nome para ficarem ricos, fazerem escravos e invadirem terras dos outros? Não o usam ainda para arrecadar fortunas? Não se tornaram grandes executivos com aviões a jato no nome de sua Igreja? Que diferença houve entre alguns reinos cristãos e a tribo de Dan, que invadia e matava em nome de Deus?

Irados contra Jesus

Irados contra Jesus e contra seus seguidores, eles andam a dar o troco. Dawkins, Hitchens, Dennett e Dan Brown são os novos nomes do ateísmo combativo. Mas não nos enganemos: estão reagindo às agressões que sofreram. As pregações dos cristãos, com mídia e poder nas mãos, nem sempre foram gentis e abertas ao diálogo com os não crentes. Com Hitchens, acusam-nos de "envenenar tudo"... Mas os ateus também não foram nada inocentes. Mataram e ainda matam e encarceram do mesmo jeito e até pior do que os cristãos de ontem. Ateus comunistas e nazistas que chegaram ao poder no século XX, Rússia, Alemanha, Europa Oriental, China, Laos, Camboja, Vietnã, Cuba deixaram um rastro de sangue maior do que haviam deixado os cristãos no poder. Muitos adeptos dessas ideologias apontam Jesus como um incidente histórico, fruto de fanatismo, compensação de fiéis frustrados que o endeusaram, um oportunista, um inocente usado... E como adjetivar o seu culto à personalidade e a seus ídolos que mataram e oprimiram milhões?

**

Do outro lado há os cultos e estudiosos, tanto quanto ou até mais do que eles. Mostram o Jesus real e o da fé, ressaltam a lucidez de um pregador que há vinte séculos desafia o pensamento humano. E tudo isso seria mais fácil, se Jesus pudesse passar pelo crivo de uma análise. Mas ele não se submete a isso! Nem a dos ateus nem a dos cristãos. Por mais esmiuçado que seja, Jesus continua um desafio.

Quem afinal ele era? João estava certo. São milhões os livros, milhões os escritores que dele falaram e bilhões os leitores. Mas o incomensurável assunto "Jesus" continua. Às vezes, a impressão é a de que ele apenas começou!

José Fernandes de Oliveira (Padre Zezinho, scj)
Taubaté e São Paulo, janeiro a agosto de 2010

Bibliografia

ALMEIDA, João Carlos. *Conheço um coração*. São Paulo: Loyola, 2010.

ARIAS, Juan. *Jesus, esse grande desconhecido*. Rio Janeiro: Objetiva, 2001.

ARMSTRONG, Karen. *Breve história do mito*. São Paulo: Cia. das Letras, 2005.

AUGIAS, Corrado; PESCE, Mauro. *Inchiesta su Gesù*. Milano: Mondatori, 2007.

BAUDRILLARD, A. *Transparência do mal*; ensaio sobre os fenômenos extremos. Campinas: Papirus, 2008.

BENTO XVI. *Jesus de Nazaré*. São Paulo: Planeta, 2007.

BOFF, Clodovis M., osm. *Mariologia social*. São Paulo: Paulus, 2006.

BOFF, Leonardo. *Jesus Cristo libertador*. Petrópolis: Fonte Editorial, Vozes, 1972.

BORG M. J.; CROSSAN, J. D. *A última semana*. São Paulo/Rio Janeiro: Ediouro, 2006.

BRUNNER, Emil. *Dogmática*; novo século. São Paulo, 2004.

CHESTERTON, G. K. *Ortodoxia*. São Paulo: Mundo Cristão, 2008.

CHEVITARESE, André; CORNELLI, G. (Org). *A descoberta do Jesus histórico*. São Paulo: Paulinas, 2009.

CROSSAN, J. D. *O Jesus histórico*; a vida de um camponês judeu do mediterrâneo. São Paulo: Imago, 1994.

CROSSAN, J.; REED, J. L. *Em busca de Jesus*. São Paulo: Paulinas, 2007.

DI BERNARDINO, Ângelo (Org.). *Dicionário patrístico e de antiguidades cristãs*. Tradução de Cristina Andrade. São Paulo/Petrópolis: Paulus/ Vozes, 2002.

DUQUESNE, Jaques. *O Deus de Jesus*. São Paulo: Paulus, 2000.

DUQUOC, Christian. *O único Cristo*; a sinfonia adiada. São Paulo: Paulinas, 2008.

_____. *Cristologia*; o homem Jesus. São Paulo: Loyola, 1996.

_____. *Cristologia*; o Messias. São Paulo: Loyola, 1992.

FERRARO, B. *Cristologia*. Petrópolis: Vozes, 2004.

_____. *Cristologia em tempos de ídolos e sacrifícios*. São Paulo: Paulinas, 1993.

HAIGHT, Roger. *Jesus símbolo de Deus*. São Paulo: Paulinas, 2003.

HORSLEY RICHARD, A. *Jesus e o Império*. São Paulo: Paulus, 2003.

KÜNG, Hans. *Por que ainda ser cristão hoje*. Campinas: Verus, 2004.

LOEWE, William P. *Introdução à cristologia*. São Paulo: Paulus, 2000.

538   Pe. Zezinho, scj

MALDAMÉ, Jean-Michel. *Cristo para o universo*. São Paulo: Paulinas, 2005.

MESSADIÈ, Gerald. *História geral de Deus, da Antiguidade à época contemporânea*. Portugal: Mem Martins, 2001.

MESSORI, Vittorio. *Rapporto Sulla Fede*; a colloquio con Joseph Ratzinger. Milano: San Paolo, 2005.

_____. *Hipotesi su Gesú*. Torino: Società Editrice Internazionale, 1983.

MESTERS, Carlos. *Por trás das palavras*. Petrópolis: Vozes, 1999.

MILES, Jack. *Deus, uma biografia*. São Paulo: Companhia de Bolso, 2009.

MOLTMANN, Jurgen. *O caminho de Jesus Cristo*. São Paulo: Academia Cristã, 2009.

MORIN, E. *Jesus e as estruturas do seu tempo*. São Paulo: Loyola, 1979.

NOLAN, Albert. *Jesus antes do cristianismo*. São Paulo: Paulus, 2007.

_____. *Jesus hoje*; uma espiritualidade de liberdade radical. São Paulo: Paulinas, 2006.

OLIVEIRA, José Fernandes. *De volta ao catolicismo*. São Paulo: Paulinas, 2009.

PANNENBERG, W. *Teologia sistemática*. São Paulo: Academia Cristã/ Paulus, 2009.

RATZINGER, Joseph. *Dogma e anúncio*. São Paulo: Loyola, 2007.

_____. *Collaboratori della Verità*. Milano: San Paolo, 2006.

_____. *Introdução ao Cristianismo*. São Paulo: Loyola, 2006.

_____. *Il Cristianesimo e le Religioni del Mondo*. Siena: Cantagalli, 2005.

_____. *Dio e Il Mondo*; essere Cristiani nel nuovo millennio. Milano: San Paolo: 2001.

RICHARD, Pablo. *Força ética e espiritual da Teologia da Libertação*. São Paulo: Paulinas, 2006.

_____. *O movimento de Jesus depois da Ressurreição*. São Paulo: Paulinas, 2001.

SOBRINO, Jon. *Fora dos pobres não há salvação*. São Paulo: Paulinas, 2008.

THEISSEN, G.; MERZ, A. *O Jesus histórico*; um manual. São Paulo: Loyola, 2004.

VELLA, Frei Elias, ofm. *O Anticristo; quem é e como age*. São Paulo: Palavra e Prece, 2006.

VEYNE, Paul. *O Império Greco-Romano*. São Paulo: Campus, 2008.

WAINE HOUSE, H. *O Jesus que nunca existiu*. São Paulo: Hagnos, 2009.

ZUCAL, Silvano (Org.). *Cristo na filosofia contemporânea*. São Paulo: Paulus, 2003.

Sumário

O porquê deste livro 5
Prefácio – Reflexões de um não cristólogo 7

Parte I
Quem é esse Jesus?

1. *Ehyeh Asher Ehyeh* 11
2. Telescópios e microscópios.....................................14
3. Quem é esse Jesus?..18
4. Entusiasmo desatento...20
5. Aprendizes de cristologia 22
6. Montar um mosaico 24
7. Teólogos e cristólogos 25
8. À guisa de provocação 29
9. Um rosto inteiramente novo 36
10. Conhecer aquele rosto..40
11. Desfazendo as caricaturas 42
12. Descrever Jesus 50
13. Interpretar Jesus..52
14. Um rosto para Javé 55

Parte II
Como identificar o rosto de Jesus hoje

15. O rosto de Jesus..73
16. Um rosto para os cristãos......................................76
17. Quase o mesmo rosto 88

Parte III
O desespero humano

18. Desenraizando as relações e as reações 97
19. O mundo em desespero...98
20. A condição humana 100

Parte IV
A Esperança

21. Os hebreus e seu Messias 105
22. Deprimidos e amedrontados 111

Parte V
Alguém nos visitou

23. Aquele grito de perdão 117
24. O homem Jesus 120
25. Homem ou Deus? 130
26. Era de Deus ou não era? 132
27. O judeu Jesus! 135
28. Onde está o teu Jesus? 141
29. Consubstancialidade 145
30. Ousadamente cristãos 147
31. Dos ungidos, o mais ungido 150
32. Dentre os filhos, o mais filho 153
33. O maior dos salvadores 156
34. O mais gentil dos senhores 158
35. O Jesus que eu nunca vi 162
36. Pensei que fosse Jesus 163
37. O mestre dos mestres 165
38. Um rosto emoldurado 166

Parte VI
Deus esteve aqui

39. A grande comunicação 171
40. Temporal e eterno 174
41. O aproximador 178
42. Dialogou: deixou falar 182
43. Vieram dialogar 184
44. Vieram me converter 187
45. Jesus, o ecumênico 190
46. Shekinah-Emanuel 193
47. Jesus e as mulheres 195

48. A Mãe Maria 200
49. Hiperdulia 201
50. As outras Marias 208
51. As outras mulheres...210
52. Proclamar-se de Cristo...211

Parte VII
Veio nos questionar

53. Nascido de mãe virgem..217
54. Cristo para meu amigo ateu..................................223
55. Esse Cristo que me desafia....................................225
56. O severo Jesus de Nazaré......................................228
57. Jesus e as riquezas..231
58. Jesus a respeito de si mesmo.................................237
59. Israel e Javé..239
60. Jesus a respeito de Javé.......................................240
61. Jesus e o Espírito Santo.......................................241
62. O povo a respeito de Jesus....................................243
63. A reação dos discípulos..244
64. A multidão e Jesus..245
65. Os inimigos..246
66. A filosofia de Jesus...247
67. A polêmica, o debate, a apologética........................248
68. As histórias e as parábolas....................................250
69. Jesus e a mídia de agora.......................................252
70. A palavra dos não crentes.....................................253
71. Deixou-se crucificar..255
72. Dois dogmas cotidianos.......................................259

Parte VIII
Morreu por nós

73. A morte de Jesus..263
74. A certeza da esperança...266
75. Jesus Cristo, e este crucificado..............................270
76. Não há Cristo sem cruz..272
77. Crucificado e ressuscitado.....................................273

78. Vede onde ele esteve.............................276
79. Sepultado por três dias.........................279
80. Não o procurem no túmulo! 282

Parte IX
As dúvidas de sempre

81. Jesus e o demônio 287
82. Jesus e satanás 291
83. Clarificando e esclarecendo 300

Parte X
Um rosto para Jesus Cristo

84. Foi dele o primeiro passo 319
85. A pedra sobre a pedra.........................321
86. Queremos ver Jesus............................325

Parte XI
As ênfases de sempre

87. A Cristo, pela Igreja 333
88. As muitas enfases dos devotos 338
89. Negar o Jesus dos outros.....................339
90. Esculpido com limites 340
91. Entenda os cristãos e seus enfoques......342
92. A ênfase no coração...........................345
93. A ênfase na cruz 346
94. A ênfase nas águas.............................347
95. A ênfase no combate 357

Parte XII
Anunciado e proclamado

96. Proclamar-se cristão 365
97. Pensar como Jesus.............................368
98. Jesus em um minuto...........................374
99. O Cristo imaginado 376

100. Porta-vozes de Jesus 378
101. Teologia do irmão ao lado 383
102. Jesus e os novos pregadores 385
103. Gritar em nome de Jesus 389
104. Jesus romanceado 391
105. Teria Jesus encolhido? 393
106. Um coração para amar 398
107. Subiu porque havia descido 402
108. Entre a cruz e a ressurreição 404
109. Jesus e o sofrimento 407
110. Livres em Cristo 412

Parte XIII
Um Cristo ou vários cristos?

111. Um Cristo conveniente 415
112. Cristologia fractal 419
113. Um cristo "urgentizado" 423
114. Um Cristo para cada gosto 425
115. Um Cristo para cada igreja 430
116. Os novos endereços de Jesus 436
117. Buscar Jesus na outra Igreja 441
118. O pseudojesus de agora 443
119. Ouvir os teólogos 446
120. Inimigos da cruz de Cristo 454

Parte XIV
O rosto retocado

121. Cristianismo e igrejismo 459
122. Cristianismos questionáveis 463
123. As lentes do pregador 465
124. Osiris, Odin e Jesus 468
125. Não o meu Cristo! 472
126. A grande novidade 473
127. O Cristo e o Anticristo 474
128. O Anticristo no poder? 476

Parte XV
Ele está no meio de nós

129. Baixou sem se rebaixar 481
130. O Cristo que se curva 483
131. Jesus e a sexualidade 485
132. De Babel a Pentecostes 494
133. O Cristo que nos vem aos poucos 499

Parte XVI
Um amanhã em Jesus

134. Um nome a ser lembrado 505
135. O Cristo cósmico 507
136. O Cristo vencedor 512
137. Vencedores em Cristo 516
138. Se Jesus me aparecesse 519
139. A esperada parusia 520
140. Catequese do passo a mais 529
141. Outra vez crucificado 531

Bibliografia 537

Impresso na gráfica da
Pia Sociedade Filhas de São Paulo
Via Raposo Tavares, km 19,145
05577-300 - São Paulo, SP - Brasil - 2011